21世纪经济管理新形态教材·会计硕士专业学位（MPAcc）系列

商业伦理与
会计职业道德

叶陈刚　叶康涛 ◎ 主　编
干胜道　王爱国　李志强 ◎ 副主编

U0362246

清华大学出版社
北京

图书在版编目（CIP）数据

商业伦理与会计职业道德 / 叶陈刚，叶康涛主编 . —北京：清华大学出版社，2020.7（2024.8重印）
21 世纪经济管理新形态教材 . 会计硕士专业学位（MPAcc）系列
ISBN 978-7-302-55780-7

Ⅰ . ①商…　Ⅱ . ①叶… ②叶…　Ⅲ . ①商业道德②会计人员－职业道德　Ⅳ . ① F718 ② F233

中国版本图书馆 CIP 数据核字 (2020) 第 105509 号

责任编辑：吴　雷
封面设计：李伯骥
版式设计：方加青
责任校对：宋玉莲
责任印制：杨　艳

出版发行：清华大学出版社
　　　网　　　址：https://www.tup.com.cn, https://www.wqxuetang.com
　　　地　　　址：北京清华大学学研大厦 A 座　　　邮　　编：100084
　　　社　总　机：010- 83470000　　　　　　　　邮　　购：010-62786544
　　　投稿与读者服务：010-62776969，c-service@tup.tsinghua.edu.cn
　　　质　量　反　馈：010-62772015，zhiliang@tup.tsinghua.edu.cn
印　装　者：三河市龙大印装有限公司
经　　　销：全国新华书店
开　　　本：185mm×260mm　　　印　　张：19.5　　　字　　数：468 千字
版　　　次：2020 年 7 月第 1 版　　　印　　次：2024 年 8 月第 6 次印刷
定　　　价：55.00 元

产品编号：087385-02

前　言

在中国特色社会主义市场经济建设新时代，现代国家治理需要法律和道德共同发挥作用。而"以德治国"和"依法治国"相结合的治国方略，是在全面而深刻地总结古今中外治国安邦经验的基础上得出的科学结论，是对建设具有中国特色社会主义市场经济规律性认识的升华。2014年10月党的十八届四中全会通过《中共中央关于全面推进依法治国若干重大问题的决定》，明确提出扎实推进社会主义法治国家建设，必须坚持依法治国和以德治国相结合原则。

习近平总书记2017年10月在党的十九大报告中强调："加强思想道德建设。人民有信仰，国家有力量，民族有希望。要提高人民思想觉悟、道德水准、文明素养，提高全社会的文明程度。广泛开展理想信念教育，深化中国特色社会主义……深入实施公民道德建设工程，推进社会公德、职业道德、家庭美德、个人品德建设，激励人们向上向善、孝老爱亲，忠于祖国、忠于人民。加强和改进思想政治工作，深化群众性精神文明创建活动。"①既重视发挥法律的规范作用，又重视发挥道德的教化作用，以法治体现道德理念、强化法律对道德建设的促进作用，以道德滋养法治精神、强化道德对法治文化的支撑作用，实现法律和道德相辅相成、法治和德治相得益彰，构建美丽强大中国。

早在2500多年前，道家始祖老子在《道德经》中就提出了"孔德之容，惟道是从"的精妙论断。而南宋理学家朱熹《四书集注·学而篇》里感言"德者，得也，行道而有得于心者也"，意指个人道德修养离不开社会实践，说明"道"，即"路"也；而"德"与"得"在本质上是相通的，这也从源头上解释了为什么每个人生来就不一样的哲学难题。《大学》中曾子提出人生"德者本也，财者末也"，《孝经》中也有"夫孝，德之本也，教之所由生也"的著名论断。

2018—2019年，国务院学位办会计专业硕士（Master of Professional Accounting, 简称MPAcc）教育指导委员会秘书处在大规模问卷调查、实地调研访谈和征集培养单位意见的基础上，开展"面向未来 提升能力 深化MPAcc教育改革研究"，在此基础上对原有培养方案进行修订，形成《会计硕士专业学位研究生参考性培养方案（2019）》，其中第一条就提出：增加一门专业必修课程"商业伦理与会计职业道德"，宗旨是为了使MPAcc学生树立良好职业道德，提高会计职业道德水平。基于同样的考虑，2018年教育部会计专业教育指导委员会把"会计职业道德"列为大学会计专业教育核心必修课程。至此，**商业**

---

① 资料来源：习近平. 决胜全面建成小康社会 夺取新时代中国特色社会主义伟大胜利——在中国共产党第十九次全国代表大会上的报告 [M]. 北京：人民出版社，2017.

伦理与企业社会责任及会计职业道德教育开启新时代。因此，尽快出版一部《商业伦理与会计职业道德》教材，具有重要的时代意义。

国际会计师职业道德准则理事会（IESBA）主席斯达沃斯·汤马达基斯 2019 年 11 月 25 日在北京接受《中国会计报》记者专访时表示："职业道德是整个会计师行业的基础。会计职业诚信、客观、专业胜任能力和应有的关注、保密，以及良好的职业行为，这些基本原则，不仅是职业道德守则的制定基础，也是会计师行业获得各个利益相关者信任的基础"。会计师行业的职业道德守则应该成为整个行业的"公约"。

因此，为了全面适应我国会计专业学位开展商业伦理与会计职业道德必修课程教育需要，急需加强商业伦理道德与会计职业道德课程建设，并且进行相关方面的理论研究和实践分析。然而，长期以来我国学者对这一领域关注不够、研究不多。撰写本书正是为改变这一局面所做的努力，本书在编写过程中参照会计专业硕士教育指导委员会必修课"商业伦理与会计职业道德"的教学大纲要求来设计，并力图体现以下特点：

1. 实践性强，数据翔实

本书提出伦理经济并非从属于法治经济，伦理经济与法治经济同等重要，从而对伦理革命的地位进行了重新诠释，强调商业伦理实践者必须进行伦理领导和伦理决策，从而前瞻性地预测伦理革命是一次伟大的管理变革。"中国会计人员职业道德规范研究"课题组受财政部会计司委托开展我国"会计人员职业道德"问卷调查，并自 2018 年 8 月开始投放在线网络问卷。与此同时，向参加北京、上海、厦门三大国家会计学院的培训学员发出了实地调查问卷，截至 2019 年 4 月 30 日共收回 2274 份。问卷采取不记名方式，同时在问卷中声明不追究任何责任，参加答卷人员按诚信原则如实填写自己的想法。会计人员职业道德规范问卷共列示 34 道题，每道题都有 7 个选项，描述了答题人目前如何看待会计人员职业道德规范行为，并在此基础上提出我国会计职业道德规范体系设计，阐述商业伦理与会计职业道德机制。

2. 资料丰富，信息量大

在充分占有材料的基础上，本书将采用案例研究法，介绍同仁堂、海尔、阿里巴巴、山西天元集团、大信会计师事务所等成功案例，解剖三鹿奶粉、康美、康得新与瑞华等公司造假重组案艰难历程。每章都配有内容丰富的引言，设有专栏阅读等历史资料。这些都将极大地丰富本书的阅读信息量，从而为本书的理论阐述提供大量佐证。

3. 体系完备，便于应用

本书前六章探讨商业伦理道德基础理论，重点论述商业伦理道德原则、企业内部管理道德规范、企业对外经营道德规范，后六章解读会计假账与财务舞弊的道德探析、单位负责人与公民会计道德规范、会计人员职业道德规范、注册会计师职业道德规范、会计职业道德品质范畴、会计职业道德实践机制。笔者密切联系中国政策动态，提出商业伦理实践者必须借助伦理道德建立强有力的自律机制与他律机制，伦理道德必须与法律法规相配合，以提高企业经营管理水平。

4. 版式活泼，易于教学

本书在内容安排、体例设计、写作方法等方面与国外教材接轨。采取弹性的教学内容与学时安排，便于教师根据不同情况开展授课。结合经济、管理、法律等专业教学特点，每一章都配有经典名言感悟、学习目的与要求、专栏阅读、关键概念、复习思考题等，便于学生的课堂讨论与课后练习检测，注重培养学生解决实际商业伦理与会计职业道德问题的能力。

本书是国家社会科学基金重点项目（13AZD002）、世界银行委托财政部招标课题"中国会计人员职业道德规范"项目（2018）研究成果。本书由对外经济贸易大学叶陈刚教授（执笔第一章）、中国人民大学叶康涛教授（执笔第二章）担任主编，全面设计篇章架构；副主编由四川大学商学院会计研究所所长、博士生导师干胜道教授（执笔第三章），山东财经大学会计学院院长、博士生导师王爱国教授（执笔第四章）与河南大学商学院副院长、博士生导师李志强教授（执笔第五章）担任，参加本书撰写的还有西安财经大学会计学院院长杨太康教授（执笔第六章）、青岛科技大学经济管理学院副院长姜铭教授（执笔第七章）、武汉科技大学经济管理学院会计系主任黎精明教授（执笔第八章）、广东外语外贸大学南国商学院博士生导师杜勇教授（执笔第九章）、上海财经大学期刊社王孜博士（执笔第十章）、对外经济贸易大学国际商学院黄冠华博士和叶淑林硕士（分别执笔第十一、十二章）。

我们对本书被引用资料的各位作者表示感谢；同时，真诚感谢长期以来关心、帮助和支持作者学习、工作与生活的各位老师、领导、亲人、朋友、同事和同学们。

我们的目标是编写一本高水平的《商业伦理与会计职业道德》教材，以便为培养面向21 世纪的新型统管会计人才发挥积极作用。但由于本书选题属于现代管理学科前沿课题，可供借鉴与参考的资料有限以及我们的水平所限，撰写难度较大。加之撰写本书时间较紧，书中难免存在不妥与疏漏之处，衷心地希望能够得到学界同仁、实务界的朋友以及广大读者的批评指正，在今后的教学实践中我们会使本书质量不断地得以提高与完善。

叶陈刚

2020 年 4 月 6 日于北京

目　录

第一章 总　　论

太上有立德，其次有立功，其次有立言，虽久不废，此之谓不朽。

——《左传·襄公》

道可道，非常道。名可名，非常名。

道生之，德畜之，物行之，势成之。是以万物莫不尊道而贵德。

道之尊，德之贵，夫莫之命而常自然。

善者，吾善之；不善者，吾亦善之；德善。

信者，吾信之；不信者，吾亦信之；德信。

居善地，心善渊，与善仁，言善信，政善治，事善能，动善时。

上善若水，水善利万物而不争。天道无亲，常与善人。

——老子

君子先慎乎德。有德此有人，有人此有土，有土此有财，有财此有用。

德者本也，财者末也。

——曾子

做人比做事更重要，伦理比名利更重要，道德比金钱更重要！

——叶陈刚感悟

📖 学习目的与要求

1. 了解商业伦理道德建设的时代意义；

2. 理解道德、社会公德、职业道德社会功能；

3. 明确商业伦理与会计职业道德的定义及关系；

4. 把握商业伦理与会计职业道德的构成、功能与基本内容。

随着社会主义市场经济健康发展，在现代企业管理中，商业伦理与会计职业道德显得越来越重要，发挥着越来越大的作用，已成为提高企业整体绩效的重要影响因素。一般认为，市场经济在不同的时代、不同的国家与不同的社会制度中各有其特色，不过其有两个特点是非常相似的，即市场优化配置资源与企业自主经营性。这两个共同特点又是以人类共同的伦理价值观，如诚信与公平等为基础的，商业伦理与会计职业道德存在于市场经济体系的发展过程之中。

第一节　提升商业伦理与会计职业道德水准

 一、市场经济体现为伦理道德经济

（一）市场经济是竞争经济、法制经济，更是伦理道德经济

1. 市场经济从本质上说是伦理道德经济

首先，市场经济体现为竞争经济，竞争的规则是公开、公平、公正，用以规范竞争者的行为活动。其次，市场经济体现为法制经济，通过对各种市场行为的立法、执法来规范市场秩序，利用法律约束与控制竞争者的行为。最后，市场经济体现为伦理道德经济，依靠道德义务、良心、荣誉、人格来建立相互交往的关系，以确保社会成员的行为合法、合情、合理。

2. 企业从事经营活动，必须遵守商业伦理道德，承担社会责任

《公民道德建设实施纲要》于2001年9月20日发布，明确提出了"爱国守法、明礼诚信、团结友善、勤俭自强、敬业奉献"20字的公民基本道德规范。中国共产党第十六届三中全会通过的《关于完善社会主义市场经济体制若干问题的决定》指出："形成以道德为支撑、产权为基础、法律为保障的社会信用制度，是建立现代市场经济体系的必要条件，也是规范市场经济秩序的治本之策。"2018年10月26日修订颁布的《中华人民共和国公司法》第5条明确要求："企业从事经营活动，必须遵守法律、行政法规，遵守社会公德、商业道德，诚实守信，接受政府和社会公众的监督，承担社会责任。"

3. 弘扬力行儒商理念，完善商业伦理与诚信文化

国家兴亡，匹夫有责，政府公民、企业公民和普通公民唯有讲究"仁义礼智信，信内求财；温良恭俭让，让中取利"的儒商理念，依靠诚实、信用、节操与责任等道德范畴建立友好关系，并配套广泛法治约束与从严从快惩戒，方能提升商业伦理道德水准，完善公司治理与商业诚信文化，增加企业精神财富，切实履行社会责任，促进市场经济发展，落实科学发展观，在建设有责任的大国与社会主义和谐社会进程中发挥积极作用，实现中华民族文化的伟大复兴梦想。

（二）市场经济 "双刃剑" 正负两方面的巨大作用

1. 市场经济在发挥巨大正效应的同时，有其天然的负效应

市场经济在推动社会经济发展方面发挥巨大正效应的同时，也有其天然的负效应。市场经济的竞争原则会刺激一些人的投机心理和不正当竞争行为；市场经济的等价交换原则会不自觉地渗透到人际关系中，渗透到政党的政治生活和行政行为中，诱发新形式的权钱交易和以权谋私；市场经济中适度投机行为的合法性会导致某些人的投机诈骗行为；市场经济的价值取向在讲效益、讲盈利、讲激励时，也很容易使人滋生极端利己主义思想和个人自私行为，对爱国主义、社会主义和集体主义思想产生强大冲击。

2. 在经济管理中崇尚伦理道德是一种世界性发展趋势

市场经济这把 "双刃剑" 同时发挥着正负两方面的巨大作用，关键在于市场经济的主体是如何把握和发挥伦理道德与责任在市场经济中的调节作用，从而推动市场经济持续、稳定、协调地发展。在经济管理中崇尚伦理道德是一种世界性发展趋势。"西方主要国家的市场经济发展了这么多年，遇到了不少问题，付出了沉重的代价，最终总结出一个规律：发展市场经济必须加强伦理教育。" "我国企业的社会责任问题也开始引起人们的关注，针对一些企业的欺行霸市、弄虚作假、制造伪劣产品、污染环境等众多的社会责任缺失问题，企业应负相应的社会责任已逐渐成为人们的共识。"[①]

3. 合乎伦理道德的企业行为是市场体系有效运作的现实基础

在市场经济中，如果买卖双方不能自由地交换，或是提供的产品和服务信息不准确，那么人们就可能错误地选择购买某些劣质的产品和服务。而市场体系却是按销售量来配置资源，这样资源将会流向那些低劣的环节中，使市场体系优化配置资源的运作失去效用而导致 "优不胜、劣不汰"。其中，始作俑者就是企业经营过程中种种不合伦理的行为。

如果轻视企业伦理与社会责任的约束，就可能导致市场经济的运行极不规范，企业之间竞争不公平，甚至迷失方向，进而演变成 "官商权力经济" "虚假欺骗经济" "贿赂垄断经济"。而那些循规蹈矩、合法合理经营的企业在优胜劣汰的市场机制作用下如鱼得水，不断发展壮大。因此，合乎伦理道德的企业行为是市场体系有效运作的现实基础。

二、东西方社会迎来伦理道德教育与实践的新时代

（一）崇尚伦理道德，成为东西方经济社会活动的一道亮丽的风景线

1. 东西方企业迎来了一个伟大的伦理道德时代

从 20 世纪六七十年代开始，社会各界崇尚伦理道德已经成为一种新的全球性发展趋势。企业、教育机构及政府高举伦理道德的旗帜，已成为东西方经济社会活动的一道亮丽的风景线。东西方企业迎来了一个伟大的伦理道德时代。[②] 在全球化进程中，因政治、经济、技术和文化环境变化而出现的新问题，如利益相关者和企业的伦理关系问题、现代企业跨国

---

① 资料来源：张文贤，高伟富.高级财务与会计理论与实务 [M].大连：东北财经大学出版社，2005.

② 资料来源：王学义.企业伦理学 [M].成都：西南财经大学出版社，2004.

经营中的伦理问题、信息技术条件下的伦理问题等，越来越引起社会大众的重视。

2. 大力开展商业伦理道德教育，提升商业伦理与会计职业道德水准

我国企业的当务之急是要尽快走出经营管理和思想认识上的误区，大力开展商业伦理与会计职业道德教育，强化会计职业道德理念，将商业伦理与会计职业道德作为企业体制改革的一个重要部分和企业文化建设的重要方面，在企业组织框架中建立一套行之有效的伦理监督机制，切实全面提升商业伦理与会计职业道德水准，增强企业核心竞争力；促使企业承担更多的社会责任，共创人间净土，以确保企业间开展良性竞争，在正确轨道上健康、持续、协调地发展社会主义市场经济。

（二）世界"前100强"企业中近90%都非常重视商业伦理道德

1. 许多先进企业内部已逐步建立起严格的商业伦理制度和监督机制

在发达国家中，许多先进企业内部已逐步建立起严格的伦理制度和监督机制，主要表现为：这些企业的职能、地位、作用向伦理方面侧重，企业战略、决策与道德融合，企业整体、企业高层、企业员工在企业实践活动中强烈感受到伦理道德的感召力和丰富的社会回报。商业伦理道德的巨大力量以其"秩序与资源"的基本价值向这个时代充分展现，显示出勃勃生机。据有关权威机构对世界"前100强"企业（以下简称"前100强"）的调查与研究，发现"前100强"企业中近90%的企业都非常重视商业伦理与管理道德，有明确的伦理手册、伦理章程或管理伦理纲要，并且制定了成文的伦理准则来规范员工的行为。

2. 不少企业中出现了一种新职位——伦理主管：首席道德官 CEO

国际企业改变经营观念中的偏见，把企业目标定位在追求利润与推动社会良性循环上，使企业能够长久、持续、协调地生存下去，并且发展壮大。不少企业中出现了一种新职位：伦理主管（Chief Ethics Officer，CEO），或称首席道德官。伦理主管与我们常见的首席执行官 CEO（Chief Executive Officer，也简写为 CEO）高度一致，首席执行官首先应该是首席道德官。经营业绩一直不俗的微软、强生、惠普、IBM 等企业，因成功践行商业伦理而受到业界广泛认可。美国微软公司的价值观：正直诚实；对客户、合作伙伴和新技术充满热情；直率地与人相处，尊重他人并且助人为乐；勇于迎接挑战，坚持不懈；严于律己，善于思考，坚持自我提高和完善；对客户、股东、合作伙伴或者其他员工而言，在承诺、结果和质量方面都值得信赖。

（三）国内外一流商学院重视商业伦理教学

1. 商业伦理学成为当今国际 MBA 教学中一门引人注目的课程

1987 年，美国证券交易委员会前主席约翰·沙德成为公众的焦点人物，他将 2 000 万美元捐赠给哈佛商学院时，倡议开设"管理决策与伦理价值"课程。商业伦理学已成为当今国际 MBA 教学中一门引人注目的课程，国际商学院联合会（The Association to Advance Collegiate Schools of Business，AACSB）在关于商学院为毕业生提供知识和技能的规定中，第一条规定就是要提供履行商业伦理和法律责

专栏 1-1

商业伦理对国家强大和经济有序发展十分重要

扫描此码　深度学习

任所需的知识和技能。全美最佳 10 所商学院 MBA 的 9 门核心课程中，都有"商业伦理学"。

2. 国际一流商学院把商业伦理学相关课程作为 MBA 核心课程之一

目前，美国 90% 以上的商学院或管理学院及欧洲的绝大多数大学，都开设了商业伦理学、管理与商业伦理道德、商业伦理与企业职业道德等方面的课程。尤其是国际一流商学院纷纷把商业伦理学相关课程作为 MBA 核心课程之一，如哈佛商学院的"领导和企业社会责任"、宾夕法尼亚大学沃顿商学院的"伦理与责任"、斯坦福大学商学院的"伦理与管理"等课程都被列为 MBA 必修课。重视商业伦理教学成为世界各地商学院、管理学院培养人才的一大特色。

3.《中国 MBA 教育西湖宣言》倡导商业伦理教育融入 MBA 教育全过程

2006 年 12 月，全国 MBA 教育指导委员会第三届第五次会议暨 MBA 培养学校管理学院院长联席会议发表的《中国 MBA 教育西湖宣言》指出："我国 MBA 教育承担着为中国经济与社会发展培养管理人才的历史使命，在国家现代化建设中扮演着日益重要的角色。我国 MBA 教育以科学发展观为指导，以推进构建和谐社会为目标，秉持可持续发展的理念，强调管理学院与商学院所应承担的社会责任，并倡导将商业伦理与企业社会责任教育融入MBA 教育全过程。"[1] 2016 年 10 月 18 日第五届全国工商管理专业学位研究生教育指导委员会在北京召开，2018 年 MBA 教育指导委员会决定把"企业伦理"列为 MBA 核心课程之一，并启动了核心课程教学指南编写工作，计划于 2019 年 4 月 30 日完成指南编写工作，开启我国商业伦理与企业社会责任作为核心课程教育的新征程。

4. 商业伦理与会计职业道德教育受到高度重视，开启会计职业道德教育新时代

早在 2003 年首届国务院学位办会计专业学位研究生教育指导委员会（MPAcc）就把"商业伦理与会计职业道德"列为会计专业硕士教育核心课程之一。2018 年教育部会计专业教育指导委员会把"会计职业道德"列为大学会计专业教育核心必修课程，2019 年 MPAcc 教育指导委员会又正式把"商业伦理与会计职业道德"列为会计专业硕士教育核心必修课程。商业伦理与会计职业道德和会计职业道德教育受到社会各界、高校内外、广大师生前所未有的高度重视。

商业伦理学是一门新兴的交叉学科，形成时间短，学科跨度大，发展还很不成熟。与 MBA 教学相比，在 EMBA 中开展商业伦理道德学教学的时间更短，积累的经验更少，面临的问题更多。如何面向 EMBA 学员有效地开展商业伦理道德与社会责任相关课程的教学，仍需要有志于该学科教学与研究的专家学者不断探索。商业伦理与企业社会责任及会计职业道德逐渐成为我国众多院校经济管理类专业硕士教育与大学会计审计财务管理专业的核心课程或重要课程，中华大地迎来了商业伦理与会计职业道德教育的新时代。

专栏 1-2

《会计硕士专业学位研究生参考性培养方案 2019》

扫描此码　深度学习

---

① 资料来源：全国工商管理硕士教育指导委员会编 . 工商管理硕士教学大纲 [M]. 北京：机械工业出版社，2011.

三 大力加强商业伦理与会计职业道德建设

（一）道德是评价人们行为善恶的标准尺度

1. 道德行为与败德行为的划分

在现实的社会生活中，每个社会成员的行为都会对社会和他人产生一定的影响。这种影响有两种后果：一是有些行为会给社会和他人带来幸福，因而被认为是合乎道德的行为；二是有些行为会给社会和他人带来痛苦和不幸，因而被认为是不道德的行为，即败德行为。道德在这里是作为评价人们行为善恶的标准尺度。

2. 道德是公民修身养性、提高素质、规范工作、和谐相处的有效手段

专栏1-3 得黄金百斤，不如得季布一诺

扫描此码　深度学习

需要指出的是，在社会经济关系对道德产生作用的情况下，道德仍然具有相对独立性。这是因为：在社会发展过程中，道德并不是一种被动的消极因素，而是一种能动的积极因素；道德也有特殊的内在矛盾和内在要求，并有自身发展的历史过程；道德也能对其他社会因素（包括经济因素）产生这样或那样的影响和作用。简而言之，道德对于社会经济基础以及整个社会生活，发挥着重大的能动作用。道德是每个公民修身养性、提高素质、规范工作、和谐相处的有效手段，是一切社会的统治阶级维护、巩固自身统治的重要工具。这也是自古以来任何社会的统治阶级都推崇道德、倡导诚信的根本原因。

（二）加强商业伦理与会计职业道德建设势在必行

1. 必须建构新的道德规范体系，重塑良好的社会道德风貌

可以说，当今社会已经陷入了一种道德危机的困境，必须引起全社会的关注，这也迫使我们必须建构新的道德规范体系，以重塑良好的社会道德风貌。同时，我们应该看到，加入TWO后，我国金融业、服务业、加工业、农业等领域面对的竞争实际上是人力资源使用效率的竞争。为了促使人力资源发挥更高的效率，就必须以道德为依托。

2. 会计人员要遵循高质量的会计职业道德标准

会计人员想要赢得并保持公众对他们的信任，最好的、最正确的方法，就是遵循高质量的会计职业道德标准，做到"诚信为本，操守为重，坚持准则，不做假账"。只有会计人员都弘扬"诚信为本、操守为重"的道德风范，才能使制度、规范落到实处，才能防范会计假账与财务舞弊行为的发生。具体来看，可以通过加强管理机构和社会舆论的监督、深化教育改革、加强高校思想品德与会计诚信教育、建立健全选拔和激励约束机制、加强会计人员继续教育、提高会计人员的整体素质和业务素质等办法来强化会计人员职业道德建设。

四、治理商业贿赂，反腐倡廉，纠正企业不正之风

（一）商业贿赂与腐败蔓延现象的特征

1. 近些年来的腐败现象呈现蔓延之势

社会主义市场经济建设的全面开展，给企业领域反腐败斗争提出了新的严峻挑战，又给企业领域治理商业贿赂、创廉洁风尚带来了新的课题。在微观放开搞活和宏观转变调控方式、国有企业和非国有企业、农村和城市、内地和沿海、国内经济体制和涉外经济体制、中央和地方、政府与企业之间都存在着明显的差异。在新旧体制交替的状态下，出现了大量的漏洞、摩擦和冲突。这一切导致了经济秩序的矛盾和混乱，也给各种腐败现象的滋生与蔓延以可乘之机，再加上政策法规的严重滞后，各种制度管理松散弱化，使近些年来的腐败现象频增，令广大党员领导干部和人民群众痛心，其主要表现在：第一，从小范围趋向大范围；第二，从基层趋向机关；第三，由个体趋向群体；第四，由暗地隐蔽趋向公开。

2. 国内外证券市场上市公司十大造假案

从近年国内外证券市场上市公司十大造假案（见表 1-1），可以看到企业腐败、参与造假的巨大危害。

表 1-1 国内外证券市场上市公司十大造假案

上市公司	会计师事务所	造假年份	造假手法	造假金额
美国雷曼兄弟	安永国际会计师事务所	2006 年 2008 年	以"回购 105"或"回购 108"的会计手段粉饰账面	分别隐藏问题资产 390 亿美元、490 亿美元、500 亿美元
美国安然公司	安达信国际会计师事务所	1997—2000 年	各类子公司和合伙公司数量超过 3 000 个，虚夸收入和利润，隐藏的债务高达数 10 亿美元	利用关联交易共虚报 5.52 亿美元盈利
美国施乐公司	毕马威国际会计师事务所	1997—2000 年	虚报营业收入和税前利润	虚报近 30 亿美元的营业收入和 15 亿美元的税前利润
意大利帕玛拉特公司	均富国际会计师事务所	1988—2003 年	伪造文件虚报银行存款，高估的资产举债；利用关联方和设立投资基金转移资金；利用衍生金融工具和复杂的财务交易掩盖负债	在过去 15 年中，帕玛拉特管理层通过伪造会计记录，以虚增资产的方法掩盖累计高达 162 亿美元的负债漏洞
科龙电器	德勤华永会计师事务所	2002 年 2003 年 2004 年	利用编制虚假银行凭证、银行存款与对账单等低劣手段，隐瞒每笔资金的转入转出，同时伪造企业印章，虚构科龙的销售收入，并且通过少提坏账准备、少计诉讼赔偿编制虚假报表	分别虚增利润 1.2 亿元、1.14 亿元、1.49 亿元

上市公司	会计师事务所	造假年份	造 假 手 法	造 假 金 额
金亚科技	广东大华德律会计师事务所	2014 年	虚构客户、伪造合同、伪造银行单据、伪造材料产品收发记录、隐瞒费用支出等方式虚增利润	金亚科技 2014 年年度合并报表虚增营业收入 73 635 141.10 元，虚增营业成本 19 253 313.84 元，少计销售费用 3 685 014.00 元，少计管理费用 1 320 835.10 元，少计财务费用 7 952 968.46 元，少计营业外收入 19 050.00 元，少计营业外支出 13 173 937 元，虚增利润总额 80 495 532.40 元
振隆特产	瑞华会计师事务所	2012 年 2013 年 2014 年	以虚增出口销售单价方式虚增利润，虚增各年利润；调节出成率、调低原材料采购单价以及未在账面确认已处理霉变存货损失	2012 年、2013 年、2014 年分别虚增利润 1962.43 万元、2863.19 万元、2790.56 万元
万福生科	中磊会计师事务所	2009—2011 年	自编营业收入、营业利润、净利润分别为累计 9.89 亿元、1.28 亿元及 1.21 亿元，但若非造假，其真实业绩仅为累计 5.29 亿元、0.13 亿元、0.2 亿元，隐瞒了 2012 年上半年停产的事实	累计虚增收入约 7.4 亿元，即利润、净利润中有 90%、84% 为造假
大智慧	立信会计师事务所	2013 年	提前确认收入、延后确认成本支出等方式	虚增 2013 年度利润 1.2 亿余元
康得新	瑞华会计师事务所	2015—2019 年	持续时间长、涉案金额巨大、手段极其恶劣、违法情节特别严重	账面虚假 150 亿元的现金，虚增利润 119 亿元

资料来源：美国证交会网站、中国证监会网站及《中国会计报》网站。

　　滋生腐败现象的原因众多。腐败呈现出蔓延之势是由于公款支持，而这些公款大多是经企业会计人员之手流入腐败分子手中的，从客观上助长了腐败现象。当然，公款流失的主要责任人是单位负责人，但与企业会计人员屈从压力、不坚持原则以迎合领导心意不无关系。

（二）全国正在开展一场前所未有的反腐败斗争

1. 坚定不移惩治腐败是全党同志和广大群众的共同愿望

　　中共中央在 2012 年十八大报告中明确提出，在全国开展一场反腐败斗争，以确保社会主义市场经济建设顺利进行。要从根本上消除腐败，有赖于经济体制改革和政治体制改革的进一步深化，有赖于社会主义法制建设的健全运行，有赖于市场经济运行机制的完善，更重要的一点就是要对广大党员干部进行廉洁教育，强化廉洁意识。2013 年 1 月 22 日中共中央总书记、中共中央军委主席习近平在中国共产党第十八届中央纪律检查委员会第二次全体会议上发表重要讲话，他强调坚定不移惩治腐败，是我们党有力量的表现，也是全党同志和广大群众的共同愿望。

2. 坚持"老虎"与"苍蝇"一起打

我们党严肃查处一些党员干部包括高级干部严重违纪问题的坚强决心和鲜明态度,向全党全社会表明,不论职务多高,只要触犯了党纪国法,都要受到严肃追究和严厉惩处。从严治党,惩治这一手决不能放松。要坚持"老虎""苍蝇"一起打,既坚决查处领导干部违纪违法案件,又切实解决发生在群众身边的不正之风和腐败问题。要坚持在党纪国法面前没有例外,不管涉及谁,都要一查到底,决不姑息。

3. 加强对权力运行的制约和监督,把权力关进制度的笼子里

要继续全面加强惩治和预防腐败体系建设,加强反腐倡廉教育和廉政文化建设,健全权力运行制约和监督体系,加强反腐败国家立法,加强反腐倡廉党内法规制度建设,深化腐败问题多发领域和环节的改革,确保国家机关按照法定权限和程序行使权力。要加强对权力运行的制约和监督,把权力关进制度的笼子里,形成不敢腐的惩戒机制、不能腐的防范机制、不易腐的保障机制。

(三)维护财经制度,遵守财经纪律,杜绝腐败和不正之风

1. 加强对一把手的监督,遵纪守法

各级领导干部都要牢记,任何人都没有法律之外的绝对权力,任何人行使权力都必须为人民服务、对人民负责并自觉接受人民监督。要加强对一把手的监督,认真执行民主集中制,健全施政行为公开制度,保证领导干部做到位高不擅权、权重不谋私。各级领导干部要把深入改进作风与加强党性修养结合起来,自觉讲诚信、懂规矩、守纪律,襟怀坦白、言行一致,心存敬畏、手握戒尺,对党忠诚老实、对群众忠诚老实,做到台上台下一种表现,任何时候、任何情况下都不越界、越轨。

2. 将外部强制性约束条件"内化"为自觉行动:道德与诚信行为

只有包括企业会计人员在内的所有工作人员树立廉政观念,才能把外部强制性约束条件"内化"为自觉行动,进而从根本上杜绝腐败和不廉洁行为。因此,只有以企业道德规范来武装企业会计人员的头脑,使他们用企业道德来规范、指导自己的行为,逐渐形成企业道德责任感和荣誉感,正确地使用自己的企业权利,忠实地履行自己的企业义务,才能使他们自觉地维护财经制度,遵守财经纪律,有权不搞特殊化,严于律己,清正廉洁。

第二节 道德与社会主义核心价值观

 道德的含义及其发展

18 世纪,以《国富论》闻名天下的英国经济学代表人物亚当·斯密(Adam Smith,1723—1790),在其《道德情操论》中就向世人强调:人在追求自身物质利益的同时要受

道德观念的约束，不可伤害他人，而要帮助他人，人既要"利己"也要"利他"，道德与正义对于社会乃至于市场经济的运行至关重要①。

19世纪西方思想家傅立叶（Fourier）明确指出，伦理协作是普遍的完善，在经营制度上有极其光辉一面；他把物质利益与情感的平衡视为善与美、有益与愉快的关系②。西方国家数百年市场经济发展历史表明：商业伦理道德对市场经济的健康运行具有重要意义。因为诚信与道德是市场经济和企业发展的基石。企业违反诚信规则无异于饮鸩止渴，不仅毁了自己，还会危害社会。

市场经济体系按照价值规律与等价交换原则推动生产要素流动，并且将社会资源优化配置到效益好的项目上去，给企业以巨大压力和内外部动力，实行优胜劣汰。然而，市场经济体系是否有效运作有其前提条件。美国学者大卫·J.佛里彻（David J.Fritzsche）发现至少有三个条件：一是拥有支配私有财产的权力；二是拥有买卖产品和服务的平等自由选择权；三是能获得这些产品和服务相关的准确信息。美国学者理查德·比特纳认为，美国的次贷市场真是一个缺失"上帝之城"秩序的"地狱之城"，"次贷市场的很多经纪商是骗子、流氓、无赖、妓女、恶棍，他们形成了混乱的交易网，反映了交易背后的利益勾连，造成美国次贷危机的真相就是贪婪、欺诈和无知。"③

（一）道德的本质属性

1. 道德的定义与本质属性

道德是一定社会为了调整人们之间相互关系以及个人与社会之间关系所倡导的行为准则和规范的总和。道德以善与恶、是与非、正义与邪恶、荣誉与耻辱、诚实与虚伪等概念来评价人们的各种行为，通过各种形式的教育和社会舆论的力量使人们心里逐步形成正确的思想观念，培养良好的习惯传统，指导和控制自己践行合理与合法的行为。

2. 道德是一种由社会经济关系决定的、从属于上层建筑的社会意识形态

从本质上讲，道德是一种由社会经济关系决定的、从属于上层建筑的社会意识形态。马克思曾经指出："物质生活的生产方式制约着整个社会生活、政治生活和精神生活的过程。不是人们的意识决定人们的存在，相反，是人们的社会决定人们的意识。"④作为社会精神生活之一的道德深深根植于社会经济生活中，为一定社会的经济基础所决定，并为该社会的上层建筑服务。故恩格斯说："一切既往道德论归根到底都是当时的社会经济状况的产物。"⑤

在马克思主义伦理学科学体系中，道德反映了人类社会的一种特殊现象，认为道德是由一定社会的经济关系所决定的，依靠社会舆论、传统习俗和内心信念的约束力量来调整人们之间以及个人与社会之间的行为规范的总和。

① 资料来源：[英]亚当·斯密.道德情操论[M].北京：西苑出版社，2005.
② 资料来源：宋希仁.西方伦理思想史[M].北京：中国人民大学出版社，2004：475-486.
③ 资料来源：[美]理查德·比特纳.贪婪、欺诈和无知——美国次贷危机真相[M].北京：中信出版社，2008.
④ 资料来源：马克思.政治经济学批判导言，见马克思恩格斯选集[M].第2卷.北京：人民出版社，1972：82.
⑤ 资料来源：恩格斯.反杜林论，见马克思恩格斯选集[M].第3卷.北京：人民出版社，1972：134.

（二）道德的特征

道德作为社会意识形态之一，具有与其他意识形态不同的特点。

1. 规范性

道德是调整人与人之间以及人与社会之间关系的行为规范。人本质上是社会人。人生活在世界上，要和他人与社会发生复杂的关系，人们在社会中的行为，均是在一定的社会关系中进行的。作为行为规范的道德，就是指个人与社会应该建立一种什么样的关系，他对社会需要承担什么义务，在处理与他人的关系时应该遵守哪些原则，应该采取什么样的行动，等等。这些都对人们的思想和言行起到一种规范性作用。

2. 非强制性

人与人之间的社会关系非常复杂，除了道德关系外，还有政治关系、经济关系、法律关系等。因此，调整人与人之间的关系，除了道德规范，还有政治规范、法律规范和经济手段。但是道德规范不像法律规范和经济手段那样需要由政党、国家和经济部门专门制定，并由专门机关监督执行。道德依靠社会舆论、传统习惯和人们的内心信念来维持和发挥作用，具有非强制性，是一种内在的内心内化的特殊的规范调解方式。

3. 历史性

所谓道德的历史性是指历史上各种人类道德的出现，都是当时社会经济关系状况的产物，并且总是与特定的历史阶段相适应的，因而总是带有那个时代的社会内容、社会要求和社会特征。从历史发展进程看，人类已经历了原始社会道德、奴隶社会道德、封建社会道德、资本主义道德，现在正处于社会主义道德阶段。

4. 全人类性

所谓道德的全人类性，就人类历史发展的全过程来说，是指不同时代道德体系之间共同的地方；就同一个时代和不同时代的社会关系来说，是指不同阶级或对立阶级道德之间共同的地方以及相互联系之处。历史上各种类型的道德体系都包含着全人类性因素，具有历史的继承性。

5. 社会实践性

道德具有广泛的社会实践性。道德是人类社会特有的现象，是人类有别于其他动物的根本标志之所在。道德贯穿于人类社会的始终。只要有人类社会的存在，就需要有调整人与人之间关系的道德规范。道德遍及社会生活的各个领域，渗透到社会的人与人之间关系中去。道德是人类把握世界的特殊方式，是人类完善并发展自身的社会实践活动。

6. 相对独立性

马克思主义伦理学认为，经济基础是第一性的，道德是第二性的，经济基础决定道德；同时又认为，道德同其他社会意识形态一样，一旦形成之后，便具有相对独立性。道德相对独立性表现之一，是道德与社会经济基础变化的不一致性。道德相对独立性表现之二，是道德意识的发展和社会经济发展水平的不平衡性。道德相对独立性表现之三，是道德有其自身独立的发展历程，在自身发展过程中呈现出历史连续性和继承性。

（三）道德的起源与历史发展

1. 道德的起源

我华夏之先人于远古时代即以"天干地支"作为载体。"天干"承载是天之道，"地支"承载是地之道。天道与地道决定着人道，故设天干地支，以契天地人事之运。又"天干地支"之意义来自于树木：干者犹树之干也，支者犹树之枝也。倘至于行文之中，文之篇如树之干，文之章如树之枝。故全书秉承吾中华"天干地支"用于历法、术数、计算、命名之习惯，以"天干"为文之篇，以"地支"为文之章。天、地、道、德、篇、章与中华传统文化一脉相承，古今相通。

道德的起源问题一直为伦理学家们所重视。历史上曾有一些伦理学家，企图离开人类历史的发展和人们的社会实践，去观察和研究道德现象并寻找道德的起源。他们的观点，大致可归纳为以下四类：

其一，认为道德来源于客观精神和上帝及佛、道、神。

其二，认为道德来源于人类天性、人类同情心等。

其三，认为道德来源于人的自然本性、感觉欲望。

其四，认为道德来源于动物世界。

2. 道德发展的五种历史类型

道德是社会经济状况的产物。道德会随着社会经济状况的变化而不断变化发展。人类社会迄今为止已经先后经历了原始社会、奴隶社会、封建社会、资本主义社会和社会主义社会五种社会形态，与此相对应，道德的发展也划分为五种历史类型：原始社会道德、奴隶社会道德、封建社会道德、资本主义社会道德、社会主义社会道德。

（四）经济人与道德人

1. "经济人"和"道德人"的悖论

在现存的经济理论和实践中，人们总是从"经济人"的角度去看待、管理、要求社会公众，把人的自爱、利己、逐利本性作为经济活动的前提和基础；在现存的道德理论和实践中，人们又总是从"道德人"的角度去看待、管理、要求社会公众，把人的仁爱、利他、为他本性作为道德活动的前提和基础。于是在现存理论和实践中，形成了"经济人"和"道德人"悖论。

2. "道德困境"与"看不见的手"

尽管"经济人"自身的特点决定了它必然会陷入"道德困境"，但人们都希望"经济人"与"道德人"能够走上结合的道路。一方面，"经济人"和"道德人"存在统一的一面。如果经济人的自利行为并不妨碍人类整体利益的实现，那么，这样的"经济人"的自利性特点与"道德人"为他、利他和考虑群体利益的特性不仅不冲突，而且是统一的。同时，从"看不见的手"的原理中可以看出，只要有良好的法律和制度保证，"经济人"在追求自身利益最大化的过程中，会无意识地促进社会公共福利，从而实现"经济人"和"道德人"的统一。也就是说，一个好的社会制度必须具备这样一个特征：纵然被管理者自私自利，一心为自己打算，最终也不得不自动做出有利于社会公益的抉择。

二、社会公德的基本要求与建设途径

（一）社会公德的基本要求：公平与正义

1. 社会公德维护人民大众的共同整体利益

社会公德是指在社会公共生活中为全体公民所公认的、人人都应遵循的起码的公平与正义道德规范的总和。马克思在 1864 年的一次演讲中提出："努力做到使私人关系应该遵循的那种简单的公平道德和正义的准则，成为各民族之间的关系中的至高无上的准则。"①社会公德之所以重要，是因为它维系人们之间的正常社会交往，以及和睦相处，坚持社会公共生活的安定有序，并维护人民大众的共同的整体利益。

2. 社会公德与个人私德对立统一

一般情况下，社会公德与个人私德相对立，前者是与集体、组织、阶级以及整个社会、民族、国家有关的道德，后者则是在个人私生活中处理爱情、婚姻、家庭问题的道德，以及个人的品德、作风、习惯等。虽然两者有区别，但并非绝对对立，在一定条件下能相互转化，对立统一。社会公德产生于人类社会中共同生活的客观需要，人们在社会生活中互相联系、互相依存，彼此之间存在着某些一致的共同利益，社会公德就是这种公共利益的反映。

（二）我国社会公德的基本状况

1. 我国公民整体公德意识较为淡薄

由于历史的原因，我国公民整体公德意识较为淡薄，因此，当前公民道德建设应针对具体情况，以公德建设为基点，提高全社会的公德水平。社会道德的形成需要主客观条件的成熟。只有在一定社会经济形式中，有了人与人、人与集体之间的社会关系，才有可能产生道德。而社会公德的形成和完善，同样依赖于一定的社会经济形式与特定的社会关系。随着社会的文明进步，人们的衣食住行及工作、劳动、交友、娱乐等生活方式发生了翻天覆地的变化，但公民意识、公共意识、公德意识并未随之加强。

2. 我国传统道德重人伦、重礼教，轻公共道德与公共社会生活规范

从客观上讲，我国是传统的农业社会，其基本特征表现为封闭、稳定、保守和民众生活单一。农业经济决定人们的生活交往圈子狭窄，即使在今天，中国广大农村地区的这种状况也未完全改变。而且，在农业社会实行自给自足的自然经济，人们的衣食住行自行解决，绝大多数人的生活内容简单。因此，长期以来，我国传统道德重人伦、重礼教，狭隘的礼仪道德、家规、乡规民约发展完善，而现代社会所需的公共道德、公共社会生活规范却没有发展的土壤。

3. 社会公德发展完善依赖于全体公民养成自觉的社会责任感和义务感

从主观上讲，社会公德的发展完善还依赖于社会全体公民养成自觉的社会责任感和义务感。我国经历了漫长的封建社会，人的社会角色是依特权、等级来确定的。在这种等级制度中，民众是不具备平等身份的社会公民。因此，在权利与义务的关系上，作为臣民、

---

① 资料来源：马克思. 国际工人协会成立宣言. 马克思恩格斯选集 [M]. 第 2 卷. 北京：人民出版社，1972：135.

子民没有自身的权利可言。这种严重不对等的权利义务关系造成的后果是：表面上看，百姓虽无权利意识，却有很强的义务意识；但实际上，百姓被动履行义务，内心产生对无权利的义务的强烈抵触，权利意识和义务意识都被弱化，在一般情况下，社会责任感不足，对许多事情抱着"事不关己，高高挂起"的态度。

三、社会公德的建设途径：培育和践行社会主义核心价值观

1. 培育和践行社会主义核心价值观的内容框架

中共中央办公厅于 2013 年 12 月 23 日印发《关于培育和践行社会主义核心价值观的意见》。该《意见》包括培育和践行社会主义核心价值观的重要意义和指导思想，把培育和践行社会主义核心价值观融入国民教育全过程，把培育和践行社会主义核心价值观落实到经济发展实践和社会治理中，加强社会主义核心价值观宣传教育，开展涵养社会主义核心价值观的实践活动，加强对培育和践行社会主义核心价值观的组织领导。

党的十八大以来，中央高度重视培育和践行社会主义核心价值观。习近平总书记多次做出重要论述、提出明确要求。中央政治局围绕培育和弘扬社会主义核心价值观、弘扬中华传统美德进行集体学习。党中央高度重视和部署，为加强社会主义核心价值观教育实践指明了努力的方向，提供了重要思路。

2. 国家层面社会主义核心价值观：富强、民主、文明、和谐

"富强、民主、文明、和谐"是我国社会主义现代化国家的建设目标，也是从价值目标层面对社会主义核心价值观基本理念的凝练，在社会主义核心价值观中居于最高层次，对其他层次的价值理念具有统领作用。

（1）富强即国富民强，是社会主义现代化国家经济建设的应然状态，是中华民族梦寐以求的美好夙愿，也是国家繁荣昌盛、人民幸福安康的物质基础。

（2）民主是人类社会的美好诉求。我们追求的民主是人民民主，其实质和核心是人民当家做主。它是社会主义的生命，也是创造人民美好幸福生活的政治保障。

（3）文明是社会进步的重要标志，也是社会主义现代化国家的重要特征。它是社会主义现代化国家文化建设的应有状态，是对面向现代化、面向世界、面向未来的，民族的科学的大众的社会主义文化的概括，是实现中华民族伟大复兴的重要支撑。

（4）和谐是中国传统文化的基本理念，集中体现了学有所教、劳有所得、病有所医、老有所养、住有所居的生动局面。它是社会主义现代化国家在社会建设领域的价值诉求，是经济社会和谐稳定、持续健康发展的重要保证。

3. 社会层面社会主义核心价值观：自由、平等、公正、法治

"自由、平等、公正、法治"，是对美好社会的生动表述，也是从社会层面对社会主义核心价值观基本理念的凝练。它反映了中国特色社会主义的基本属性，是我们党矢志不渝、长期实践的核心价值理念。

（1）自由是指人的意志自由、存在和发展的自由，是人类社会的美好向往，也是马克思主义追求的社会价值目标。

（2）平等指的是公民在法律面前的一律平等，其价值取向是不断实现实质平等。它要求尊重和保障人权，人人依法享有平等参与、平等发展的权利。

（3）公正即社会公平和正义，它以人的解放、人的自由平等权利的获得为前提，是国家、社会应然的根本价值理念。

（4）法治是治国理政的基本方式，依法治国是社会主义民主政治的基本要求。它通过法制建设来维护和保障公民的根本利益，是实现自由平等、公平正义的制度保证。

4. 个人社会层面社会主义核心价值观：爱国、敬业、诚信、友善

"爱国、敬业、诚信、友善"，是公民基本道德规范，是从个人行为层面对社会主义核心价值观基本理念的凝练。它覆盖社会道德生活的各个领域，是公民必须恪守的基本道德准则，也是评价公民道德行为选择的基本价值标准。

专栏 1-4

温暖的力量
感人的瞬间

扫描此码   深度学习

（1）爱国是基于个人对自己祖国依赖关系的深厚情感，也是调节个人与祖国关系的行为准则。它同社会主义紧密结合在一起，要求人们以振兴中华为己任，促进民族团结、维护祖国统一、自觉报效祖国。

（2）敬业是对公民职业行为准则的价值评价，要求公民忠于职守，克己奉公，服务人民，服务社会，充分体现了社会主义职业精神。

（3）诚信即诚实守信，是人类社会千百年传承下来的道德传统，也是社会主义道德建设的重点内容，它强调诚实劳动、信守承诺、诚恳待人。

（4）友善强调公民之间应互相尊重、互相关心、互相帮助、和睦友好，努力形成社会主义的新型人际关系。

第三节　职业道德与会计职业道德

一　职业道德的含义与功能

（一）职业道德的含义

1. 职业道德的含义与要求

职业道德，是指在一定的职业生活中所应遵循的且具有自身职业特征的道德原则和规范以及分内应做工作的总和。职业道德规定人们在自己的职业生活中所必须遵循的道德规范，规定人们在职业中"应该"做什么，"不应该"做什么，"应该"怎样做，"不应该"怎样做。换言之，职业道德是从道义上要求人们在其职业生活中以一定的思想、感情、态度、作风和行为去待人接物、处事，明确工作任务，完成本职工作。

2. 职业道德责任与职业工作规范密切相关

何谓职业？职业是指人们在社会生活中所从事的对社会承担一定的职责，并作为自己主要生活来源的具有专门职能的工作。人们的职业生活作为一个历史范畴，并非从来就有，

它是社会分工及其发展的结果，而职业分工的出现与发展，使职业道德的产生成为需要和可能。在此基础上，各职业团体通过其中有代表性的人物的言论和行为示范，逐步建立起各职业人员应遵守的职业道德。职业道德通过公约、守则、条例等形式，促使职工忠于职守，钻研业务和技术，完成工作和任务，服从秩序和领导，团结协作，推动各项事业的发展。

3. 职业道德的推行协调本职业内部和外部社会各方面的关系

职业道德的推行，一方面可以协调本职业和社会各方面的关系，满足社会各方面对本职业的需要；另一方面可以协调本职业内部的相互关系，解决内部矛盾和纠纷，共同完成职业工作，履行职业责任。在我国，职业道德是共产主义道德体系的重要组成部分，是共产主义道德原则与规范在职业行为和职业关系中的特殊表现；同时又受社会公德的约束，体现社会公德的要求。近代西方研究职业道德的学科被称为职业伦理学，包括律师伦理学、教师伦理学、医生伦理学、科学伦理学、管理伦理学。本书研究企业领域中因企业及其会计活动的发生所引起的商业伦理道德、社会责任及其发展变化的规律，即"商业伦理与会计职业道德"。

（二）职业道德的特点

职业道德作为职业生活领域特殊行为的调节手段，具有以下特点：

1. 鲜明的行业性

职业道德和职业生活是密切相连的，它具有鲜明的职业和行业的特点。职业道德是人们在其职业活动过程中形成的特殊道德关系的反映。各行业都有自己特殊的道德规范、活动内容和活动方式，所以行业性是职业道德最显著的特点。

2. 范围的有限性

职业道德的适用范围不是普遍的，而是特殊的、有限的。其约束的对象是一定职业活动的从事者，超出这个范围，对他人行为就不具有道德调节作用。

3. 形式的多样性

由于社会分工的不同，人们所从事的职业多种多样，职业道德呈现多样性，以规章制度、工作手册、服务公约、公规民约等多种简明适用、生动活泼的形式教育和约束本职业的人员。

4. 稳定的连续性

由于职业道德和职业劳动、职业要求紧密结合，因此，道德有较强的、稳定的连续性。这种稳定的连续性常常表现在世代相传的职业传统中，形成人们比较稳定的职业道德、职业心理和职业习惯。

总之，由于职业道德具有以上特点，所以职业道德能够对人们的行为活动发生经常性的、深刻的影响，形成强大的职业道德力量，促进各项事业的发展。

（三）职业道德的积极作用

职业道德对于社会发展有着重要的积极作用。

1. 职业道德是推动物质文明建设的重要力量

为了建设物质文明，人类社会形成了严密的分工和协作关系。各行各业的分工和协作，都直接或间接地影响着社会物质文明建设。怎样才能保证人们自觉地做好本职工作，为建设社会主义物质文明尽职尽力呢？职业道德起着特殊的、重要的作用。职业道德的基本要求是"忠于职守"。当人们确立了相应的职业道德观念，并且转化成人们自己的信念、良知、义务和荣誉感，形成高尚的思想觉悟和精神境界时，就能比较正确地认识和处理个人与社会、本职业集体与其他职业集体之间的关系，在自己的岗位上尽职尽责地工作，只有这样，国家和民族的物质文明建设才可能硕果累累；相反，如果一个社会、一个国家的公民职业道德观念淡薄或不讲职业道德，不能很好地履行自己的职责，那么国家和民族的物质文明建设就会停滞不前。

2. 职业道德是形成和改造社会风尚的重要因素

社会风尚是人们精神面貌的综合反映，归根到底是现实社会关系的综合反映。职业道德要求人们在从事职业活动时，把正确认识和处理人与人之间的关系放在重要位置。一方面通过职业活动创造物质财富，另一方面为建设精神文明承担自己应尽的义务。各种职业都有特殊的权力和义务。如果人们有高尚的职业道德，能够正确地认识和使用自己的权利，履行自己的义务，能够遵循自己的职业道德规范，那么就可能在从事物质资料生产的同时，培养出良好的社会关系和社会风尚。相反，如果人们不遵守职业道德，就可能在从事物质资料生产的同时，不自觉地产生尔虞我诈、制假贩假、不择手段、追逐名利等各种不良社会风尚。当然，在阶级社会里，社会风尚归根到底是由经济关系决定的。但是，职业道德对社会风尚的作用是不容抹煞的。

3. 职业道德可以促使人们自我完善

一个人是否成才，是否对社会有贡献，主要依靠其在职业生活实践中的学习和锻炼。职业道德是人们职业生活的指南，对人们的思想和行为产生深刻和经常性的影响。职业道德规定了具体职业的社会责任，指导人们在具体的职业岗位上确立具体的职业生活目标，选择具体的职业生活道路，形成具体的人生观和职业理想，培养具体的职业道德品质。

历史和现实生活告诉人们，一个人能否成才常常不在于是否有优越的客观条件，而在于是否有高尚的职业道德。有些很有才华的人之所以昙花一现，一个重要的原因是他们不注重职业道德修养；而一些本来资质平凡的人之所以能对人类社会有较大的贡献，其中重要的原因是他们长期注重职业道德的锤炼。

会计职业道德的含义及特征

（一）会计职业道德的含义及特征

所谓会计职业道德，是会计职业中因会计活动引起的道德现象以及由此归纳出来的职业道德理论的总称，是从事会计工作的人员在履行职责活动中应具备的职业道德品质。它是调整会计人员与国家、会计人员与不同利益和会计人员相互之间的社会关系及社会道德规范的总和，是基本道德规范在会计工作中的具体体现。它既是会计工作要遵守的行为规范和行为准则，也是衡量一个会计人员工作好坏的标准。不难看出，会计职业道德与会计活动，或者说与会计行为紧密相连，会计职业道德的特征也必然与会计工作的特征息息相关。我国社会主义初级阶段的会计工作有哪些特征呢？对于这个问题，我们应该从三个层次来认识。

1. 会计工作的一般特征

会计长期存在和发展的历史表明，会计与社会生产有着密切的联系，它是人们对生产活动进行管理的客观需要。从这个角度讲，会计工作具有如下特征：

（1）综合性。会计实质上是对劳动耗费和劳动成果进行的考核和控制，也就是说，从观念上综合各种实物形态运动；同时，会计借助于价值形式，即以货币为主要的计量尺度，对价值运动和使用价值运动进行核算、监督，因而具有高度的综合性。

（2）系统性。会计从时间上对每一项经济业务进行先后记录，从空间上对再生产过程各个环节进行严格的核算和控制，从而形成一个多层次、多单元、一环扣一环的加工整理，以提供财务信息为主的经济信息系统，具有较强的系统性。

（3）广泛性。有经济活动的地方都需要会计。会计无所不在、无处不在，涉及社会经济生活的各个方面、各种实体和众多单位，因此具有极大的广泛性。

（4）效益性。会计工作的产生和发展是由节约劳动时间规律所决定的，其核心是加强经营管理，提高经济效益，是为了以最小的投入实现最大的产出。因此，效益性是会计工作的内在要求和根本目的。

（5）独立性。马克思认为，会计最初是作为"生产职能的附带部分"。后来，生产力发展到一定水平，出现了剩余产品，会计才"从生产部门中分离出来，成为特殊的、专门委托的当事人的独立的职能"。会计工作具有相对独立性，它必须不受外来干预，客观如实地考核价值运动，实现对使用价值运动的控制，从而促进再生产过程经济效益的不断提高。

2. 会计信息的质量特征

会计的目标是提供信息，帮助投资人和债权人进行正确的经营决策。满足这种需要，便成为组织会计核算、编制会计报告的基本目标。换言之，会计信息的有用性，即会计信息对经营决策的有用性，也就成为会计工作的焦点。为了更好地完成会计任务，实现会计目标，我们很有必要研究会计信息的质量特征。

会计信息的质量特征指的是提供给投资人和债权人等外部使用者的财务报表，必须具备有用的决策信息和有利于管理的特征，具备各种有用的会计信息的诸多因素相结合的有机特征。

（1）会计信息的最高质量是"决策有用性"。决策的有用性体现在信息的相关性和可靠性两个方面。相关性是指与决策有关、具有改变决策能力的特征，凡是相关的信息必须具备预测价值、反馈价值和及时性；而可靠性是指确保会计信息能防止偏差和免于错误，且能忠实反映其意欲反映的现象及其质量特征。凡是可靠的会计信息必须具有反映的真实性、一定的中立性和多次的可核实性。

（2）会计信息的次要质量是可比性和一致性。可比性指的是可使信息使用者从两组或多组经济信息中区别其异同的质量特征。一致性指的是一个独立的企业和会计个体在各个时期应使用相类似的计量政策和方法，或指不同的企业应使用相同的程序。会计报表所提供的信息还要受重要性原则和成本效益原则的约束。此外，还应提高会计信息的可理解性，会计信息的可理解性是信息质量和信息使用者之间的纽带。可理解性强的会计信息能扩大会计信息使用者的范围，提高会计信息的使用效益。

会计信息质量特征的层次性要求，也是会计信息必须达到的最低要求。

3. 社会主义会计特征

由于社会再生产过程性质的两重性，我国会计较之西方会计有如下新的特征：

（1）先进性。马克思明确指出："过程越是按社会规模进行……作为对过程控制和观念总结的簿记就越必要。因此，簿记对于资本主义生产，比对手工业和农业的分散生产更为必要。对公有生产，比对资本主义生产更为必要。"[①] 社会主义会计的范围涉及整个社会，强调社会整体利益。我国会计无论在广度上，还是在深度上，较西方会计都应有较大的变化和突破。

（2）政策性。我国会计必须遵守国家的法律制度，执行党和国家的方针、路线、政策，依法办理财政、财务收支，维护国家和人民大众的利益，促进国民经济健康发展。

（3）统一性。我国对会计科目、会计报表、账务处理程序、成本管理、工资管理都有相对统一的规章制度，每一个单位的会计都应遵守执行，从而有利于整个社会范围的会计信息的处理、收集，满足国民经济宏观管理的需要。

（4）群众性。民主理财是我国会计工作的一项创造，也是党的群众路线的优良传统在经济管理工作中的具体应用。在我国，人民群众是国家的主人、企业的主人，因此，在生产经营过程中必须依靠群众，从各个方面、各个环节挖掘增产节约、增收节支的潜力，调动广大人民群众建设社会主义的积极性，实施生产经营活动的最佳经济效益。

4. 会计职业道德的特征

道德是从社会与经济生活之内的会计活动中提炼出来的，因而前述会计工作的特征，必然对会计职业道德的特征产生直接影响，还会体现道德与职业道德的特征。具体地说，会计职业道德的特征体现在以下几个方面：

（1）内容的一致性。一方面，在我国社会主义社会，由于生产资料公有制，会计工作成为社会经济工作的重要组成部分，会计人员成为会计职业的主人、社会的主人，会计人员的个人利益、职业利益和社会利益是一致的。这导致会计职业道德和社会主义社会道德的一致性，因而导致会计职业道德与共产主义道德的一致性。另一方面，在社会主义社会，会计人员的职业活动不是为了个人利益，他们受国家或集体的委托从事会计工作，其目的是为了满足社会和人民群众的需要，故个人利益能在社会和人民需要中实现。因此，会计工作的目的与会计职业道德对会计人员的行为要求也是一致的。

（2）法律的制约性。会计职业道德与会计法规有诸多职能上的区别。前者要求会计人员"应该怎么做"，是一种道德意识中的内心感受，而后者要求会计人员"必须怎样做"，是一种对禁止性后果的确认，是一种外在的强制力量。应该看到，会计职业道德通过《会计人员职权条例》《会计基础工作规范》等形式和其他规章制度被固定下来，从而也含有"必须这样做"的内在规定性。在会计工作中，如果不按"条例""规范"等"必须这样做"，虽然算不上违法，但却是违纪，并且在舆论上将受到同事和社会的批评、谴责，而且往往

---

① 资料来源：马克思. 资本论 [M]. 第二卷. 北京：人民出版社，1975：152.

会受到组织上的行政或经济处罚，这就属于对禁止性后果加以追究的范围，从而使会计职业道德亦具有法律的约束性，当然并不是惩罚。

（3）稳定的连续性。会计职业道德在内容上与会计工作的要求和会计工作实践是紧密结合的。在长期的会计工作中，会形成一种比较成熟的职业品质，并且在一段较长的时间内，这些道德的性质和方向会保持不变。例如，任何社会的会计人员都希望自己正直廉洁，这一点很少成为其他职业者的标准。会计人员这种行为方向的稳定性决定了会计职业道德的连续性，这种连续性表现为世代的会计传统、会计习惯和会计风格，正是这种稳定连续性使会计实现由低级向高级、由不完善向完善的发展和演进。

（4）广泛的渗透性。从纵向来看，会计职业道德随着会计行为贯穿人类社会的始终，渗透到人类社会的各个发展阶段。由于生产的社会化程度越来越高，因此，对会计行为的管理、控制越来越重要，作为会计行为的精神控制手段的会计职业道德也就越来越有倡导和推行的必要。从横向来看，会计职业道德渗透到同一历史时期的各个国家和地区，而不管这些国家和地区是社会主义性质，还是资本主义性质。会计职业道德还渗透到各个工商企业、行政单位、事业团体以及每一个独立核算单位，对这些单位的会计工作产生重大影响。会计职业道德还渗透到每个公民，特别是渗透到会计人员的头脑中去，形成他们的会计职业道德意识，培养他们的会计职业道德习惯，从而达到规范其会计职业道德行为的目的。

（5）经济的实践性。与其他道德相比，会计职业道德全面、深入、系统地扎根于社会与经济生活最基层的价值运动中去，与社会经济实践活动总是密切地联系在一起，有经济活动的地方，就存在着会计职业道德；会计职业道德起源于、总结于经济实践，又作用于、运用于会计实践。会计职业道德对于经济实践来说，是保证社会再生产过程有效运行的最有价值、最"经济"的工具。会计职业道德不必消耗物质材料，不必开展大规模活动，不必花费大量成本，只需武装人们的思想观点，即可自发约束人们的心灵深处，践行合理合法的有效行为。

从深层次来看，会计职业道德的终极目的，是为了不断促进社会生产力的发展，是为了实现社会经济实践活动的最佳经济效益。因此，从这个意义上讲，会计职业道德是提高社会经济效益的社会道德。会计职业道德的长久生命力很大程度上就在于会计职业道德具有其他道德所不能具备的经济的实践性，这也是会计职业道德具有重大社会作用的根本原因。

（二）会计职业道德的职能

在这里，研究会计职业道德的职能是指对会计职业道德的功能和效能所做的历史分析。会计职业道德的职能是多方面的，其中主要包括：

1. 调节职能

对会计职业道德来说，调节是其基本职能。会计职业道德的调节职能指的是会计职业道德具有纠正人们的会计行为和指导社会经济实践活动的功能。会计职业道德的调节职能是以使企业和人们的经济行为实现由"现有"到"应有"的转化为目标。

我国还处在社会主义初级阶段，会计工作中仍然存在着各种复杂的关系和矛盾，集中表现在：会计人员之间、会计人员与其他工作人员之间、会计人员与集体和国家之间的关系上；会计管理部门和基层单位之间、会计工作的负责人和一般职员之间的关系上。

随着对外开放的不断扩大，会计工作的相互关系更加多样化、复杂化，产生许多新的矛盾，如中外合资企业中不同利益代表的会计人员之间的关系，经济责任制推行中的责任会计和财务会计之间的关系，乡镇企业、个体经营单位会计面临的问题和矛盾，现代会计工作的社会化、群众化和个人理财活动的关系和矛盾，宏观会计管理和微观会计管理的关系与矛盾，个人在会计改革中的独立思考与集思广益的关系与矛盾。以上如此众多的关系和矛盾，除了按党的政策，依照国家颁布的财经会计法规调节解决外，还必须从根本上依靠共产主义道德，尤其是运用会计职业道德进行调节解决，理顺会计工作中人与人之间的关系，建立正常的工作秩序。

2. 导向职能

如上所述，会计领域中客观存在着很多关系和矛盾。为了正确处理会计领域内外的各种关系，合理解决各种矛盾，必须明确正确的方向，接受正确的指导，简言之，就是要有一个好"向导"。在社会经济生活中，会计职业道德就扮演着指导人们会计行为方向的"向导"角色。社会主义会计职业道德可以指导社会公民和会计人员自愿地选择有利于消除各种矛盾、调整相互关系的会计职业道德的行为，避免相互之间矛盾的产生与扩大，解决、缓和已产生的矛盾，改善会计领域内人与人之间、个人与国家之间的关系，促使会计人员协调一致、保质保量、及时地完成会计工作。同时，会计职业道德通过社会舆论和会计人员的职业道德表现、影响和引导会计科学的发展方向。会计领域中大量生动的事实表明进步高尚的会计职业道德能够促进和影响会计科学研究沿着有利于社会、有利于绝大多数人民群众利益的方向发展。

3. 教育职能

会计职业道德教育职能是指会计职业道德具有通过造成社会舆论，形成会计职业道德风尚，树立会计职业道德榜样等方式，来深刻影响人们的会计职业道德观念和会计职业道德行为，培养人们的会计职业道德习惯和会计职业道德品质。其重大意义在于，会计职业道德教育职能可以启迪人们的会计职业道德觉悟，培养人们践行会计职业道德行为自觉性和主动性。

会计职业道德教育职能与调节职能、导向职能联系在一起，是相互渗透的。会计职业道德在社会生活中要能调节、导向人们的会计行为，就必须重视会计职业道德教育职能，使会计职业道德在社会成员个人的意识中稳定下来，并转化为人们的自觉意识和行为的准则。因此，一方面，会计职业道德教育职能是导向职能、调节职能的前提和基础；另一方面，会计职业道德教育职能的发挥，是通过对人们的行为进行会计职业道德调节和会计职业道德导向来实现、检验的。

4. 认识职能

所谓会计职业道德认识职能，指的是能够通过会计职业道德判断、会计职业道德标准和会计职业道德理论等形式，反映会计人员同他人、社会的关系，向人们指明会计人员在与现实世界的价值关系中的取向，提供进行会计职业道德选择的知识。会计职业道德认识所获得的这些知识，通常会转化为人们的内心信念，成为人们在感情上对某种会计职业道德关系和会计职业道德行为的必然性的确认。

会计职业道德的可靠性在于：与其他道德一样，会计职业道德能够通过"评价—命令"方式推动人们的会计行为从"现有行为"向"应有行为"的转化，把握经济实践活动的客观必然性和历史发展的脉搏。会计职业道德认识职能的直接意义，是其能够帮助人们提高对会计、会计学、会计工作、会计地位、会计人员等一系列重大会计问题的正确认识水平，为践行会计职业道德行为做好准备。

5. 促进职能

会计职业道德促进职能具有两方面含义。一方面，会计职业道德对于会计行为的实施者——社会公民和会计行为的记录分析者——会计人员有这样一种能力，即会计职业道德能促使人们从善而行之，促使他们的人格不断升华，精神不断完善，而且会计职业道德评价、盛赞以及内心世界的肯定又能加速这一升华的进程，不断塑造一代又一代忠诚的永远尽职的会计卫士。另一方面，会计职业道德对提高社会道德水准有强大的能量，能产生积极影响，这表现在以下三方面：

第一，会计职业道德通过会计人员参加各种社会活动直接影响社会道德。这是因为，会计人员确立了社会主义会计职业道德观念，并转化为自己的内心信念、义务感和职业荣誉感，形成共产主义精神境界和思想觉悟，这样在职业生活和社会生活中就能正确处理个人与个人、个人与社会的关系，自觉约束自己的行为，避免和减少与他人、社会的矛盾冲突，而且还能通过道德活动，对社会公共生活中的道德行为加以褒奖、肯定，对非道德行为予以揭露、贬斥，从而形成强大的社会舆论，影响社会公共生活，推动社会道德水准不断提高。

第二，会计职业道德通过会计人员与服务对象的接触和联系，间接地影响社会道德。会计人员在理财过程中讲究会计职业道德，就可以用高尚的、有利于他人与社会的态度和行为去待人接物、办事处世，以优质服务和严格管理取信于民，在广大人民群众中展现自己的好作风、好风格、好品德。

第三，会计职业道德可以通过会计人员的家庭生活影响社会道德。会计人员形成高尚的职业道德之后，也会将其优秀品质带入家庭生活，影响家庭生活中的道德，形成尊老爱幼的良好家风。同时，也会影响邻里和社会一般人际交往关系，影响公共场所的道德风气，促使人们礼貌待人、和睦相处、遵纪守法、助人为乐，有利于促进社会风气的根本好转。

三、 商业伦理与会计职业道德的关系

商业伦理与会计职业道德之间存在着千丝万缕的关系，它们既相互联系，又相互区别。

（一）商业伦理与会计职业道德的联系

具体来说，商业伦理与会计职业道德的联系主要体现在以下两个方面：

第一，商业伦理的研究内容包含了会计职业道德的研究内容。商业伦理研究的内容是商业道德，商业道德的内容比较广泛，包括企业内外关系中形成的各种伦理，而会计职业道德研究的内容是关于会计核算、管理、披露等各方面的伦理关系，它包括在商业道德的

内容中。同时，会计职业道德需要从会计职业道德规范的建设、会计职业道德评价和会计职业道德品质的塑造入手，也要从制度、企业及其他组织和个人方面入手，进行会计职业道德的研究。

第二，商业伦理一般规范可以指导会计职业道德。商业伦理形成的一般规范，在会计领域的会计活动中也可起到相应的作用，商业伦理需要完成的使命同样也适用于会计职业道德。

（二）商业伦理与会计职业道德的区别

商业伦理与会计职业道德尽管有许多联系，但会计职业道德与商业伦理不能等同，两者也有一定的区别，在研究内容、含义上两者并不相同（前已论述）。对于两者的理解，将会对实际工作产生重要的影响。

第四节 契约经济、道德契约与信用机制

 ## 一 市场经济是契约信用经济

（一）市场经济活动与企业行为通过契约（合同）来确认和实现

1. 企业伦理特征是企业履行与利益相关者长期隐含契约的客观内在要求

从契约论的角度讲，企业具有的伦理特征是企业履行与利益相关者的长期隐含契约的客观内在要求。我们发现，人类社会、经济体系及企业的进步和发展与企业是否合乎伦理的经营观念及行为息息相关、密不可分。为了使市场经济中的利益驱动合理合法，保证市场运作能够按公平、公开、公正原则进行，并能真正发挥义利共生理论的作用，应该用道德契约规范市场各方面主体行为，建立强有力的信用机制，从而优化企业伦理道德环境。

2. 市场经济中的交易活动都是通过契约（合同）来确认和实现的

市场经济从这种意义上说是契约信用经济。契约道德是市场经济重要的道德基础。据工商行政部门统计，目前我国经济契约的签约率仅为63%，而履约率仅为50%，这在世界上也是很低的。签订契约和履行契约的基础是契约道德，即通常所说的信用。契约失效就是经济失信。因此，企业伦理道德中的一个重大问题就是如何确立守信。

（二）市场经济秩序混乱深层次原因是没有道德约束的可怕人心

1. 市场经济秩序混乱，重要原因之一是企业伦理道德缺失

目前，市场经济秩序混乱，重要原因之一是企业伦理道德缺失，而企业伦理道德缺失尤以契约道德缺乏最为明显。"三角债"就是例证，利用资产重组、债务重组、关联方交易等造假。在一段相当长的时间内，人们将市场经济视为"逐利经济"，只知道逐利，不讲究规则，甚至无视道德与法律。不受任何约束的利益驱动是造成市场秩序混乱的根本原因，

不仅要从道德根源上分析，而且要从制度根源上分析。

2. 道德败坏后可怕的人心才是所有社会问题的毒根

企业伦理道德缺失是市场经济秩序混乱的深层次原因。经济体制转型期间市场秩序失控后没有道德约束的可怕人心，才是一切社会问题的毒根。世界上各种社会问题层出不穷、危机四伏，人类不知从自己的本性上找原因，总是愚蠢地从社会的表现上找出路。这样一来，人类怎么也想不到自己制造的所谓"出路"，正在自我封闭，由此更无出路，随之带来的新问题会更多。

（三）道德契约的规范性要求

在市场经济中，经济活动所依据的契约（合同）从本质上讲是道德契约。图 1-1 显示了企业道德契约的关键问题。道德契约的规范性要求如下：

（1）买卖是建立在交易各方意见一致的合意基础上的。契约对所有当事人都有约束力，各方必须对自己的行为负责，必须信守。

（2）买卖是交易各方在地位平等的基础上，按各自的意志自由选择的结果。任何第三者包括国家在内，都必须尊重当事人的自由意志。

（3）改善实现道德契约的环境。这既需要公平竞争的客观环境，也需要法律的保护。只有在充分竞争的环境里，契约道德才能被人们普遍接受。

只有在这样的条件下，谁遵守契约，谁就能从交易中获得最大效用；反之，谁不遵守契约，谁就会被淘汰。

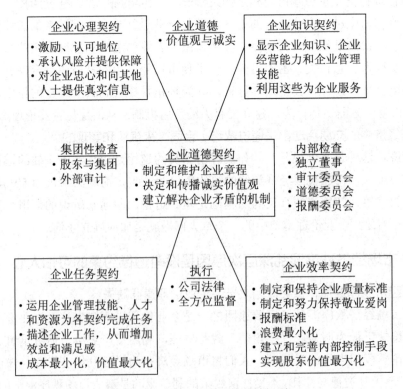

图 1-1　企业道德契约的关键问题

二、利益驱动是市场经济的直接表现

（一）市场对道德的双重作用是通过利益驱动来实现的

1. 利益驱动激发每个人对功利价值的追求

摆脱狭隘的宗法性共同体束缚的独立个人，在缺乏适当社会规范的条件下，很容易走向个体本位。个体本位的过度发展，势必造成社会生活的无序性和个体主义泛滥，其结果是对他人和社会利益的漠视。我们不能说，利益驱动本身必然带来这些负面影响，但它在缺乏约束的条件下容易诱发不道德和反道德行为。会计假账就是这种负面效应的综合表现。

2. 利益驱动，说到底就是金钱驱动，但必须权衡利害得失

当今社会普遍崇尚个人利益至上，追求金钱万能。在现代市场经济条件下，没有金钱很难办成一些事，但金钱绝对不是万能的。任何一种经济体制都是一种伦理道德和文化体制，实际上都蕴涵着某种伦理道德规范和标准。从市场经济的运行来看，利益驱动是市场机制的必然表现。从个人来看，利益驱动是个人成为商品生产者或者商品交换者必须遵循的。为了最大限度实现个人的商品交换价值，必须权衡利害得失，以经济利益作为交换活动主要准则。

（二）企业应该通过诚实守信获得利润

1. 企业必须通过诚实劳动、优质的产品和服务获得利润

在激烈竞争的市场经济中，利润维系着每一个企业的命运，企业应该通过诚实劳动、优质的产品和服务获得利润。然而，贪婪愚昧使人忘记本性。在现实中，有的经营者为了追求利润，不惜采取各种非法途径去达到目的。制假贩假、欺诈行骗、商业贿赂、行业垄断等不正当竞争行为，犹如商海里的一股浊流，加之会计假账广为泛滥和会计信息大量失真，严重败坏了社会风气，极大扰乱了市场经济秩序。

2. 违背伦理道德的竞争获利也许能躲过一时，但不可能持续稳定发展

这些无视伦理道德准则、违反法律法规、不顾公众利益的企业和个人有时可能会侥幸获得"成功"，骗取短期与局部利益。但当那些权谋诡计昭然于天下之时，也就是其失败之际。违背伦理道德的竞争也许能躲过一时，但逃不过永远。不择手段的渔利也许会在商战中偶尔赢得一个回合，却不可能在市场大潮中站稳脚跟。

三、有序竞争与企业信用管理机制构建

（一）规范市场行为必须履行契约，必须讲究信用

1. 当务之急是启动全社会的企业与个人信用机制，建立信用档案

有契约而不履行，就是不守信。"信"是一种德行和道德规范。为了规范我国经济生活，当务之急是启动全社会的企业与个人信用机制，建立企事业单位及个人信用档案，为

有序竞争创造条件。"市场经济的本质就是信用经济，诚信问题不解决，我国经济体制的改革就难以为继，与国际规则接轨、防范金融风险更是一个遥远的话题。西方发达国家用了一百多年的时间才建立起较为成熟的社会信用体系，我国正处于经济转轨最关键也是最艰难的时期，建立社会信用之路任重而道远。"①

2. 信任代表着一种社会交往模式，维护社会公共生活

信任，作为一方对另一方的期待，本身就蕴含着一方对另一方的评价。信任是一种主体评价，代表着一种社会交往模式。在市场经济发达社会，信用概念不是超功利，却又有信任、期待对方的含义。但这种信任要有一定物质作保证，它同纯粹道德范畴的"信"的区别在于，是从功能分析的视角去把握的。

在人类社会中，对他人的期待是社会公共生活中所不可缺少的，否则公共生活不可能存在。但这种期待的实现可以有两种方式：一种是通过外在机制来实现，即采取以法律的和社会的制裁的方式来强制实施某些规则。在这种情形下，期待总是比较容易获得回报。另一种方式则是靠内在机制通过信任来实现。但后者所起的作用是有限的。有时，无论是道德范畴意义上的信任还是经济学功能分析形成的信用都会失灵，这时期待便会落空，便会产生信用危机。

（二）我国企业信用管理制度建设势在必行

1. 改善企业信用状况的关键在于有效的制度安排

在当前我国的市场经济条件下，竞争似乎与信任格格不入。谁都对自己今后的命运缺乏信心，往往采取捞一把就走的心态。市场上充斥着以假充真、以次充好，甚至一锤子买卖。竞争取胜变成欺诈取胜。如果竞争是健全而有序的，它就应当以优质产品取胜，淘汰劣质产品。这样的竞争自然会同信任联系在一起，竞争与信任可以互为作用的。企业信用的缺失和不足，不仅构成企业自身发展巨大障碍，而且直接影响社会主义市场经济健康发展。然而，改善企业信用状况的关键在于有效的制度安排。

专栏 1-5

国务院关于印发《社会信用体系建设规划纲要》的通知

扫描此码　深度学习

2. 加强企业信用管理制度建设应成为社会信用管理体系建设的重中之重

推进我国企业信用管理制度建设，需要各部门密切配合、通力协作，制定各项政策措施，建立运行机制，完善运行环境。

我国企业信用管理的核心制度应主要包括：抓好政府、企业、社会信用中介服务机构这三大主体信用建设；以建立明晰化的产权制度和个人信用制度为突破口，坚持法德并举；加强信用人才培育工程。这些是重要的制度安排，对建立企业信用管理体系发挥着关键性作用。

---

① 资料来源：饶邦安．林毅夫等知名人士放言，建立信用制度势在必行．决策与信息 [J]. 2002（05）：2—3.

第五节　商业伦理学研究内容、任务与方法

　　20 世纪 50 年代末至 60 年代初，美国出现了一系列企业经营丑闻，包括受贿、规定垄断价格、欺诈交易、环境污染等。公众对此反应强烈，要求政府对此进行调查。1962 年，美国政府公布了一份报告——《对商业伦理及相应行动的声明》。20 世纪 70 年代初期，美国企业越来越多地卷入非法政治捐款、非法股票交易、行贿受贿、弄虚作假等活动，人们感叹企业中相当一部分管理者已经道德沦丧，由此引发了大众对商业伦理与企业社会责任问题的关注。

 商业伦理的主要功能

　　商业伦理，又称商业伦理道德或企业道德，是商品经济高度发达的产物，是企业在频繁的商业活动企业中遇到的一个个社会问题的道德规范与自我约束的总和。广义的商业伦理包含了相当多的内容，但对于商业伦理的含义和范围的理解，实际和理论存在一定的差异。零点调查集团曾经对北京、上海、广州 300 家企业负责人进行了商业伦理指向的随机抽样调查（见表 1-2）。

表 1-2　商业伦理包含的意义（多项回答）

项　　目	样　　本	百分比（%）
行业规范	100	33.33
职业道德	218	72.6
企业文化	72	24.0
经营哲学	81	27.0
其他	9	3.0
样本总计	300	100.0

资料来源：苏勇，等.管理伦理学教学案例精选[M].上海：复旦大学出版社，2001.

　　表 1-2 表明，商业伦理包括的主要内容是职业道德，其次是行业规范、经营哲学、企业文化等。在该调查中，对商业伦理几方面含义的理解见表 1-3。

表 1-3　对商业伦理几方面含义的理解

含　　义	样　　本	百分比（%）
行业规范	20	6.7
职业道德	118	39.3
行业规范 + 职业道德	30	10.0
企业文化	14	4.7
行业规范 + 企业文化	2	0.7
职业道德 + 企业文化	15	5.0

含　　义	样　　本	百分比（%）
行业规范＋职业道德＋企业文化	5	1.7
经营哲学	24	8.0
行业规范＋经营哲学	3	1.0
职业道德＋经营哲学	11	3.7
企业文化＋经营哲学	7	2.3
行业规范＋职业道德＋经营哲学	3	1.0
行业规范＋企业文化＋经营哲学	1	0.3
职业道德＋企业文化＋经营哲学	3	1.0
行业规范＋职业道德＋企业文化＋经营哲学	29	9.7
总计	300	100.0

资料来源：苏勇等.管理伦理学教学案例精选[M].4页.上海：复旦大学出版社，2001.

由表 1-2、表 1-3 可以看到，有 39.3% 的人将商业伦理与职业道德完全等同起来，有 72.6% 的人认为职业道德是商业伦理主要构成部分。这表明虽然人们对商业伦理认识还不一致，但绝大多数人认可职业道德在商业伦理中所起的重要作用。

（一）导向功能

商业伦理对企业的发展会产生多方面的作用。商业伦理是正确处理企业与社会以及生态环境之间关系的指导原则。一个企业成功的关键在于是否具有良好的商业伦理，商业伦理具有将自己获取利益的行为与人的协调发展、社会整体利益的进步以及稳定的可持续发展等价值导向协调的功效。

企业的决策是指为企业未来的发展指明方向、确定目标以及企业为实现自身发展所必须采用的方法以及手段的基本决定。在企业决策中如果缺乏商业伦理，就会只追求自身的经济利益，忽视社会利益和环境保护，就会产生严重外部不经济和严重的生态环境破坏问题。

（二）凝聚功能

商业伦理所具有的凝聚功能在很多方面都有体现，可以将企业员工的需求和期望进行规整，让企业成为一个亲密无间的命运共同体，从而使员工从内心中感受到企业的温暖，进而将自身利益与企业的发展紧密联系在一起，并为了共同的目标而不懈奋斗。商业伦理还有助于在社会公众中形成良好的社会形象，扩大企业的社会影响力，从而与其所赖以存在的社会环境和谐相处。

商业伦理还有助于企业内部管理者与员工之间的沟通，使企业决策能够得到贯彻执行。我国的儒家传统就侧重于从管理者的心性上下功夫，重点在于通过管理者自身的规范行为来进一步督促下属的行为。拥有公正、廉洁、进取等良好道德品格的管理者，将有助于其管理权威的提升。

（三）规范功能

企业管理者如果想有效实现企业目标，就必须对个别员工的越轨行为进行规范。以前，我们较多地强调他律，也就是外在规范，这种规范模式将被管理者视为工具人，忽视了人的尊严以及个人权利，忽视了人的精神追求和自我实现，具有明显的局限性。和硬性的规章制度相比，软性的商业伦理具有多方面的优越性。商业伦理可以将规范转变为员工的自我信仰，会让员工按照伦理要求自我约束、自我规范和自我评价。通过商业伦理将行为规范内化，还可以让员工在遵守伦理规范的过程中产生自豪感和满足感。

（四）激励功能

管理心理学认为，人们对自己行为的社会意义认识得越清楚，工作就越有勇气和信心。以前企业管理单纯强调物质激励的有效性，忽视了物质激励的负面性，其结果导致人们畸形追求物质利益以及物欲的恶性膨胀。商业伦理为企业员工提供了新的精神追求和人格提升，从而使员工素质不断提升，并且激发出强大精神力量和工作热情，进而达到良好管理绩效。而且这种内在的激励作用强大而持久，可以强化人的意志，激励员工不断克服工作中的困难，不断超越过去的工作成绩，有效实现组织目标。

商业伦理的评价层次与研究内容

（一）商业伦理的评价层次

商业伦理研究商业道德这一特定的社会现象，不仅要研究善恶规范及其作用、形式，而且要研究商业道德规范的建设、商业道德评价和商业道德品质的塑造等。美国堪萨斯大学教授理查德·T. 蒂·乔治把商业伦理研究内容划分为三个层次：

①对经济制度进行道德评价；

②对商业行为进行道德评价；

③对个人行为进行道德评价。

乔治的这种内容规定与广义的商业伦理道德是一致的。我们认为，商业伦理的研究内容的确定应充分考虑商业道德的基本内容，也就是说，商业伦理的研究内容应包含商业道德的所有内容。

（二）商业伦理研究内容展开方式

1. 按利益关系展开商业伦理的研究内容

按照企业形成的主要利益关系，相应地有：

①企业与顾客关系中的伦理道德问题；

②企业与供应者关系中的伦理道德问题；

③企业与竞争者关系中的伦理道德问题；

④企业与政府关系中的伦理道德问题；

⑤企业与社区关系中的伦理道德问题；

⑥企业与环境关系中的伦理道德问题；

⑦企业与所有者关系中的伦理道德问题；

⑧企业与管理者关系中的伦理道德问题；

⑨企业与员工关系中的伦理道德问题；

⑩员工与员工关系中的伦理道德问题等。

2. 按企业职能展开商业伦理的研究内容

企业职能是指企业所要履行的职责，主要包括采购、研发、生产、营销、财务、人事、后勤、管理等。所有这些活动中都存在伦理问题：

①材料采购中的伦理道德问题；

②产品研发中的伦理道德问题；

③生产管理中的伦理道德问题；

④市场营销中的伦理道德问题；

⑤财务与会计及审计中的伦理道德问题；

⑥人事招聘中的伦理道德问题；

⑦后勤保障中的伦理道德问题；

⑧经营管理中的伦理道德问题等。

3. 按典型伦理问题展开商业伦理的研究内容

企业在经营过程中存在一些典型的伦理问题，商业伦理可以围绕以下问题展开：

①产品安全性与不安全性的道德抉择问题；

②广告真实性与不真实性的道德抉择问题；

③市场正当竞争与不正当竞争的道德抉择问题；

④男女性别歧视、同工不同酬与同股不同价的道德抉择问题；

⑤环境污染与资源节约的道德抉择问题；

⑥回扣与佣金的道德抉择问题；

⑦对企业及员工忠诚与不忠诚的道德抉择问题；

⑧道德经营行为与不道德经营行为的道德抉择问题；

⑨会计假账，财务舞弊与审计失败的道德透视等等。

4. 按基本伦理范畴展开商业伦理的研究内容

①公正、平等、诚实、自由、守信等是几个重要的商业伦理道德范畴；

②诚信原则是企业经营活动所要遵守的基本原则，结合企业经营管理原则的实践进行讨论也是很有意义的。

三、商业伦理的任务要素

（一）商业伦理规范是一个企业道德诚信规范化的过程

商业伦理是从伦理的角度对商业行为目的性、合理性、义务性等问题的道德规范，是一种规则、标准、惯例或原则，是对企业的经营理念、发展战略、管理方式、制度机制、伦理道德、职能权限设置等问题作出决策时所依据的价值观、道德观、准则和方法，是为了建立和维系合理的、和谐的关系而设计的一套企业组织内外人际、群际、环境关系互动与相互承诺的准则。商业伦理规范是一个企业道德诚信规范化的过程，使"企业管理"以"规范"的形式和内容，成为企业行为遵循依据，最终通过制定"商业道德规范"将商业伦理落到实处。

（二）商业伦理学任务的国际观点

关于商业伦理学的任务，国外有两种不同的看法：

1. 纯理论的观点

如理查德·T. 蒂·乔治认为："商业伦理能够证明不道德的企业行为为什么不道德，并指出取代这种不道德行为的可能选择是什么，但其本身作为一门学科并不使企业和企业中的个人更道德，商业伦理学研究的客观性应得到保证，它不能用于捍卫商业伦理现状，也不能用于对商业伦理现状进行攻击。"

2. 纯功利的观点

W. A. 弗兰切等人主张："商业伦理通过激发道德想象、促进道德认识、整合道德与管理、强化道德评价等手段培养企业中个人的道德推理能力，最终达到澄清和化解企业活动中存在的利益冲突的目的。"

笔者认为，商业伦理作为指导实践的理论、具有理论指导的实践，仅仅指出什么是道德的，什么是不道德的，或仅仅研究解决企业的不道德行为问题，都未包括商业伦理的全部任务。对商业伦理任务的理解，应结合理论和实践的要求。

（三）商业伦理需要承担五方面的任务

1. 描述企业道德现状，提升企业道德水准

了解企业道德的实际状况，如哪些企业道德规范遵守得比较好，哪些没有得到遵守；有哪些不道德现象，其严重程度如何；产生不道德经营行为的原因是什么；企业与哪些利益相关者的关系处理得比较好，与哪些利益相关者的关系处理得比较差；企业经营者的道德素质如何；企业如何扬长避短、抑恶扬善，从而提升企业道德水准，等等。

2. 明确企业道德规范，引导企业健康发展

市场经济条件下的企业是面向市场、自主经营、自负盈亏、自我发展和自我约束的市场竞争主体和法人实体，具有自主性、趋利性、竞争性和平等性等特点。企业与利益相关者的关系逐渐形成并趋于规范，企业经营有其自身的特点，因此不能照搬一般伦理规范。

例如，诚信作为一般伦理规范，在许多商业活动中无疑是我们需要遵守的，但在具体的经营实践中，我们需要区别对待，如企业尚在研制中的新产品的详情、企业计划中的广告策略、企业的成本及构成等，显然不能公之于众，因此，商业伦理的任务之一是建立一套能充分考虑企业经营特点的道德规范，引导企业健康成长，使企业步入持续、稳定、协调发展之路。

3. 对企业及其成员的行为进行道德评价

运用规范并根据行为的动机和效果来评价企业及其成员行为的善恶，特别应从理论上对似是而非的问题进行分析、明辨是非。例如，要分析买卖双方自愿的经营行为有没有道德问题，更重要的是证明"正当的行为"为什么是正当的、"不正当的行为"为什么是不正当的。正如威廉和伯瑞所说，"道德规范的有效性并不取决于权威的命令，而取决于理由的充分性"。

4. 探索新颖的、既符合企业道德又能给企业带来利益的经营管理模式

商业伦理不能仅仅停留在评判现状，它应该具有创造性，并能开拓经营管理者的新视野。企业的目的是双重的，既要追求利润，又要对社会作出贡献。没有利润，企业不可能生存和发展，但追求利润并不是企业的唯一目标。企业需要设计和提出能促使经营行为既符合企业道德要求又能给企业带来利润的经营目的、经营思想、决策程序、组织结构、报酬制度等。

5. 造就"道德的个体"，形成正确的金钱观

造就"道德的个体"是商业伦理的归宿。所谓"道德的个体"，是指其经营行为是善意的、理应作出的、符合道德规范要求的个体。商业伦理要充分发挥企业道德的独特调节作用，充分运用一系列监督、控制、激励等措施，使企业、个人等个体成为"道德的个体"，摆正义利关系，形成正确的金钱观。

四、商业伦理学的研究对象与方法

商业伦理学是介于伦理学和管理学之间的一门崭新的边缘学科。在伦理学学科体系中，它属于一门具有实用价值的专业伦理学学科；在管理学科体系中，它处于企业理论的最高层次，是企业实践的精神指南，是研究商业道德的新学科。

社会主义商业伦理学是研究社会主义市场经济体制下企业领域内的商业道德现象及其发展规律的学科，是马克思主义伦理学的重要组成部分。学习和研究商业道德，不仅对培养企业员工高尚商业道德品质和商业道德行为，促进商业伦理科学的发展，推动企业改革的深入进行，而且对丰富和发展马克思主义伦理学，建设我国社会主义初级阶段的物质文明和精神文明，都具有十分重要的现实意义和深远的历史意义。商业伦理学的涉及面广，内容丰富，自成体系，结构完整。

（一）商业伦理学研究的对象：商业道德

1. 伦理学与道德

伦理学是人类的知识体系中一个古老而又引人入胜的领域。公元前 5 世纪至前 2 世纪

的古代中国就有"人伦""道德""伦类以为理"等说法，并出现《道德经》《论语》《墨子》《庄子》《孟子》《荀子》等具有丰富伦理思想的著作；秦汉之交，产生了"伦理"概念，出现了《孝经》《礼记》等伦理著作。但长期以来中国的伦理学内容与哲学、政治教育结合在一起，直到近代才分化成独立的学科。

在西方荷马时代，德谟克利特和柏拉图开始了伦理道德的研究，公元前 4 世纪，古希腊哲学家亚里士多德在雅典学园讲授关于道德品性的学问，创造新名词"Ethic"，即伦理学，写出《尼各马可伦理学》等专著，从此以后伦理学作为独立的学科在欧洲各国不断地发展。

关于伦理学的定义，在历史上人们从不同角度做过多种解释和说明。亚里士多德认为伦理学是研究善与善的终极目的即至善的科学。中世纪经院哲学家阿伯拉德认为伦理学主要是研究心灵的善恶意向的科学。18 世纪的法国唯物主义者爱尔维修和 19 世纪德国唯物主义者费尔巴哈都以为伦理学是"达到幸福的科学"。黑格尔则表示他的伦理学就是法哲学。边沁和穆勒从功利主义出发，认为伦理学是"求得最大幸福之术"。此外，也有人认为伦理学是"人生理想之术"。

在中国伦理思想史上，中国古代的老子、孔子、孟子、庄子直至近代的康有为、梁启超、蔡元培等圣人、大师都把研究道德诸问题视作己任。他们有的认为道德学（即伦理学）是关于人性善恶的学问，有的认为是关于天理人伦的学问，有的认为是人生理想的学问。上述很多说法颇有价值，但没有对伦理学定义给出科学的回答。马克思主义伦理学认为，科学的伦理学是通过对道德现象的全面研究，揭示道德关系的矛盾，指出道德的本质、特点、作用及其发展规律的科学。

道德二字最初是分开使用的。古人云"道者，路也"，古人以"道"表示事物发展变化的规则、规律，做人做事的道理和规矩；"德者，得也"，古人把认识了"道"内得于己，外施于人，称之为"德"。战国末期的荀子将二字连用，《荀子·劝学篇》中说："故学至乎礼而止矣，夫是之谓道德之极"。在西方古代文化中，"道德"一词起源于拉丁语"摩里斯"，意为风俗和习惯，引申其义也有规则和规范行为品质和善恶评价等意义。在当今社会，道德是指人类生活中特有的，由经济关系决定的，依靠人们内心信念和特殊社会手段维系的，并以行为善恶进行评价的原则规范、心理意识和行为活动的总和。

在现实生活中，人们常常把"伦理""道德"两个概念相互混用，有时连在一起叫作"伦理道德"用以说明道德现象。之所以如此，一方面是因为作为科学概念，两者有相互交错的部分。伦理学包含道德规范的内容，这些与道德有直接联系。道德本身包含道德思想内容，这便是一种尚未展开的伦理学。但从科学研究的角度讲，两者不能混淆，必须严格区别开来：伦理学是研究道德的科学，而道德则是伦理学研究的对象。在哲学上，人们将研究道德的伦理学称之为道德哲学。

2. 商业伦理学的定义

如何定义商业伦理学？商业伦理学是一门职业伦理学。但它与人们常说的企业职业道德有所不同。"企业职业道德"一般是指以通俗、具体的职业守则、章程、职权条例、岗位责任制等表示的企业职业行为规范。而商业伦理学不仅仅局限于企业领域的职业道德规范，它是用一系列概念定义、规范体系、活动体系等对商业道德的发生、发展及其作用进行系统的理论研究和表述，使之成为论述商业道德问题的理论和学说。简言之，商业伦理学是研究商业道德本质及其发展规律的科学。

应该看到，商业伦理学是管理学和伦理学相结合的一门新兴的边缘科学，同时它还涉及哲学、美学、心理学、社会学等学科的知识，具有较强的综合性。商业伦理学把长期以来企业活动中的道德现象理论化、系统化。它既是企业员工衡量自身道德价值的尺度，又是调节企业员工职业道德行为的科学。

3. 商业道德是商业伦理学的研究对象

商业伦理学有其特殊的研究对象，这就是企业活动中的道德现象及其规律性，即商业道德。商业伦理学就是通过对企业活动中道德现象的全面研究，科学地揭示商业道德本质、作用及其发展的客观规律。马克思主义伦理学原理告诉我们，企业活动的道德现象是企业领域内道德关系的具体体现。

道德关系是被经济关系决定的一种个人与个人、个人与集体之间的社会关系。恩格斯说过："人们自觉地或不自觉地，归根到底总是从他们阶级地位所依据的实际关系中——从他们进行生产和交换的经济关系中，吸取自己的道德观念。"[①]这表明，道德关系是随经济关系的改变而改变。相对于经济关系，它是第二性的。而道德意识、道德原则、道德规范、道德职责则是人们对这种道德关系的认识和反映。因此，道德关系又是由道德意识、道德原则、道德规范形成的，体现在企业员工之间、企业员工与其他社会成员之间，以及企业员工与国家、集体、社会之间的特殊的社会关系。反映这种商业道德的现象是多方面的，包括商业道德意识现象、商业道德规范现象、商业道德活动现象。

4. 商业道德的概念与适用范围

商业道德意识现象指的是企业员工的道德思想、道德观点和理论体系。商业道德规范现象指的是评价和指导企业员工职业道德行为善恶的准则。商业道德活动现象则是指企业员工按照一定的道德善恶现象所形成的商业道德评价、商业道德教育、商业道德修养、商业道德行为。这些企业领域的道德现象就是商业伦理学所要研究的内容。

专栏1-6

胡雪岩：帮助左宗棠收复新疆 为国理财

扫描此码 深度学习

什么是商业道德？商业道德就是运用诚信道德观念调整企业员工在企业活动中所形成的相互关系的行为原则和规范活动的总和。商业道德就其适用范围而言，可分为企业经理职业道德、企业员工职业道德和企业的社会道德。前两者是在企业工作人员中间倡导推行的商业行为道德，作为调整企业工作人员行为的准则和规范，它是企业工作人员在职业生活中的社会关系的反映。而后者则要求不能仅仅将商业道德视为职业道德，还要把它作为社会道德的一部分，以便社会公众与企业相关人员能理解、接受、遵守商业道德，监督其实施，形成社会诚信氛围。

---

① 资料来源：恩格斯. 反杜林论，马克思恩格斯选集 [M]. 第 3 卷，中文 1 版. 北京：人民出版社，1972：133.

在企业实践中，企业员工不可避免地要与各方发生关系，从而产生这样或那样的矛盾，这个时候就有必要通过商业道德思想、商业道德原则和商业道德规范来解决，并通过道德评价、商业道德教育和商业道德修养去克服和避免各种矛盾的出现。总之，商业道德的产生和发展是历史的必然，是不以人的意志为转移的。也正是由于这个原因，我们必须把商业道德作为对象来开展商业伦理学的研究。

（二）商业伦理学的研究方法

商业伦理学有两类：一类是规范商业伦理学——研究"应该或不应该"，另一类是实证商业伦理学——研究"是或不是"。规范商业伦理学是以一定的价值判断为基础，提出某些标准，作为分析处理管理问题的指南，树立管理理论的前提，作为制定管理政策的依据，并研究如何才能符合这些标准。实证商业伦理学大都是与事实间的客观关系相关的分析，回答"是"什么，是关于客观性的论述。它避开价值判断问题，研究、确认事实本身，探讨管理运行客观规律与内在逻辑，分析管理变量之间因果关系，还要对有关现象未来会出现的情况进行分析预测。

在研究商业伦理学时，要把规范分析与实证分析两者结合起来。规范分析要以实证分析为基础，实证分析也离不开规范分析的指导。越是具体问题，越需要实证分析；越是带有决策性问题，越具有规范性。实证分析将探讨社会中企业作假的原因，描述企业作假活动的特点，找出企业作假的规律；规范分析探讨企业作假行为对社会造成的影响和应采取的政策。这些都是形成企业职业道德活动的客观环境，对商业伦理与企业职业道德产生重大影响，其关系如下所示：

实证分析与
规范分析 { 实证商业伦理学→对事实客观分析→回答"是或不是"→客观性论述
规范商业伦理学→价值判断→回答"应该或不应该"→主观性叙述

我们认为，商业伦理学研究的方法论主要有：

1. 归纳法与演绎法

与一般社会科学一样，研究商业道德同样需要采用归纳法与演绎法，两者各有千秋。但大多数学者认为，从特殊到一般的归纳法，得出的结论不可能全真，仅仅是一个概率问题，归纳法包含了较大的任意性；从一般到特殊的演绎法，是一种较为科学的方法，但需要演绎前提的假设。经验内容越多，越具可检验性。在分析企业作假根源时，我们以演绎法为主，辅之以归纳法。

科学研究
方法 { 演绎法→从一般到特殊→理论是否能够容纳或包含更多经验的内容
归纳法→从特殊到一般→理论与经验证据是否相匹配

2. 问卷调查与统计分析

为了考察我国会计人员职业道德的第一手资料，发现实施中存在的问题，总结已有经验，为会计职业道德规范完善提供理论支持，"中国会计人员职业道德规范研究"课题组（组长为首席专家叶陈刚教授）受财政部会计司委托开展我国"会计人员职业道德"问卷调查，并自 2018 年 8 月开始投放在线网络问卷。与此同时，向参加北京、上海、厦门三大国家会计学院的培训学员发出了实地调查问卷，共收回 2274 份。问卷采取不记名方式，在问卷中声明不追究任何责任，参与答卷人员按诚信原则如实填写自己的想法。相关分析详见第二章。

3. 案例研究法

为了使本书更贴近企业现实状况，作者收集前人相关的大量资料与案例，以便开展可供借鉴的案例分析。在系统阐释商业伦理道德理论的同时辅以正面案例进行佐证，有时也通过反面案例来剖析。

【关键概念】

道德（morals）

社会公德（social morality）

职业道德（professional ethics）

伦理学（ethics）

商业伦理（business ethics）

会计职业道德（professional ethics for accountants）

【复习思考题】

1. 加强商业伦理道德与会计职业道德建设有何意义？

2. 道德、社会公德与职业道德有哪些社会功能？

3. 简述商业伦理与会计职业道德的定义及关系。

4. 简述商业伦理与会计职业道德的构成、功能与基本内容。

【在线测试题】

扫描书背面的二维码，获取答题权限。

【案例分析】

决胜之地武汉考察　习近平点赞这些英雄

2020 年 3 月 10 日，在抗击新冠肺炎疫情的关键时刻，习近平总书记专门赴湖北省武汉市考察疫情防控工作。他强调，湖北和武汉是这次疫情防控斗争的重中之重和决胜之地。在这场严峻斗争中，湖北各级党组织和广大党员、干部冲锋在前、英勇奋战，全省医务工作者和援鄂医疗队员白衣执甲、逆行出征，人民解放军指战员闻令即动、勇挑重担，广大社区工作者、公安干警、基层干部、下沉干部、志愿者不惧风雨、坚守一线，广大群众众志成城、踊跃参与，涌现出一大批可歌可泣的先进典型和感人事迹。

沧海横流，方显英雄本色。在这场特殊的全民战"疫"中，他们是光明的使者，是最美的天使，是新时代最可爱的人，是真正英雄……让我们同习近平总书记一起为这些英雄点赞！

在这场严峻斗争中，武汉人民识大体、顾大局，不畏艰险、顽强不屈，自觉服从疫情防控大局需要，主动投身疫情防控斗争，做出了重大贡献，让全国全世界看到武汉人民的坚忍不拔、高风亮节。武汉人民用自己的实际行动，展现了中国力量、中国精神，彰显了中华民族同舟共济、守望相助的家国情怀。武汉不愧为英雄城市，武汉人民不愧为英雄人民，必将通过打赢这次抗击新冠肺炎疫情斗争再次被载入史册！全党全国各族人民都为你们而感动、而赞叹！党和人民感谢武汉人民！

疫情发生以来，包括军队在内的广大医务工作者发扬特别能吃苦、特别能战斗的精神，义无反顾奔赴湖北和武汉，毫无畏惧投入防控救治工作，日夜奋战，舍生忘死，不负重托，不辱使命，同时间赛跑，与病魔较量，为武汉疫情防控工作做出了重要贡献。

军队医务人员牢记我军宗旨，招之即来，来之能战，战之能胜，为党旗、军旗增添了光彩。沧海横流，方显英雄本色。你们真正做到了救死扶伤、大爱无疆。你们是光明的使者、希望的使者，是最美的天使，是真正的英雄！党和人民感谢你们！

一线的医务工作者最辛苦，承受着难以想象的身体和心理压力，许多同志脸上和手上被磨出了血，令人感动，是新时代最可爱的人。我向你们表示崇高的敬意！

在湖北和武汉人民遭受疫情打击的关键时刻，广大医务工作者坚韧不拔、顽强拼搏、无私奉献，展现了医者仁心的崇高精神，展现了新时代医务工作者的良好形象，感动了中国，感动了世界。

当前，疫情蔓延扩散势头已经得到基本遏制，防控形势逐步向好。这是全党全国全社会共同努力、团结奋斗的结果，你们是最大的功臣，党和人民要给你们记头功。

社区作为防控的最前线，肩负的任务十分繁重，参与社区防控工作的同志们工作十分辛苦。大家夜以继日、不辞辛劳、默默付出，悉心为群众服务，为遏制疫情扩散蔓延、保障群众生活做出了重要贡献，展现了武汉党员、干部不怕牺牲、勇于担当、顾全大局、甘于奉献的精神。

资料来源：中央广播电视总台央视网，2020年3月11日。

讨论题：

1. 为什么说武汉疫情防控出现的一大批可歌可泣先进典型人物是新时代最可爱的人？

2. 从伦理道德视角探讨抗击新冠肺炎疫情所展现的中华民族"一方有难、八方支援，同舟共济、守望相助"的家国伦理情怀与中国道德精神。

第二章 我国会计职业道德历史演进

仲尼居,曾子侍。子曰:"先王有至德要道,以顺天下,民用和睦,上下无怨。汝知之乎?"曾子避席曰:"参不敏,何足以知之?"

子曰:"夫孝,德之本也,教之所由生也。复坐,吾语汝。"

身体发肤,受之父母,不敢毁伤,孝之始也。

立身行道,扬名于后世,以显父母,孝之终也。

夫孝,始于事亲,中于事君,终于立身。

——曾子

苟利国家生死以,岂因祸福避趋之。

存心不善,风水无益;父母不孝,奉神无益;兄弟不和,交友无益;行止不端,读书无益;做事乖张,聪明无益;心高气傲,博学无益;时运不济,妄求无益;妄取人财,布施无益;不惜元气,医药无益;淫恶肆欲,阴骘无益。

——林则徐

百善德为本,敬老孝当先!大孝大顺,中孝中顺,小孝小顺,不孝不顺。万事不顺皆因不孝。我们应该孝顺父母,忠于祖国,热爱人民,尊敬师长,勤奋工作,乐于奉献。

——叶陈刚感悟

📑 学习目的与要求

1. 了解我国会计职业道德思想的历史发展线索;

2. 理解我国古代、革命根据地以及潘序伦先生会计职业道德思想;

3. 明确我国会计职业道德的现实要求与问卷调查分析状况;

4. 掌握会计人员职业道德、中国注册会计师职业道德基本准则等;

5. 正视中国注册会计师职业道德的困惑并探寻出路。

为了进行我国会计职业道德研究，本着"古为今用，洋为中用"的精神，首先应开展我国会计职业道德思想纵向历史分析和国外会计职业道德思想横向比较研究。

从前者看，尽管目前社会主义会计职业道德与以前的各个社会形态的会计职业道德有着本质的区别，但其某些规范要求又是历史上出现过的会计职业道德规范合乎逻辑的顺利发展，因而我国会计职业道德必须继承我国历史上具有积极意义的会计职业道德传统。特别需要指出的是，在革命战争年代，中国共产党领导下的革命根据地的会计职业道德思想，以及潘序伦先生倡导的立信会计职业道德精神，更是现阶段我国会计职业道德研究的重要历史线索。

从后者看，世界各国在会计工作中都非常强调会计人员职业道德的要求和培养，实施效果显著，极大地维护了广大投资人的合法权益，提高了会计工作和会计人员的社会地位。因此，需要通过比较分析，在评判的基础上吸收、借鉴中外会计职业道德思想的积极成果，吸收中外会计职业道德规范中的合理部分。这对于开展我国会计职业道德研究、加快我国会计职业道德建设、创立我国企业伦理学学科体系是很有必要的。

第一节 我国会计职业道德历史发展

 ## 我国古代会计职业道德思想

我国素有"礼仪之邦"的美称，有悠久的历史和灿烂的文化。宋儒八德"孝、悌、忠、信、礼、义、廉、耻"与孙中山、蔡元培等提出的"忠、孝、仁、爱、信、义、和、平"新"八德"融入了中华儿女的内心，这是中体西用、中西道德精华相融合的杰作。新"八德"调整"孝"与"忠"，"家"与"国"的位置，表明民族和国家观念高于家族的观念，既是对古人"教孝即教忠"的继承，也适应了现代"国家至上"的价值观。"仁义礼智信，温良恭俭让"已经成为我国人民普遍遵循、崇尚的行为准则。

专栏 2-1
传承孝道美德
党员要当先
扫描此码   深度学习

在长达数千年的中国会计发展的历史进程中，作为社会意识形态之一的会计职业道德思想散见于各种史料中。

1. 真实反映

《说文解字》云："计，会也，算也，从言，从中"，又解释为"直言曰言"，就是要求真实无隐之意。这表明，古代"会计"一词的本义有不弄虚作假的道德要求。历史上，有些掌管财计、钱财的官员也确实身体力行。据《三国志·吕范志》载："吕范典财计"，孙权年轻时"私从有求，范必关白，不敢专许"，后来孙权继位掌权，"以范忠诚，厚见信任"。

2. 正确记录

《说文解字》曰："计"字从"十"，而"十"乃"数之具也"。会计的含义有正确计算的要求。《孟子·万章下》载："孔子尝为委吏矣，曰'会计当而已矣'。""当"就是要求会计记录计算一定要正确无误。《秦律》中"计毋相谬"，即要求记录正确，应该做到账实相符、账证相符、账卡相符、账账相符。

3. 廉洁奉公

唐代理财家刘晏把廉洁奉公作为选拔任用财计人员的必备条件，《资治通鉴》称其"至于勾检簿书，出纳钱谷，必委之士类，吏惟书符牒，不得轻出一言"。刘晏本人以身作则，廉洁奉公，死后家产仅"杂书两本，朱麦数石而已"。会计管理财物，必须廉洁奉公。

4. 坚持制度

《管子》多次讲"明法"，就是要求按规章制度、法令条文办事，这也是会计职业道德的最基本要求。《明史·周经传》云：周经掌户部，"内官传旨索太仓银三万两为灯费，持不与"。这种不惧流言蜚语、对口含圣旨的内侍、皇室公主乃至帝王本人都敢按章办事、刚直不阿的会计人员实为可贵。

专栏 2-2
加快推进政务
诚信建设
扫描此码　深度学习

以上这些古代会计职业道德规范对于我们研究当代会计职业道德是很有参考价值的，值得我们认真消化吸收。

二、革命根据地会计职业道德思想

早在革命根据地时期，中国共产党就注意到会计职业道德建设。1932年《江西省第一次苏维埃大会——财政与经济问题的决议案》规定：理财工作必须"严禁一切浪费"。这充分体现了中国共产党对会计人员职业道德的最初要求。在革命战争年代，中国共产党面对经济困难，提出了"艰苦奋斗，勤俭节约"的理财方针。毛泽东同志指出，"发展经济，保障供给，是我们经济工作和财政工作的总方针"。毛泽东同志还指出，"自己动手，克服困难"，"节约每一个铜板为着战争和革命事业，为着我们的经济建设，是我们会计制度的原则"。

革命根据地的会计工作有着严格的会计制度和严明的财务纪律，具体规定有：

（1）把收钱、管钱、支配的各个机关分开；

（2）把各级收入、开支划给各系统管理，使各项收支有章可循；

（3）确定会计科目，规定各项目的名称和范围，使之一目了然，彼此相符；

（4）规定预算规划，无预算者不给钱；

（5）统一簿记、单据，确定计价方法，账目要有凭证，账簿格式或大小一致；

（6）规定交接制度，防止交卸、接管中间的舞弊和损失。

革命根据地的会计人员依靠严格遵守会计制度和规定，使管理工作走上了正轨。

在战争时期，武装斗争是革命的主要形式，第一线是战场，从而使得有些后方的同志轻视经济工作（包括会计工作），纷纷要求上前线。陈云同志批评了这种想法，他要求财政经济干部要树立当家理财的事业心，要有主人翁态度。他说："我们是出纳态度呢，还是掌柜态度呢？每一个同志、局长、科长、科员都要有掌柜态度、当家态度，应当把责任心提高到这个程度。"周恩来同志要求会计人员对待工作要专、精、广。苏区会计人员积极响应党的号召，提高业务水平，健全财会工作机构，明确财会职责分工，认真勤奋工作，并大胆改革旧式簿记。这里引用张新周同志的一段话："为了适应新情况，任常文与后来的赵奠基同志又利用时机继续改革粮食和抗勤会计制度，制定了一套以新式簿记为主要内容的粮食会计制度和有关抗勤工作的若干规定，执行的效果很好，每月坚持层层结账。特别是粮食、柴草都分散保管在村里，上下调拨频繁，而账目、手续非常清楚，毫不混乱。因日寇袭扰频繁，县、区干部时有牺牲（包括粮食财计干部），有时一夜要换好几个地方，白天记账、结账、写文件，都拿膝盖当桌子在山头进行。"

1988 年前后，中直机关成立了会计研究组，对会计核算进行了深入研究，使当时的会计核算方法有了较大的进步，初步形成了会计科目、会计凭证、会计账簿、会计报表相配套的完整的会计体系，并相继健全了保管、出纳、会计、审计等制度。总之，革命根据地的会计职业道德造就了一大批遵纪守法、又红又专的会计人员，巩固和发展了新民主主义，有力地支援了革命战争，加速了中国人民解放事业的胜利。今天，我们要继承和发扬革命根据地的会计职业道德方针和优良传统。

三　潘序伦先生倡导立信会计职业道德精神

我国现代会计的发展与潘序伦先生的名字紧密相连。从 1928 年潘序伦先生创办立信会计师事务所，开办立信会计学校至今，近一个世纪过去了，经过几代立信人的共同努力，造就了自己的立信会计职业道德精神，形成了自己的办学特色，构建了立信会计事业模式；从职业道德的角度看，立信人体现了自己的风范。

以上这些使立信会计教育在我国会计教育领域拥有不可替代的地位和影响。宣传立信会计职业道德精神，弘扬立信创始人潘序伦先生的会计职业道德思想不仅对发展立信会计事业，而且对建设和完善我国会计职业道德有积极意义。立信会计职业道德精神要求包括：

1. 爱国主义精神

爱国主义精神融于潘序伦先生毕生事业之中。学生时代的潘序伦先生先后在美国取得哈佛大学企业管理学硕士学位和哥伦比亚大学政治经济学博士学位，于 1924 年毅然决然地回到祖国的怀抱。他胸怀教育救国、实业救国的伟大抱负，于 1927 年 1 月设立潘序伦会计师事务所，次年更名为立信会计师事务所，同年设立立信会计学校，并任校长，开始了我国近代会计教育积极大胆的探索。潘序伦先生的办学宗旨是：适应社会需要，培养财会人才，重在务实，振兴中华。

2. 无私奉献精神

潘序伦先生的一生都无私奉献给了祖国的会计事业。他创办会计学校，从事会计教育的目标是："取之于社会，用之于社会；取之于会计，用之于会计；取之于学生，用之于学生。"潘序伦先生全身心地投入会计事业的发展和会计教育工作、无私奉献，个人索取甚少。潘序伦先生本人生活非常俭朴，从不奢侈浪费，从不肯轻易购买新家具和新衣服。1980 年上海立信会计专科学校复办，潘序伦先生献出一生积蓄，设立潘序伦奖学金，将家存图书 2 000 余册捐赠给立信图书馆，将事务所挣得的资金和立信编译所出版的"立信会计丛书"的版税全部投入会计教育，作为购置教具、扩充校舍等基本建设费用。

3. 大胆革新精神

潘序伦先生被公认为我国一代会计泰斗。辛亥革命前，我国工商企业会计一直沿用古老的单式收付簿记法，对于西方复式借贷簿记法几乎无人知晓。随着社会生产力的发展，应用和推广新式会计的历史重任落在潘序伦和立信同仁的肩上。他们顺应当时生产发展的需要，以大胆改良旧式会计、建立新式会计为己任，并大胆引进西方复式借贷簿记法，先后为许多工商企业单位进行了新式会计制度的设计工作，同时兴办会计学校，开展会计教育，传授西式会计知识，使新式借贷会计在我国蓬勃发展，从而开创我国会计事业的新局面。

4. 艰苦创业精神

潘序伦先生创办立信会计师事务所和立信会计学校，呕心沥血，悉心经营，后来事业发展壮大，经济实力雄厚，但仍坚持"精打细算，勤俭办学"。潘序伦先生办学实属不易，虽是私立学校，但是收费很低，遇到学生有特殊情况的还要酌情减免学费，教职员工授课全靠学费支付，故不可能多聘请教员，大都请人兼课，不发工资仅给补贴，有的兼职教师一个教学周的课时多达二十几节，尽管收入甚少，但从无怨言。这与潘序伦先生以身作则是分不开的，他也常常授课、代课，但从不拿教薪，都是义务讲课。立信会计学校就是这样自力更生、艰苦奋斗创业成功的，这是立信的优良传统，是立信事业兴旺发达的传家宝。立信办学以最少的人力、物力消耗，获得了更大、更好的社会效益，为我国会计界培养了数以千计的优秀会计人才。

5. 实事求是精神

会计是一门实用性很强的学科。会计的精髓自始至终贯穿着一个"实"字。立信会计教育要求培养诚实可靠的会计人才，学员不仅要具备扎实的会计知识和技能，而且要发扬踏踏实实的作风。潘序伦先生在办学实践中反复突出"实"字，格外重视每门课程的实务练习，还给学生创造模拟实践的机会，然后再安排学生到工商企事业单位进行现场实习，平常要求学生注意练习珠算、外语、写字等基本功，并反复训练。这种重视实践、不断进行实践锻炼的教学模式不仅使学生加深了对会计专业课本内容的理解和掌握，而且使学生不断提高会计专业实用技能，受到了用人单位的普遍欢迎。

6. 敬业守信精神

会计工作的根本要求是一个"真"字，要求会计数据真实、可靠、可信，绝不可弄虚作假。潘序伦先生的敬业精神集中表现为忠于会计事业务必立信："信以立志，信以守身，信以处世，信以待人，毋忘立信，当必有成。"潘序伦先生认为，立信是做人的重要准则，同时也是会计的职业道德。他把信用看作会计事业的生命线，"立信，乃会计之本"。没有信用，也就没有会计，这是潘序伦先生敬业精神的深刻表达。如果一个人失去信用，就会弄虚作假、徇私舞弊，以致身败名裂，更为严重的是会危害他人与单位，给社会和国家会造成不可估量的损失。因此，潘序伦先生一生看重"真"与"信"，他常说，"作为会计人员，得99分也不算合格，只有100分才算合格，原因在于财务会计账目容不得半点差错和遗漏"。

潘序伦先生在严谨的治学过程中也体现出了敬业精神。立信学校考试及格分数线定在70分，而不是60分。立信学校的学生如果在考试与工作中作弊，必定被开除，概不例外。这样一来，社会就可能少一个徇私舞弊者。因为若在学校搞投机作弊，到工作单位就可能会发展成为弄虚作假，害人害己，危害社会。

以上六种精神，既是潘序伦先生的个人思想，也是立信人的立信会计职业道德精神。立信会计职业道德精神是一种具有优良传统的会计务实精神，不仅具有鲜明的会计职业特色，而且体现着强烈的时代气息。我们现代会计人员应该永远珍惜这种精神，并将立信会计职业道德精神发扬光大。

第二节　我国会计职业道德要求

一、我国会计人员职业道德要求

进入20世纪90年代，我国会计界加速会计改革。1993年，我国颁布并实施了《企业会计准则》和《企业财务通则》，且用13个行业会计制度取代了以前几十个行业会计制度；2000年，我国颁布并实施了统一的《企业会计制度》；2006年，我国发布了新的企业会计准则体系，至今已发布基本准则1项，具体准则41项；《企业财务通则》也于2006年修订发布。1996年，财政部在《会计基础工作规范》第二章第二节中规定，我国会计人员应遵循"会计人员职业道德"。

二、中国注册会计师职业道德基本准则

改革开放40多年来，伴随着我国社会主义现代化建设事业的全面推进，我国注册会计师审计、政府审计、内部审计等事业获得了长足的进步和迅速的发展。注册会计师职业道德是对从事民间审计或社会审计的注册会计师及相关从业人员提出的专业道德要求。在我国现实经济生活中，注册会计师职业道德是在统一的社会主义道德指导和影响下形成的，体现了集体主义原则和全心全意为人民服务的精神。注册会计师职业道德本质的特殊性主要体现在审计职业对注册会计师职业道德品质和道德行为的特殊要求方面。

（一）中国注册会计师道德标准建设历程

中国注册会计师协会自 1988 年年底成立以来，一直非常重视注册会计师的道德标准建设和道德教育。1992 年，中国注册会计师协会发布了《中国注册会计师职业道德守则（试行）》。1996 年 12 月 26 日，经财政部批准，中国注册会计师协会颁发了《中国注册会计师职业道德基本准则》，并于 1997 年 1 月 1 日起施行，以代替《中国注册会计师职业道德守则》。

2002 年 6 月，中国注册会计师协会发布了《中国注册会计师职业道德规范指导意见》。2009 年 10 月 14 日，我国财政部发布了《中国注册会计师职业道德守则》（以下称《职业道德守则》），并于 2010 年 7 月 1 日起实施，以全面规范注册会计师的职业道德行为。《职业道德守则》是在认真总结以往职业道德实践经验，吸收借鉴新修订的国际职业会计师道德守则的基础上制定的，既体现了中国的国情，又实现了我国与国际职业道德守则的趋同。

2009 年出台的《职业道德守则》由两大部分组成：第一部分是《中国注册会计师职业道德守则》，包括《第 1 号——职业道德基本原则》（8 章 31 条）、《第 2 号——职业道德概念框架》（5 章 27 条）、《第 3 号——提供专业服务的具体要求》（10 章 48 条）、《第 4 号——审计和审阅业务对独立性的要求》（18 章 182 条）、《第 5 号——其他鉴证业务对独立性的要求》（15 章 84 条），第二部分是《中国注册会计师协会非执业会员职业道德守则》（9 章 56 条）。中国注册会计师职业道德基本原则请参见【专栏 2-5】。

专栏 2-5
中国注册会计师职业道德守则——第 1 号基本原则
扫描此码　深度学习

（二）中国注册会计师职业道德守则的基本要求

1. 中国注册会计师职业道德守则的目标与依据

中国注册会计师职业道德守则的目标是规范注册会计师职业行为，提高注册会计师职业道德水准，维护注册会计师职业形象。中国注册会计师职业道德守则的制定依据是《中华人民共和国注册会计师法》和《中国注册会计师协会章程》。

2. 注册会计师应当履行相应的社会责任，维护公众利益

3. 注册会计师在所有的职业活动中应当遵循诚信原则

注册会计师应当保持正直、诚实守信，如果认为业务报告、申报资料或其他信息存在下列问题，则不得与这些有问题的信息发生牵连：

（1）含有严重虚假或误导性的陈述；

（2）含有缺少充分依据的陈述或信息；

（3）存在遗漏或含糊其词的信息。

注册会计师如果注意到已与有问题的信息发生牵连，应当采取措施消除牵连。

4. 注册会计师在所有的职业活动中应当遵循客观和公正原则

（1）注册会计师应当公正处事、实事求是，不得由于偏见、利益冲突或他人的不当影响而损害自己的职业判断。

（2）如果存在导致职业判断出现偏差，或对职业判断产生不当影响的情形，注册会计

师不得提供相关专业服务。

5. 注册会计师在执行审计和审阅业务以及其他鉴证业务时应当保持独立性

（1）注册会计师执行审计和审阅业务以及其他鉴证业务时，应当从实质上和形式上保持独立性，不得因任何利害关系影响其客观性。

（2）会计师事务所在承办审计和审阅业务以及其他鉴证业务时，应当从整体层面和具体业务层面采取措施，以保持会计师事务所和项目组的独立性。

6. 注册会计师应当获取和保持专业胜任能力，保持应有的关注，勤勉尽责

（1）注册会计师应当通过教育、培训和执业实践获取和保持专业胜任能力。

（2）注册会计师应当持续了解并掌握当前法律、技术和实务的发展变化，将专业知识和技能始终保持在应有的水平，确保为客户提供具有专业水准的服务。

（3）在应用专业知识和技能时，注册会计师应当合理运用职业判断。

（4）注册会计师应当保持应有的关注，遵守执业准则和职业道德规范的要求，勤勉尽责，认真、全面、及时地完成工作任务。

（5）注册会计师应当采取适当措施，确保在其领导下工作的人员得到应有的培训和督导。

（6）注册会计师在必要时应当使客户以及业务报告的其他使用者了解专业服务的固有局限性。

7. 注册会计师应当履行保密义务，对职业活动中获知的涉密信息保密

（1）注册会计师应当对拟接受的客户或拟受雇的工作单位向其披露的涉密信息保密。

（2）注册会计师应当对所在会计师事务所的涉密信息保密。

（3）注册会计师在社会交往中应当履行保密义务，警惕无意中泄密的可能性，特别是警惕无意中向近亲属或关系密切的人员泄密的可能性。

（4）注册会计师应当采取措施，确保下级员工以及提供建议和帮助的人员履行保密义务。

（5）在终止与客户的关系后，注册会计师应当对以前职业活动中获知的涉密信息保密。如果获得新客户，注册会计师可以利用以前的经验，但不得利用或披露以前职业活动中获知的涉密信息。

（6）注册会计师应当对职业活动中获知的涉密信息保密，不得有下列行为：

①未经客户授权或法律法规允许，向会计师事务所以外的第三方披露其所获知的涉密信息；

②利用所获知的涉密信息为自己或第三方谋取利益。

8. 注册会计师应当维护职业声誉，树立良好的职业形象

（1）注册会计师应当遵守相关法律法规，避免发生任何损害职业声誉的行为。

（2）注册会计师在向公众传递信息以及推介自己和工作时，应当客观、真实、得体，不得损害职业形象。

（3）注册会计师应当诚实、实事求是，不得有下列行为：

①夸大宣传提供的服务、拥有的资质或获得的经验；

②贬低或无根据地比较其他注册会计师的工作。

第三节　我国审计职业道德准则

 一、审计机关审计人员职业道德准则

（一）国家审计准则关于国家审计人员职业道德的论述

2010年9月8日，审计署在其网站公布了新修订的《中华人民共和国国家审计准则》。新的审计准则将于2011年1月1日起施行。修订后的《中华人民共和国国家审计准则》共分七章，包括总则、审计机关和审计人员、审计计划、审计实施、审计报告、审计质量控制和责任、附则。

新的审计准则旨在规范和指导审计机关和审计人员执行审计业务的行为，保证审计质量，防范审计风险，发挥审计保障国家经济和社会健康运行的"免疫系统"功能。在《中华人民共和国国家审计准则》第二章中，明确论述国家审计人员职业道德：审计人员应当恪守严格依法、正直坦诚、客观公正、勤勉尽责、保守秘密的基本审计职业道德。

（1）严格依法就是审计人员应当严格依照法定的审计职责、权限和程序进行审计监督，规范审计行为。

（2）正直坦诚就是审计人员应当坚持原则，不屈从于外部压力；不歪曲事实，不隐瞒审计发现的问题；廉洁自律，不利用职权谋取私利；维护国家利益和公共利益。

（3）客观公正就是审计人员应当保持客观公正的立场和态度，以适当、充分的审计证据支持审计结论，实事求是地进行审计评价和处理审计中发现的问题。

（4）勤勉尽责就是审计人员应当爱岗敬业，勤勉高效，严谨细致，认真履行审计职责，保证审计工作质量。

（5）保守秘密就是审计人员应当保守其在执行审计业务中知悉的国家秘密、商业秘密；对于执行审计业务取得的资料、形成的审计记录和掌握的相关情况，未经批准不得对外提供和披露，不得用于与审计工作无关的目的。

> **专栏2-6**
> 当好公共资金"守护神"
> 扫描此码　深度学习

（二）审计机关审计人员职业道德准则

2001年8月1日，中华人民共和国审计署令第3号公布《审计机关审计人员职业道德准则》。该《准则》共18条，自发布之日起施行。

（1）为了提高审计人员素质，加强职业道德修养，严肃审计纪律，根据《中华人民共和国审计法》和《中华人民共和国国家审计基本准则》，制定本准则。

（2）审计人员职业道德，是指审计机关审计人员的职业品德、职业纪律、职业胜任能力和职业责任。

（3）审计人员应当依照法律规定的职责、权限和程序，进行审计工作，并遵守国家审计准则。

（4）审计人员办理审计事项，应当客观公正、实事求是、合理谨慎、职业胜任、保守秘密、廉洁奉公、恪尽职守。

（5）审计人员在执行职务时，应当保持应有的独立性，不受其他行政机关、社会团体和个人的干涉。

（6）审计人员办理审计事项，与被审计单位或者审计事项有直接利害关系的，应当按照有关规定回避。

（7）审计人员在执行职务时，应当忠诚老实，不得隐瞒或者曲解事实。

（8）审计人员在执行职务特别是作出审计评价、提出处理处罚意见时，应当做到依法办事、实事求是、客观公正，不得偏袒任何一方。

（9）审计人员应当合理运用审计知识、技能和经验，保持职业谨慎，不得对没有证据支持的、未经核清事实的、法律依据不当的和超越审计职责范围的事项发表审计意见。

（10）审计人员应当具有符合规定的学历，通过岗位任职资格考试，具备与从事的审计工作相适应的专业知识、职业技能和工作经验，并保持和提高职业胜任能力。不得从事不能胜任的业务。

（11）审计人员应当遵守审计机关的继续教育和培训制度，参加审计机关举办或者认可的继续教育、岗位培训活动，学习会计、审计、法律、经济等方面的新知识，掌握与从事工作相适应的计算机、外语等技能。

（12）审计人员参加继续教育、岗位培训，应当达到审计机关规定的时间和质量要求。

（13）审计人员对其执行职务时知悉的国家秘密和被审计单位的商业秘密，负有保密的义务。在执行职务中取得的资料和审计工作记录，未经批准不得对外提供和披露，不得用于与审计工作无关的目的。

（14）审计人员应当遵守国家的法律、法规和规章以及审计工作纪律和廉政纪律。

（15）审计人员应当认真履行职责，维护国家审计的权威，不得有损害审计机关形象的行为。审计人员应当维护国家利益和被审计单位的合法权益。

（16）审计人员违反职业道德，由所在审计机关根据有关规定给予批评教育、行政处分或者纪律处分。

三、内部审计人员职业道德规范

为了适应我国内部审计的最新发展，更好地发挥内部审计准则在规范内部审计行为、提升内部审计质量方面的作用，中国内部审计协会对 2003 年以来发布的内部审计准则进行了全面、系统的修订。经中国内部审计协会第六届常务理事会审议通过，中国内部审计协会发布公告 2013 年第 1 号《中国内部审计准则》，自 2014 年 1 月 1 日起施行。其中，第1201 号——"内部审计人员职业道德规范"明确以下内容：

（一）总则

（1）为了规范内部审计人员的职业行为，维护内部审计职业声誉，根据《审计法》及其实施条例，以及其他有关法律、法规和规章，制定本规范。

（2）内部审计人员职业道德是内部审计人员在开展内部审计工作中应当具有的职业品德、应当遵守的职业纪律和应当承担的职业责任的总称。

（3）内部审计人员从事内部审计活动时，应当遵守本规范，认真履行职责，不得损害国家利益、组织利益和内部审计职业声誉。

（二）一般原则

（1）内部审计人员在从事内部审计活动时，应当保持诚信正直。

（2）内部审计人员应当遵循客观性原则，公正、不偏不倚地作出审计职业判断。

（3）内部审计人员应当保持并提高专业胜任能力，按照规定参加后续教育。

（4）内部审计人员应当遵循保密原则，按照规定使用其在履行职责时所获取的信息。

（5）内部审计人员违反本规范要求的，组织应当批评教育，也可以视情节给予一定的处分。

（三）诚信正直

内部审计人员在实施内部审计业务时，应当诚实、守信，不应有下列行为：

（1）歪曲事实；

（2）隐瞒审计发现的问题；

（3）进行缺少证据支持的判断；

（4）做误导性的或者含糊的陈述。

内部审计人员在实施内部审计业务时，应当廉洁、正直，不应有下列行为：

（1）利用职权谋取私利；

（2）屈从于外部压力，违反原则。

（四）客观性

内部审计人员实施内部审计业务时，应当实事求是，不得由于偏见、利益冲突而影响职业判断。

内部审计人员实施内部审计业务前，应当采取下列步骤对客观性进行评估：

（1）识别可能影响客观性的因素；

（2）评估可能影响客观性因素的严重程度；

（3）向审计项目负责人或者内部审计机构负责人报告客观性受损可能造成的影响。

内部审计人员应当识别下列可能影响客观性的因素：

（1）审计本人曾经参与过的业务活动；

（2）与被审计单位存在直接利益关系；

（3）与被审计单位存在长期合作关系；

（4）与被审计单位管理层有密切的私人关系；

（5）遭受来自组织内部和外部的压力；

（6）内部审计范围受到限制。

（五）其他

内部审计机构负责人应当采取下列措施保障内部审计的客观性：

（1）提高内部审计人员的职业道德水准；

（2）选派适当的内部审计人员参加审计项目，并进行适当分工；

（3）采用工作轮换的方式安排审计项目及审计组；

（4）建立适当、有效的激励机制；

（5）制定并实施系统、有效的内部审计质量控制制度、程序和方法；

（6）当内部审计人员的客观性受到严重影响，且无法采取适当措施降低影响时，停止实施有关业务，并及时向董事会或者最高管理层报告。

第四节　我国会计人员职业道德规范问卷调查分析

一　样本设计与调查问卷说明

为紧密联系第一线会计人员工作实践，《中国会计人员职业道德规范研究》课题组（组长为首席专家叶陈刚教授）受财政部会计司委托开展我国"会计人员职业道德"问卷调查，并自 2018 年 8 月开始投放在线网络问卷。与此同时，向参加北京、上海、厦门三大国家会计学院的培训学员发出了实地调查问卷，截至 2019 年 4 月 30 日共收回 2 274 份。问卷采取不记名方式，同时在问卷中声明不追究任何责任，参加答卷人员按诚信原则如实填写自己的想法。

会计人员职业道德规范问卷共列示 34 道题，每道题都有 7 个选项，描述了答题人目前是如何看待会计人员职业道德规范行为。

回答问卷的被调查人员分布在全国范围，包括东部、西部、南部以及中部。归纳来看，总共涉及的国内地区有 31 个，包括河北、山西、辽宁、吉林、黑龙江、江苏、浙江、安徽、福建、江西、山东、河南、湖北、湖南、广东、海南、四川、贵州、云南、陕西、甘肃、内蒙古、广西、宁夏、新疆 25 个省份与自治区，北京、重庆、天津、上海 4 个直辖市，以及香港和澳门 2 个特别行政区。

此外，还包括 39 个来自美国、英国的国外调查问卷受访者。样本量最大的地区是北京，总共有 246 个样本，占比为 10.82%；其次为福建和广西，样本量依次为 243 和 224。样本量少于 10 的地区仅有吉林（7）、黑龙江（6）、宁夏（6）、甘肃（6）、香港（6）、贵州（3）和澳门（1）。

问卷调查对象地区分布（概要情况）如图 2-1 所示。

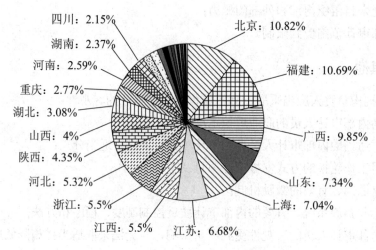

图 2-1　问卷调查对象地区分布（概要情况）

因此，这次问卷调查具有地域广、方式活、回答快、统计准等特点，具有较强的代表性。问卷调查对象基本信息如表 2-1 所示。

表 2-1　问卷调查对象基本信息

项 目	类 型	样 本 数	百分比 /%
性别	男	1 063	46.75
	女	1 211	53.25
单位性质	政府行政管理部门	230	10.11
	事业单位	620	27.26
	国有企业	1 025	45.07
	民营企业	399	17.55
单位行业	制造业	400	17.59
	金融业	144	6.33
	其他	1 730	76.08
行政级别	司厅局级或大型企业高层	130	5.72
	处级、大型企业中层或中型企业高层	660	29.02
	科级或中型企业高层	847	37.25
	基层及其他	637	28.01
工作岗位	财会基层人员	403	17.72
	中层主管经理	1 026	45.12
	高层监管人员（CEO、CFO、总会计师）	522	22.96
	其他	323	14.20
受教育程度	大专及高职以下	112	4.93
	大学本科	1 244	54.71
	硕士	844	37.12
	博士	74	3.25

续表

项　目	类　型	样本数	百分比/%
会计专业职称	初级职称	137	6.02
	中级职称	620	27.26
	高级职称	1 385	60.91
	无	132	5.80
会计资质	注册会计师	664	29.20
	其他资质	964	42.39
	无	646	28.41

　　这次问卷调查的对象主要是企业一线的会计人员，同时还包括高等院校教授专家、会计师事务所的注册会计师。从企业单位性质分析，本次问卷所涉及的企业大致有四类，分别是政府行政管理部门、事业单位、国有企业以及民营企业。占比最大的是国有企业，占五分之二的样本量；事业单位与民营企业的占比类似，都在五分之一左右；政府行政管理部门的占比最低。

　　从行业来看，问卷关于行业的分类比较简单，主要是列出了制造业和金融业。在所有样本中，制造业企业占 17.59%，金融业企业占比为 6.33%，其他类型的企业占比为 76.08%，说明行业分布较多（见表 2-1）。从行政级别与工作岗位来看，本次问卷覆盖会计人员的基础岗位到高级职务，能够较为全面地反映各级会计人员的道德观。

问卷回答与会计职业道德的反思

（一）会计人员职业道德问卷结果

　　通过这次调查，我们得到 2 274 个会计人员关于会计人员职业道德的问卷调查情况如下，问卷描述了答题人目前如何看待会计人员职业道德规范行为。（扫描右侧二维码，可见问卷详情）

　　问卷结果显示，认为"会计弄虚作假与违法审计报告对社会经济生活危害巨大"的受访者占比 93.8%，其中非常赞同这一观点者占比 47.58%，说明绝大部分会计人员能够意识到不道德的执业行为具有负面的经济后果。受访者中认同"我能够拒绝编制虚假财务报表，不屈服外界因素阻挠"的占比 78.19%，回答不确定的受访者占比 16.45%，说明会计人员尽管能意识到虚假财务报表的危害，但是在执业过程中仍然面临一定压力。

　　在"各级领导和同事会鄙视编制虚假财务报表的行为"问题中，受访者的回答占比最高的两项分别为"不确定"（35.09%）和"比较赞成"（18.91%）；在"本人对我国会计人员履行会计职业道德充满信心"问题中，"比较赞成"（31.22%）和"不确定"（19.35%）占比最高。这说明一线的会计人员认为自身所处的职业道德环境仍有进一步强化和拓展的空间。课题组通过问卷调查分析，认为市场环境下有四种不公平的经济表现阻碍了我国会计人员职业道德建设发展：

（1）权力经济；

（2）人情经济；

（3）地方保护主义经济；

（4）短视经济。

（二）单位负责人及公民会计道德问卷结果

单位负责人，是指单位法定代表人或者法律、行政法规规定代表单位行使职权的主要负责人。单位负责人及组织公民指的是会计人员之外的利益相关者（政府监管部门、公司管理层、实际控制人等），通过建立和宣传正确的会计道德规范与观念，能够端正和形成科学的会计认识，自觉践行合理合法的会计行为。通过这次调查，得到 2 274 份关于单位负责人与公民会计道德规范问卷结果。

（三）调查结论

通过对此次问卷调查结果分析，可以得出如下结论：

第一，大部分被调查者对会计职业道德有基本的认识，清楚会计职业道德对会计工作、会计信息质量的作用与影响。

第二，大部分被调查者对会计职业道德的现状至多是基本满意，认为会计职业道德的保障机制并不十分健全，但是大部分人可以主动地去提高会计职业道德质量，小部分人仍然不能客观公正地遵守会计职业道德。

第三，对会计职业道德影响最大的是管理层意图与企业战略，说明大部分调查者普遍认同其对判断主体施压可影响他们的判断，这也解释了部分人不能客观公正地、不受影响地遵守会计职业道德的原因，而这恰好需要会计人员职业道德、公司治理结构与内部控制的完善来提供合理保证。

此外，本次调查发现会计人员对自身职业的认同度并不高，如第 17 题"本人学习从事当前财会职业让我在亲友面前很有面子"，只有 46% 左右的受访者给出了正面的积极回答。与此同时，有关"单位负责人及组织公民"的第 2—11 题，绝大多数受访者希望进一步提升会计从业环境。调查结果支持营造良好的组织伦理氛围的结论。浓厚的组织伦理氛围、良好的伦理决策环境能够增强会计人员的控制信念，即赋予他们对自身行为更多的控制权，更加自主地进行伦理决策。营造组织伦理氛围包括制定组织伦理准则、设立如公司伦理委员会等类似性质的组织伦理机构、提供如伦理求助热线等解决会计人员伦理困境的途径等。

【关键概念】

会计职业道德（the professional ethics for accountants）

注册会计师职业道德（the professional ethics for certified public accountants）

审计职业道德（the professional ethics for auditors）

诚信（honest）

正直（integrity）

独立性（independent）

客观（objective）

公正（fair）

保密（confidentiality）

职业行为（professional behavior）

专业胜任能力及应有的谨慎（professional competence and due care）

【复习思考题】

1. 如何理解潘序伦先生的会计职业道德思想？

2. 我国会计职业道德思想的历史发展线索是什么？

3. 中国注册会计师职业道德准则守则第 1 号的总体框架包括哪些内容？

4. 中国会计人员职业道德规范问卷调查表明哪些问题？对我们有何启示？

5. 怎样理解中国注册会计师的道德困惑？

【在线测试题】

扫描书背面的二维码，获取答题权限。

【案例分析】

海尔企业文化：真诚到永远

企业都明白诚信对于立企、兴企的重要性，但许多企业不一定能在理念、模式和机制上保障并发展自己的诚信品质。

海尔公司 1984 年创立于青岛，它有一个很响亮的广告语——"真诚到永远"。海尔总裁张瑞敏对其解释说："一个企业要永续经营，首先要得到社会的承认、用户的认可。企业对用户真诚到永远，才有用户、社会对企业的回报，才能保证企业向前发展。顾客永远都是对的 。"他还补充说："不管在任何时间、任何地点，发生任何问题，错的一方永远只能是厂家，永远不会是顾客。"曾经一位农村的顾客来信说自己的冰箱坏了，海尔马上派人上门处理，还带着一台新冰箱。但赶了 200 多公里到顾客家后，一检查发现是温控器没打开，打开温控器后则一切正常。海尔管理层就此进行认真反思：绝不能埋怨顾客，海尔要满足所有人的需求，要把说明书写得让所有人都能读得懂才行。

1994 年《青岛晚报》发了一则报道，谴责本市一名出租司机把顾客买的海尔空调器拉跑了。海尔知道了这个消息后，便给这位顾客送去了一台新的空调器，当时社会舆论一致赞誉海尔助人为乐，但海尔人认为：这件事真正的责任还在企业身上，如果我们把空调器直接送到顾客家里，就不会出现这样的问题了。由此，海尔酝酿推出了无搬动服务。由于售后服务环节不能产生利润，却要求企业较大的资金、人力和物力投入，因此有不少企业把售后服务视为负担，多数是借用别人的网络代理服务。

海尔投资建立了自己的维修服务体系。海尔认为营销的本质不是卖，而是买，是海尔花钱向用户购买信息。这些举动不仅使海尔赢得了用户的信赖，更使其赢得了更大的市场。从"顾客永远都是对的"到"用户打一个电话，剩下的由海尔来做"，从"真诚到永远"到"国际星级服务一条龙"，海尔的理念在不断延伸。海尔认为：所谓服务是广义的，是从了解用户潜在需求到产品的设计、制造直到送达用户的全过程。做好一个产品，干好一段时间的工作并不会很难，但要天天如此，真的很难。怎样才能达到"真诚到永远""顾客满意到永远"呢？海尔在实践中提出并完善其管理思路。

（1）以创新为导向的螺旋上升的三角结构。三角的一端是市场需求，一端是产品创新，还有一端是质量保证和服务体系。需求是导向创新的来源，通过主动搜集世界各地市场的各种需求来确定创新的课题。创新课题一经确立，便被纳入质量保证体系和服务网络，保证把产品推进市场并反馈新需求，螺旋式提高质量。

（2）实施国际化战略，创造国际美誉度。海尔认为，只要有钱打广告，知名度就会上来，但顾客并不一定满意。迄今，海尔先后在欧洲、美国、亚洲等地区建立了自己的生产基地，并在海外建立18个设计中心，56个贸易中心和40 000多个营销网点。海尔的目标就是要在国际市场赢得美誉、成为国际名牌。

1. 海尔集团是全球领先的整套家电解决方案提供商和虚实融合通路商

创业以来，海尔坚持以用户需求为中心的创新体系驱动自身持续健康发展，从一家资不抵债、濒临倒闭的集体小厂发展成为全球最大的家用电器制造商之一。2012年，海尔集团全球营业额1 631亿元，在全球17个国家拥有8万多名员工，海尔的用户遍布世界100多个国家和地区。

2. 海尔是世界白色家电领域第一品牌

海尔集团持有多个与消费者生活息息相关的品牌。其中，按品牌统计，海尔已连续四年蝉联全球销量最大的家用电器品牌。全球管理咨询公司波士顿公布的"2012年度全球最具创新力企业50强"榜单中，海尔排名第八位，与苹果、谷歌等一起进入十强，是唯一进入前十名的中国企业。在互联网时代，海尔打造开放式的自主创新体系支持品牌和市场拓展，截至2012年年底，累计申报13 952项技术专利，获授权专利8 987项；海尔共组织研究、提报了84项国际标准提案，其中28项已经发布实施，是中国申请专利和提报国际标准最多的家电企业。在全球白色家电领域，海尔正在成长为行业的引领者和规则的制定者。

资料来源：http://www.haier.net/cn/about_haier/，2013-4-5。

讨论题：

1. 海尔公司的发展历程及其现实状况如何？
2. 海尔公司取得巨大成功的根本原因何在？

第三章 国外会计职业道德历史发展

经典名言与感悟

世界上最快乐的事，莫过于为理想而奋斗。哲学家告诉我们，"为善至乐"的乐，乃是从道德中产生出来的。为理想而奋斗的人，必能获得这种快乐，因为理想的本质就含有道德的价值。

——苏格拉底

吾爱吾师，吾更爱真理！

——亚里士多德

人在追求自身物质利益的同时要受道德观念的约束，不可伤害他人，而要帮助他人，人既要"利己"也要"利他"，"利他"是最好的"利己"。道德与正义对于社会乃至于市场经济的运行至关重要。

——亚当·斯密

职业道德是整个会计师行业的基础。会计师行业的职业道德守则是可以被教会、可以学得会的，应该成为整个行业的"公约"。

——斯达沃斯·汤马达基斯

德比财更重要，义比利更重要，理比法更重要，道比术更重要！

——叶陈刚感悟

学习目的与要求

1. 了解国际会计职业道德历史演进；
2. 理解美国会计职业道德准则内容框架；
3. 明确英国会计职业道德守则制定和主要内容；
4. 掌握加拿大审计职业道德要求；
5. 了解澳大利亚审计职业道德规范。

国外会计职业界长期以来十分关注会计职业道德建设。霍格伦、哈瑞森与罗宾逊（Horngren、Harrison and Robinson，1998）一致认为，职业道德问题涉及会计和企业中的所有领域。面对职业道德问题的挑战，会计师应根据什么准则来陈述问题呢？美国注册会计师协会（American Institute of Certified Public Accountants，AICPA）、其他会计职业组织和大多数公司都实施了会计职业道德准则规范，以保证其会员和雇员高水平的职业行为。笔者发现，西方发达国家十分重视会计职业道德教育，大多数会计著作和发行量大的会计教材都会以相当大的篇幅论述会计职业道德知识问题，而且经常关注会计职业道德评价。霍格伦、法斯特和德塔（1995）在《成本会计》（第 8 版）中证实，对不同专业人士所展现的道德的公共意见调查中，会计师职业道德水平一贯地排名很高。生产管理者和会计人员共同对内部和外部财务报告承担责任，会计人员必须确保基础的会计系统、程序、文件是可靠的，是不受操纵的。国际会计师联合会前总干事约翰·格任纳尔（John Gruner）认为，制定职业道德的全部就是确保"在没人看到的时候做正确的事"成为一种习惯。

第一节　国际会计职业道德历史演进

长期以来，绝大多数注册会计师努力赢得并始终保持"有能力、正直和客观"的美誉。这些努力很大程度上促进了注册会计师行业作为一项光荣的职业而受到公众的广泛接受。这种接受是一笔很有价值的财富，但这种接受和认同并不是理所当然的。每个注册会计师都要努力地继承这一财富并不断将其发扬光大。

职业道德准则的总体框架

国际会计师联合会（International Federation of Accountants，IFAC）职业道德准则框架的确立最早可追溯至 1996 年《职业会计师道德守则》的颁布，通过后期对该守则的不断修订，会计职业道德准则框架已经趋于完善和成熟。从会计职业道德准则的内容来看，主要包括职业道德原则、职业道德威胁情形与职业道德威胁防范三部分的内容。其中，包括：（1）职业道德原则分为正直（integrity）、客观性（objectivity）、专业胜任能力及应有的谨慎（professional competence and due care）、保密（confidentiality）与职业行为（professional behavior）5 部分。（2）职业道德威胁情形分为：当会计师及其家庭成员与其他利益相关时产生的自身利益威胁（self-interest threats）；当会计师需要对以前的判断进行重新评估审视时产生的自我评价威胁（self-review threats）；当会计师因过分推崇某种观点或立场而损害客观性时产生的过度推介威胁（advocacy threats）；当会计师因密切关系而对他人利益予以同情时产生的密切关系威胁（familiarity threats）；当会计师因面临威胁而影响执业时产生的外界压力威

专栏 3-1

职业道德是整个会计师行业的基础

扫描此码　深度学习

胁（intimidation threats）。（3）职业道德威胁防范则包括法律体系、监管体系以及执业活动中的保障措施等（刘玥，等，2014）。

从职业道德的适用范围来看，会计职业道德准则可根据使用对象划分为适用于所有的会计师、仅适用于执行公共业务的会计师与仅适用于受雇的会计师三个部分，具体内容包括：（1）准则的一般应用是准则框架中第一部分的内容，它适用于所有的会计师，该部分包括导读、基本原则与应用基本原则的概念框架法，其中，导读部分强调注册会计师的责任是对公众利益负责，而不是为了满足某个客户或雇主的需要；基本原则是指为了达到职业目标而必须遵循的原则；概念框架法则是会计师应用原则的具体方法，它要求会计师根据概念框架法对基本原则加以应用，而不是在规则导向法下对具体规则的机械遵循。（2）适用于执行公共业务会计师的职业道德规范是准则框架中第二部分的内容，具体包括会计师在执业活动中面临的威胁与防护、业务约定、利益冲突、第二次意见、收费和其他类型的佣金、职业服务的推销、礼物与赠品、客户资产的保管、目标和独立性等。（3）适用于受雇会计师（受雇于工业部门、商业部门、政府部门或教育部门的职业会计师）的职业道德规范是准则框架中第三部分的内容，具体包括会计师所面临的威胁与防护、潜在的冲突、信息的表述与报告、专业胜任能力、财务利益与诱因等（陈汉文、韩洪灵，2009）。

概括地说，从准则内容与框架结构来看，IFAC职业道德准则可分为基本原则（第一部分）和基本原则指导下的具体规则两部分内容（第二部分与第三部分），主要通过风险辨识—保障措施—风险控制的思路，试图在世界范围内确立一个可供会计师或注册会计师参考的基本解释框架。

 ## 二、职业道德准则的变迁

由于IFAC发展历史相对较短，其职业道德准则的变迁轨迹较为明晰。本书从职业道德准则框架的初步形成、完善发展再至国际趋同，将其职业道德准则的变迁过程划分为以下几个阶段。

1. 起步探索阶段：准则框架形成之前（1996年之前）

国际审计指南是IFAC成立后较早制定的有关职业道德准则的制度。与美国注册会计师协会颁布的《职业行为准则》不同，该准则并不具有强制性，其旨在通过统一的准则来强化会计专业的协作，提高世界各国在审计业务上的一致性（黄履申、杨继良，1983）。1982年，IFAC下设的教育委员会发布了《职业后续教育指南》，该指南涉及目标、指南范围、职业后续教育程度等10个方面的内容，并且在职业后续教育目标部分，对职业会计师的专业胜任能力加以限制和要求：（1）职业教育需要保持并提高会计职业人员所拥有的技术知识和专业技能；（2）职业教育要帮助会计人员应用新技能，评估其对客户、雇主及自身工作的影响，并且不断满足外界的责任要求和期望；（3）向社会提供合理保证，即会计职业的会员应具有承担为客户服务所需要的技能。

在该阶段，由于IFAC成立初期组织规模和社会影响力较小，自身组织体系尚不完善以及准则制定的导向多以审计业务为主，IFAC对会计职业道德准则变迁的推动略显乏力，但是 IFAC 的初期探索在一定程度上满足了职业界形成一个统一组织的迫切需求，为后来国际会计职业道德准则的制定、变迁奠定了基础。

2. 初步形成阶段：准则框架基本形成（1996—2004 年）

为协调国际会计职业道德规范，IFAC 在 1996 年颁布了《职业会计师道德守则》，并先后于 1998 年和 2001 年对该守则进行了修订。21 世纪初期，随着公司倒闭风潮愈演愈烈，社会公众对财务报告与会计职业的信心急剧下降，诸多国家开始考虑重新恢复投资者对财务报告的信心。为适应国际环境变化趋势，加快高质量的会计教育标准的制定进程，IFAC 在 2003 年通过了对现行组织监督体系的改革方案。该方案要求，在继续发挥 IFAC 对国际会计师职业道德监管作用的同时，要强化社会公众的监督，并通过成立 IFAC 监督小组、领导小组及公众利益监督委员会来维护公众利益，促进审计独立性和组织权威性。2004 年，IFAC 发布了修订《职业会计师道德守则》的征求意见稿，其主要内容与现有审计职业道德准则框架基本一致，在此不再详细赘述。至此，国际会计职业道德准则框架初步形成。

3. 全面发展阶段：准则框架最终确立（2004—2014 年）

2013 年，IFAC 下设的国际会计师职业道德准则理事会（IESBA）修订了《国际会计师职业道德守则》中关于利益冲突和违反守则要求的条款。IESBA 强调，利益冲突可能产生系列道德问题，准则修订通过建立更为具体的要求和更为全面的指导，为职业会计师识别、评估和管理此类冲突提供支持，确保其在利益冲突的情况下保持客观。同时，根据违反守则要求的情形，对会计师行为，尤其是准则独立性层面提出更高的要求和反制措施，如对违规行为带来的利益关系予以暂停、终止或消除。而且，为了向职业会计师提供更为稳健实用的指导，IESBA 于 2014 年公布了《建议对准则部分修订的征求意见稿：解决信息陈述与违背基本道德准则的压力》，该意见稿旨在解决两大问题：一是会计人员在生成财务报告时，对经济交易事项进行忠实陈述的责任问题；二是违背基本道德准则的压力。具体来说，道德准则的修订变化主要在于：明确了会计师陈述财务信息的责任，进而从误导性信息中抽离出来，并对公众利益负责；对会计师面临的可能导致违反基本道德准则的压力给予指导。

此外，为进一步强化《国际会计师职业道德守则》的独立性，IESBA 在 2014 年还提出了关于加强对某些非担保服务条款道德规范的建议，具体包括：对审计客户提供非担保服务时的管理责任予以澄清，废除了"允许审计公司在紧急情况下可以向公共利益实体的审计客户提供记账和税务服务"的规定，并根据《改善职业会计师道德规范结构》，从提高准则的清晰度、可用性与可执行性的视角，对会计师道德规范的具体施行进行了强化。

4. 国际趋同阶段：利益冲突的消除（2014 年至今）

国际趋同是会计职业道德准则变迁的重要表征，自职业道德准则全面发展以来，更是 IFAC 组织成员或非组织成员与国际准则从接轨到趋同的关键节点。为加快准则的趋同，IFAC 开始致力于推动国际准则的采用和执行，鼓励组织成员遵守成员义务声明。2015 年 IFAC 在 G20 峰会上提交了关于"全球一致，有效监管"等四大方面的 12 条建议，指出作为会计职业基础的报告、咨询和道德规范是有效治理的关键，并且呼吁所有国家和地区采用并实施以下原则或准则：《国际财务报

专栏 3-2

奥巴马痛斥华尔街金融企业高额分红

扫描此码

深度学习

告准则》（IFRS）、《国际审计准则》（ISA）、国际会计师职业道德准则理事会发布的《国际会计师职业道德守则》中规定的注册会计师独立性要求、《国际公共部门会计准则》（IPSAS）。

同时，职业道德准则在国际趋同阶段仍面临诸多准则条款与会计师执业活动之间的利益冲突问题。随着职业会计师执业活动的深入，IESBA 发现，由于来自上级主管、董事或单位内部其他人员的压力，职业会计师在向客户提供专业服务时，往往会遇到违反或疑似违反法律法规的行为。为最大限度地保障公众利益，IESBA 继 2012 年 8 月首次对《涉嫌违法行为的应对》发布征求意见稿之后，2015 年 5 月第二次就《国际会计师职业道德守则》中与会计师应对违反法律法规行为相关的规定发布征求意见稿。修订后的国际会计师职业道德准则要求会计师遵循以下目标：（1）遵守诚信的基本原则；（2）敦促管理层，并纠正、弥补或减轻违规行为的经济后果；（3）进一步采取行动。在会计师责任上表现为识别问题、解决问题，并判断是否采取进一步行动，如向有关部门披露、从合约关系中退出等。

2018 年 4 月，IESBA 发布了新修订的《国际会计师职业道德守则》（以下简称《新守则》）。《新守则》对《原守则》进行了全面改写，除了结构调整之外，还整合了 IESBA 过去 4 年来在职业道德标准建设方面的重要成果，更清晰地规范了职业会计师应该如何处理职业道德和独立性问题，具体内容包括：（1）新准则的篇章结构由引言、要求和应用材料三部分构成，并在"要求"部分明确职业会计师应当履行的一般义务或具体责任；"应用材料"部分用于提供相关背景信息、解释、行动建议或考虑事项、示例以及其他指引，以帮助职业会计师更好地遵守要求。（2）分别针对注册会计师、工商业界职业会计师、注册会计师在执行审计和审阅业务、注册会计师执行其他鉴证业务的情形下，如何运用职业道德概念框架提供了具体指引，并明确要求在运用职业道德概念框架时对新获取的信息以及情况的变化保持警觉，从而强化了职业道德概念框架。（3）整合"防范措施"项目的最新成果，使其中规定的防范措施能够与职业道德不利影响更好地匹配。（4）针对职业会计师遇到违反职业道德基本原则的压力时如何处理，增加了相关指引或对原有规定进行修订。新准则于 2019 年 6 月 15 日生效。

值得注意的是，IESBA 在《2019—2023 年工作计划建议稿》中，以"在动态和不确定的世界中提升道德"为主题，通过对职业怀疑、向审计客户提供非担保服务以及审计公司的费用收取等问题加以厘定，进一步对审计、会计人员提出更高质量的道德标准。在某种程度上，这也将是未来国际会计职业道德准则变迁的主要方向和重要驱动。

三、职业道德准则的现状与评价

随着 IFAC 对国际会计职业道德准则的不断完善与发展，其准则已然成为影响最为广泛和深远的行业标准，并为世界范围内的职业会计师提供了一个较为统一的执业参考。就目前职业道德准则现状（准则变迁的频次、数量和复杂程度）而言，准则框架已经过渡至"平稳期"。同时，在新形势下，职业道德准则还具有以下几个方面的特点。

一是职业道德准则的国际趋同化。IFAC 制定职业道德守则的目的在于为世界各国职业道德准则的制定提供一个样板，并要求当该准则与成员各国准则发生冲突时，要以 IFAC 职业道德守则为准，同时，组织成员所采用准则的严格程度不得低于 IFAC 标准。因此，国际准则的趋同化特点贯穿于职业道德准则变迁的始终。

二是职业道德准则制定的原则导向。从准则内容来看，IFAC 职业道德准则主要基于"威胁—保障"的路径，为组织成员提供了一个公认程度较高的基本框架，即通过识别可能存在的威胁，提供与之相适应的降低或消除威胁的防范措施；从准则刚性程度来看，IFAC 职业道德准则的一个显著特点是非强制性，一方面是因为 IFAC 对各成员国并不具有法律上的约束效力，另一方面是因为准则制定过程仍以概念框架法为主。因此，目前对职业道德准则的制定主要以原则为导向。

三是机遇与挑战并存，准则变迁任重道远。随着国际资本市场的高度发展，社会公众对会计师职业道德的期望达到空前状态，这在一定程度上有利于提高道德准则的国际认同。此外，鉴于业务环境的复杂化，各成员国在法律、规则与惯例上的差异，准则变迁面临诸多挑战，这也要求准则制定必须全面统筹，切实提高准则的前瞻性。

四、国际会计职业道德准则

国际会计师联合会（International Federation of Accountants，IFA）的职业道德委员会于 1988 年拟定了《国际会计职业道德准则》，同年 7 月，经国际会计师总理事会批准后公布。

《国际会计职业道德准则》共十一条，分四个部分。第一部分为导读，有八条内容：

（1）会计师必须对其委托人、当事人承担责任和义务，接受和遵守会计专业的职业道德准则。

（2）由于历史和其他方面的原因，会计师的道德准则在不同国家、不同地区，效力有所不同。然而，共同的会计及其职业道德概念是存在的。

（3）共同的会计及其职业道德概念是各国会计职业发展的基础，本会发布的准则可作为各会员制定会计职业道德标准的依据。

（4）本准则的解释是对会计职业道德原则、目的及引申应用问题的解释。

（5）会计师不论是否公开执业，均应遵循本准则，而颁布职业道德准则的责任应部分或全部由立法机构承担。

（6）各国政治、法律、经济情况不同，国际会计师联合会所属会员的会计管理机构应结合当地情况发展，应用本会制定的准则。

（7）会计环境与会计工作基础会发生变化，有些变化要求对已经被公众接受的职业道德进行重新审查。

（8）本会所属会计机构采纳本道德准则，不一定能够得到全面的贯彻执行，各国分支机构必须订立附则。

第二部分为原则，即第九条。准则规定：任何会计机构道德准则，以如下原则为基础：

（1）正直，即会计师在工作中要做到正直、诚实和廉洁，不得为谋私利弄虚作假。

（2）客观，即会计师必须公正，在处理业务时不抱成见，在提出审计报告时应当保持不偏不倚的立场。

（3）独立，即会计师必须不受任何利益的影响，以免影响其正直和客观。对于执行公共业务的会计师，本原则尤其重要，它要求执行公共业务的会计师以独立的身份进行工作，不允许会计师与客户之间的特定关系危及会计师的独立性。

（4）保密，即会计师在工作过程中对得到的信息应当保密，除非得到特许或由于法律责任、职业责任等方面的需要，否则不得泄露，不得用于私人目的或向第三方提供。

（5）技术标准，即会计师在执行其专业工作的过程中，应当依照技术及专业上的标准。

（6）业务能力，即会计师在其工作过程中，应当保持良好的工作质量。会计师所管理的工作应当是其本人及其事务所人员所能胜任的，以便其管理的工作达到专业完善的境界。

（7）道德自律，即会计师应当始终如一地使自己保持良好的信誉，不得有任何有损职业信誉的行为。

第三部分为注释，即第十条。这条准则规定：本注释是对上述原则的进一步阐述，以加强理解。

（1）关于正直、客观和独立。正直和客观是会计师的首要品质，独立也是会计师必不可少的重要品质。只有具备这些品质，会计师才可能对客观事实进行公正的判断和独立的思考，从而形成正确的结论。在制定与独立原则有关的道德准则时，要强调会计师应当是公正地了解全面情况、有正常品德和在各种环境下行为正常的人。还要说明那些由于会计师与顾客的特殊关系而使顾客对会计师的独立立场产生的不能接受的威胁等方面的内容。在准则中，很难讨论全部可能损害会计师独立性的问题，以下是国际会计师联合会认为会计师组织应考虑的问题：

①经济上直接或间接牵涉到客户的事项，如有关客户的股票持有量、债权和债务等。

②执业会计师与客户有企业上的关系，担任总经理或雇员的职务者。

③执业会计师同时兼做其他事务或职业，可能引起利益上的冲突者；有内在矛盾或与会计师业务不相符者；与保持会计师独立形象不相称者。

④因家庭或个人关系影响执业会计师之独立性者。

⑤向客户收取为公众所不能接受的巨额酬金，占该独立开展业务的会计师和会计师事务所总收入的绝大比例者。

⑥接受委托工作，按处理意外事故的标准收费者。

（2）关于保密。因受理业务向客户或雇主取得的资料要保密，绝不能为自己所利用，也不能泄露给第三方，以谋取私利。假如执业会计师在法律上有特殊义务，或已接受特殊的权力，或已明显获得专业上特殊许可而透露，可例外。执业会计师有义务责成全体职员或助手遵守保密原则。

（3）关于技术标准，会计师有责任仔细而尽其所能地按所在国、所在会计师协会的相关规定，以及客户或雇主的委托进行工作。

（4）关于业务能力。执业会计师接受聘请或接受客户的委托，就意味着他具备必要的能力，愿意认真、勤勉地运用他的知识、技能和经验去完成这项工作。会计师还有一个持续的责任，要使其专业知识与技能保持在一定的水平上，以便在业务中使用，掌握立法和技能的最新发展，以便更好地为客户和雇主服务，以获得业务上的效益。

（5）关于道德自律。会计师有责任不沾染导致会计师职业或各国会计师协会丧失名誉的行为，当客观要求发展职业道德时，有责任考虑会计师对客户、第三方、会计师同行、全体职员、雇主和人民的职责。特别需要考虑：

①执业会计师对于工作及工作过失，在财务上有赔偿责任。

②执业会计师对于广告、公共关系，以及招揽生意等，均应受到限制。

③执业会计师扩展业务涉及其他会计师经办的客户时，应先征得同意。

④接受由另一会计师经办的案件，必须先与该会计师洽谈，得到许可。

⑤执业会计师收取及支付佣金均需按规定办理。

⑥执业会计师的收费需按照一定的基础数额计算。

第四部分即第十一条，为"执行"。这条准则规定大多数执业会计师对职业道德准则均能自觉遵守，而不需强制执行或约束。但少数会计师存心漠视，偶犯错误，或疏忽大意，以致未能遵守自律标准。为会计师行业和各国会计师协会全体成员的利益考虑，必须使公众信任会计师行业，对不遵守职业道德准则的相关人员，必须加以调查，甚至采取适当的法律措施。

第二节　美国会计职业道德准则内容框架

一、美国注册会计师协会道德准则

美国注册会计师协会（American Institute of Certified Public Accountants）规定的会计职业道德准则分为三大部分。

第一部分，职业道德观念，有五个方面的内容：

专栏3-3
美国注册会计师协会职业道德原则
扫描此码
深度学习

（1）独立、正直和客观，即要求注册会计师必须正直、客观，在开展委托业务时，应保持独立性，独立于服务对象之外。

（2）一般的和特殊的标准，即要求注册会计师必须遵守会计职业中一般的和特殊的道德标准，不断努力提高工作能力和服务质量。

（3）对委托人的责任，即要求注册会计师对委托人应公平、坦率，尽最大努力为他们服务，为其利益保持职业关注，使其责任与公众的要求一致。

（4）对同事的责任，即提出注册会计师要注意自身的行为，或某种意义上讲，这将增进同行之间的合作、互助、和谐、友好的关系。

（5）其他责任和实务，即要求注册会计师应以谦虚、谨慎、认真的态度做好本职工作，不断提高会计职业技能和为公众服务的水平。

第二部分，开展会计工作的行为规则。

第三部分，对提出的行为规则所进行的说明和解释。

二 美国管理会计师协会道德行为规范

美国管理会计师协会（American Institute of Management Accountants，AIMA）十分重视会计职业道德问题，1985年就制定了《美国管理会计师的道德行为规范》，并开宗明义地指出：管理会计师有义务对他们所服务的组织、他们的职业组织、公众和他们自己保持道德行为的最高标准。为确认这些义务，美国管理会计师协会采纳了如下的管理会计师道德行为规范。坚持这些原则是管理会计师实现管理会计目的的组成部分。管理会计师不应违背这些原则，也不能宽恕组织中的其他人违背这些原则的行为。

在能力方面，管理会计师有责任：①通过持续地丰富他们的知识、提升他们的技能保持适当水平的职业能力；②按照相关的法律法规和技术规范履行他们的职责；③在恰当地发布相关和可信赖的信息后，准备完整和清晰的报告和推荐书。

在保密性方面，管理会计师有责任：①除非官方法律要求外，不能披露工作过程中获取的保密信息；②告知下属对工作中获取的信息要有恰当的保密性，并且监督他们的活动以保守秘密；③禁止为个人或通过第三方获取不道德的或违法的利益而使用工作中获取的保密信息。

在公正性方面，管理会计师有责任：①避免事实上或表面上的利益冲突，提示各方各种潜在的冲突；②禁止从事各种可能侵害他们道德地执行任务的能力的活动；③禁止积极地或消极地破坏实现组织的合法的或道德的目标等；④告知有利及不利的信息以及职业的判断和意见；⑤禁止从事或支持各种破坏职业组织名誉的活动。

在客观性方面，管理会计师有责任：①公正和客观地交换信息；②充分披露那些可以合理地预见的、会影响报表使用者理解报告、评论和推荐书的相关信息。

三 美国注册会计师协会委托苏易斯·亨瑞斯（Souis Harris）会计公司民意测验

美国各州会计师团体都十分重视会计职业道德问题，并对会计人员的职业道德问题进行了系统、深入的研究。例如，美国的《会计职业道德》（*The Accounting Professional Responsibility*）一书将美国的会计职业道德问题分成11章加以分析，这11章包括：独立；正直；诚实；客观；一般及专门标准；对他人、经营管理者和股东老板的责任；对同事的责任；其他责任与行为；会计师与合同法；民事责任、行政责任及刑事责任；信任与保密及法律不允许的行为等。

1986年，美国注册会计师协会委托苏易斯·亨瑞斯（Souis Harris）会计公司，就美国注册会计师的会计职业道德品质、会计专业服务以及这一职业的规章等问题进行了一次广泛的民意测验。接受调查的对象包括全国范围内的普通公众1 200余人（分为知情组和股东组，前者是会计师和会计学的知情人，后者是拥有普通股本和股东权益的人）和11个特别小组（即各领导者组）。测验结果如下：

在注册会计师、大学教师、银行家、医生、新闻工作者、公司负责人、个人财务计划者、股东、国会议员、律师和保险代理人等 12 种主要类别中，注册会计师的职业道德与品质是最高的。以往人们认为的会计师职业易招责难和非议这一观点，是没有根据的。

（1）接受调查的各组中，大约有 3/4 的人认为"会计师职业的服务如今已越来越完善，远非昔日所能比拟了"。领导者和公众中分别大约有 9/10 和 3/4 的人表态："会计师事务所在审查公司财务报表时能做出独立、客观的评判。"

（2）相比其他职业，注册会计师更加受人敬重。而在所有的注册会计师中，那些从事独立审计的会计师获得了最高的好评。

（3）注册会计师具有忠厚、诚实、熟谙的业务素质，可靠、可信、客观、真实的重要道德品质，但他们是否关心公益和努力开拓，接受调查的各组对此很是怀疑。

（4）通过统一的职业考试，取得学士学位，具有现实工作经验，有良好的道德品质表现，恪守职业道德规范和不断接受教育，这些是作为取得注册会计师资格的条件，得到了调查对象中的绝大多数（或大多数）人的认同。但对于会计师是否还需要成为通过鉴定和行业认可的税务专家、个人财务计划专家、电子数据处理专家以及其他有关经验技术的行家，被调查者的意见不一。各领导者组中多数人认为没有必要，普通公众中的大多数人则表示赞成。

（5）接受调查的各组中，大多数（或多数）人相信注册会计师的惩罚制度和同行监督制度都正在实施之中，并取得了良好的效果。但大多数人希望这些制度具有更大的强制性。

（6）除了从事审计职业外，会计师事务所还提供许多诸如帮助选择计算机软件、管理咨询、教育培训以及保险统计等方面的服务。接受调查的近 4/5 的人认为这些服务对注册会计师是适宜的，但他们强烈建议对潜在的服务项目要做明确限制，以便硬性规定哪些项目由会计师负责是合适的，哪些则是不合适的。

（7）会计师事务所在非审计领域取得了成功。4/5 的人认为注册会计师比律师更适合做税务顾问，比非会计职业的税务顾问更适合做个人财务顾问；2/3 的人认为他们比管理咨询公司更适合做公司管理顾问。

（8）在税收服务方面，注册会计师比律师更受欢迎。3/4 的人认为他们倾向于先请会计师而非编制纳税申报表；除个别领导者外，也有 3/4 的人会就合理避税问题先去征求注册会计师的意见；对税务局就纳税申报表所提出的疑问，除两个领导者组外，大多数接受调查的人也都倾向于先请注册会计师加以解决。

（9）注册会计师签发的无保留意见的本意是什么？只有领导者组能进行正确的理解，而几乎所有的普通公众简直不能理解，甚至误解了。例如，普通公众中的多数人错误地认为，无保留意见是指"会计师事务所验证过的所有数据完全正确""会计师事务所判断管理层胜任其职""会计师事务所保证公司进行盈利的投资"等。因此，有必要向公众加以解释，并通过教育使之懂得什么是独立审计。

第三节 英国会计职业道德守则的制定和主要内容

 一、英格兰与威尔士特许会计师协会道德守则

英格兰与威尔士特许会计师协会（ICAEW）的道德守则适用于所有成员、学员及附属公司、成员公司的雇员，适用于所有成员公司的专业和商业活动，无论是有偿的还是自愿的。

ICAEW 的特许会计师应表现出最高的职业行为标准并考虑公众利益。特许会计师的道德行为在确保公众对财务报告和商业惯例的信任及维护会计职业的声誉方面起着至关重要的作用。该道德守则为会员提供道德指引，协助他们履行这些义务。它是基于 IFAC2009 年出版的国际会计职业道德标准委员会（IESBA）会计师职业道德准则制定的，并经 IFAC 批准使用。ICAEW 于 2011 年 1 月 1 日起实施修订 2006 年 9 月 1 日至 2010 年 12 月 31 日实施的道德准则及在 2006 年 9 月 1 日发布的职业道德指南。

2017 年 1 月 1 日修订的《道德准则》列明五项基本原则，指导成员的行为：（1）诚信；（2）客观性；（3）专业能力和应有的关注；（4）保密；（5）专业行为。每个成员有责任评估对遵守这些原则造成的威胁，并在面临严重威胁时采取保障措施。该守则的部分章节涵盖了可能遇到威胁的情形，并建议或要求成员在某些情况下采取特定的行动。

 二、特许公认会计师公会职业道德守则

特许公认会计师公会（ACCA）职业道德守则是 ACCA 的规章、法规和道德和行为准则的最终指南，它要求 ACCA 成员、学员和公司均遵守这些守则。所有新加入的学员和成员都要求签署一份将遵守 ACCA 的规章制度、道德和行为准则的承诺书。ACCA 守则在符合监管发展和政策要求的条件下定期更新，每年 1 月出版。ACCA 采用由国际会计职业道德标准委员会（IESBA）发布的《职业会计师职业道德规范》。然而，IESBA 的规范对于 ACCA 及其成员达到 ACCA 的道德和行为准则有额外要求和指南。ACCA 的道德和行为准则对其所有成员和学员都具有约束力，并提出了五项基本道德原则，为解决道德问题提供了框架（见表 3-1）。

表 3-1 ACCA 会计人员职业道德规范框架

序号	框架类型	具体内容
1	诚信	所有职业和业务关系都是坦率和诚实的
2	客观性	不允许他人偏见、利益冲突或不当影响凌驾于职业或商业判断之上
3	专业能力和应有的关注	保持一定程度的专业知识和技能，确保客户或雇主根据当前实践、立法和技术的发展，并根据适用技术和专业标准，努力获得胜任的专业服务
4	保密	尊重获得保密信息职业和业务关系，并且没有适当和特定授权，不向第三方披露任何此类信息；除非有法律或专业权利或义务披露，或具有使用这些信息独自优势执业会计师或第三方
5	专业行为	遵守相关法律法规，避免任何有损职业声誉的行为

2018 年 7 月 1 日生效的 ACCA 的道德和行为准则分为四部分：

第一部分适用于所有执业会计师，确立了会计师职业道德的基本原则，并提供了执业会计师应适用的概念框架：（1）确定对遵守基本原则的威胁；（2）评估发现的威胁的重要性；（3）应用保护措施，必要时采取保障措施，消除威胁或将其降低到可接受的水平。

在确定任何威胁是否在可接受的水平上时，ACCA 成员应该考虑一个合理和知情的第三方是否可能得出结论，权衡当时会计人员所能获得的所有具体事实和情况，即遵守基本原则不受损害。

第二部分和第三部分描述了概念框架如何应用于某些情况。它们提供可能适用于解决威胁的保障措施的例子，描述了无法采取保障措施应对威胁的情况，以及应避免造成威胁的情况或关系。第四部分则专门适用于英国从事破产业务的执业会计师。

三、英国特许公共财务会计师公会道德规范要求

英国特许公共财务会计师公会（CIPFA）期望其成员遵循其发布的道德规范要求，表面上不遵守可能导致按其纪律处分计划（CIPFA Disciplinary Scheme）采取行动。建立适用于所有执业会计师遇到的所有情形和状况是不切实际的，因此，执业会计师应当将职业道德要求作为其履行业务时应该遵守的基本原则。

CIPFA 于 2006 年 5 月 25 日通过该道德规范要求，其修订版于 2011 年 1 月 1 日起生效。它适用于所有成员、附属机构、准成员和学员，其主要内容如下：

第一部分：道德规范的一般应用，此部分适用于全部会员和学员，讲述了道德规范的基本原则，并解释了如何诠释和理解。

1. 介绍和基本原则

会计职业的一个显著标志为公众利益担当责任。因此，执业会计师的责任不仅仅是满足个别客户或雇主的需要。为了公众利益，执业会计师应当遵守和遵循本规范，如果因法律或法规禁止执业会计师遵循本规范的某些部分，执业会计师应遵守本规范的所有其他部分。

2. 本规范包含的三部分

第一部分为执业会计师建立职业道德的基本原则，提供适用于执业会计师的基本框架。

（1）确定对遵守基本原则的威胁；（2）评估发现威胁的重要性；（3）必要时采取保障措施，消除威胁或将其降低到可接受的水平。保障措施很有必要，当执业会计师确定威胁处于不合理水平且知情的第三方可能会得出结论，在权衡全部有效事实和具体情形下，执业会计师应毫不妥协地遵守基本原则，并运用本概念框架进行专业判断。

第二部分和第三部分描述了概念框架如何在某些情形下应用。它们提供可能适用于解决对遵守基本原则造成威胁的保障措施的例子，描述了无法使用保障措施来处理威胁的情况，因此，应避免造成威胁的情况或关系。执业会计师应当遵守下列基本原则，如表 3-2 所示。

表 3-2　CIPFA 会计师职业道德规范框架

序号	框架类型	具体内容
1	诚信、正直	在所有职业和商业关系中都要坦诚、直率
2	客观性	不允许偏见、利益冲突或过度影响他人，凌驾于职业或商业判断之上
3	专业能力和应有的关注	维持一定水平的专业知识和技能，以确保客户或雇主在目前实践、立法和技术发展方面获得可胜任的专业服务，并依照可适用的技术和专业标准勤勉做事
4	保密	尊重因职业和业务关系所取得的保密信息，因此，除非基于法律和职业权利或义务需要披露，否则不应向没有恰当和特定权限的第三方披露任何此类信息，也不能将信息用于执业会计师或第三方的个人利益
5	专业行为	遵守相关法律法规，避免任何有损职业声誉的行为

第二部分适用于受雇于事务所的所有会员，国际会计师联合会（IFAC）定义适用于在会计师事务所工作的会计师。尽管国际会计师联合会（IFAC）指南没有要求这适用于那些在国家审计机构（National Audit Agencies）工作的会员，英国特许公共财务会计师公会（CIPFA）认同此原则和道德指南将适用于受雇于国家审计机构或合同的公司。此部分包括：（1）介绍；（2）职务任命；（3）利益冲突；（4）补充性意见；（5）收费和其他薪酬类型；（6）市场化专业服务；（7）礼物和款待；（8）保管客户资产；（9）客观性——所有服务；（10）独立性——审计和审阅业务；（11）独立性——其他鉴证业务。

第三部分适用于工商业界的执业会计师，此部分适用于许多成员：包括那些受雇于当地政府机构、国家卫生服务（NHS），以及在中央政府、国家审计机构及志愿者部门和企业工作的执业会计师。事务所的执业会计师也可以在此部分找到与他们相关的特殊情形。此部分包括：（1）介绍；（2）潜在利益冲突；（3）信息准备和报告；（4）信息准备和报告；（5）表现出足够的专业技能；（6）财务利益；（7）受到引诱的情形。

四、苏格兰特许会计师协会道德守则

苏格兰特许会计师协会（ICAS）道德守则适用于 ICAS 的所有成员、附属机构、学员、会员公司或附属公司的雇员，以及相关的会员公司。ICAS 所属执业会计师有责任考虑公众利益，维护会计职业的声誉，个人私利不能凌驾于这些责任之上。该守则为执业会计师提供道德指导，帮助他们履行这些义务。若不遵守该守则，执业会计师可能会受到《国际会计准则》第 13 章所列的纪律处分。该守则主要基于国际会计职业道德标准委员会（IESBA）的准则制定，自 2011 年实质性修订后生效。2014 年主要针对涉及破产从业人员的部分进行了修订。2017 年重新修订，经理事会批准自 2017 年 11 月 1 日起适用生效。

1. 2017 年重新修订的主要内容

（1）法律灰色地带规则：介绍了 IESBA 关于如果执业会计师遇到其客户或雇主存在实际或可疑"法律灰色地带规则"的情形时应如何处理（分别在守则新章节 225 和 360）。就法律灰色地带规则指南的目的而言，与执业会计师有关的法律及法规是指对财务报表的重要项目有直接影响或对本组织运作有根本影响的法律及法规。法律灰色地带规则条款有关实际或疑似法律灰色地带规则的报告不优先于地方法律法规。如果当地法规与守则规定有冲突，执业会计师必须遵守当地法规。因此，在英国反洗钱法律法规下，执业会计师必须始终关注可能构成"泄露"的信息披露。

法律灰色地带规则的基本原则对所有执业会计师都是一样的，即他们应该对问题做出反应，而不是视而不见。然而，由于执业会计师的特殊角色和级别，法律灰色地带规则的要求不同。按执业会计师分类并分别确定具体步骤，四个分类包括：注册会计师、在事务所工作的执业会计师（PAPP）、在工商业界工作的高级执业会计师（PAIB）和在工商业界工作的其他执业会计师。注册会计师和高级执业会计师在业务上承担更大的责任。

（2）道德勇气：道德守则的修订以确立"道德勇气"作为一种促进因素——一种基本的定性特征——有助于执业会计师遵守基本原则。

为了确保遵守基本原则，执业会计师所需要的一个基本的定性特征是"行为道德的勇气"。对于执业会计师来说，"勇气"是按照基本原则行事的需要，尤其是在面临个人不良后果风险的情况下。执业会计师需要勇敢地面对道德困境，当执业会计师面临道德困境时，需要有勇气承认困境，对解决困境所需的道德行为进行理性判断，然后采取相应的行动。

2. 2017 年重新修订后的主要结构和内容

CAS 的道德守则建立了适用于全部执业会计师的五个基本原则：（1）诚实；（2）客观；（3）专业能力和应有的关注；（4）保密性；（5）职业行为。它提供了一个执业会计师应该确保遵守基本原则的概念框架。这个概念框架要求执业会计师运用他们的职业判断去鉴别和评估对遵守基本原则造成的威胁，运用保障措施消灭威胁或将其降低至可接受的水平。与其他会计职业团体类似，ICAS 的道德守则被分成四部分，且其中任何部分可能适用于相关的情形，依次为道德守则的一般应用、适用于在事务所工作的成员、适用于工商业界工作的成员、适用于清算破产从业人员。

第四节 加拿大审计职业道德要求

加拿大审计公署发布的审计准则中，对审计职业道德的内容要求主要体现在三大部分。

一 技术培训和熟练性

对于政府各部门、机构、部属公司、国有企业和其他单位注册会计师的审计职业道德要求如下：

（1）对审计理论和标准的认识逐步深入，最终达到充分了解。

（2）结合教育、能力和应用这些知识的经验，加深对公认会计原则和加拿大政府制定的会计方针的充分认识以及对管理原则的基本了解。

（3）对议会的责任性、控制制度和联邦政府组织的充分了解，包括对中央机关、部委机构、附属公司、国有企业和其他单位的了解。

（4）与所从事审计工作的范围、目标和复杂性相称的学术能力或专业资格。

（5）应用当代审计技术来了解和评价复杂的组织、管理制度和有关控制的能力。

（6）熟悉政府、工商企业、会计和审计专业以及其他有关行业当前的发展趋势。

（7）具备与监督工作人员、与审计有关的事项与公署高级管理人员、其他组织的审计专业人员、被审计单位的管理人员和工作人员、政府预算委员会及国有企业审计委员会人员进行有效联系和良好沟通的技能。除了对于正在进行的审查内容要具有实际工作经验以外，当审计工作要求一些特殊的专业知识时，注册会计师应该请教具有这类专业知识相关人员或在必要时直接应用他们的工作成果。

二、应有的会计职业关注

审计长公署的工作人员应该保持应有的关注，以确保在进行审计工作时保持最高的专业标准。在依赖其他注册会计师的工作，或使用外部专家的工作成果作为审计证据时，公署有责任确保这些专业人员的能力和独立性符合公署的标准。当工作人员怀疑被审计单位涉及舞弊或违法行为时，应该在采取任何行动之前告知审计主任。应有的关注要求这类事项不能与被审计单位讨论，在未得到有关助理审计长批准之前不能收集更多的证据。

保持应有的关注还要求注册会计师应该了解私营部门和政府部门之间在理论与实践两方面的不同。政府行政管理通常都比私营业务复杂。虽然私营部门的理论和实践如果经过适当研究，通常可以成功地应用于政府部门，但是审计长公署的工作人员在建议应用这些理论和实践时应该保持应有的关注，并清楚地识别它们与当前政府部门所应用的理论与实践之间可能存在的任何不同之处。

三、注册会计师应该注意的事项

（1）避免个人利益方面的冲突，至少应该遵守政府范围内的、公署的和其他的有关利益冲突的专业性指南。

（2）在进行检查，形成结论和报告结果时，客观地考虑事实并给予无偏见的判断。

（3）避免直接参与被审计单位的政策制定和制度、有关控制的设计。虽然注册会计师可以对被审计单位的管理部门提供专业性建议，如可以通过"致管理部门的建议书"来实现。但是必须注意一点，注册会计师仅局限于提出建议，至于建议的组织实施，那是管理部门的责任，注册会计师不应参与。

加拿大注册会计师协会（Certified General Accountants Association of Canada，CGA-Canada）提出加拿大注册会计师技能组合包括专业知识、领导技能、应有的企业管理技能和个人管理技能，而其中的领导技能由正直与诚信、策略思考能力、协调能力、谈判技巧、团队领导能力、教练技巧、变革和创新能力等方面所组成。

第五节　澳大利亚审计职业道德规范

 一、澳大利亚审计署审计职业道德规范

澳大利亚审计署在发布的审计准则中，对注册会计师的审计职业道德做了如下规定。

第一部分，独立性和客观性。审计长和审计署注册会计师的独立性和客观性主要从以下四个方面表现出来。

1. 与国会的关系

为了公正地履行审计职责，审计长和注册会计师必须保持不受任何政治影响。因此，审计长和审计署都不得响应，也不得表现出响应某一政治团体的主张。审计长根据审计任务确定工作重点，安排澳大利亚审计署的工作，选择合适的审计方法。审计长适当地考虑国会某些委员会的建议，向国会承担完成审计任务的责任，但审计长不应依靠国会来对其审计项目的计划和执行进行特殊的安排。

2. 与政府的关系

审计长同政府的关系是外部注册会计师与被审计单位的关系。审计长向国会和各部部长提交审计报告，使其注意行政管理中存在的不足和应改进的领域，以此帮助政府。另外，审计长和澳大利亚审计署不得参与政府职能，或充当政府行政机构，否则将有损其独立性和客观性。审计长独立性的要素是政府无权干涉与审计长执行审计任务有关的事项，即审计长不得在部长或政府的领导下进行、修改或终止审计，隐瞒或修改审计的调查结果。

3. 与被审计单位的关系

审计长和公司注册会计师对政府部门、国有企业和其他联邦机构进行审计时，必须保持客观态度。审计机构不得参与被审计单位的管理工作和经营过程，以免损害日后审计的客观性和公正性。注册会计师不得成为管理委员会的成员，如需向该委员会提出审计建议，必须说明是审计建议。审计机构人员不得干预被审计单位的人员履行职责。

4. 与外部团体关系

在不损害审计署独立性和客观性的前提下，审计长可以同职业机构建立正式联系，以便取得经验丰富的专业人员提出的一般性建议。

第二部分，注册会计师必须拥有适当学历和工作经验，并经过适当培训。注册会计师调查能力，包括警惕、坚定、职位和专业经验，是保证审计质量前提。

第三部分，职业谨慎。职业谨慎是指注册会计师在详细说明需要的证据、取得和评价证据、报告审计结果等方面保持职业谨慎态度。为了保持职业谨慎态度，在确定采取哪一种审计测试方法和程序时，也应考虑以下事项：

（1）对完成审计目标的要求；

（2）被调查事项的重要性；

（3）会计控制和内部控制系统的效果；

（4）与可能取得的盈利相比较，执行审计计划的费用预算；

（5）内部审计的范围和质量。

除非国会要求或法律规定，注册会计师不得在评价和形成审计意见、报告审计结果的范围之外，使用审计工作中取得的有关被审计单位的资料。

注册会计师在澳大利亚备受尊敬，且拥有迅速提高的国际地位。2001 年，猎头公司 TMP Worldwide 对招募财务经理的调查结果显示，无论是在公众机构，还是私人机构，注册会计师都很受欢迎。2002 年年初，澳大利亚会计师公会与澳大利亚特许会计师协会（The Institute of Chartered Accountants in Austialia，ICAA）修订了《ICAA 职业道德准则》。

《ICAA 职业道德准则》的权威性来自 ICAA 颁布的用以确立其强制实施措施的规章与细则。如果注册会计师的成员被发现有违反职业道德的情况，在审查委员会举行听证会后，该成员就会被警告或被中止执业，甚至被 ICAA 取消执业资格。ICAA 审查委员会对不良行为采取的惩罚措施可能会为地方注册会计师协会所效仿。因为受到任何惩罚都会损害职业信誉，所以注册会计师在其执业活动中格外谨慎。从一定程度上讲，这本身就坚持了职业道德准则的观念。

澳大利亚政府认可的会计职业组织

2015 年，国际会计师联合会发布的研究报告显示，澳大利亚及大洋洲会计师占就业人口的比重达 1.3%，为全球各大洲最高，会计专业服务水平较高，澳大利亚会计职业化建设经验和职业组织的管理知识和理念值得学习和借鉴。澳大利亚现有三大经澳大利亚政府认可的会计职业组织：

（1）澳大利亚注册会计师公会（AU），始建于 1886 年，规模最大，现有会员 16 万名，其中三分之一为海外会员，分布在全球 118 个国家和地区的会计师事务所、企业、政府及非营利部门。

（2）澳大利亚新西兰特许会计师协会（CA ANZ），由始建于 1928 年的澳大利亚特许会计师协会和始建于 1994 年的新西兰特许会计师协会在 2014 年 11 月 26 日合并成立，现有会员 11.7 万名，大多数分布在澳大利亚和新西兰，在中国有 200 多名会员。

（3）澳大利亚公共会计师协会（IPA AU），成立于 1923 年，现有会员及学员 3.5 万，分布在全球 80 多个国家和地区，会员任职于多行业、多岗位。

道德与治理及联合监管模式

澳大利亚注册会计师公会指出，道德与治理是当代执业会计师应具备的知识和技能的重要组成部分。作为主要的商业决策者，会计师必须通晓监管法规、合规要求和治理机制，以确保公司的行为和经营不仅合法而且有效果。澳大利亚会计师职业道德标准委员会（APESB）不仅仅将"道德与治理"列为必修课，同时在注册会计师项目的其他科目中提到的多种岗位和责任都要求更好地理解道德、公司治理框架和机制。

2018 年 11 月发布的澳大利亚会计师职业道德准则是继 2011 年 12 月、2013 年 5 月和 11 月、2017 年 5 月与 2018 年 4 月等历次修订后的最新版。职业道德原则分为正直、客观性、专业胜任能力及应有的谨慎、保密与职业行为等五部分。尽管 APESB 未将独立性列为原则之一，但是将独立性准则列为独立章节，体现出对会计师独立性的高度强调。

澳大利亚对公共执业的会计师实行政府监管与协会自律监管相结合的联合监管模式，事务所从事审计、财务规划、清算等业务需得到澳大利亚证券和投资委员会（ASIC）的许可。各会计师协会均对会员采取自律道德监管，如澳大利亚注册会计师公会建立了同业互查制度，每位注册会计师在取得执业证书两年后将接受首次检查，以后检查的频率取决于上次检查的结果。

道德检查的目的不仅仅限于合规性，更侧重帮助会员成长，检查人员会对被检查者进行教育指导，同时对事务所的管理提出建议。澳大利亚注册会计师公会设立了专门的执业纪律委员会负责自律惩戒，但通常来说只有极少数的会员受到惩戒，对于不具备胜任能力的会员将予以劝退。同时，澳大利亚注册会计师公会也设置了职业操守部门，对于收到的投诉举报、公众媒体披露、监管机构举报的会员违规行为组织职业操守调查员进行调查，严重违规的将给予一定程序的惩戒，包括罚款、吊销执业证书或会员证书等。

四、国外会计职业道德发展对我国的启示

目前，我国注册会计师行业监管也采取政府行政监管与协会自律监管相结合的模式，其中具有证券期货业务资格的事务所还要接受我国证监会的监管检查。上述监管模式对促进我国注册会计师行业保持较高的职业化水平发挥了重要作用，但也客观存在多头监管、选择性监管、监管尺度不一及行政处罚多于民事责任追究等诸多问题。

从国外会计职业道德严格监管惩戒，促进行业执业质量提高的成功经验可以得到启示：建议我国财政部、证监会与中注协进一步完善联合监管机制，加强监管信息共享与工作沟通协调，形成行政监管与自律管理相互配合、各有分工、运行高效的监管机制，构建注册会计师行业职业道德发展的"防火墙"。

【关键概念】

国际会计师联合会（International Federation of Accountants，IFA）

美国注册会计师协会（American Institute of Certified Public Accountants，AICPA）

美国管理会计师协会（American Institute of Management Accountants，AIMA）

加拿大注册会计师协会（Certified General Accountants Association of Canada，CGA-Canada）

澳大利亚特许会计师协会（The Institute of Chartered Accountants in Austialia，ICAA）

【复习思考题】

1. 美国会计职业道德准则的总体框架包括哪些内容？

2. 你如何看待国际会计职业道德准则的不断完善与发展？

3. 英国会计职业道德守则如何制定？包括哪些主要内容？

4. 加拿大审计职业道德有哪些要求？

5. 澳大利亚审计职业道德规范包括哪些方面？

【在线测试题】

扫描书背面的二维码，获取答题权限。

【案例分析】

安然—安达信：双安不安　自毁前程

2001年1月，曾在《财富》杂志全球500强中名列第七位的美国超级能源大企业安然公司对外公布：公司1997—2000年度虚报盈利5.91亿美元，增列6.28亿美元负债，直接导致投资者信心崩溃。在不长的时间内，安然公司股价从最高超过90美元，一路狂跌至不足1美元，连续30个交易日其股价徘徊在摘牌底线的1美元之下，安然公司股票被摘牌。同年12月2日，安然公司正式向纽约一联邦地方法院申请破产保护，破产清单所列资产达631亿美元。安然公司破产后，其受害者遍及全球。安然公司股票投资者损失惨重，血本无归；贷款给安然公司的华尔街金融公司、欧亚各银行承受至少50亿美元损失；美国著名的信用评级公司标准普尔估计，与安然公司债务相关的券商遭受63亿美元损失。

2006年10月23日，前安然首席执行官（CEO）杰弗里·斯基林被美国休斯敦地区法院判刑24年零4个月，法院还判处他名下的4 500万美元财产用以还债，这位曾经的商业巨子付出了倾家荡产的代价。

而伴随着安然公司破产倒闭，全球五大会计师事务所之一、创立于1913年的安达信国际会计公司碰到巨大麻烦，遭遇严重诚信危机，进而引发全球会计行业强烈地震。从安然公司成立后的16年里，安达信一直担任安然公司的独立注册会计师。2001会计年度安达信的业务收入为93.4亿美元，其中有5 200万美元的收入来自安然公司，而这其中2 700万美元是管理咨询业务收入，只有2 500万元是审计鉴证收入。很显然，安达信担任安然公司的独立注册会计师可谓扮演了双重角色——外部注册会计师和内部注册会计师，因此，安达信的审计失去独立性，无法做到公正。正如美国《商业周刊》评论员所说，"一只手造假，另一只手证明这只手做的账"，这样怎能不出假账？

总之，安达信的诚信缺失导致其近百年美名毁于一旦，最终自毁前程：美国东部时间2002年8月31日安达信国际会计公司正式宣布退出审计行业，这家拥有89年辉煌历史的世界著名会计公司因为安然事件付出了丢掉诚信的昂贵代价被迫黯然关门。

资料来源：叶陈刚.公司治理层面的伦理结构与机制研究[M].北京：高等教育出版社，2006.

讨论题：

1. 安达信对安然公司审计失败案件给我们何种启示？

2. 注册会计师应如何遵守职业道德？

第四章 商业伦理道德原则

子曰："人而无信，不知其可也。大车无輗，小车无軏，其何以行之哉？"

志于道，据于德，依于仁，游于艺。己所不欲，勿施于人。

——孔子

诚者，天之道也；诚之者，人之道也。

诚者不勉而中，不思而得，从容中道，圣人也。

诚之者，择善而固执之者也。

博学之，审问之，慎思之，明辨之，笃行之。诚则明矣，明则诚矣。

君子之道，辟如行远，必自迩；辟如登高，必自卑。

——子思

千锤万凿出深山，烈火焚烧若等闲。粉身碎骨全不怕，要留清白在人间。

——于谦

企业家的社会责任：国家因为有你而强大，社会因为有你而进步，人民因为有你而富足。

——曹德旺

诚信比技巧更重要，选择比努力更重要！智慧比聪明更重要！

——叶陈刚感悟

📖 **学习目的与要求**

1. 了解企业推行集体主义原则，旨在打造优秀团队；
2. 明确企业诚实守信原则的内在要求；
3. 理解企业坚守义利统一原则是现代企业强大之源泉；
4. 掌握公平与效率兼顾原则的含义及要求；
5. 熟悉公开、公正、公信原则的特征与内容。

商业伦理道德原则到底应该由哪些内容组成呢？构成商业伦理的基本原则有五项：集体主义原则、诚实守信原则、义利统一原则、公平与效率兼顾原则、公开公正公信原则。集体主义原则区别于其他四个原则，是最基础原则。推行集体主义原则的目的是打造优秀企业团队，而只有拥有共同目标和价值观的团队，才有可能实现其他四个原则，它们之间的关系如图 4-1 所示。

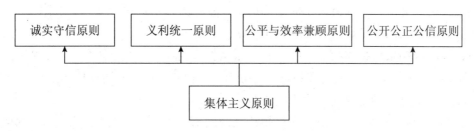

图 4-1　商业伦理道德原则关系构成

集体主义原则的精神，充分体现社会公众对于商业伦理工作的基本业务要求，还应体现商业伦理工作的基本特点，使之成为规范企业员工的行为和进行商业道德评价的基本标准。要使共性和个性有机结合起来，仅用一个商业伦理道德基本原则是难以囊括的。因此，我们设计商业伦理道德下面的四个具体原则。

第一节　集体主义原则：打造优秀团队

　企业推行集体主义原则的地位层次

（一）奠定集体主义原则的时代背景

1. 集体主义精神在企业中表现为企业的凝聚力、向心力和命运共同体

从计划经济体制转向市场经济体制，同时也是个人义务本位转向个人权利本位。因此，在市场经济体制下，个人利益更加突出。这种市场经济不是放任自由的传统市场经济，而是国家宏观调控的现代市场经济，是以公有制为主体的社会主义市场经济。我们认为，现代市场经济竞争的主体不仅仅是劳动者个人，首先应是企业，企业已成为社会主义市场经济的价值主体和功利主体，是兼容伦理性和经济性的协作利益集合体。集体主义精神在企业中就表现为企业凝聚力、向心力和命运共同体，企业行为及其结果具有直接经济意义与重要伦理意义。

2. 集体主义作为公民道德建设原则的由来

2001 年 9 月 20 日，中共中央印发《公民道德建设实施纲要》，明确提出"爱国守法、明礼诚信、团结友善、勤俭自强、敬业奉献"20 字的公民基本道德规范，是关于"公民道德建设的主要内容，从我国历史和现实的国情出发，社会主义道德建设要坚持以为社会公

众服务为核心，以集体主义为原则，以爱祖国、爱社会公众、爱劳动、爱科学、爱社会主义为基本要求，以社会公德、职业道德、家庭美德为着力点。在公民道德建设中，应当把这些主要内容具体化、规范化，使之成为全体公民普遍认同和自觉遵守的行为准则"，并特别指出"集体主义作为公民道德建设的原则，是社会主义经济、政治和文化建设的必然要求。在社会主义社会，人民当家做主，国家利益、集体利益和个人利益根本上的一致，使集体主义成为调节三者利益关系的重要原则。要把集体主义精神渗入社会生产和生活的各个层面，引导人们正确认识和处理国家、集体、个人的利益关系，提倡个人利益服从集体利益、局部利益服从整体利益、当前利益服从长远利益，反对小团体主义、本位主义和损公肥私、损人利己，把个人的理想与奋斗融入广大社会公众的共同理想和奋斗之中"。

3. 集体主义原则旨在形成公司团队精神

集体主义原则是我们建设商业道德规范系统的基本原则，旨在形成公司团队精神。虽然企业是由人创立和经营的，但其作为一个整体，是一个不可分割的系统。当然企业员工也会有其个人行动自由，但公司行为一般来说都是集体行为。因此，企业实践活动有理由要求把集体主义作为原则，从而形成公司团队精神，以期提高企业主体的经济利益。

（二）集体主义原则的地位与层次

1. 集体主义原则是一切道德理论的核心

集体主义原则成为社会主义道德的基本原则，并不是偶然的，在道德理论方面具有充足依据。从社会主义道德最一般原理上看，集体主义原则必然是社会主义道德的基本问题的具体体现和集中反映。所有一切道德问题都是围绕集体主义这一道德基本问题展开的，最后必须借助于道德基本原则方能解答其他道德理论问题。因此，集体主义原则是一切道德理论的核心，是解答疑难道德理论的基本原理。从这个意义上讲，集体主义原则贯穿于马克思主义道德理论体系的始终，必然成为以马克思主义伦理学的基本道德原则。

2. 集体主义原则处于道德规范体系的最高层次

从社会主义道德规范体系上看，集体主义原则在本质上是该体系规范之一，且高于别的具体规范，是说明和统御别的具体规范的最高道德规范，处于该道德体系的最高层次，并对其以下层次的具体道德规范和道德范畴起着指导的作用。从社会主义道德评价体系上看，人们评价善恶以及劳动力标准的尺度往往具体化为集体主义尺度。也就是说，集体主义原则是衡量人道德境界高低的最基本的评判标准。

二、集体主义原则的主要内容

（一）集体利益与个人利益的关系辨析

社会主义的集体主义原则的首要任务是辩证地统一集体利益与个人利益之间的关系。

在我们社会主义国家，实现集体利益与个人利益的辩证、有机的统一，是社会主义的集体主义原则所追求的最高道德的目标，是社会主义道德最核心的内容。

1. 集体利益的含义

所谓集体利益是以无产阶级为核心的所有劳动社会公众的整体利益，是由无产阶级与广大社会公众所组成的利益集体在政治、经济、精神、文化诸多方面利益的总和，其系统价值目标与共产主义理想的集体利益保持一致，是介于理想的集体利益与虚幻的集体利益之间的一种现实的集体利益。

2. 个人利益的含义

什么是个人利益呢？个人利益是劳动者个人全部需求的总和。这种个人利益首先体现为解决个人在经济上需求的个人经济利益，在今天分别体现为满足个人在政治、文化、精神等诸多方面需求的个人政治利益、个人文化利益和个人精神利益。

3. 正当个人利益与不正当个人利益之分

个人利益在任何时候、任何地方都是一种客观存在，且有正当个人利益与不正当个人利益之分。在一定的历史条件下，上述的两种个人利益有时还会相互转化。我们还应明确，只有社会、国家、民族根据社会生产力的实际情况相对公平地提供和分配给个人的利益，才是正当的。我们每个个人应当根据社会的道德尺度，合理恰当地节制个人的无穷欲望，克制个人无穷的物质与精神需要，追求正当的个人利益，放弃且排斥不正当的个人利益，从而与集体利益保持道德目标和手段上的协调一致性。

（二）实现集体利益和个人利益的辩证统一

1. 集体主义原则强调集体利益与个人利益的辩证性

集体利益与个人利益是辩证的关系，既有统一性又有不一致性。统一性表现在：一方面，集体利益是个人利益总和的载体，是个人利益最直接、最现实、最权威、最集中的代表；另一方面，个人利益是构成集体利益的必要元素，是健康发展的、极其活跃的。不一致性表现在集体利益偶尔会与个人利益相冲突，但是从长远和整体来看，集体利益与个人利益是根本一致的。

2. 集体主义原则强调集体利益与个人利益的统一性

首先，从集体利益角度看，集体利益不是虚构的，不是完全凌驾于个人利益之上的利益实体，而是实实在在的由集体中各个具体成员所追求的个人利益在集体方面所表现的总和。其次，从个人利益角度看，个人利益不是孤立的，不是完全脱离集体之外的利益个体，不是独立于集体利益之外的纯粹个人利益，而是实实在在的个人利益，但是这些个人利益应该体现集体主义精神并且被集体认同。集体主义原则的最高目标就是促使集体利益与个人利益相互依赖、和谐共生、同步实施、共同完善，实现集体利益与个人利益的根本统一。

3. 集体主义原则强调集体利益与个人利益的辩证统一

集体主义原则要求集体利益和个人利益的辩证统一赖以存在的基础是集体利益高于个人利益。虽然，我们知道集体利益与个人利益都很重要，但权衡两者之间，集体利益更为重要。

集体主义原则强调集体利益至上性的原因是只有更关注现实的、真实的集体利益，集体中的个人利益方可得以最佳实现。集体利益没有实现，个人利益就无法实现。

也就是说，实现了集体利益才有可能实现个人利益，集体利益的实现是个人利益实现的前提条件，是个人利益实现的基础。对于集体利益至上性这一点，俗语有云，"国家兴亡匹夫有责"。集体主义原则倡导集体利益至上性，其出发点和归宿是为了兼顾集体利益与个人利益两个方面。

4. 集体主义原则强调和颂扬自我牺牲精神

集体主义原则在强调集体利益与个人利益的辩证统一、明确集体利益至上性的同时，强调在十分必要时，个人利益应该服从集体利益，甚至不惜牺牲个人利益来维护集体利益。当然这种个人的自我牺牲不是随时随地随意随机的，而是在一种必要的情况下，服从和维护集体利益的方式。为了准确地坚持集体主义原则，维护集体主义原则，我们必须摒弃各种形式的不合理功利主义原则、极端个人主义原则和利己主义原则，使集体主义原则真正发扬光大。

三、企业推行集体主义原则目标：培养优秀公司团队

任何团队都是一个有机的整体。作为企业员工个人，是完全渴望加入这个有机的整体之中的。正如利皮特博士所说的："人的价值，除了具有独立完成工作的能力外，更重要的是赋有和他人共同完成工作的能力。"在现实的市场竞争环境内，根本就不可能只凭个人的力量来大幅度地提升企业竞争力，而团队力量的发挥已成为赢得竞争胜利的必要条件，竞争的优势在于你能比别人更能发挥团队的力量。

（一）优秀公司团队的巨大影响力

一个优秀的公司团队，能更好地达成企业的经营和质量方针，能更好地达成企业的质量目标；一个优秀的公司团队，能更好地达成顾客的满意度；一个优秀的公司团队，可以把企业带到永续经营的境界。对于优秀的公司团队来说，其影响力是深远的。

（1）优秀的公司团队能够对团体内个体的行为产生约束及潜移默化的影响，逐渐形成自身行为及行事规范，并且团队会形成一定的行事风格与准则。

（2）优秀的公司团队能调整每个个体的期望值，尽力使其保持高度一致，而这个高度一致的期望值正是这个团队所要达成的目标。

（3）优秀的公司团队内个体间的互助及影响能产生集群效应，即个体在团队中受到的影响，往往能发挥超出个体原本的能力，这种影响不是主管与部下一对一的互动能够替代的。也正是这种超常规的发挥使得优秀企业更加优秀，具有极高创造价值的能力。而个体间的信息共享，又有效地解决了团队或是企业内部的沟通和协调，从而对一个企业的工作效率起到了深远的影响。

（4）优秀公司团队通常具有很强的凝聚力，而这绝对是团队或企业成败的关键所在。

（二）组建优秀的公司团队的四大要件

1. 优秀公司团队有共同的目标与共同的期望

优秀公司团队要有共同的目标、共同的期望，这是形成一个团队的首要条件，而这也正是企业与员工的伦理道德规范的重要组成部分。企业与员工的伦理道德规范是企业中一整套共享的观念、信念、价值和行为规则，其可以促成一种共同的行为模式。共同的目标、共同的期望亦是达成员工对一个团队、一个企业忠诚的重要方式。

影响员工团队意识的关键问题有如下几个：员工是否了解企业的发展目标？他们能否直接影响企业的成功？能否明确他们的职责？在创新制胜的知识经济时代，你是否意识到员工的忠诚奉献已成为企业求发展的关键？

传统的命令加控制模式对确保企业成功已显得苍白无力，因为你的关键资源就存在于你员工的头脑中。只有切实了解员工的期望和需求，发展新型的员工与企业关系，才能让员工释放出自己的能量。只有这样，一个团队、一个企业才能够茁壮成长，不断地从一个胜利走向另一个更伟大的胜利！

2. 优秀公司团队必须有良好的沟通协调

沟通是团队有效合作的前提。正如沃尔玛总裁所说的："如果你必须将沃尔玛体制浓缩成一个思想，那可能就是沟通，因为它是我们成功的真正关键之一。"丹佛大学斯蒂芬·艾尔布思克（Stephen Erbschloe）所进行的一项研究表明，他所研究的46家企业之所以面对互联网带来的商业机会行动迟缓，最主要两个原因就是：交流的贫乏和行政上混乱。

使交流成为一个团队、一个企业里的优先事项，并且让每个员工都知道你重视交流；为员工提供同管理层交谈的机会；建立互相信任的氛围，这是优秀的公司团队要达到有效的沟通协调至关重要的三个条件。为了实现良好的沟通协调，领导应该为员工提供更多的交流平台，并且走出办公室与员工近距离亲身交流，而不是仅仅聆听汇报。

3. 优秀公司团队必须具有优秀的激励机制

只有通过激励，才能极大程度地调动员工的积极性和创造性。在优秀的激励机制下，使一个团队始终以高昂的士气、进取的精神来达成企业的目标，是公司管理上追求的境界。因此，要实行"赛马"机制，通过"赛马"可让优秀人才脱颖而出并且得到锻炼。在优秀团队内，每个人都有自己的海洋，每个人手中都有一张航海图、一个罗盘，以便能发挥自身的最大潜能。

4. 优秀的公司团队必须具有创新能力

没有创新能力的团队不能称之为优秀团队。现今，企业面对的是独具慧眼并且具有高智商的客户群，而且客户的需求日趋多样化，这就要求公司团队要具备高度的弹性以及敏捷的创新能力，以更好地满足客户的要求。在塑造这样的团队时，就要把弹性以及创新能力根植在团队意识内，使每一位员工都习惯于改变并且善于改变。

第二节　诚实守信原则：企业经营之灵魂

 一、贯彻诚实守信原则的内在要求

（一）诚信是评价竞争行为的道德准则

1.“诚”与“信”的基本含义

“诚”是指诚实，“信”是指信用、信誉、信念。诚与信是中华民族的传统美德。中国古代思想家十分重视这两种德行，认为其是人安身立命之本。诚与信是紧密相连的，凡是真正的诚实之举，本身就显示着信用，也肯定能得到别人的信任；而真正守信用的行为，本身就是当事人诚意的反映，所以在评价人的行为时，人们往往将“诚信”连用。在人们的实际生活中，诚信一直作为基本的道德准则。欺诈、虚妄、投机取巧的行为总是被人所不齿。竞争行为是市场经济条件下人活动的主要方式，因而诚信同样是评价竞争行为的道德准则。

2.“诚”与“信”的基本关系

如果说“诚”在竞争中更多地体现为主体的一种道德观念和精神境界的话，那么“信”在竞争中更多地体现为一种为人处世的态度和行为作风。两者互为映射，前者是后者的基础，后者是前者的反映。只要以诚待人、以诚为事，就一定能以信取人、以信成事。这样才能在竞争活动的各个环节，如生产经营、产品质量、市场营销、企业洽谈、履行合同及服务方式等，本着诚信原则，开展公开、公平、公正的竞争。

（二）良好信誉本身就是宝贵的无形资产

1. 信誉更多地依靠企业员工的清醒意识和自觉行动

讲究信誉则更多地依靠企业员工的清醒意识和自觉行动，即企业和员工为了自己的良好信誉而恪守信用。在市场竞争中，经营者（无论个人还是企业）的良好信誉本身就是一笔无形的资产。当然，经营者的信誉既表现在产品质量、工艺和技术等硬件方面，但更重要的则是表现在重约守信、真实无妄、诚实守信的软件方面。对信誉的追求表明企业员工认为竞争活动不仅仅在于获取利润，而更重要的是要展示自己良好的形象和为人处世的品格，把“求利”和“做人”结合起来。

2. 信念是“信”中最高层次的境界

信念不仅体现了企业员工充分的自觉性，而且表明了其明确的价值目标。企业员工恪守信用原则，其动机不是出于生意的需要和功利的考虑，甚至不仅仅是为了顾及自己的形象和信誉，而是出于内心的深植的信念，便是信念的外化。

二、诚实守信：企业立业之根本要求

（一）企业员工"诚"与"信"的三层内容

1. 企业员工"诚"的三层内容

对于广大的企业员工来说，坚持诚实守信原则就是要求立足企业实践，力行诚实守信。如果把诚信二字分开要求，我们认为，"诚"相对于企业员工至少有三层内容：

（1）忠诚于自己所承担的企业事业，热爱本职岗位；

（2）诚恳善待与自己企业工作有关和无关的人们；

（3）热诚勤勉地做好企业工作，精益求精，追求卓越。

2. 企业员工"信"的三层内容

而"信"相对于企业员工至少也有三层内容：

（1）讲究信用，信守诺言，实话实说，只做真账；

（2）树立企业信誉，创建企业品牌，提高企业知名度，让公众信服；

（3）信任他人的信息，与相信自己一样相信企业同行和他人。

从整体看，企业诚信品质的内容包括良好的商业伦理道德和企业操守、完善的企业信息质量和优质的企业服务。因此，完全可以说，诚信是企业立业之根本，是企业之基础。企业诚信建设是一项庞大的系统工程，需要多方面的共同努力。但无论如何，外因只是变化的条件，内因才是变化的根本。从这个意义上讲，企业员工的道德诚信素质将对企业诚信建设发挥决定性影响。

专栏4-2

诚信才是世界上最大的财富

扫描此码　深度学习

（二）贯彻诚实守信原则的内在要求

1. 正直客观的立场

保持正直客观立场是企业员工具备优秀企业诚信品质的首要要求。正直是社会公众信赖企业员工的一个关键品质因素，但这种品质很难评价，因为企业员工一个特定的疏忽或委托失误，可能是由于无意的失误，也可能是由于缺乏正直品质；而企业大案、要案更多的是当事企业员工缺乏正直品质而共同舞弊所造成的，客观上指的是企业员工在经营时保持不偏不倚公正态度的能力。

由于这种态度包括个人的意识活动，因此对客观性的评价主要基于在弄清事情来龙去脉过程中观察到的企业员工行为及其相互关系。应该看到，正直和客观程度是无法准确度量的，然而其作为为人之首要品质，企业员工必须将其牢记在心，并付诸于企业实践活动中。

2. 公正平等的意识

在社会主义市场经济条件下，建立以诚信为核心的道德秩序，首先要求企业员工应具备公正平等意识。如果企业员工没有追求公正平等的意识，就不可能有对诚信的强烈要求，更不可能有机会公正平等的参与，就不可能形成公正平等的交易，以及与企业权利和会计职业道德相对应的契约，这样诚实守信原则也就不可能得到贯彻执行，也不利于经济可持续发展。

3. 笃信虔敬的态度

在讲究公平与效率的市场经济社会中，企业员工要想得到社会及人们的尊重和信任，必须对自己所处的社会、自己所从事的企业、社会交往的规则持一种笃信虔敬的态度。市场经济社会中的企业员工，都要依靠对自己本职工作的敬业精神和职业能力来获得社会的尊重、信任。企业员工能诚心诚意地怀着笃信虔敬的态度对待自己的本职工作，本职工作就会更有效率，也会产生更多先进的企业思想。本职工作有效率、有成果，自然会有社会信誉。首先，企业员工个人信用是一种对诚实守信原则的敬畏精神，企业员工应把诚实守信原则看成自己安身立命的基础；其次，诚实守信具体体现在企业工作、个人信贷、个人消费以及个人与他人、银行等交往时恪守的态度中。

4. 企业经营判断能力与责任

诚信素质并非仅指对企业员工人品和情操意义上的信任，更是对企业员工的经营判断及责任能力的信任。在市场经济社会中所要求的"诚信"是以经营判断及责任能力为基础的。企业经营判断与责任能力简单地说，就是指企业员工负责任地执行企业业务的判别能力。企业员工仅有企业诚信的责任感还不够，还需要具备实现自身企业诚信诺言的企业经营判断能力与责任。

我们在市场上购买商品，首先不是看经营者是否老实忠厚，而是看商品和服务本身是否令人满意；银行和金融机构在货币、资本市场上进行信贷活动，首先不是看其人品是否端正，而是先考察其是否具有偿还能力；财务、会计及审计机构在发布财务与会计信息，提交审计报告时，首先不是看其有多少资格证书以及品质德行如何，而是看其能否严格进行质量控制，坚决不做假账，出具真实客观的财务、会计及审计报告，不断提高企业经营判断能力与责任。

第三节　义利统一原则：现代企业强大之源泉

一　义利统一：实现商业伦理道德与利益的最佳结合

义与利的关系是一个长盛不衰的伦理学话题。现代企业为了谋求持续稳定协调地发展，必须寻求义利统一，实现道德与利益的最佳结合。而传统文化的"义利之辩"值得我们学习："利"应以合"义"为导向；合理的"利"为"义"，"义"之所在才是真正的"利"。一旦见利忘义，多行不义必自毙！新时代的企业员工应确立如下"义利观"三要求：

（一）公众利益是终极目的，个体利益不应逾越凌驾于社会公众利益之上

从形式上看来，企业与客户签订业务合同，似乎应为客户利益服务。然而，企业服务从本质上观察，其业务约定的最终委托人是社会公众。尤其是上市公司，众多的现实投资

者与潜在投资者、债权人等公众利益是天然合理的，只有"公众利益"至上，即在面临不同方案选择的情况下，毫不犹豫地选择社会效益最大化方案，现代企业才会不负公众的期望，最终得以持续的发展。

（二）个体利益有其现实合理的存在性，"义"不必游离于"利"之外

强调"公利"（义）为本，并非固守虚假的社会本位主义，以否定"私利"的合理性及其道德上的遵循性，从而否定个体利益作为道德目的所具有的本质意义。事实上，个体利益的获取才是使一个社会、一种道德模式的合理性得以确证的最后依据。正因为如此，现代社会承认其企业员工个体利益有其现实合理的存在性，正当之"义"不必、也不应该游离于"利"之外。

（三）当短期利益与长期利益发生冲突时，弃短就长，方为"合义"

企业的制度创新，不仅取决于职业界内部的自主选择，还取决于外部的约束偏好。走合伙制之路，可能使短期利益受到损害。因此，业内人士缺少选择合伙制的强烈动机，一味指望用有限责任换取公众的无限信任，显然难以奏效。是应付现在，还是放眼未来，企业不难进行回答：短期利益的土壤里生长不出信用文化，长期利益才是滋养信用文化的雨露。

通过上述三要求的确立，可以初步形成新义利观的框架：公众利益是企业永远的旗帜，个体利益是"义"的物质支撑，短期利益服从于长远利益。企业应记住伟大的思想家孔子的话，虽然"富与贵，是人之所欲也"，但"不义而富且贵，于我如浮云"！

中西方优秀企业的发展壮大历史也在事实上证明：义利共存、义利共融和义利共生是商业伦理发展的必经之路。

三、构建以义利统一观为基础的企业信用文化

（一）"信义"与"利益"的关系辨析

1. "义"与"利"的困惑

我们看到，传统的"信"是与"义"结合在一起的，或者说"信"随"义"走，"义"指向哪里，"信"就实践到哪里。因此，对于部分企业信用缺失的问题，应从"义"的迷惘中寻找缘由。一旦企业融入转型经济的洪流——"利"成为社会关系的基本内容时，传统与现实便从此发生了剧烈冲突，容易引发信用文化和信用秩序的迷失。

2. "义"与"利"的三种观点

观点之一是企业以盈利为目的，似乎必须做到舍利取义；观点之二是企业作为市场经济微观机制运行的实体，体现着竞争规则和职业精神，既利他又利己，义必须在利前；观点之三则认为在通向超然独立的殿堂的途中，不必守身如玉，某些失信行为是可以理解的，也是难以避免的。

显然，第一种观点会导致义与利的对立，第三种观点可能导致实务中对信用的放纵，第二种观点则代表着新义利观导向。

（二）企业信用文化的基本要求

1. 正直守信，率先垂范

正直守信，率先垂范，是现代企业信用文化的基石。一位大师曾说，"人本正直，不应被迫正直"。企业经常面临着如何让客户认可其出具的鉴证报告的问题，此时，诚实地表达自己的专业判断，正直地恪守道德标准，威武不屈、富贵不淫、挫折不馁、诱惑不移！无论外部环境存在多少规范盲区和信号失真，应不抱怨、不懈怠，始终守护心中对"义"的那份坚持。

2. 讲究良知，崇尚理性

讲究良知，崇尚理性，是现代企业信用文化的主体。有时，客户会提出超越专业规范的要求，试图购买鉴证意见；有时，客户会发掘专业规范的空白地带，获取非信用利益……企业要么屈服于感性，"食君之禄，分君之忧"，要么登高望远，让良知"弹劾"盲从。显然，后者是企业的正确选择。

三　肯定合理合法的功利主义

（一）经济与道德相互依赖的基础——正当功利

我们假设的前提是把一切经济活动定义在"经济人"或"社会人"的基础上，因此，经济与道德具有可分、不可分的两重性，急需解决的突出问题包括：如何正确认识功利，如何解决功利性与超功利性、自律性与他律性的统一？

1. 功利性与超功利性的两面性

市场经济具有功利性，它排斥超功利的道德，而不排斥那些允许个体追求、保持或争取自己正当功利的道德规范。例如，在一种对交易双方都能带来利益的买卖中，货真价实、童叟无欺是必须的——这里起作用的是诚实与平等的道德；在借贷活动中，守信用，及时付息还贷是必须的——这里起作用的是守信、负责任的道德；在市场的良性、有序竞争中，机会均等、排斥垄断和特权是必须的——这里起作用的是公平、公正的道德；在独立审计中，委托与被委托是一种买卖关系，但它应当是独立、客观、公正进行的——这里起作用的是商业伦理道德和注册会计师审计职业道德。

对这一类道德，不能称之为超功利道德，因为它并不要求人们完全放弃自己的正当功利，而只是要求人们放弃对市场经济带来负效应的不正当功利。这一类道德之所以是市场经济需要的，因为它是市场经济正常运转的基本前提，是建立在机会均等基础之上的公平竞争。为了保证竞争的公平性，必须确立这样的市场规则：允许每个个体在竞争中追求自己正当利益，但同时防止以一己之私追求堵塞他人的利益追求，体现在这些规则中的道德便是社会公德。

2. 自律性与他律性的对立和统一

自律性是正当功利的道德本性。自律——把行善视为目的，他律——为达到自己的物质利益而给他人提供好处的行为。自律同行为的功利性相一致，但作为纯粹"经济人"，自律与他律又是排斥的。而实际经济生活中的人，在扮演"经济人"的同时，依然具有"道德人"的一面。在市场中就有可能出于某种非功利性的考虑，而放弃追求最大限度的物质利益，仅满足于适度利益。在这样的市场经济参与者的行为中，既有他律，也有自律的成分。自律与他律处理得好，则两者是一致的；若处理得不好，两者就是相互矛盾的，而且呈此消彼长的状态。"会计假账"就是在两者矛盾无法统一的条件下产生的。超功利性是产生"会计假账"的根源之一。

（二）正确理解功利主义

（1）功利主义不等于利己主义。功利主义是调整个人利益和公共利益的关系，从而达到两者之间的和谐统一。功利主义包括功利利己主义，也包括功利利他主义。事务所受企业委托进行审计，需要收费，如果出具审计报告是独立、客观、公允、真实的，这既是利己功利主义，也是利他功利主义，是完全正当的，也有利于市场经济的发展，受法律保护，符合职业道德原则。反之，见利忘义，为了追求利益，出具了虚假审计报告，既损害了自身的功利，也损害了企业的功利，更损害了社会公众的功利。

专栏4-3
关于钱的忠告
扫描此码　深度学习

（2）为了发挥功利主义的正面效应，限制它的负面效应，以公正原则来补充功利原则，以公平原则来补充效益原则，防止出现损人利己的功利主义行为。

（三）市场经济转型期正确运用功利主义的对策

我国经济体制正处于转型期间，人们对功利原则的价值取向，既有积极的一面，促进了社会的良性运行，也有消极的一面，妨碍了社会的健康发展。应当采取如下对策：

（1）宽容，但不是施舍，它的前提是平等，承认多元化的价值取向；

（2）批判，宽容是有原则的，但批判不是专制，是一种平等基础上的竞争；

（3）建设，这种价值导向：一是反对极端个人主义和纯粹利己主义；二是容忍温和个人主义和合理利己主义；三是在一般条件下提倡现实集体主义和温和利他主义；四是在特殊条件下鼓励理想集体主义和极端利他主义。

（四）功利主义的两种导向的约束机制

（1）内在机制：培养人们的社会责任感和义务感，形成心理—意识机制，自觉选择正当功利主义行为。

（2）外在机制：包括社会经济、政治政策导向，社会赏罚和社会舆论，鼓励和宣传正当功利主义行为。价值主体归根到底是利益主体。因此，价值取向归根到底是利益导向。在一段时期内，由于人们利益失衡，导致价值观念失衡，便是没有用好这两种机制。

第四节　公平与效率兼顾原则：企业和谐发展之根本

一、市场经济中的公平、公正、公开、公信规则

（一）市场经济中的公平、公正、公开、公信规则的表现形式

市场经济中的公平、公正、公开、公信规则是一种社会的历史范畴，是一种侧重调解人们交往关系的行为准则。公平、公正、公开、公信观是对这种社会规范的价值评价，应该明确：公平、公正、公开、公信不是一个抽象的、永恒不变的范畴，它在不同社会领域里表现为不同形式：在经济领域里，其表现为等价交换；在政治领域里，其表现为权利平等；在道德领域里，其表现为机会均等。在历史范畴中，它受生产力发展程度的影响；在阶级范畴中，它受阶级关系的影响。虽然，公平、公正、公开、公信的呼吁很吸引人，但没有充分的物质基础保证它们的实现，就只能流于空洞的形式。

（二）市场经济中的公平、公正、公开、公信规则的具体要求

（1）机会均等。作为市场竞争机制实现的必要条件均等，机会均等是作为垄断与特权对立物而存在的。

（2）效率优先。效率优先的前提包含在公平、公正、公开、公信之中。

（3）兼顾公平，是社会通过政府调控对市场经济的结果所进行的一种伦理道德调节。通过这种调节，可以对人们从市场经济活动中直接得到的收入进行再次分配，如征收个人所得税。再分配所贯彻的精神就是使原来不平等程度较大的收入趋于更公平一些。

（4）经济公平、公正、公开、公信观首先与经济发展的价值取向有关，是经济发展战略抉择问题，必须引起高度关注。

（5）市场经济的本质是体现以公众信用为主体的信用经济，以诚信为核心的伦理道德是市场经济建立的基石。

二、公平与效率兼顾原则的含义与重要性

为了使市场经济中的公平、公正、公开、公信规则切实贯彻，最重要的是遵循公平与效率兼顾原则。由于资源的有限性和需求的无限性，管理本身作为一种资源的分配行为，包括对人力资源和物质资源的再分配。在进行企业资源的分配和管理时，怎样处理和兼顾公平与效率的问题，是商业伦理的一项重要任务。

（一）商业伦理中公平的含义

1. 地位的平等

在市场经济中，作为企业法人的经济组织，不管其规模大小、成立先后、地处何方、

经营性质如何，它们都应享受平等地位的对待；而作为自然法人的个人，不管其学历高低、年龄大小、资产多寡，都应享受平等工作地位的对待。

2. 权力的平等

这种权力的平等体现在多方面，如对企业信息的了解程度、在企业内部的自由程度、对企业工作的参与程度等。

3. 机会的平等

在市场经济中，包括一切机会平等地面向全体成员，每个成员都有平等选择各种机会的权力。

4. 分配的平等

分配中的平等不等于平均主义，不等于"吃大锅饭"，不要求均分。管理中的公平直接影响员工的发挥积极性、主动性和首创精神，以及管理的绩效和效益。

（二）商业伦理中效率的重要性

1. 效率问题是企业壮大的关键要素和企业发展的根本问题

效率是企业组织活动的出发点和衡量标准，是企业高层必须经常思考和长期面对的问题，效率最终来源于生产要素提供者的积极性、主动性的发挥。"效率实际上有两个基础，一个是物质技术基础，一个是道德基础。只具备效率的物质基础，只能产生常规效率。有了效率的道德基础，就能产生超常规的效率"。[1]

2. 公平与效率问题是无处不在的，而且常常处于两难境地

公平与效率相统一的原则就是要求在商业伦理过程中要坚持"效率优先，兼顾公平"这一伦理原则。反对"平均主义"与"不患寡而患不均"，以及用不公平或不道德方式不讲效率去追求所谓绝对公平，同时反对"效率至上"，反对以不公平或不道德方式去追求所谓效率。应该在注重效率的同时重视公平，以达到企业内部人际关系日趋和谐，使企业长久发展。

公平与效率兼顾原则的基本要求

（一）竞争与合作协调统一

1. 市场经济既是竞争经济，同时也是分工协作经济

企业可以在竞争与合作中去追求公平与效率相统一。虽然，竞争是市场经济的题中应有之义，但市场竞争并非是纯经济的行为，它在内容、目的和手段上不仅有"合法"与"非法"之分，而且还有"义"与"不义"的区别。作为人类经济生活中的一种现象，市场经济基本特征是，促使企业利用价值规律和市场规则，以自己的优质产品和服务扩大市场占有额；与此同时，企业通过降低成本使自己凝结在商品中的个别劳动量低于社会平均必要劳动量，

---

① 　资料来源：厉以宁. 道德是调节经济运行的第三种方式 [N]. 新华日报，1999 年 5 月 6 日。

从而获得比其他企业更多的利润和收益。在市场中,企业发展的机会是无限的。因此,即使在激烈的市场竞争中,企业之间也不是人们所想象的那种你死我活的关系。市场竞争的目的也不是为了消灭对手,更不得为此不择手段地坑人利己。

2. 企业之间寻求双赢的共荣关系,在竞争中合作,在合作中竞争

在现实经营活动中,一方面企业之间的竞争必须接受法律法规的约束,另一方面也必须受到经营伦理道德的约束,并以此形成规范、有序的良好竞争,确保市场经济合法且合理运行。如果一个企业的行为不讲道德、不合伦理,即使能一时获利,也难以在市场上长期立足,最终会失去顾客而自毁前程。

今天的商场是由各种社会经济关系组成的"生态系统"。在这个庞大的系统中,不同企业各司其职、共存共竞。企业成员之间总在寻求双赢的共荣关系,不仅在竞争中合作,同时也在合作中竞争。采用既合乎市场经济规律的运作方式和手段,又符合社会主义精神文明和优秀文化传统的伦理道德准则行为来加强经营管理和商业伦理,才能有利于整个社会文明的进步,也才能真正使企业获得长久的发展,从而实现公平与效率的统一。

(二)控制与自由协调的统一

1. 控制对于维持企业正常的生产经营活动是必不可少的

从总体上看,现代社会在广泛自由中追求大众的高度民主,但其间不可能缺乏有效的控制,否则可能会乱套。只有通过控制与自由的协调统一,才能追求真正意义上公平与效率的统一。经营管理实践表明,控制对于维持企业正常的生产经营活动是必不可少的。控制的根本目的是为了保证企业的实际活动符合计划的要求,以有效地实现预定的发展战略。

2. 过度控制或控制不足对企业的影响

由于各方面的影响,在商业伦理活动中,表现更多的是过度控制或控制不足。过度控制会对企业员工造成伤害,可能扼杀他们的主动性、创造性与积极性,以及他们的创新精神,从而影响个人能力的发展和工作热情的提高,最终会降低企业的效率。通用电气企业前总裁韦尔奇明确指出:"旧组织建立在控制之上,但是世界已经今非昔比。世界变化得太快,使得控制成为限制,反而使速度慢了下来。"而控制不足也不能使企业活动有序地进行,不能保证各部门活动进度和比例的协调,会造成企业有效资源的浪费。此外,控制不足可能使企业员工无视组织的要求、我行我素,不提供组织所需的贡献,甚至利用在企业中的便利地位谋求个人利益,导致企业的涣散和崩溃,最终也会降低企业的效率。

3. 企业在员工的自由和控制之间取得平衡、恰到好处

控制与自由的协调统一就是要求企业在控制范围、程度和频度等方面做到恰如其分、恰到好处,既能满足对企业组织活动监督和检查的需要,又能充分尊重企业员工的变化和差异性,给予企业员工自由发挥的空间,从而充分调动企业员工的积极性、主动性和创造性,防止企业与员工之间发生强烈的冲突。一方面企业严格限制员工的言行举止,使其与企业的思想保持一致,体现企业的精神风貌;另一方面又向员工提供较大的行动自主权。我们看到,实行思想控制旨在维护企业的企业价值观,而员工行动自由则促进了企业事业的发展。因此,韦尔奇认为必须在自由和控制之间取得平衡,但是你必须拥有以前想象不到的自由。

"如果你想从员工身上获取利益，你必须给他们自由，让每一个人都成为参与者。每个人都知道所有事情，那么他们自己就可以做出最适当的决定"。① 而企业只有在员工的自由和控制之间取得平衡，才能达到公平与效率的统一。

（三）权力与权威协调统一

1. 企业经营实践需要给经理层赋予一定的权力，以实施有效的管理

因为企业经营实践的需要，企业经理层往往会被赋予一定的权力，包括领导权、指挥权、决策权、财务权和用人权等。在企业运行中，如果企业经理层不拥有这些权力，管理的职能就难以实现，整个企业也就可能无法有序运行而陷于混乱状态。但作为一个企业经理层，仅拥有权力是不够的，光靠权力的作用去指挥别人，并不能使人心服口服，而且仅仅依靠权力的指挥棒去指挥别人，这种行为本身就是不道德的，也是不符合伦理标准的。对于企业经理层来说，权力只是一种外在的东西，要有效的管理，除了拥有权力之外，还须树立权威。

2. 企业经理层权威人格对员工的影响力和号召力比权力大得多

随着社会经济的发展，在越来越富有理性和独立思考的员工面前，一味运用权力的影响去强制实行对被管理者的控制，不仅是不道德的，而且也越来越行不通。西方著名管理学家巴纳德指出："管理者的权威完全取决于下级人员接受命令的程度"。"只有注重管理者自身的道德修养，充分体现管理者的人格魅力，才能真正实施管理的权威。"② 这种人格的影响力可能会越来越大，甚至可能抵消或削弱一个人的权力的影响。企业经理层的人格对于被管理者的影响力和号召力比权力大得多。因此，权力与权威的协调统一就是要求加强企业经理层的人格塑造，提高企业经理层的品质修养，在商业伦理过程中要把握权力与权威的伦理界限，正确运用权力和权威，实现公平与效率的统一，以更好地达到企业的目标。

第五节　公开、公正、公信原则：市场经济基石

市场经济中的公开、公正、公信规则是一种社会的历史范畴，是一种侧重调解人际交往关系的行为准则，是现代社会与市场经济的基石。公开、公正、公信观是对这种社会规范的价值评价。应该明确：公开、公正、公信不是一个抽象的、永恒不变的范畴，其在不同社会领域里表现为不同形式。

一　公开原则

上市公司会计报表的编制、发布遵循公开原则，是维护会计行业健康发展的必要条件，

---

① 资料来源：秦朔. 传播成功学 [M]. 广州：广州出版社，1998：138—140.
② 资料来源：苏勇. 管理伦理学 [M]. 上海：东方出版中心，1998.

是各国会计法律法规的重要内容。《会计法》的公平原则是《会计法》基本精神的体现，贯穿于会计机构设置、业务处理、管理以及会计立法、执法和司法的始终，在会计法体系中处于最高效力的地位。将公开原则作为《会计法》的一项基本原则，是适应现代化大生产和资本社会化的客观需要，是保障会计市场健康发展的客观需要。《会计法》坚持公开性原则有利于约束会计负责人的行为，改善其经营管理有利于会计市场上发行与交易价格的合理形成，有利于维护广大投资者的合法权益，有利于进行会计监管，提高会计市场效率。鉴于此，《会计法》将公开性原则必须渗透至会计管理的各个环节，明确地规定会计负责人、大股东信息及有关业务机构和监管机构的信息公开义务，要求这些信息必须真实、准确、完整。

（一）我国证券市场通过立法，确立公开性原则的法律地位

我国《证券法》总则第 3 条明文指出："证券的发行、交易活动，必须实行公开、公平、公正的原则"。其中，公开性原则是"三公原则"的基础，是"公平、公正"原则实现的保障。没有"公开"性原则的保障，"公平、公正"便失去了衡量的客观标准，也失去了得以维持的坚实后盾。只有公开，才能有效杜绝证券会计市场的舞弊行为，保障证券会计市场的健康运转。

公开性原则包括信息公开制度和管理公开制度。信息公开制度又称信息披露制度，是指上市公司必须按照法律的规定，报告或公开其有关的信息、资料（包括财务、经营状况方面），以使投资者能获得充分的信息，便于进行投资判断的一系列法律规范的总称。为了配合信息公开制度，更好地体现公开性原则，同时还规定了管理公开制度，会计监管部门必须依照法律的规定，报告或公告会计监管有关的管理信息，以实现对会计市场的有效监管，防止管理部门的失职与舞弊行为。

（二）公开性原则从本国实情出发吸收国外先进经验

对我国会计立法有关公开性原则的完善需要从本国实情出发，认真分析我国会计市场基本情况，有选择、有限度地吸收国外先进经验，应注重以下两个方面：

1. 注重管理公开制度

就立法侧重点而言，美国及其他各国的立法皆更注重信息公开制度，这是由其本国的国情决定的。市场机制的相对完善使其更注重对上市公司的微观管理，强调个体行为的合法与有序；政治体制的相对成熟使其管理体制得以顺畅的运作，只需维持正常的管理程序即可。而我国包括会计市场在内的市场体系的不完善，要求我们必须对会计市场的管理体制予以格外的重视，尽量寻求一种既适合于我国现阶段会计市场的需要，又能对会计市场的成熟与完善起到指导作用的管理方式；寻求一种既可借助行政力量来加强自身的监管，又可具有某种独立性来避免不合理的行政力量干预的管理方式。这有赖于我国管理领域的理论突破及制度学的进一步发展。其中，管理公开制度将会起到重要的作用。管理公开制度改革可以从多方面入手：管理机构从业人员相关信息公开制度、直接行政政策指导的公开制度、违规事件处理的公开制度。

2. 加大信息公开制度执行力度

国内外企业整体素质的差异，使得我国现有的借鉴国外的信息公开制度往往流于形式，完整性尚可勉强，真实性、准确性和及时性标准却并没有真正引起各方面重视。主要原因在于我国仍处于改革阶段，旧的体制已被打破，而新的体制尚未建立，企业的各项制度仍处于不断地完善之中，未形成稳定而统一的公司制度。虽然《会计法》已颁布了许多年，但由于我国传统淡薄的法律意识及落后的经济、政治体制，会计市场改革步履维艰，至今成效仍不显著。因此，建议《会计法》以及司法机关必须加大信息公开制度的执行力度，对违反《会计法》公开性原则的行为绝不姑息，逐步落实我国的信息公开制度。

二　公正原则

当分配利益和负担时，当制定和执行政策时，当群体成员间相互合作或竞争时，当人们因为做错了事情而受到惩罚时，当人们因他人的原因遭受损失得到补偿时，往往会涉及公正、公平问题。公正（justice）与公平（fairness）常常不加区分，有人认为公正涉及的是更为严肃的事情，也有人认为，公平概念更为基本。有关公正的问题包括分配公正、交易公正、程序公正、惩罚公正、补偿公正，下面逐一进行讨论。

（一）分配公正

分配公正的基本原则：相同的人应该受到相同的对待，不同的人应该受到不同的对待。但是，这个原则过于笼统，它并没有告诉人们哪些差异可以合理构成区别对待的基础。

1. 平均分配

平均主义者视平均分配为公正，但是这种分配制度也存在严重缺陷。第一，人与人之间的能力、智力、品德、需要、欲望等千差万别，人与人之间并不相同。第二，没有把需要、能力、努力考虑进去是不恰当的。这样很可能造成"吃大锅饭"，导致社会生产率和效率降低。

2. 按贡献分配

一些学者认为，一个人获得的利益与他所做的贡献成正比才是公正的。社会或群体的利益分配原则应该是：利益按着每个人对社会、群体、任务的贡献大小进行分配。在工作独立性较强的群体中，成员一般希望按贡献大小支付报酬。按贡献分配，成员之间的合作程度会下降，甚至会形成竞争，人们不大情愿分享资源和信息。但是，按贡献分配也面临一个重要的难题，就是如何衡量一个人的贡献大小。例如，市场给歌星的回报比给从事基础科学研究的科学家的回报要高得多，谁能说前者比后者对社会的贡献一定要大得多呢？

3. 按需要和能力分配

按需要和能力分配的原则：应该根据人的能力分配负担，根据人的需要分配利益。充分发挥人的潜力是有价值的，因此，应该按着一个人尽可能提高生产能力的方式分配工作。通过工作产生的利益应该用于促进人类的幸福和福利。

在决定如何在成员之间分配利益和负担时，确实要考虑需要和能力。多数人都同意，应该把个人放在最能发挥自己长处的岗位上，应该帮助迫切需要帮助的人。但是，这一分配原则也受到了批评。首先，根据这一原则，工作努力程度与报酬之间没有任何联系，干多干少一个样，没有必要多干，导致员工失去了努力工作的动力。其次，根据个人的能力而不是自由的选择来分配工作，则个人自由受到了限制。若一个人有能力成为一名优秀的研究员，但他却想当公务员，按能力分配工作，他只能做研究员。一个人需要得到一块面包，但他想要一瓶啤酒，按需要分配利益，他只能接受面包。

4. 罗尔斯的分配观

在约翰·罗尔斯（John Rawls）的《正义论》中有一个重要的理论："无知之幕（veil of ignorance）。"无知之幕是一种对特定道德问题判断的方法，过程是进行以下思想实验：从对本人在社会秩序中特长、爱好与位置无知的原初状态出发思考问题。无知之幕遮住了一个人社会合作对其利弊的知晓，然后决定社会中对权利、位置和资源分配的原则。罗尔斯认为这样才能保证任何人都不会在选择原则时由于天然机会的结果或社会环境中的偶然事件而有利或不利。

5. 约翰·罗尔斯的分配观

约翰·罗尔斯要求人们采用"无知之幕"思维方式，寻求分配公正原则。罗尔斯认为，当且只有当符合下列原则时，利益和负担的分配才是公正的：原则一，每个人对于所有人所拥有的最广泛平等的基本自由体系相容的类似自由体系都应有平等的权利。原则二，社会和经济不平等应该这样安排，使它们：①给处于最不利地位的人提供最大的利益；②给所有人提供均等的机会。原则一称为平等原则，原则二的第①部分称为差别原则，原则二的第②部分称为机会均等原则。当原则一与原则二产生冲突时，原则一优先，即平等权利优先；当原则二的两部分产生冲突时，第②部分优先，即机会均等优先。

（二）交易公正

个人与个人之间，组织与组织之间，个人与组织之间在不断地发生交易，交易必然产生权利与义务，双方权利和义务的保障取决于契约规范。契约规范是保证个体信守诺言的一种途径，使得企业活动得以开展。

托马斯·加兰特对规范契约的伦理规则概括为四条：（1）双方必须对契约的性质有充分的了解；（2）任何一方都不能向对方提供有意歪曲的事实；（3）任何一方都不能被强迫签订契约；（4）契约不能约束双方从事不道德行为。

（三）程序公正

1. 普惠性

每一个社会群体、每一个社会成员的尊严和利益都应当得到有效的维护，任何一个社会群体尊严和利益的满足都不得以牺牲其他社会群体和社会成员的尊严和利益为前提条件。

2. 公平对待

公平对待包含两层含义：第一层含义是在处理同样的事情时应当按照同一尺度，如果是有所差别的话，也应当是因事而异，而不能因人而异；第二层含义是类似于法律界所说的"无偏袒地中立"，即"与自身有关的人不应该是法官"，解决纠纷者应当保持中立，结果中不应包含纠纷解决者的个人利益。

3. 多方参与

在制定法律和重要的公共政策时，必须让多方人员参与，尤其是要允许相关社会群体有充分的参与和表意的机会，使之能够充分地表达自己的意见，维护自己的利益。

4. 公开性

公开性主要体现在利益相关者对信息知晓权利的平等性。在制定和实施政策的过程中，利用信息不对称，对于其他社会群体进行各种类型的欺骗和误导，而信息缺乏一方难以做到有效的参与，无法得到公平对待，程序公正也就无从谈起。

5. 科学性

程序公正还包含一些技术方面的要求，一般应该包括两个方面的内容：其一，相关信息充分、准确；其二，应当具有必要评估机制和修正机制。

（四）惩罚公正

惩罚公正关心的问题是对于一个做错事情的人怎样惩罚才算公正。可以说，犯同样或同等程度错误的人应该受到同样或同等程度的惩罚，但是必须考虑可以免除或减轻道德责任的情况。免除或减轻道德责任的条件就是所谓的谅解条件。谅解条件分为三大类型：

（1）缺少行为可能性条件；

（2）缺少必要认识条件；

（3）缺少必要自由条件。

（五）补偿公正

一个人损害了另一个人的利益，则加害者有义务给受害者某种补偿。此时补偿多少才合适呢？这是一个较难回答的问题。有人认为，补偿的量应等同于加害者有意使受害者遭受的损失的量。可是，有些损失很难计量，如一个人诽谤他人，使他人名誉受损，这个损失怎么计量呢？有的损失根本无法弥补，如失去生命，在这种情况下我们只能要求加害者至少给受害者或其亲属一定的物质补偿。

 公信原则

（一）约束行政行为，以保证监管执法公信力的不断提升

1. 健全公众参与制度，确保行政决策规范高效

要求重大决策、重大制度建设都必须经过公开征求意见的程序，政府相关部门应定期召开新闻通气会，回答记者提问，听取社会公众的意见。例如，证监会出台的《证券期货规章草案公开征求意见试行规则》，对制定规章和规范性文件要向社会公开征求意见、公开反馈意见，都有强制性要求。

2. 遵循"程序正当"的理念，全程规范执法行为

程序正当要有相应的程序规则来保障，需要出台专门的程序规定。针对监管决策、信息公开、行政许可、日常监管、案件调查、强制措施、案件审理、处罚听证、市场禁入、复议诉讼、信访处理等全部监管执法行为均提出了程序规范的工作要求。

3. 强化公开透明要求，全面推进政务公开

政府相关部门应认真贯彻政府信息公开条例，认真落实主动公开和依申请公开的要求。证券公司和基金公司相关行政许可从申请受理到做出行政决定的审核流程，全部在网上公开，并明确时限要求，行政许可进展到什么阶段，申请人和社会公众也可以在网上查询，从而有效保证了对行政许可的实时监督。

（二）弘扬诚信政府文化，提供廉洁高效的行政监管服务

在加强会计行业诚信体系建设中，各级政府应当有所作为，而且大有可为。各级政府是市场主体和社会的道德楷模与行为标兵。各级政府要认真践行以人为本的科学发展观，就必须率先垂范、以身作则，切实建设好诚信政府、服务型政府、法治政府、透明政府、廉洁政府和勤勉政府。各级政府还要充分运用市场准入、行政保护、行政指导、宏观调控、行政处罚、行政给付和行政促成等多种行政手段，推动会计行业诚信体系的建立与健全。

1. 投资者友好型的政府是和谐会计行业的重要特征

要打造在全球范围内具有竞争力的中国会计行业，必须倾力打造在全球范围内具有竞争力的服务型政府。弘扬股权文化，会计行业监管者责无旁贷，更要以身作则。监管者要带头树立尊重投资者、敬畏投资者的服务型政府意识和法治政府意识。

专栏 4-5

知名国际公司全球民调：中国政府信任度连续三年排名世界第一

扫描此码　深度学习

当前，要倾力建设服务型证监会和法治型证监会。在公开、公正、公信的会计市场秩序受到破坏、投资者权益和信心严重受挫时，中国证监会要旗帜鲜明地与广大投资者站在一起。我国的社会主义市场经济体制已经建立，但还很不完善。因此，我国的会计行业还存在不理性、甚至失灵的现象。

当契约自由、市场博弈机制失灵或者被强者滥用时，中国证监会就不应继续迷信契约自由与市场博弈而应有所作为。从法理上看，当市场主体能够慎独自律、市场自身能够理性自治时，理应尊重市场的自由选择与公司的内部治理，政府干预应当越少越好；但当市场自治与公司自律失灵时，政府干预必须到位，当然干预的目的是恢复市场自治与公司自律。

2. 监管者要运用行政手段积极引导会计行业主体建立诚信体系

督导企业见贤思齐、改恶向善。中国证监会最新颁布的《证券期货市场诚信监督管理暂行办法》是我国证券会计行业首部专门的诚信监管规章。根据该办法，一般违法失信信息的效力期限为5年，因证券会计期货违法行为被行政处罚、市场禁入、刑事处罚类信息的为10年，超过效力期限的将不再通过诚信档案公布、披露和对外接受查询提供。该部门规章需要在证券会计市场大张旗鼓地宣传，不折不扣地予以落实。

3. 建议各级政府设立诚信市场主体激励基金

在对诚信市场主体的激励和对失信者的惩戒上，政府应当赏罚分明，坚持胡萝卜与大棒并用政策。就"胡萝卜政策"而言，政府要以物质和精神奖励手段，激励诚信市场主体。建议各级政府设立诚信市场主体激励基金，提高政府财力支持的可操作性和可持续性，起到切实激励诚信市场主体、惩戒失信者的作用。

例如，在政府采购中，可以加大诚信供应商的评标权重，使之依法取得不诚信供应商无法企及的竞争优势。建议修改《政府采购法》，允许政府采购机构优先采购诚信记录良好的供应商提供的货物、服务和工程，并在行政法规和部门规章中细化优先采购的操作标准（包括优惠幅度）。

4. 建立守信联合激励制度，记入守信"红名单"库

对于会计诚信记录良好的公司，政府主管部门应当降低对该公司的行政监管成本，放松行政监管要求，建立守信联合激励制度，记入守信"红名单"库。在这方面，美国经验值得借鉴。《美国联邦处罚指引》规定，政府机构可以对那些已经实施良好的公司居民行为，以及推出有效的伦理遵守项目的公司从轻或者免除处罚和罚金。

美国联邦和诸州负责监管环境与工作场所的政府机构对那些积极采取措施降低环境、健康与安全损害的公司予以奖励。在许多情况下，这些公司接受的行政检查要少一些，向政府机构报送的书面文件要少一些。在申请经营许可证、变更规划或者其他政府许可时，可以享受优惠待遇或快车道待遇。政府还应当对于诚信公司予以必要的精神奖励，包括但不限于授予光荣称号、颁发奖状等。

5. 建立失信联合惩戒制度，记入失信"黑名单"库

就"大棒政策"而言，监管者应当创新政府执法手段，加强对会计行业诚信的监管力度。违法的失信行为应当承受相应的法律制裁，既包括市场禁入，也包括行政处罚和刑事处罚。执法机关应及时对失信者启动行政调查程序，依法行使法定的行政监督权限、行政调查权限和行政处罚权限，坚决制止和打击会计行业欺诈行为。失信者情节严重，构成犯罪的，要及时移送司法机关，"稳、准、狠"地追究其刑事责任。

【关键概念】

集体主义原则（principle of collectivism）

诚实守信原则（honest code of honor principle）

义利统一原则（principle of unifying）

公平与效率兼顾原则（principle of fairness and efficiency）

公开公正公信原则（principle of open and fair public trust）

【复习思考题】

1. 组建优秀的公司团队必备的条件是什么？

2. 公平与效率兼顾原则如何实现？

3. 市场经济转型期如何正确运用功利主义的对策？

4. 怎样理解企业活动中诚实守信原则？

5. 如何熟练运用商业伦理道德的义利统一原则？

6. 怎样运用公开、公正、公信原则处理商务活动？

【在线测试题】

扫描书背面的二维码，获取答题权限。

【案例分析】

中国首善曹德旺捐赠1.5亿元抗击新冠病毒疫情

2020年2月1日，全国范围的新型冠状病毒感染肺炎疫情持续升级，牵动着亿万国人的心。武汉疫情发生不久后，福耀集团董事长曹德旺先生提议，由河仁慈善基金会捐赠人民币1亿元，专项用于支持湖北省（7 000万元）、福建省（3 000万元）开展抗击新型冠状病毒感染的肺炎疫情之需。20天后，基金会再次为疫情捐款4 000万元。在此期间，曹德旺通过福耀集团在海外资源从各国购买242万件物资，价值超过1 000万元。

对于新型冠状病毒疫情，曹德旺先生极为重视，春节期间持续关注疫情走势，并积极帮助联系采购抗击疫情所需物资。此次捐赠方河仁慈善基金会，正是由曹德旺先生于2011年5月发起成立，当时曹德旺捐出名下3亿股福耀玻璃股票，发起成立的河仁基金会获得有关部门批准正式成立，捐赠当天市值35.49亿元，是当时我国资产规模最大的基金会，开创了股票形式支持社会公益的先河。

河仁基金会是我国第一家经由国务院审批，以金融资产（股票）创办的全国性非公募基金会，范围涉及扶贫、救灾、环保、助学、公益传播与研究等多个领域。他也因此连续多次获得"中华慈善奖"，被社会各界称为"真正的首善"。更让人钦佩的是，目前曹德旺累计捐款约120亿元人民币。

一、福耀"玻璃大王"曹德旺的家国情怀

2020年3月，"玻璃大王"福耀的曹德旺视频上了热搜，其中一个采访视频受到了许多人的关注。视频中，曹德旺说了这么几句话："我跟美国人讲，我把绿卡还给你，我不要了。""3个孩子和老婆全家撤回去，一个都不能留。""如果儿女有意见不退美国国籍，以后就不能继承我的财产。"为什么会有这么一段话？事情是这样的，在1995年的时候，曹德旺为了公司的发展，曾举家移民到美国。10年后，他发现福耀玻璃已经做到一定规模了，在整个玻璃行业也是名列前茅，他觉得福耀将来一定是中国汽车玻璃的代名词，是中国人的玻璃。

这样的成就必须属于中国人，而不能成为一个美国人的企业，所以曹德旺才做出这样的决定。"我们不能移民，曹家的玻璃，是属于中国的。"曹德旺心中，一直有一股强烈民族自尊心的劲儿。看他的采访和报道，你会发现，他说话经常带有"国家""民族""责任"等字眼。记者曾问过他，为什么要经常带这些字眼。他说："我考虑的不是个人问题，因为我从一个小老板变成人物，将来可能是历史人物，要为国家负责。"

曹德旺这么说，也身体力行执行着。他的长子曹晖曾说："父亲把我们家所有的财产基本捐光了，我出来创业，目前的负债率是70%。"与其他用慈善抵税的企业家不大一样，曹德旺自创业以来，截止至2017年1月，已缴纳127亿税金。一个企业家身上能有如此品质，必然与他所经历和所受到的教育息息相关。

二、穷要穷得清，富要富得明

曹德旺的母亲，曾经是地主家的大小姐，嫁给曹德旺父亲后，因当时时局动荡，日子过得十分艰难。

曹德旺父亲为了家里的生计，只好背井离乡去上海挣钱，留下妻儿相依为命。在那个兵荒马乱的年代，父亲的钱根本不足以支撑家里的生活，寄的钱也很难到达家里。为了养活家人，曹德旺母亲把首饰都当掉了，买了十几亩地，靠耕种过日子。但因土地贫瘠，产量极低，曹德旺兄妹几个常常饿得不行。每当这个时候，母亲就会把他们叫到一起，玩游戏、唱歌，以此来分散饥饿感。母亲时时告诫他们："出门不要告诉别人自己肚子饿，要有骨气、有志气。"家中贫苦，曹德旺兄妹几个的衣服却总是洗得干干净净，即便要缝补丁，也会把补丁藏起来，家里的地板永远擦得干干净净。曹德旺印象中，母亲说得最多的一句话就是："穷不可怕，最怕的是没志气。要摆脱贫穷，只有靠你自己的努力和拼搏，做人最重要的是人格的完整，最需要的是取得他人的信任。""穷要穷得清，富要富得明。因此，在外面要把胸挺起来，头抬起来，不要被别人看不起。"

这些话，一直被曹德旺铭记在心。有一次，他的公司有了去外国考察的机会，那时候去考察每天会有90美元的生活费，许多人为了省钱买电器，自己都带方便面去吃。曹德旺知道后，便召集了所有人，告诉他们："不要为了电器把自己搞得太狼狈，我们是中国人，代表的是中国，一个人要有人格，一个国家同样需要国格。""没有人格，就没有国格，带多少东西回国都没用！"到达芬兰后，曹德旺还请了对方的接待员吃饭。最终，他们成功引进了HTPS设备，成为这个设备全球的第一个买家。母亲的人格教育，深深影响了曹德旺的一生，小到生活中的为人处世，大到国家大义，曹德旺一直坚守着该有的"格"。

三、不管是做人还是做事，一定要有心

如果说母亲塑造了曹德旺的人格，那么父亲则把最优秀的品质刻在了他的骨子里。父亲靠经营活动养家糊口，但在那个年代，是不允许自由买卖商品的，父亲做着大风险的事情，仍然告诉儿子要用心做事。父亲说："草没有心都不会发芽，所以人做事，一定要用心做。"一句小小的话，却蕴含了很大的哲理性。

如果一棵草没有心，它就不会发芽，如果一个人没有心，他就做不了大事。他告诉儿子，"做人一定要有心，无论是恒心、信心还是善心，我们都必须要有"。曹德旺谨记父亲的话，也因此影响了他的一生。他在《心若菩提》一书中写道："随着我事业的发展，我能数出来的心，已经不是一双手能够容得下的了。"

如今曹德旺已经年过 70，这一生他做过让无数人钦佩的事情。他曾呼吁减轻企业税负，为企业发声，但也曾因此被断章取义遭到曲解。这么多年来，曹德旺一直在用心做玻璃，严格要求玻璃的安全度、舒适性和功能性。正是他这种踏实、沉稳的心，才让他拥有了"玻璃大王"这个称号。

他曾说："做生意没那么难，关键难在做人。""你做人如果真正有同情心、真正有爱心，能够把贪、嗔、痴、慢、疑这些都戒掉，不去和别人争风吃醋，自然就不会和社会有大矛盾。"在那段艰苦的岁月里，父母亲的人生观、价值观，对曹德旺的一生产生了强烈而深远的影响。这是家教的力量，而曹德旺本人，也在身体力行地进行着这种家教的传承。

资料来源：福耀官网，https://www.sohu.com.

讨论题：
1. 福耀集团的发展壮大说明了什么问题？福耀集团的核心价值观对我们有何启示？
2. 曹德旺家国情怀的关键秘密在哪里？如何理解企业家的社会责任？

第五章　企业内部管理道德规范

📖 经典名言与感悟

大学之道，在明明德，在亲民，在止于至善。

古之欲明明德于天下者，先治其国；

欲治其国者，先齐其家；欲齐其家者，先修其身；

欲修其身者，先正其心；欲正其心者，先诚其意；

欲诚其意者，先致其知；致知在格物，物格而后知至；

知至而后意诚，意诚而后心正；心正而后身修，身修而后家齐；

家齐而后国治，国治而后天下平。

——曾子

为天地立心，为生民立命，为往圣继绝学，为万世开太平。

——张载

勤劳有饭吃，善良保平安！敦厚传家宝，经书济世长！

——叶陈刚感悟

📖 学习目的与要求

1. 明确投资者是企业上帝的道德规范；

2. 理解董事会、独立董事与监事会的道德规范；

3. 把握企业经理层道德规范；

4. 熟悉企业与员工道德规范。

从本章开始，将探讨企业与社会、政府、社区、股东、投资者、债权债务人、消费者与员工及各方利益相关者的商业伦理与企业社会责任关系，尤其会关注企业与利益相关者责任关系模型与边界划分。企业和利益相关者的社会责任关系如图 5-1 所示。

世界上存在着不同的企业形态及股东表现形式，不同国家或地区、不同时期同一类型企业的股东形式各具特点，即使在同一国家、同一时期，不同企业的股东形式也有差异。相应地，这些股东与企业的伦理关系、所承担的道德责任和所享受的权利也不可能完全相同，所以对股东形式进行合理的分类将有助于我们全面理解企业与股东之间的伦理关系和道德责任，为我们科学认识每一类股东权利和责任提供切实可行的思路，牢记投资者是企业的上帝。

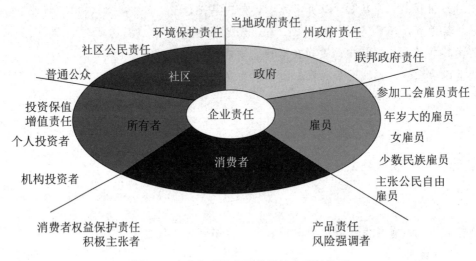

图 5-1　企业和利益相关者的社会责任关系

第一节　企业与股东道德规范：投资者是上帝

 ## 企业与股东的形式及组成

（一）企业组织形式的演进与特点

对于各类个体而言，为了充分地利用各自拥有的资源，从其自身利益来讲，有必要相互联系起来组成一个个企业。这同时也就决定了现实生活中的企业形态及其与股东所形成的特定关系。因此，为了揭示和理解企业与股东之间的伦理关系，我们有必要从企业与股东的角度对企业形态进行科学的分析。从企业与股东的关系来看，企业可分为个体制企业、合伙制企业和公司制企业。

1. 个体制企业

个体制企业是指一个股东拥有并独立经营的企业。作为股东的个人和经营单位之间没有法律上的区别，企业的目标也正是业主个人所追求的目标，这是历史最久、最简单的企业形式。股东对企业财务、人事等重大问题拥有完全的控制权，同时对企业债务负无限责任。

2. 合伙制企业

合伙制企业是由两个或两个以上的股东以营利为目的而组成的经济实体。合伙人有两种：有限责任合伙人和一般合伙人。有限责任合伙人不直接管理企业，对企业债务负有限责任；一般合伙人对企业负无限责任，承担企业的管理职责。对于这类企业来说，是由多个合伙人共同出资拥有企业，共同控制、支配企业，共同享有收益权，共同对企业债务负责。

> **专栏 5-1**
> 企业科学发展战略观：要适应两个"上帝"
> 扫描此二维码深度学习

3. 公司制企业

公司制企业是按公司法登记成立，以营利为目的的社团法人组织。在这类企业中，企业的股东一般不直接管理企业，而是将资产的实际占用权和支配权交给公司法人；股东享有选择并监督企业的经营层的权力，享有剩余索取权、企业的最终控制权，并以其投入的股本对企业债务负有限责任，从而极大地减少了其承担的风险，但企业股东不得退股。

（二）企业股东的权利和责任

尽管股东与企业的伦理关系因不同的企业而异，但一般说来，股东因其对企业的所有权而应当享有的权利和承担的责任都有其共性。

1. 企业股东的权利

（1）对企业资产的拥有权（其中，包括转让其资产的权利），即作为股东应享有的受法律和道德保护的最基本的权利，是企业对股东承担的最基本义务。

（2）拥有剩余控制权，即拥有企业中除了那些属于员工（包括高层企业经理层）享有的权利以外的权利控制权，具体表现为股东在确定企业使命、决定经营目标、实施经营策略以及亲自经营企业或委派、评价、监督高层企业经理层等方面的权利。

（3）拥有剩余索取权，即取得与其所担风险相应的企业收益中，扣除用来支付各项主要要素报酬和投入商品价格之后的余额的权利，即净利润的分配权。

（4）在企业解散时参加分配并有权获得份额内的剩余财产。

（5）对于公司制股东，还有获得新股摊认权。

（6）股东有权查阅、复制公司章程、股东会会议记录、董事会会议决议、监事会会议决议和财务会计报告。

（7）企业章程或其他有关法规、规则规定的其他权利。

2. 企业股东的主要责任

（1）及时、如数供应所应提供的财务资源。

（2）对企业经营成果最终负责。股东既然享有剩余控制权，就决定了其必然对企业行为的最终结果负责。

（3）股东必须促使企业同与之有关的各利益主体保持协调的关系。

（4）股东还应有较强的民族责任心和自豪感。

（5）法律、法规、企业章程或企业其他利益相关者期望股东承担其他责任。

在现实中，常有违背上述股东责任的股东行为发生。有些事情表面上看好像能给股东带来某些好处，但事实上只要加以跟踪观察和分析，就会发现这些行为损害了企业、产品形象，严重地危及企业正常发展乃至生存，最终无疑会导致包括股东在内各利益相关者遭受损失。

二、企业与股东的内在利益关系

商业伦理建设的目的就是要适应企业内外部环境变化的要求，公正、合理地处理好各利益相关者之间的复杂关系，使权利责任关系在各个利益相关者之间重新进行合理分配，推动企业健康成长，而绝不是削弱股东的权利，减少股东收益。

1. 商业伦理维护股东的合理利益

首先，从根本上讲，股东的利益与企业利益是一致的，只有企业兴旺发达才能给股东带来更多的利益。股东建立企业的最原始动机之一就是追求尽可能多的利益，也正是这种对利益的追求，决定了企业是一个营利性组织，而非社会公共福利机构，从而客观上推动了企业的成长壮大，为社会积累财富，推动经济的发展和社会的进步。

其次，企业本质上是利益相关者缔结的一组合约，有股东投入的物质资产，也有员工投入的人力资产以及债权形成的资产等。按照谁贡献谁受益的原则，这些产权主体都有权参与企业剩余的分配。这就意味着股东并不是企业获利过程中唯一起支配作用的主体，任何企业的获利过程都是在与内外部环境交换物质和信息的基础之上，在各利益相关者的共同参与下实现的。

再次，企业经营环境的巨大变化，特别是信息社会的到来，客观上要求企业必须突破原来只考虑股东单方面利益的局限性，建立起体现各利益相关者利益的合理企业经营思想。

最后，商业伦理也是保护股东切身利益的需要。信息革命扩大了金融和经营之间的鸿沟，使得金融资本相对集中而经营权力却大量分散，出现践踏股东权利的迹象。

2. 股东道德对商业伦理具有举足轻重的影响

首先，股东特别是管理型股东对于企业目标、企业宗旨、企业发展战略的形成具有重要影响，其经营理念、行为模式将会极大地影响企业的经营行为。其次，股东特别是管理型股东是企业文化的倡导者和表率。自日本首次引入企业文化促使企业成功以来，企业文化已成为促进企业发展的巨大动力和手段。企业文化建设是否成功虽然取决于很多因素，但最重要的还在于股东。

股东把企业的价值观和信念传输给员工并做出表率，从而产生巨大的带动效应。由于企业文化的核心就是商业伦理，所以企业股东也是商业伦理的倡导者和表率。

三、股东与企业经理层之间的道德规范：委托经营，信息对称

股东与企业经理层之间的关系可以视为一种契约关系，在这种关系中，股东把企业委

托给企业经理层，让企业经理层经营，实现其利益。这里真正的问题是如何通过一定的机制来保证企业经理层服务于股东的利益，保证股东与企业经理层之间"契约"的实现。在经济契约之外，股东与企业经理层之间还存在重要的伦理道德规范。

（一）股东监督企业经理层

为了避免道德风险和逆向选择，股东必须获取更多的信息，制定各项规章制度，建立各种监控机制，约束企业经理层的权限，监督企业经理层的行为，在发现其背离股东目标时给予一定的处罚甚至解聘。但这时会产生高昂的成本，既包括由于监督而直接增加的费用，又包括由于监督而使企业经理层不能及时采取措施从而丧失时机造成的损失，因此应在这种监督成本和因为监督而可能给股东带来的收益之间进行权衡。

（二）股东激励企业经理层

1. 适当的激励调整股东与企业经理层之间的利益冲突

企业经理层的个人报酬同企业的运营成果挂钩，有利于鼓励他们采取符合企业最大利益的行动。这也会涉及成本问题，如果激励成本过低，则不足以激励企业经理层，股东的权益得不到有效的保护；如果激励成本过高，股东又得不到应得的收益，因此只有适当的激励才能在一定程度上调整股东与企业经理层之间的利益冲突。

2. 对企业经理层的激励可以采取股票期权等形式

对企业经理层的激励可以采用与企业产出相关的工资、奖金等货币形式，也可采用股票期权等形式，但对于行为和绩效难以监督的高层企业经理层，可以让他们拥有部分剩余索取权和控制权（如拥有企业股票或债券，成为企业的股东或准股东），使他们的报酬直接同企业绩效挂钩。如果某些人员的产出难以计量，可以通过晋升制度来监督其努力程度。在股权分散的情况下，往往难以监督高层企业经理层，此时可以给予高级经理相应的津贴，并使这些津贴取决于企业的整体经营绩效，以为高层企业经理层提供刺激和动力。

3. 企业经理层承担对股东的伦理道德责任，履行与股东的委托经营关系

经济学家认为，存在各种各样的激励和约束机制，如董事会的监督、正式的控制体制、预算上的限制、激励报酬体系，等等。但现代商业伦理学认为，企业经理层只有承担对股东的伦理道德责任，才能更完美地履行实现与股东之间的委托经营关系。因此，股东应特别关注企业经理层对某些伦理理念的反应（见表 5-1 和图 5-2）。

（三）企业经理层为全体股东利益服务

任何企业，一旦利润达到最大点，如果不采取应变的措施，就会超越这个利润最大化的点，出现亏损。因此，作为企业经理层，当企业达到利润最大点时，就要为企业、为股东重新确定边际利润的底线，这样才可以保证企业的利润底线（参见表 5-1）。这是企业经理层的责任。企业经理层还有必要而且有责任认识到，企业应该采取何种措施和社交手段，使企业向边际利润最大化方向发展。

表 5-1　企业经理层对某些伦理理念的反应

项目与层级	完全不同意		不太同意		一　般		比较同意		完全同意	
理念与比例	频数	%	频数	%	频数	%	频数	%	频数	%
善有善报，恶有恶报	8	2.7	31	10.3	39	13.0	117	39.0	105	35.0
人都是自私的	27	9.0	103	34.3	54	18.0	63	21.0	53	17.7
做生意运气很重要	9	3.0	43	14.3	59	19.7	107	35.7	82	27.3
吃苦在前享受在后	3	1.0	23	7.7	43	14.3	107	35.7	124	41.3
一个人活着总要做点有意义的事情	2	0.7	11	3.7	24	8.0	53	17.7	210	70.0
生意归生意，朋友归朋友	7	2.3	40	13.3	40	13.3	62	20.7	151	50.3
讲信用是经营根本	3	1.0	8	2.7	18	6.0	40	13.3	231	77.0
商业中适当夸张和吹嘘是必要的	46	15.3	96	32.0	53	17.7	65	21.7	40	13.3
把握机会的能力是商业成功的关键	3	1.0	12	4.0	24	8.0	76	25.2	185	61.7
无奸不商，无商不奸	109	36.3	99	33.0	33	11.0	37	12.3	22	7.3

资料来源：苏勇，陈小平.MBA管理伦理学教学案例精选[M].上海：复旦大学出版社，2001.

1. 卓越的企业经理层做事情首先要有目标

要把目标作为企业的组织原则，知道自己的企业要做什么，为什么要这样做，并且要把企业的目标通过员工贯彻到企业的各个方面，这些都是事情的本源问题。目标的三大要素分别是使命、远景和价值。使命，就是通过大家共同努力，达到某个既定的目标；远景，是通过可以衡量的目标来说明与解释结果。（参见图 5-2）

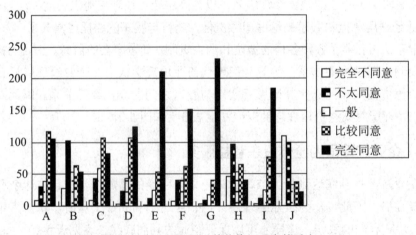

图 5-2　企业经理层对某些伦理理念的反应

资料来源：苏勇，陈小平.MBA管理伦理学教学案例精选[M].上海：复旦大学出版社，2001：18-19.

2. 企业经理层应十分清楚企业的目标，与股东利益保持一致

一个企业的价值，就是改变他人的生活，为股东利益服务。企业经理层应该意识到企业对他们意味着什么，除了完成工作以外，重要的是自己为这个企业做出了贡献。

企业经理层必须为了结果进行管理，并且要通过与他人的共同努力来实现利润的增长，这是商业的精髓所在。因为利润是一种深层的条件，一个企业没有利润将无法生存，所以以营利为目的的企业不能从事没有利润的亏本工作；利润，同时是一种成本，以及未来要达到的某种指标，但利润不是最终的目的，只是一种手段。

由于企业经理层目标和股东目标不一致及信息不对称导致股东主要面临如下道德风险：

（1）股东只能观察到经营结果，而不能直接观察到企业经理层的行为，这时就存在着隐型行为的道德风险。

（2）企业经理层在给定的自然状态下做出自然的选择行动，股东能观察到企业经理层的行动，却观察不到自然的选择状态，就存在着隐型信息的道德风险。

（3）企业经理层为了实现自己的目标故意错误地报告信息，使股东面临"逆向选择与道德风险"，如企业经理层装饰豪华办公室、买高档汽车，等等。

对于股东而言，总是希望企业经理层按其利益来选择行动，但股东不能直接观察到企业经理层究竟选择了什么行动，所能观察到的只是另一些变量，而这些变量是由企业经理层的行动和其他外生随机因素共同决定的。因此，股东的问题是如何根据所能观察到的信息来监督和奖惩企业经理层以激励其选择对自己最有利的行动。

四、股东和利益相关者之间的伦理道德规范

（一）企业股东与利益相关者之间的伦理道德规范以社会责任为前提条件

企业利益相关者是指受企业行为影响或可影响企业行为的任何个人、群体和组织，通常包括顾客、供应商、竞争者、政府、社区、股东、员工等。企业股东与利益相关者的关系是客观存在的，没有了这种关系，企业就不复存在，企业股东的利益也就无法实现。

（1）企业通过对社会做出贡献的方式谋求利润的最大化，企业在满足股东利益的同时，还要考虑其他利益相关者的利益。

（2）企业经营活动与社会伦理规范有关，可用社会伦理规范来评价企业经营活动。

（3）法律是最低限度的道德标准，企业应按高于法律要求的伦理规范从事经营活动。

（二）支持企业股东与利益相关者之间伦理道德规范的主要理由

1. 企业与利益相关者存在着休戚与共的关系，只有考虑了利益相关者的利益，企业的利益才能得到保障

由于不完全竞争、外部效果和信息不对称的存在，股东利益最大化不一定能给社会带来最大好处。以空气污染为例，当一家工厂排放的有害气体损害当地居民的健康和财产，而该企业又不为此支付任何费用时，实际上等于把成本转嫁给了他人和社会。

2. 法律是人们必须共同遵守的最起码的行为规范，它只能对触犯了"最起码的行为规范"的行为予以追究

法律对一般不道德行为并不追究，只规定什么是不应该的、禁止的，而没有指明什么是应该的、鼓励的。然而，除了禁止的行为外，并非都是受鼓励的行为，还存在既不禁止也不鼓励的行为；法律反映的是昨天的道德准则，不一定符合今天和明天的社会期望。法律出台后往往数年才修订，而社会是在不断发展变化的，因此，难免会出现法律滞后于现实的情形。仅仅守法不太可能激发员工的责任感、使命感，也不太可能赢得顾客、供应商、政府、社区、公众的信赖和支持，也就不可能取得卓越成就。

3. 利润与道德既有对立的一面，也有相辅相成的一面，利润与道德是可以兼得的

企业经营的道德性假设是客观存在的，尽管企业经理层不一定考虑过这一问题，但事实上，他们的每一项决策、每一个行为总是受到特定的道德性假设的支配。道格拉斯、麦格雷戈视人性假设为管理的理论假设，同样，企业经营的道德假设也是一种管理理论假设，因为所持假设不同，管理实践将随之大不相同。

第二节　董事会与监事会道德规范：勤勉尽责，廉洁监督

一　董事会承担对全体股东的道德责任

（一）企业所有权归全体股东，企业经营权则归管理层

1. 企业所有权与经营权产生分离

由于企业生产规模的不断扩大，企业股东人数越来越多，经营业务日益复杂，加之股东的管理能力、管理经验与时间、精力等各种客观条件的制约，不可能由所有的股东共同参与企业的日常经营管理，只能由专业经营人员（即管理层）来负责经营，从而使企业所有权与经营权产生分离。企业所有权当然归全体股东。

2. 董事会责无旁贷地承担了对全体股东的道德责任

因股东人数众多，受管理成本的限制，只能每年举行为数不多的几次股东会，而无法对企业的日常经营进行决策，企业经营权则归管理层，因此企业需要一个常设机构来执行股东会的决议，并在股东会休会期间代表全体股东对企业的重要经营进行决策，这个机构就是董事会。显然，董事会责无旁贷地承担了对全体股东的道德责任。

（二）董事会道德风险与逆向选择

1. 股东与经理之间是比较复杂的双层委托—代理关系

从委托—代理理论的角度看，在股东与董事的关系中，股东是委托人，董事则是代理人；而在董事与经理的关系中，董事是委托人，经理则是代理人。显而易见，股东与经理之间

是比较复杂的双层委托—代理关系。在股东、董事及经理的委托—代理关系中，股东（委托人）关心的是自己财产的安全、保值和增值，董事、经理（代理人）却有着他们自己的利益目标（如相互攀比的年薪报酬与奢华的在职消费等）。可以肯定，如果没有良好的品质与道德修养、有效的约束和监督，他们很难站在股东的立场上追求企业资产的有效使用。

2. 董事可能会牺牲企业及股东的利益而追求自己的最大利益

当董事、经理自身的利益与企业的利益发生偏离甚至冲突的时候，他们可能会牺牲企业及股东的利益而追求自己的最大利益，由此而做出的经营决策不当、滥用权力乃至中饱私囊等逆向选择行为必然会导致道德风险，引起企业及股东利益的损失，这种损失就是"代理成本"。"代理成本"概念的提出，把如何在保证企业经营者拥有一定权力的条件下，对其进行有效的监督约束，以减少代理成本和控制代理风险、控制逆向选择以降低道德风险的难题摆在了各国立法者面前。在这种背景下，企业的独立董事制度与监事会制度在大陆法系① 国家孕育而生，并通过各国企业立法制度的发展逐步走向成熟与完善。

二　董事会的道德义务与独立董事的道德规范

（一）保持独立性，形成独立自主人格

保持独立性，是指董事与独立董事在履行董事会业务、参加董事会决策时应当在精神和形式上超出一切界限，独立于企业经理等管理层，其目的是取信于企业各利益相关者。这种独立性的需要有两层含义，即精神上的独立与形式上的独立。

1. 精神上的独立

精神上的独立是要求董事和独立董事明确，他们表面虽受聘于委托单位，但从精神层面看则受托于股东。董事和独立董事只有与委托单位保持精神上的独立，保持独立自主人格，才能够以客观、平等的心态发表董事和独立董事的意见。

2. 形式上的独立

形式上的独立，是对第三者而言的，董事和独立董事必须在第三者面前呈现一种独立于委托单位企业经理等管理层（少数执行董事例外）的身份，即在他人看来董事和独立董事是独立的、无倾向性的。由于董事和独立董事的意见是外界人士决策的依据，因而董事和独立董事除了保持精神上的独立外，还必须在外界人士面前呈现出形式上的独立，只有这样才会得到人民的信任和尊重。

3. 独立性是董事和独立董事的灵魂

董事和独立董事尽管接受委托单位的聘请履行董事和独立董事职责，而且从委托单位领取报酬，但董事和独立董事应始终牢记自身所承担的是对于股东的责任，这就决定了董

---

① 大陆法系，又称为民法法系、法典法系、罗马法系、罗马—日耳曼法系，大陆法系首先产生在欧洲大陆，后扩大到拉丁族和日耳曼族各国，它是以罗马法为基础而发展起来的法律体系的总称。大陆法系的典型代表国家主要指法国和德国，还包括过去曾经是法国、西班牙、荷兰、葡萄牙四国殖民地的国家和地区，以及日本、泰国、土耳其等国家。

事和独立董事必须与委托单位和外部组织之间保持一种超然独立的关系。因此可以说，独立性是董事和独立董事的灵魂，对于独立董事而言其重要性更是不言而喻的。

（二）勤勉尽责、实事求是，真诚为企业谋取正当利益

1. 勤勉尽责、实事求是

勤勉尽责、实事求是是指董事和独立董事对有关企业事项的调查、判断和意见的表述，应当基于客观中立的立场，以企业客观存在的事实为依据，不掺杂个人的主观意愿，也不为委托单位或第三者的意见所左右。在分析问题、处理问题时，不以个人的好恶或成见、偏见行事，在工作中从实际出发，注重调查研究、分析。只有深入了解实际情况，兢兢业业，勤勉尽责，才能取得主观与客观的一致，做到董事和独立董事的意见与结论有理有据。

2. 真诚为企业谋取正当利益

真诚为企业谋取正当利益，主要是要求董事和独立董事必须忠实于受聘的企业，对企业有较高的忠诚度。具体的要求包括：模范遵守企业章程，忠实履行董事和独立董事职务，在保障人民利益的前提下维护企业正当利益，对那些明知危害人民利益而违规违法、不择手段追求企业不正当利益的行为，必须想方设法加以制止；不得利用在企业的地位和职权为自己谋取私利；不得利用职权收受贿赂或者其他非法收入，不得侵占企业的财产；除依照法律规定或者经股东会同意外，不得泄露企业秘密。企业董事和独立董事应当向企业申报所持有的本企业的股份，并在任职期内不得转让；董事和独立董事应当向企业做出有关利益的说明。

（三）善管守信，维护企业资产，审慎行使决议权

善管守信义务源于董事和独立董事与企业之间的委任关系。董事和独立董事作为受任人，在执行职务中应关注守信义务。尤其在企业所有权与企业经营权分离的情况下，董事和独立董事对企业的正常运转负有高度的道德责任以及不可推卸的法律责任。因此，强化董事和独立董事的善管守信义务十分必要。董事和独立董事善管守信义务包括四方面：

1. 董事和独立董事必须维护企业资产

企业资产是企业开展业务活动的前提，维护企业资产的安全、完整、保值、增值是对董事会组成人员最基本的要求。为此，董事和独立董事必须做到，不得私自挪用企业资金或者擅自将企业资金借贷给他人；不得将企业资产以其个人名义或者以其他个人名义开立账户存储；不得以企业资产为本企业的股东或者其他个人债务提供担保。做到这些方面，可以防止将企业资产变为个人资产，保证企业财产的安全。

2. 董事和独立董事在董事会上有审慎行使决议权的道德义务

董事和独立董事不仅负有上述对企业的善管守信义务，而且应承担因未尽到义务而负的责任。董事和独立董事不得从事损害企业利益的活动。否则，企业可对其行使归入权，即将从事上述活动的所得收入归企业所有。董事和独立董事执行职务时违反法律、行政法

规或者企业章程的规定，给企业造成损害的，应当承担赔偿责任。董事会的决议违反法律、行政法规或者企业章程，致使企业遭受严重损失的，参与决议的董事和独立董事应对企业负赔偿责任。

从董事和独立董事与企业的委任关系看，可将董事和独立董事对企业的赔偿责任视为因债务不履行所致。但是，如果就董事和独立董事违反善管守信义务和危及企业资产而言，董事和独立董事损害本企业利益的行为可能是侵害企业财产权的行为，因而将赔偿责任视为侵权责任也是有道理的。因此，董事和独立董事对企业的赔偿责任已不再是单一性质，而是多元性质的问题。

3. 董事和独立董事遵守竞业禁止的道德义务

这里的竞业禁止，即对竞业行为的禁止，是指特定地位的人不得实施与其所服务的营业具有竞争性质的行为。在股份有限企业中，董事和独立董事是具有特定地位的人。《中华人民共和国公司法》（以下简称《公司法》）规定，董事和独立董事不得自营或者为他人经营与其所任职企业同类的营业，其行为要素包括：董事和独立董事自营或为他人经营的营业与所任企业的营业同类。

一旦企业董事和独立董事违反上述竞业禁止义务，企业可以依法行使归入权。《公司法》之所以作出这些规定，主要是基于这种行为对企业的危害性。董事和独立董事从事上述竞业行为，就很有可能夺取企业的交易机会，还可能利用对企业商业秘密的了解，对企业造成损害。无疑，《公司法》对董事和独立董事竞业禁止义务的规定尚须进一步完善：一是要明确董事和独立董事实施此种行为应向股东会说明其重要事实，取得股东会的认可；二是应禁止股东会未认可的上述行为；三是要确认企业行使归入权的程序和时效；四是上述行为如果给企业造成损失，还应赔偿企业损失。

4. 董事和独立董事遵守私人交易限制的道德义务

这里私人交易，是指有特定地位的人为自己或为他人而与企业进行交易。在股份有限公司中，董事和独立董事是处于特定地位的人。《公司法》规定，董事和独立董事除企业章程规定或者股东会同意外，不得同委托的本企业订立合同或者进行交易。这表明，董事和独立董事的私人交易是受到《公司法》限制的。具体来说，董事和独立董事欲与企业订立合同或进行交易，应以企业章程的规定作为依据。如企业章程无此规定，董事和独立董事应向股东会说明事实，取得股东会的同意。如果股东会同意，可进行此种交易，否则不能进行。如果股东执意进行此种交易，则该交易在法律上无效。《公司法》作出这一规定，是为了防止董事和独立董事为谋私利而牺牲企业利益，从而成全自己的私人交易业务。

三、监事会的组成、职权与道德规范

（一）监事会是公司法人治理的制衡机构

1. 监事会是股份有限公司的常设监督机构

监事会制度源自西方大陆法系国家，是"监督理事会"的简称。根据西方国家公司法

的规定，监事会具有如下特点：监事会是股份有限公司的常设监督机构，负责监督董事会、管理层执行业务的情况；一般不参与企业的业务管理，对外一般无权代表企业。

2. 监事会是公司法人治理的常设制衡机构

在企业治理结构[①]中，股东会是企业的最高权力机构。但股东会是一个会议体机构，只在例会期间行使权力，日常实际行使企业权力的则是董事会、管理层。股东会为了避免失控，必须建立一个常设机构来监督董事会、经理人的受托代理行为是否与股东的意志相符，从而使股东的利益得到保障。这个行使监督权的常设机构就是监事会。

（二）我国监事会组成与职权

1. 有限责任公司设立监事会

《公司法》第 52 条规定：有限责任公司设立监事会，其成员不得少于 3 人。国务院颁布的《国有企业监事会暂行条例（2000）》第 2 条规定：国有重点大型企业监事会由国务院派出，对国务院负责，代表国家对国有重点大型企业的国有资产保值增值状况实施监督。

我国各地在《国有企业监事会暂行条例》的框架下对国有企业监事会的人员有不同的要求。例如，《上海市国有企业监事会管理暂行规定》中要求：（国有企业）监事会成员的数目应为不少于 3 人的奇数。监事会成员一般应包括以下人员：一是出资者的代表（或股东代表）；二是有关方面的专家；三是员工代表。

2. 在特殊情况下，监事会有权代表企业

在以下特殊情况下，监事会有权代表企业：一是当企业与董事间发生诉讼时，除法律另有规定外，由监督机构代表企业作为诉讼一方处理有关法律事宜；二是当董事自己或他人与本企业有交涉时，由监事会代表企业与董事进行交涉；三是当监事调查企业业务及财务状况，审核账册报表时，代表企业委托律师、会计师或其他监督法人。修订后《公司法》首次明确监事会、不设监事会的公司的监事行使职权所必需的费用，由企业承担。监事会、不设监事会的公司的监事发现企业经营情况异常，可以进行调查；必要时，可以聘请会计师事务所等协助其工作，费用由公司承担。

（三）监事会履行的道德规范：以身作则，廉洁执法

1. 监事人员应以身作则，模范遵守财经法规

为了做到严格监督，监事人员必须培养自己具有公正、客观的品质和忠于职守的精神，从国家和人民的利益出发，以有关政策和法规为标准，不带任何成见和偏见地开展企业监

---

① 企业治理结构，狭义上是指投资者（股东）与企业之间的利益分配和控制关系，包括公司董事会的职能、结构和股东的权利等方面的制度安排；广义上是指关于公司控制权和剩余索取权，即企业组织方式、控制机制和利益分配的所有法律、机构、制度和文化的安排。它界定的不仅是所有者与企业的关系，而且包括利益相关者（包括股东、债权人、员工、顾客、供应商、当地社区居民、政府等）之间的关系。公司治理结构决定企业为谁服务（目标是什么），由谁控制，风险和利益如何在各个利益集团中分配等一系列根本性问题。

督工作。实施严格监督，更为重要的是监事人员必须从自己做起，相关要求有：

（1）自觉遵守财经纪律和经济法规，严于律己，大公无私，不谋私利。

（2）积极主动宣传解释财经法规和制度，使有关人员了解、掌握并自觉遵守。

（3）在工作中严格把守关口，从实际出发，善于区别各种情况，宽严结合。进行严格监督，最后必须落到实处。

（4）积极支持促进生产，搞活流通，开发财源的一切合理、合法开支，坚持抵制揭发违反财经纪律、偷税漏税、铺张浪费、假公济私、行贿受贿、贪污盗窃等不道德的行为，不怕打击报复，维持监事人员的尊严，忠实地执行法律所赋予的权利和义务，以促进社会主义建设的发展。

2. 把握企业监督工作重点，增强监督工作的有效性

企业监督工作的重点应该根据党和国家对经济工作的要求来保证经济工作沿着正确的轨道运行，不断提高经济效益。因此，企业监事人员要围绕这个重点，抓住经济活动中的重要环节，开展监督工作。要积极发挥把关作用。目前，在国家经济政策尚不健全，并且存在执行不力的情况下，个别领导立足于单位的小天地，无视财经纪律。有的领导为了"创政绩，捞选票"往往不顾国家政策、纪律，任意挥霍国家财产；有的领导为了谋私利，违法违纪，企业监事人员决不能睁只眼、闭只眼，类似问题都是非常有害的，是与企业职责格格不入的，必须予以坚决纠正。

3. 廉洁执法，适时对违规的董事、独立董事或经理提起法律诉讼

廉洁执法是指企业监事在审查监督过程中必须保持清廉的情操，在独立、客观公正的基础上，遵守国家有关法律、法规及制度的规定，依法进行合理、合法的审查监督，不得利用自己的身份、地位和工作中所掌握的被查单位资料和情况，为自己或所在的单位谋取私利，不得向被查单位索贿受贿，不得以任何方式接受被查单位的馈赠礼品和其他好处，不得向被查单位提出超出正常工作需要之外的个人要求。

随着市场经济的发展，企业监事在经济生活中的地位将越来越重要，发挥的作用也会更大。企业监事如果工作失误或有欺诈行为，将会给有关企业、国家或第三方造成重大损失，甚至导致经济秩序紊乱。按照监事会的职权，当董事的行为损害企业的利益时，监事会有权要求董事和独立董事予以纠正。如果监事会纠正后，董事和独立董事及时赔偿了企业的损失，企业的损害则得到了救济。

如果董事和独立董事拒不赔偿企业损失，则会酿成以企业为原告、以董事和独立董事为被告的损害赔偿诉讼。对此，需要讨论谁代表企业提起诉讼。既然监事会有权纠正董事和独立董事损害企业利益的行为，它的职权也自然可以延伸为代表企业提起对董事的诉讼。

因此，强化企业监事的法律责任意识，要求企业监事严格履行法律责任，以体现良好的职业道德，确保监督质量意义重大。

第三节　企业经理层道德规范：依法为民，追求卓越

 一　企业经理层道德人格的地位与作用

（一）企业精神取决于企业经理层的道德人格

1. 企业经理层道德人格的含义

企业精神实际上是企业经理层人格精神的延伸，而企业凝聚力的强弱很大程度上取决于企业经理层的道德人格魅力。道德人格是企业经理层素质的内在化与轴心，决定着企业经理层的人格质量。因此，企业经理层道德人格素质包括知识、经验、能力、品质等的内在化。

2. 企业经理层道德人格的表现形式

企业经理层的道德人格主要表现在企业经理层具备良好的思想、精神和工作作风。具体而言表现为：

首先，企业经理层要有大公无私、公而忘私忘我精神，一心为公，严于律己，宽以待人。

其次，企业经理层要有一丝不苟、实事求是的工作作风。有成绩不夸大，有缺点不缩小，勇于批评与自我批评，严肃认真地做好企业各项工作。

再次，企业经理层要有雷厉风行、艰苦奋斗的实干作风。要言行一致，不尚空谈，追求务实，树立威信，带领员工沿着企业正确的发展轨道前进。

最后，企业经理层要有密切联系群众的民主作风。要有群众观点，走群众路线，工作上依靠群众出谋划策，生活上要关心群众疾苦。

企业经理层要牢固树立"公仆"意识。唯有具备上述作风品质，企业经理层才能有效树立个人威望，发挥自己的领导力，通过科学决策，领导企业在市场上保持强大的竞争力。

（二）"企业经理层道德人格"的基本要素

1. 企业经理层肩负着发展企业、振兴企业、实现民族腾飞的重任

杜莹等人（2005）的研究表明，企业经理层在现代社会中具有较高的社会地位，时代也赋予他们发展经济、传播先进文化、促进社会道德水平提高的社会责任。[1] 同时，企业经理层肩负着发展企业、振兴企业、实现民族腾飞的重任，这决定了企业经理层必须富有理想、廉洁奉公、遵纪守法、崇尚信誉、公正待人、尊重员工、坚韧不拔、锐意进取、忧国爱民、先天下之忧而忧、后天下之乐而乐。这样才能团结员工、凝聚人心、振兴企业。

就我国目前现状而言，作为社会主义企业经理层，更应该具有责任意识、廉洁作风、创新精神、博大胸怀。可以说，强烈的创新精神、永不停止的经济冲动、坚韧不拔的内在毅力、对市场变化的灵敏触觉、极高的综合素质，是企业经理层的永恒主题。以上方面相互关联，共同构成"企业经理层道德人格"的基本要素。

---

[1]　资料来源：杜莹，等.企业家的社会地位与社会责任.道德与文明 [J]. 2005（2）：69—72.

2. 首席执行官首先应该是首席道德官

在企业经理层中，处于最高位置的企业首席执行官（chief executive officer，CEO）首先应该是首席道德官（虽然首席执行官不一定兼任该职务）。在一项专题调研中，对于"企业 CEO，首先应该是首席道德官和企业道德楷模"，表示非常赞同的有 71 人次，占 32.87%；表示赞同的有 114 人次，占 52.78%。

2002 年 10 月至 2003 年年底，美国就有 100 多家企业聘请伦理长，因为美国致力于从制度与机构设置上规范商业伦理，纽约证券交易所要求所有的上市公司都必须确立伦理规范，该项规定实施使许多企业纷纷聘用伦理主管。华尔街的一系列丑闻使美国企业管理者明白，对员工进行商业伦理培训的重要性不亚于收支平衡或行销等业务培训。美国国际纸业公司的商业伦理长伯格说："如果企业看重伦理道德，这种美誉在今天的市场上是一种竞争优势，不仅客户对你忠诚，而且你也可赢得员工的忠诚。"

3. 首席道德官的责任：道德准则的构建、培训及监管

企业经理层营造的企业氛围对于形成具有道德水准的组织关系重大。管理完善的组织不论是企业、政府机构、非营利组织或职业组织，都能够坚持道德准则与诚信要求。最近出现的欺诈案表明，需要这些准则来引导组织行为。例如，"泰科国际公司的高级管理层被起诉涉嫌 2003 年发生的一起诈骗案，为了改善公司形象和提高预期业绩水平，新的管理层致力于进行法律与道德教育。现在有些公司出现了一种新型的首席执行官——首席道德官，首席道德官的责任是对道德准则的构建、培训及执行进行监管"。目前，注册会计师要求通过后续教育获取道德方面的学分与考试成绩，以保持执业证书的有效性。

依法为民经营：企业经理层的经营方向

民即人民，人民是一个历史范畴。在任何时代和任何国家，人民的主体就是劳动群众。依法为民经营就是要求企业经理层为劳动群众服务，为绝大多数人服务。依法为民经营规范的确定，正是人民的集体利益在企业道德观念上的集中反映，同时体现了经营管理活动的基本要求和主要特点，反映了人民对企业经理层的特别要求。依法为民经营规范的主要内容如下：

（一）合法合规开展规范经营活动

1. 依法为民经营规范贯穿经营过程的始终

企业经理层就是通过依法为民经营，来体现为人民服务目的。依法为民经营规范贯穿经营过程的始终，落实于本职工作的方方面面，是企业活动的最低界限。企业经理层在经营理财过程中，首先必须把人民的整体利益放在首位，无论在什么时候或什么情况下，绝不做对人民有害的事情。因为人民利益就是整体利益，把人民利益放在首位就是要把满足整体利益作为本职工作的出发点和归宿。凡是有悖于整体利益的事情，不仅自己不能做，而且要反对他人去做。

2. 企业经理层是人民的"好管家"

为人民当好"好管家",这是依法为民经营规范对广大企业经理层提出的直接要求。依法为民经营规范就是要求企业经理层理财得当,恰到好处,好上加好,低耗高效;就是要做到聚财有道,用财有效,生财有方。为了聚财有道,企业经理层应该熟悉财经法规,洞察市场行情,集聚恰当资财,以便生产经营;为了用财有效,企业经理层应该精打细算,勤俭节约,量力而行,统筹规划,积极参与预测,参与决策,编制全面预算,把有限的钱财用到刀刃上,讲究资财使用效果;生财有方,就是要求企业经理层积极做好资金使用决策,关注货币的时间价值,不断提高资金使用效率。

(二)恰当处理长远利益与眼前利益关系

在经营管理实践活动中,企业经理层必须恰当处理好企业长远利益和眼前利益的关系。应该看到,在一定的历史阶段,企业的长远利益与眼前利益是一致的;但在某一个特定时点上,由于劳动生产力的水平和社会财富的有限性,企业的长远利益与眼前利益可能会呈现差异性,存在一定程度的矛盾性。

企业经理层在工作中,既不能单纯为了满足企业的眼前利益而不顾长远利益,特别是要克服生产经营的短期行为,也不能借口企业的长远利益而不顾及眼前利益,应促使企业员工的生活水平随着时间的推移逐步得到提高。也就是说,依法为民经营规范要求在兼顾企业的长远利益的同时,不断满足企业眼前利益的需要。

■三、廉洁奉公:企业经理层之行为准绳

(一)廉洁清正,操守为重

廉洁是我国各族人民的光荣传统。清正廉洁是民间广为流传的包公、狄仁杰、海瑞等清官的优秀品质,是毛泽东、刘少奇、朱德和周恩来等老一辈无产阶级革命家的优良作风,长期以来为我国人民所赞颂和敬仰。在市场经济条件下,廉洁清正是企业经理层正确执行国家经济法规、政策和制度,履行企业职责的基本保证,是社会主义企业道德的重要标志,是衡量企业经理层是否称职的重要尺度,是企业经理层最起码的道德品质。具体而言,企业经理层怎样做到廉洁清正呢?

1. 洁身自爱,切忌以权谋私

企业经理层要培养洁身自好、自尊自爱、不贪不占的高尚品德,就应该珍惜自己的企业经理层身份,重视自己的品质、荣誉、情操,"老老实实做人,认认真真做事,明明白白获取",彻底放弃"金钱至上、货币万能"的没落人生哲学,正确认识自己手中的经营管理权力是人民神圣权利的一种表现。惩治、清除腐败是党和国家当前面临的重大任务,在企业领域就是要防止以权谋私。

2. 保护公共财产神圣不可侵犯

广大企业经理层应深刻认识到自己管理的财产是社会主义的公共财产。我们知道,

大陆法系强调社会利益至上性，而英美法系强调个人利益至上性。我国宪法明确规定"社会主义的公共财产神圣不可侵犯"。爱护公共财产是每个公民应尽的道德义务。企业经理层应该成为履行这一义务的模范。这也是企业经理层对祖国、对人民和社会主义事业忠诚、热爱的体现。企业经理层要把好"关"、守好"口"，绝不容许任何人以任何借口和任何方式挥霍浪费、侵吞人民的公有财产，要与损公肥私、盗公利私的行为进行坚决的斗争。

3. 自我约束，严禁舞弊贿赂

自我约束，也称自我控制，简称自觉性，是指一个人对自我思想和个人行为的内在的、内化的管理、约束和控制的能力和水平。一个人的自觉性体现在政治思想自觉性、道德情操自觉性、文化素质自觉性和职业工作自觉性等诸多方面。自我约束就是要求每个企业经理层应严格按照企业道德规范的基本要求，对自己的思想观念和行为活动加以反思、检查及分析，促使自己的企业道德境界不断上升到更高的层次。

4. 加强学习，造就廉洁清正的高尚道德品质

企业经理层要想具备廉洁清正的高尚道德品质，就必须加强学习，自觉提高思想觉悟和道德水准。一个人高尚的廉洁清正的道德品质不会与生俱来，也不可能从他人处获取，唯有通过长期的自觉学习、深刻的自我改造和复杂的社会实践，才能锤炼出廉洁清正的优秀品质。

（二）秉公执法，率先垂范

廉洁奉公规范不仅要求企业经理层做到廉洁清正，更重要的是要求企业经理层自觉做到秉公执法。何谓"秉公"？"秉公"是指在任何时候、任何地方、做任何事情时，企业经理层都要出于公心，主持公道，讲究公平、公正、公开，不偏不倚。秉公执法就是要求做到不畏权势、唯法独尊、唯法是从、唯法独上。秉公执法是依法经营、为社会尽职尽责的具体表现。同时，秉公执法是企业经理层最主要的职业行为，是企业经理层应该尽到的职业责任和道德义务，是企业道德规范的重要内容。秉公执法，既是由社会主义本员工作的性质决定的，又是全社会对企业经理层的必然要求，还是企业道德规范体系的现实基础。具体而言，企业经理层怎样才能做到秉公执法呢？

1. 熟悉法律，精通政策

企业经理层是对企事业单位的人力、财力、物力的使用价值形态与价值形态进行综合系统控制、监督使用的重要管理者。经营管理机构是国家经营管理法纪和制度的重要维护者，是协调各种经济实体内部及其与外部各方面经济联系的纽带。应该明确，全部工作与活动都必须以国家立法机关和国家行政机关制定和认可的经营管理法律、法规、准则为准绳。"依法经营、依法核算、依法监督"是企业管理工作的关键。

经营管理法律控制约束着经营管理日常工作的每个环节和全部过程。企业经理层应当熟悉、掌握经营管理法律和法规，以及与此相关的其他法律和法规，并且基于上述法律制定的各项经营管理政策，增强执法、守法的自觉性。唯有如此，企业经理层在其业务工作中对经营管理法律和政策的运用才能得心应手、运用自如。

2. 有法必依，执法必严

企业经理层在其经营工作中应有法必依，执法必严，违法必究，严格贯彻执行国家有关经营管理法律、法规和政策制度，无论是上级领导、顾客，还是亲朋好友，必须一视同仁，不讲亲疏。企业经理层必须过好两个"关口"：

专栏 5-2

重温《出师表》：高管您勤勉尽责了吗？

扫描此码　深度学习　5-2

（1）平等过好"权利关"。企业经理层在业务经营过程中，无论是对领导，还是对平民百姓，都应该平等相待，坚持在法律面前人人平等。在某些地方、某些部门或某些单位领导，出于本位主义、地方主义及个人主义考虑，会出面干涉企业经理层执法，而是以权压法，阻碍经营管理法规的贯彻执行，甚至对执法的企业经理层进行责难或打击报复。面对这种情况，有的领导畏惧权贵，不讲原则，放任自由，听之任之；有的领导同流合污，这些做法都是不对的。作为企业经理层，应当明确依法管理是国家和人民赋予的神圣权利，要勇于坚持正确意见，积极主动维护经营管理法规的尊严，维护国家和人民的整体利益。

（2）坦然过好"人情关"。企业经理层在执行经营管理法律的过程中，不能因为与个人关系的亲疏而有别。在收入确认与计量、费用开支与发生、工资计量与发放、成本归集与计算、利润形成与分配、款项借支与报销、税金预提与清缴等问题上"求情"的人和事，常常会发生。当前，社会风气还没有根本好转，执法问题还会比较严重，有一个难闯的"人情关"。企业经理层既要做好耐心细致的法律法规的宣传与教育工作，更要按照诚实守信秉公执法的规范待人处事。

第四节　企业与员工道德规范：员工是"上帝"

一　企业与员工之间是既矛盾又一致的利益共同体

企业与员工之间是既矛盾又一致的利益共同体，二者之间的关系对企业的生存发展至关重要。企业与员工道德责任主要体现为同舟共济、风险共担。

（一）恪守合同、履行责任是形成企业和谐有序的劳动关系的基础和前提

企业对员工诚实不欺、恪守信用，严格地按照劳动合同上的规定履行承诺，为员工提供足额的工资、良好的福利、充足的受教育时间，员工不仅能获得生存的保障，而且能有进一步发展的可能。这样一来，员工的积极性和创造性就会得到极大的发挥，企业的经济效益也会因此而提高。企业与员工之间诚实不欺、相互尊重、相互信任、恪守合同、履行责任是形成企业和谐有序的劳动关系的基础和前提。

（二）企业应当尊重员工，信任员工，与员工同舟共济，风险共担

如果企业对员工不诚实、言行不一致，不按照劳动合同法中的规定为员工提供当初承诺过的工资、福利及教育上的保障，如果企业不尊重、不信任员工，仅仅将员工视为赚钱的工具，对员工的身心健康和未来发展不负责任，那么员工的劳动积极性将会大大降低，创造性也会受到极大的压抑，不仅如此，还将导致企业与员工之间的冲突，造成劳资关系紧张，直接的后果是企业经济效益的下降。员工是企业之本，企业要想有更大的发展，必须把员工的生存和发展当作头等大事来抓。

企业应当本着以诚为本、取信于民的原则，尊重员工，信任员工，激发他们的工作积极性和创造性，增强员工的荣誉感和自豪感，在企业与员工之间形成同舟共济、风险共担的利益共同体关系。只有企业将员工视为"上帝"，才能创造优质产品，为顾客提供优质服务，为投资者的资本保值增值，实现优质回报，保护全体股东权益。

二　商业伦理是塑造企业员工良好素质的关键

（一）商业伦理提倡崇尚员工的敬业精神

由于科技进步，产品更新加快，企业之间的竞争加剧，使消费者满意将是未来企业成功的关键。企业只有将"我的工作方便了别人，实现了我的价值"的理念渗透到企业员工的思想中去，才能使员工在工作中发自内心地为顾客着想，提供优质的产品和服务。除了"顾客满意"之外，商业伦理还提倡崇尚员工的敬业精神。员工的岗位可能有所不同，但只要敬业，就可以把工作干得出色。如果企业每一位员工都能敬岗爱业、恪尽职守，那么产品设计、生产、销售、市场调研工作都会精益求精、尽善尽美，企业就会立于不败之地。

专栏 5-3　北大钱理群教授剖析"精致的利己主义者"　扫描此码　深度学习

（二）良好的商业伦理有助于合理地使用人才，开发人力资本

1. 当今成功企业都将人力资源的管理和开发作为企业发展战略

20 世纪 60 年代舒尔茨提出了人力资本的理念。随着科技的高速发展，人力资本对劳动生产率的贡献已远远大于物质资本，而形成人力资本的主要方法是教育。不仅固定资产涉及折旧和设备的更新改造，而且人力资本也需要追加投资、进行开发。人力资本的概念大大丰富了资本的概念。重视人力资本，且在教育费用投入重金的企业往往受益匪浅。

2. 我国国有企业人力资本开发状况不容乐观

30% 以下的国有企业的教育、培训费年人均在 10 元以下；20% 左右的企业教育、培训费年人均在 10 ～ 30 元之间；仅 5% 以下的企业加速人力资本投资，大多数亏损企业已基本停止了人力资本投资，部分尚有能力进行人力资本投资的企业，已放弃或准备放弃岗前或中长期的教育培训。企业正面临着国内外日益激烈、残酷的竞争，产品的技术含量越

来越高，面对人力资本的知识含量要求大幅提高的新形势，如果放弃了人力资本的开发，必然影响企业的经济效益和竞争力，这种状况令人忧虑。

三、企业与员工的权利和责任关系

（一）员工与企业的权利和责任表

在开始讨论之前，有必要理清员工与企业的权利和责任（见表 5-2）。

表 5-2　企业与员工的权利责任关系表

员工的权利和责任	企业的权利和责任
工作的权利	招聘和解雇的非歧视性
获得公平报酬的权利	给付公平报酬的责任
自由集会和罢工的权利	尊重工会的存在和权力
是非感的自由和言论自由	接受员工的批评
诉讼的权利	与员工讨论的责任
获得健康安全的工作条件权利	承认劳动法庭，按劳动法解决冲突
提高工作质量的权利	提高工作质量的责任
遵守劳动合同的责任	对员工最低劳动生产率的要求
忠于企业	忠于合作
尊重目前法律的和道德的规范	要求员工在工作岗位上的正确行为

从表 5-2 中，我们可以得到下列结论：

（1）员工和企业的权利责任是相互补充的：一方的权利隐含着强加于另一方的责任，反过来也是一样。

（2）双方之间的权利责任是不完全对称的。一方的某些权利（如工作的权利）并没有相称的另一方责任与之匹配。这种不对称表明，为了保证某些权利，需要增加社会整体的努力。

（3）员工与社会的权利责任也可能发生冲突。例如，员工的隐私权可能会与企业控制员工行为的权利相冲突；员工忠于企业的权利责任可能与他们为全体利益或个人利益的责任相矛盾。

对于所有这些问题，没有一种通用的方法来处理。下面主要讨论工作权利的含义以及从这个基本权利中演绎出来的具体的权利和义务。

（二）工作权利的含义与表现形式

1. 工作权利的含义与分类

这里"工作"可以泛指任何具有目的性、创造性的活动，人们借助它满足个人需求（广义上的劳动）；也可以指特定领域中的程式化活动，即社会意义、经济意义上的所谓"职业"（狭义的劳动）。在这里，工作权利是后一种含义，因此亦称"就业权利"，是指一种有保障的方法，用它获得付薪的工作。个人可以自我雇佣，出卖创造权，从自己所生产商品中获利，也可遵守合同受雇于人。"权利"含义模棱两可。我们应该区分清楚法律意义上的权利和道德意义上的权利。

2. 道德意义上的权利

尚未在法律中规定的基本权利，在特定的社会条件下可能已经具备了道德效力；只有通过完备的立法程序后，道德规范才能确定为法律。到目前为止，就业的权利基本局限于道德思想规范的领域内。有工作能力并乐意工作的无业人员不能在法律上要求某个国有或私有企业为他们提供满意的工作。只要这一要求没有被接受，那么就业的权利就不会成为真正意义上的法律权利。

3. 法律意义上的权利

工作权利在劳动契约开始和终结时有明显的表现。企业实际上有权力在决定是否雇用一个人时考虑其他因素，如血缘关系或者家庭背景。一个企业可能更愿意提供工作给一个养家糊口的人而不是一个单身汉。当雇用出现偏袒或专断行为时，企业应意识到已侵犯了求职者要求平等对待的权利。例如，企业仅凭性别把求职者排除在外或对一项特殊工作不录用具备合格条件的人，而接纳缺乏此工作必要条件的求职者。一名员工工作年限越长，被解雇时找到新工作的平均机会越少。因此，企业在道义责任上应尽力使工作年限长的员工在企业中工作到退休，这关系员工的基本社会保障。大部分员工常常必须依靠稳定的工作来承担社会义务和获得个人成功。当经济形势使关闭一个工厂或削减员工成为必要时，企业应提供最大程度的社会保障，包括再培训等。

4. 接受书面合同的权利

当一个人得到一份工作时，他就成为一些特殊权利和责任的承担者，其中的某些权利和责任应当在一份劳动合同中以适当的法律形式明确地予以表达。一份劳动合同的草案，就其本身而言，是一份与道德有关的协议。对于草案中包含的部分，应给予法律上的保证，并且应对合同的条文作出完整的、明确的、具体的规定，而且它还将为企业和员工在随后的合作期内提供一个相互信赖的基础。由于合同草案具有一定的约束力，所以每个员工都应该把它作为一般原则来接受。各种类型的员工（包括临时工和兼职人员）都应当受合法形式下的书面合同的约束。

5. 公平报酬的权利

公平报酬的权利是指获得合理的薪水，它从工人运动开始就已成为一项基本的目标。事实上，薪水首先是作为每个员工所付出的工作绩效的交换条件的价值表现。但对大部分员工来说，薪水也是收入的主要来源和生活的基本保障。然而，合理薪水的界定是一个复杂的问题，它涉及关于风险与劳动力、劳动力与收入、责任能力与决定收入的业绩标准之间的关系的详尽分析，以及企业政策的选择。

在没有对这些基础问题做出进一步说明的情况下，我们采用以下标准对薪水的公平性进行评价：

（1）合法保证最低收入；

（2）工作的困难程度；

（3）公平对待的原则；

（4）特定部门的平均薪水；

（5）企业的能力；

（6）地区平均的生活消费水平；

（7）工作稳定性的保证程度。

在员工行使自己的权利时，企业也在行使着权利，即权利和责任是相互的。各企业的具体情况不同，所表现出来的权利也会有差异。为了便于更好地处理未来发生的劳动争议，企业必须从自身的实际出发，明确与员工的权利和责任关系。

四、企业与员工之间的道德规范

（一）员工对企业的伦理道德要求

1. 企业价值观的重新定位

要使企业价值观建设真正成为企业管理的重要且有效的方式，以激发员工自觉工作的积极性，降低企业的管理成本，使企业成为一个既统一又具有创新力并对市场快速响应的组织。对企业价值观建设的目标必须进行重新定位。

（1）企业要突破简单功利主义的"团队精神"的束缚，引入强调人格独立、尊重和平等的"个体精神"。承认员工个人追求自身利益的合理性和现实性，强调员工通过自己努力和奋斗达到目标的可能性，在企业内形成尊重个人的良好氛围。

（2）在企业内明确员工作为独立的人的基本权力和利益，将私人关系与工作关系区分开来，明确工作职权和责任，减少因个体独立性而形成的性格、爱好等因素对工作的影响，不将员工个体的非工作的生活内容纳入工作的考察范围，尊重员工在工作职能之外的个人空间。

2. 企业为员工提供明确目标

目标管理是伦理渗透于企业内部管理的一种形式。制定合理的目标是调动员工积极性和引导企业良性运行的道德力量。一方面，它能通过具体的奋斗目标激励员工自觉努力和进取，从而实现自身控制机制；另一方面，完整的目标体系可以把大家的力量聚集起来，共同朝着企业最高目标努力，使企业从整体到个体处于有序、积极的状态。

企业的最高目标总是和企业价值观、企业作风、人事制度紧密联系的。可以说，它同时是企业的伦理目标，体现出企业的社会责任和道德追求。美国学者帕斯卡尔和阿索斯概括了以人为本的企业终极目标的基本特征：这种企业要使员工作为企业整体的一员受到社会的颂扬和称赞，强调本企业的产品对于人类的价值；关心员工的需要并视每个员工为有价值的人，尊重社会的要求并为社会造福的管理伦理为实现企业的目标，提供了有效的途径，将商业伦理理念转化为员工和企业的经常性行为。

3. 企业与员工进行有效的沟通

企业与员工的伦理道德规范的核心是"以人为本"，而能否做到"以人为本"的关键在于能否在企业经理层与员工之间产生"互动"。在传统人事管理体系中，企业经理层和员工之间的关系是命令式的单向流动，员工是执行企业经理层命令的机器，而在企业与员工的伦理道德规范中，企业经理层和员工的关系应该是建立在平等基础上的互动关系。要形成平等的互动关系，就需要企业经理层和员工双方改变传统的理念，积极与对方沟通。如果让企业经理层应具备的素质集合与员工应当具备的素质集合相交，这两个集合的交集就是企业经理层和员工应当具备的共同素质——沟通（见图5-3）。

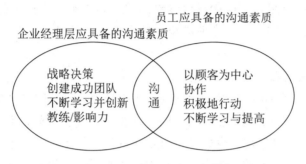

图 5-3　企业经理层与员工应具备的沟通素质

4. 企业应重视对员工的培训

"人"是企业最重要的资产，在职培训是人力资源最重要的投资。在竞争日益激烈的情况下，企业唯有提高管理品质才是应对之道。而在追求管理品质的过程中，如何通过培训来增强人的素质不容忽视。有效的培训，对个人与企业都会有很大益处：发展了新的来源，可协助该体系进步；强化了企业主体的完整性；加强隶属于该企业文化的骄傲；改进了企业文化与决策。

企业员工对于第一次学习的东西记忆最深刻。事前就教导员工如何正确地做，比事后再来纠正更容易。这就是有些成功的企业再三强调岗前培训的原因。

企业员工通过各种不同的活动、方式学习效果较好。在培训过程中，使用感官（视觉、听觉、嗅觉及触觉）的次数越多，则会越快获得新的技巧。因此，在培训中若能同时使用音视频、资料、示范及实习的方式，效果更佳。

企业员工在学习新事物时，如果内容和他们已经知道的事有关，学习效果较好。因此，若使用阶梯式培训的方法，逐渐增加其知识与技巧，效果更好。企业员工需要对他们所做的事进行回顾。良好的工作表现需要正面认可，不好的工作表现则必须尽快更正。在成功的培训系统中，追踪是非常重要的步骤。

（二）企业对员工的伦理道德要求

1. 员工对企业的敬业精神

敬业是成功的前提。敬业是一种人生态度，是一种珍惜就业机会，对自己的行为负责、肯定自己劳动成果的态度。这种态度不仅保证了人们的职业（就业）秩序，而且使社会得以实现专业分工。正是专业和分工促进了社会效率的提高和技术进步。在企业就职的人，如果不敬业，不成为所从事的业务方面的行家里手，就不会有好的绩效，也就得不到升迁和加薪。不可否认，员工有时会由于种种原因对自己岗位的工作产生厌倦或反感，但这种情况必须在短时间内加以改变，如果长期持续下去，就会演变为没有进取心、混日子，浪费自己的时间和生命。

有敬业人生态度的人则不会允许这种混日子的状态持续下去。我们经常会遇到这样的情况，一个企业存在严重的管理问题，改变的希望不大，管理层漠然视之、听之任之，这时有些在企业中享受很好工资和福利待遇的员工却离开了。问及他们离去的原因，他们会无奈地说，"耗不起"。即便目前拿着高薪，如果不能为明天的职业生涯耕耘和积累，那么也是得不偿失的。一个企业如果不能形成一种敬业的文化氛围，就留不住敬业的员工。

2. 企业敬业氛围与敬业精神的培养

企业中的敬业氛围与敬业精神是企业与员工伦理道德规范的一个重要组成部分。企业与员工伦理道德规范的核心是企业和员工的思维及行为习惯，有的企业会把这种不成文的东西规范化、格式化、文字化，变成各种守则和规章，以便对员工起到督促和引导作用。由于员工敬业与否对于企业的绩效乃至竞争力至关重要，因此每个企业都希望通过各种激励手段和培训教育方法使自己的员工敬业。

3. 员工对企业的忠诚度

根据对忠诚管理的理论划分，可以将员工的忠诚分为主动忠诚和被动忠诚。前者是指员工主观上有强烈的忠诚于企业的愿望，这种愿望往往是由于组织与员工的目标高度一致、组织帮助员工发展自我和实现自我等因素造成的。后者是指员工本身并不愿意长期留在该企业，只是由于客观上的约束因素（如与同行业相比较有高的工资、良好的福利、便利的交通条件、融洽的人际关系等）而不得不继续留在该企业，一旦约束因素消失，员工就可能不再对企业保持忠诚。相比较而言，主动忠诚比较稳定。从另一角度看，员工的忠诚有两种：一是员工在职期间勤勤恳恳、兢兢业业，能够为企业的发展尽职尽责；二是员工在企业不适合自己或自己不适合企业而离职后，在一定时期内能保守原企业的商业秘密，不从事有损于原企业利益的行为。员工忠诚度包括三个方面：

（1）积极主动。经济的竞争实际上就是人才的竞争。企业的竞争，不单是企业高层决策正确与否的竞争，还有员工素质的竞争。在一项人力资源的调查中，对两家电子设备企业进行了采访，一家是国有企业，另外一家是摩托罗拉。这家国有企业的员工在生产线上或聊天，或说笑，全无紧张气氛，并给人一种松松垮垮的感觉。摩托罗拉的员工则让人感到青春与活力，每个人都十分朝气蓬勃。员工代表着企业形象，积极主动的员工总会让人联想到一个开拓进取的企业。

从员工的角度来说，每个员工都要积极地为企业出谋划策，对于工作任务应采取主动的态度。尤其是当工作遇到问题（例如，机器出现故障、原材料不合格等）时，现场的员工如果态度积极，就会主动排除故障，或主动同上级联系，解决问题。在所有的控制活动中，现场的控制是非常重要的，它的时效性最强。

（2）危机感。不管企业是何种类型、规模如何，由于环境的改变和竞争的加剧，总处在危机之中。面对外部的危机，员工通常有两种态度：一是置之不理，企业让做什么就做什么；二是与企业共命运，有强烈的危机感。态度产生于对自身角色的认识，具体而言就是员工有没有主人翁意识。例如，日本的企业和员工结成命运共同体，这就好比企业是一艘船，员工是水手，只有水手努力划船，船才能战胜惊涛骇浪。

员工有了危机感，就会有压力和进取心。很多企业都设有意见箱，其目的就是获得员工好的建议。据统计，日本丰田汽车的汽车设计每年要采纳一万多条员工建议，企业把员工的建议当作资源，并且是相当重要的资源。只有员工具备了危机意识，企业才能最大限度地利用这种资源。可以说，没有员工的充分合作，日本汽车企业是无论如何也难以与美国汽车厂商相抗衡的。

（3）忠诚感。现在经常可以听到培养"顾客忠诚"的说法，其目的在于通过稳定的联系来获得收益。同理，在企业提供员工所需的各项保障后，忠诚的员工是企业获得发展与成功的内在动力。相反，不稳定的员工会造成企业的巨大损失。例如，企业总要对新进员工进行培训，以使其具备将理论知识应用于实际工作的能力。培训有时需要较长的时间，而且要花费许多培训费用。如果一个新员工在完成培训后掌握了一定的实际经验，却转向其他企业，仅从费用上说，损失就不小，更不用说企业机密流入其他企业的损失，企业甚至可能因此而丧失竞争优势。另外，不忠诚的员工会使员工队伍和组织结构不稳定，而不稳定性必将影响企业的正常运营。

既然员工的忠诚如此重要，那么企业应努力培养员工的忠诚感。这里需要说明的是，员工忠诚的培养需要企业进行一定的引导。企业高层首先应该认识到员工忠诚的重要性，然后采取措施来建立员工忠诚，使其坚信：企业就是我的家，我要忠于我的家，并努力把自己的家建好，这是我的责任。培养员工的忠诚不能只靠金钱，不要用金钱作为联系员工与企业的纽带，更应该注重道义的教育，晓之以理，动之以情。

【关键概念】

利益相关者（stakeholders）

员工忠诚度（loyalty of employees）

董事会道德义务（moral obligations of the board of directors）

独立董事道德责任（moral obligations of independent directors）

【复习思考题】

1. 现代公司的组织形式有哪几种？

2. 支持企业股东与利益相关者之间的伦理道德规范的主要理由是什么？

3. 简述董事会、独立董事与监事会的道德义务和道德责任。

4. 企业经理层道德人格如何塑造？

5. 企业与员工道德责任体现在哪些方面？

【在线测试题】

扫描书背面的二维码，获取答题权限。

扫描此码　5.1　在线自测

【案例分析】

海南航空公司文化：以"佛"为法

道家博大精深，佛学义理精微，海南航空公司董事长陈峰在这方面造诣颇深。海航集团的企业标志以"生生不息"为创意理念，"生生"是佛教的本初理念，《萨婆多部·俱舍论》讲"本无今有谓之生。能生此生谓之生生"。同仁堂的名字源于儒，恩威两字源于道家，而海航的标志借用了佛家思想。

佛家主张人要有正见、正志、正语、正业、正命、正精进、正念、正定，即正确的见解、正确的意志、正确的语言、正确的行为、正确的生活、正确的努力、正确的心念等八个方面，这就是"八正道"理论。这些思想在海航的《员工守则》中得到了体现，《员工守则》中包含"员工共勉十条""员工训条"等内容，更有佛学大师南怀瑾先生亲自作序，使这个守则更加意味深长。

在"员工共勉十条"里，董事长陈峰提出："团体以和睦为兴盛；精进以持恒为准则；健康以慎食为良药；争议以宽恕为旨要；长幼以慈爱为进德；学问以勤习为入门；待人以至诚为基石；处众以谦恭为有理；凡事以预立而不劳；接物以谨慎为根本。"这里的每一句话都有独到之处，拿"健康以慎食为良药"来说，我们不难听到企业常讲"以人为本"，但真正把员工健康问题写在《员工守则》中的还较为罕见。陈峰一句"健康以慎食为良药"，不仅深得现代医学理论之道，而且道出了海航集团对员工的人文关怀，至情至理、感人肺腑。

在"员工训条"中，陈峰提出："积厚德，存正心；乐敬业，诚为本。入角色，融团队；坚誓愿，志高远；赢道义，勿自矜；吃些亏，忌怨恨；讲学习，故师长；不夸能，勤精进。除懒惰，止奢欲；培定力，绝私弊。离恶友，甘淡泊；忍人辱，达道理。"

佛家主张用戒、定、慧的方法来根除世间的贪、嗔、痴，海航"员工训条"中讲的"止奢欲""培定力""绝私弊""达道理"就是"戒、定、慧"的具体应用，而"积厚德""存正心""勤精进"等语言，基本上是佛家原话，体现了一种深厚的文化气息。

资料来源：海南航空公司官网，2018。

讨论题：

1. 海南航空公司文化为什么以"佛"为法？其核心内容有哪些？
2. 海南航空公司发展壮大及其现状对我们有什么启示？

第六章 企业对外经营道德规范

📑 **学习目的与要求**

1. 理解顾客是企业上帝的道德规范；
2. 熟悉企业与竞争者道德规范；
3. 了解企业相对社区与政府的道德规范要求；
4. 明确企业慈善公益道德规范要求。

第一节　企业与购销客户道德规范：顾客是上帝

一、"顾客就是上帝"的观念深入人心

1. 生产者与消费者之间的关系发展趋于成熟

伴随着市场经济的发展和国际市场的繁荣，"顾客是上帝"的观念深入人心，生产者与消费者之间的关系发展趋于成熟，但两者之间存在着利益冲突的可能性，要化解企业与购销客户之间的利益冲突，调节双方关系，一要靠法律，二要靠道德。企业能否恰当处理与消费者产生的伦理问题已直接影响到企业的生存与发展。事前认识、事中分析、事后处理这些伦理问题对企业的成败愈来愈重要。

> **专栏 6-1**
> 2019年"3·15"晚会主题词：信用让消费更放心
> 扫描此码　深度学习

2. "真诚到永远"助力海尔公司取得巨大的社会效益和经济效益

企业一定要树立"顾客就是上帝""顾客是企业生命之源""顾客是企业衣食父母"的思想。因为企业只要提供优质产品和满意服务，方能赢得广大顾客，如"真诚到永远"的海尔企业那样取得巨大的社会效益和经济效益。企业如果失去顾客就会失去活力，丧失生存机会，终将走向失败。对于企业来说，背离正确的与消费者相处的伦理准则就是自断企业生命之源，自毁企业锦绣前程，无异于"慢性自杀"。

二、企业与购销客户的权利和责任

（一）购销客户的主要权利

企业向购销客户提供产品和服务的同时，有权要求购销客户按交易合同如期如数交付货款及有关费用。购销客户在付出了一定货币或实物代价后，要求获得价值相当的产品和服务，与此同时，购销客户要求享有以下权利：

（1）安全权。购销客户有权要求企业提供安全且不会对人身造成伤害的产品。

（2）知情权。购销客户有权要求企业对产品的生产日期、保质期、使用注意事项等情况进行明示。

（3）选择权。法律应当保护购销客户自由选择购买产品种类的权利，通过《反不正当竞争法》等法规切实保障购销客户在购买同一种产品时有选择的可能性。

（4）表达意见权。购销客户买到不满意产品时有权向企业（制造商和零售商）投诉，要求退赔。

（5）环境保护的要求。人们意识到，企业生产提供有用物品的同时附带产生的污染极有可能是不可挽回的伤害。这种对环境的破坏直接影响和降低人们的生活质量，如城市的噪音、废水和废气对日常生活的影响。基于对现在和未来负责的态度，人们已经认识到环

境保护要求的重要性，企业在公众压力下开始自觉或被迫做出响应。

（二）企业对购销客户的基本道德责任

相应地，企业有责任努力满足消费者上述五方面的权利和要求，企业应当做到：

（1）生产、提供能达到安全标准的产品。

（2）向购销客户提供产品信息时不用欺诈手段，产品可能对消费者产生伤害时要明确告知。

（3）在平等互利的基础上交易，不签订显示不公的合同。

（4）倾听购销客户的抱怨和投诉，并积极做出改进。

（5）最大限度地减少污染，在企业内消化因减少污染带来的成本上升。

三 产品服务的伦理道德问题

人们靠产品和服务来满足自己的各种需要和欲望，企业靠提供可以满足目标市场的某种需要和欲望的产品和服务才得以生存和发展。

（一）品种决策中的伦理道德问题

1. 顾客需求的分类

"顾客是企业的上帝"这一观点是市场营销观念的产物。它的意思是说，顾客永远是对的，企业对顾客的要求应无条件地服从。的确，市场营销观念相对于以自我为中心、忽视消费者需求的生产观念、产品观念和推销观念，是观念上的质的飞跃；相对于以假冒伪劣产品欺骗顾客的行径，更有天壤之别。以顾客为上帝的思想对刺激企业不断开发适销对路的新产品、提高质量、降低成本、改进服务有积极意义，但企业真应该无条件地服从顾客的需求吗？

由此，可以将顾客需求归纳为以下四类：

（1）不合法的需求，如对毒品、私人枪支、黄色书刊和录像等的需求；

（2）对顾客本身是有利的，但对他人和社会是有害的需求，如一些一次性消费品导致资源浪费、环境污染；

（3）对他人和社会无害，但对顾客有潜在不利影响的需求，如高脂肪食品；

（4）对顾客有利，且不损害他人及社会利益，或者对他人及社会也是有利需求。

2. 顾客需求分类的道德对策

显然，顾客的合理需求应绝对服从；不合法的需求不应该满足；对他人和社会有害的需求，企业也不应满足，因为企业是社会的一分子，社会赋予企业生存的权利，企业就有责任满足社会的需求。企业也要对自己的产品可能对消费者造成的危险或副作用有清醒认识。

（二）产品质量决策中的伦理道德问题

顾客向企业支付购买价格，企业理应向顾客提供与之相当的产品或服务。企业可以根据自己的实际情况对自己的产品做出合适的定位，企业可以是高品质的追求者，也可能是廉价品的制造商。不论身为哪一类企业，它所提供的产品：第一，不可以是假冒伪劣品；第二，要满足消费者最基本的"安全权"要求。

1. 不得生产与经营假冒伪劣产品

假冒伪劣产品是欺诈消费者行为，消费者轻则蒙受经济损失，重则危害身心健康。假冒伪劣产品会严重扰乱经济秩序，手段卑劣地剽窃别的企业的成果，损害守法经营企业的利益，甚至还会损害国家声誉。中俄边贸中部分假冒伪劣品使所有的中国货蒙受"劣等品"骂名的教训让人记忆犹新。违背"诚实"这一基本做人准则的行为，根本不是一种理智的行为，而是少数企业受利益驱动，完全忽视长期效果片面追求短期利润的结果，终会受到法律制裁和社会舆论的谴责。

专栏 6-2
三鹿品牌破产与三聚氰胺事件风波
扫描此码　深度学习

2. 保证产品的安全性

狭义的产品安全，是指产品不会给消费者带来身体和心理上的伤害；广义的产品安全的概念还包含不会给消费者带来经济受损的内容。

企业产品造成伤害的可能性是否不可避免是需要企业不加掩饰地明示消费者的，如某些药物不可避免的副作用。企业通常顾虑"自我揭短"是不是会影响销售，但心存侥幸可能导致更为严重的后果。一旦伤害确实造成，所影响的将不仅是企业经济收入，还有企业声誉和未来发展。

国家技术监督局对食品、药物的标签说明就有明文规定，明确保障消费者有权知晓的事项。以 1995 年 2 月 1 日起实行的《食品标签通用标准》为例，它规定所有食品中预包装都必须使用标准标签，标签上必须标明食品名称、配料表、净含量及固体物含量、制造者、经销者的名称、地址、生产日期、保质期、贮藏须知、质量等级等。随着我国法制的完善，对各类产品质量、安全性能的明示性要求也将趋于完善。

四、商品定价中的伦理道德问题

定价有成本加成、目标利润率、竞争导向及供求曲线等多种方法，但目的都是使企业利益最大化。从消费者的角度来讲，一件产品或服务的价格应当与它能为消费者提供的利益或好处相当。否则，除非没有其他替代品，不然消费者不会购买。

企业利润是总收入减去总成本，可以说利润是社会对企业充分有效利用资源的奖励。对企业家来说，利润是对优质的产品、良好的服务、运作完美的组织、高效的管理、承担的风险以及对变化的需求和环境的适应给予的奖励。这就是说，利润是社会对那些值得获得回报的企业的一种经济上的回报。社会承认并鼓励企业赚取合理的利润。企业是靠资源有效利用、调整定价、控制成本来实现利润的，但公众反对企业获得"非法利润"或"暴利"，也不希望企业通过一些定价欺诈行为获取不该得的利益。

（一）摒弃价格垄断

1. 价格垄断使企业谋取高额利润成为可能

一些出于国计民生和投资社会效益的考虑，由国家控制的垄断行业，价格一般由国家权衡成本与效益制订，有时国家还可以通过补贴等方式保证这些垄断行业的适当利润。企业没有暴利或欺诈的权利。一些乱收费、乱涨价现象，是企业违背国家及行业定价政策的个别行为，可以较清晰地发现并制止。

2. 以社会关系曲线为产品确定买卖双方均认可的价格

而对于部分生存于接近完全竞争条件下的生产型企业来说，单个企业不易向市场索取高价，因为社会关系曲线为产品定出了买卖双方均认可的价格，任何单独索取高价的企业在竞争中都会失利。为了反垄断，世界各主要国家都相继制定了《反托拉斯法》《反不正当竞争法》来限制这种行为。因为联合垄断可以使企业不通过提高经营效率就带来超额利润，而消费者和社会却遭到了损失。调查显示，27.8% 的被调查者认为价格同盟是联合进行价格垄断，15.2% 的被调查者认为这是变相不正当竞争。不过，前车之覆，后车之鉴，美国企业的教训也许会给中国企业带来启示，告诉我们怎样才是真正合理地提高利润。

（二）不得价格欺诈

1. 价格似潮水，应有涨有落

这种说法不是没有道理，尤其对于生产销售季节性很强的产品的企业来说，在淡季或换季时降价是一种有效的促销措施，于消费者来说得实惠，于企业来说，可加速资金流动、减少库存。但是，商家标出的折扣是否是真的？如果有假，这就涉及伦理道德问题。即使无假，时起时落的价格难免会给消费者留有"价格骗子"的印象。

2. 打折不要成了企业吸引消费者的"小花招"

对于需要购买多种商品的消费者来说，没有精力去了解每一种所需产品的价格情况，他们也不一定知道折扣的内幕和秘密，以及企业竞争对手的产品价格是否更低但质量更好，但是企业是否有信心肯定消费者永远不会知道这一切呢？从长远来看，这些价格欺诈带来的利润是有限的，但带来的信誉损失却可能是无限的，那么任何期望与消费者长期相处的企业该怎么做呢？

（三）放弃暴利行为

1. 暴利行为严重损害消费者的经济利益

通过价格欺诈和谋取暴利定价的主要是商业、饮食、娱乐业，这是因为生产型企业高价不易被接受，而服务业的"服务"产品价格难以准确衡量，众多商家可以凭借宣传自己的特色，利用国内一些法制法规的不健全，寻找可乘之机。

暴利行为是企业通过向消费者索取超过所提供的产品和服务合理价格的货币或实物偿付，获取超额的、不正常的利润。这种行为严重损害消费者的经济利益，而且非正常的昂贵价格与"极品"现象一样助长了少部分人比阔斗富的奢侈消费。同时，也为物价上涨、通货膨胀推波助澜，严重侵蚀了改革开放与经济发展为人们带来的好处。

2. 人们已普遍要求有关部门加强价格管理

人们已普遍要求有关部门加强价格管理，让价格成为合理的尺度，既保护消费者利益，也为企业自身的竞争与发展提供了一个公平的标尺。1994 年 4 月 1 日上海市率先实施《反价格欺诈和牟取暴利行为暂行规定》，该《规定》对有关问题进行了界定，明文规定了较为严厉的处罚措施。北京、天津等城市也先后颁布了自己的"反暴利"法规。

五、商品促销中的伦理道德问题

营销不仅要求企业开发优良产品，给购买者以吸引力的定价，使产品易于为目标顾客所接受，企业还必须与它们的顾客进行沟通。每个企业都不可避免地担负着信息传播者和促销者的角色。企业要和消费者沟通什么信息、怎样沟通，在很大程度上取决于企业。而这种沟通效果对消费者的最终选择会有很大影响。

（一）企业的促销组合工具

企业的促销组合由四种主要工具组成：

（1）广告，是由一个特定的主办人，以付款方式进行的构思、商品和服务的非人员展示和促销活动，如电台电视广告、外包装广告、路牌、杂志、宣传册子等。

（2）促销，指鼓励购买或销售商品和劳务的短期刺激，如彩票、赠券、回扣、折让等。

（3）公共宣传，指在出版媒体上安排商业方面的重要新闻，或在电台、电视或舞台节目中获得有利的展示，以促进对一个产品、服务和企业单位的需求，而无需主办人付款的非人员刺激，如研讨会、捐赠、慈善事业、公共关系等。

（4）人员推销，指在与一个或更多个可能的买主交谈中，以口头陈述促成交易，如推销展示、电话推销、推销人员提供样品等。

（二）广告中的伦理道德问题

1. 大多数广告是必要的，是选购商品的可靠信息来源

我们知道，广告可以帮助企业树立形象，也可以帮助建立特定品牌形象，传播有关销售、服务或活动的信息，公布某项专门性推销及提倡某项事业。调查显示，大部分人认为"大多数广告是必要的，是选购商品的可靠来源"。这可以说是支持企业在广告上支出的有力证据。但绝大多数人并不同意"大多数产品广告是可信的"这一说法，这不能不说是现有广告行为暴露出来的伦理问题的反映。

1995 年 2 月 1 日正式实施的《中华人民共和国广告法》第 3 条规定："广告应当真实、合法，符合社会主义精神文明建设的要求。"第 4 条规定，"广告不得含有虚假的内容，不得欺骗和误导消费者"。可以说，真实性是商业伦理对商业广告最基本的要求，不真实的信息会使消费者进行错误决策，从而蒙受损失。在一定意义上说，广告的真实性不仅反映企业，还反映广告经营者、广告发布者的伦理道德水平。

2. 真实性是商业伦理对商业广告最基本的要求

广告表达的内容应当是真实的，而且在广告的表达形式方面也有道德约束之处。《广告法》第 7 条规定："广告内容应当有利于人民的身心健康"，"遵守社会公德和职业道德，维护国家的尊严和利益"，同时，广告不得"妨碍社会公共秩序和违背社会良好风尚"，不得含有"淫秽、迷信、恐怖、暴力、丑恶的内容"，不得"含有民族、种族、宗教、性别歧视的内容"，不得"妨碍环境和自然资源保护"。

企业作为一个"社会公民"，从道义上说，应与每一个普通公民一样承担宪法和法律规定的义务，法律要求公民个人都不应做损伤社会、他人合法利益的事情，更何况是比个人更大影响力的企业呢？

（三）推销人员的伦理道德问题

推销是世界上最古老的职业之一，而且人员信息沟通一般比大众性信息沟通更为有效。推销人员的影响尤其在下述情况下作用更大：

1. 产品价格昂贵，有风险或购买不频繁

购买者可能是信息的急切寻找者，他们可能并不满足于一般媒体所提供的信息，而去寻找知识性和值得依赖的信息源所提供的意见。

2. 产品具有一定社会意义的特征

此类产品，如小汽车、服装甚至啤酒和香烟，具有重要的品牌差别。它们包含着使用者的社会地位和嗜好。消费者常常挑选符合自身社会身份的品牌。

对顾客来说，企业的销售人员一定程度上代表着企业的形象，销售人员的信誉反映着企业的信誉。销售人员不仅向现有顾客推销既有产品，还要寻找和培养新客户、新产品；他们不仅向顾客传递产品和服务的信息、推销并达成交易，还要负责为顾客提供服务，通常也是由他们为企业收集情报。消费者希望推销人员"说实话"，这也应是推销人员的基本职业道德。当道德可能与利益相悖时，企业与推销人员选择什么，反映了企业的道德水平。

3. 推销人员的行为可能使消费者的态度完全改变

推销人员若有失职或欺骗也是消费者最不能容忍的行为之一。有关市场营销道德的调查表明，80.3% 的消费者希望推销员"讲实话"，61.11% 的消费者希望推销员"不强迫购买"，77.78% 的消费者希望推销员"能提供售后服务"。如果企业派人向消费者进行市场调查，81.32% 的消费者希望这些调查人员"讲实情"。

（四）销售促进和公共宣传中的伦理问题

1. 消费者对公司行为"真实"的要求最为强烈

消费者欢迎企业销售促进和公共宣传活动，因为这可以给个体消费者或社会公众带来物质或精神上的好处。相关调查显示，83.33% 的消费者不希望企业开展有奖销售是为了销售积压和伪劣产品，88.89% 的消费者希望销售促进活动中不能有欺骗和不公正行为，59.60% 的消费者希望那些捐助慈善事业的企业发自内心、不存其他目的，捐助活动是真实

的。可见，消费者对公司行为"真实"的要求最为强烈。这也从一个侧面说明，当前有些企业在销售促进和公共宣传中存在动机不纯、浑水摸鱼的现象。

2. 企业目的不同易使原本正常的销售促进、公共宣传行为"变味"

企业目的不同完全可以使原本正常的销售促进、公共宣传行为"变味"。以销售折让为例，有的企业提出让消费者出三块香皂的价钱买到四块香皂，以 100 克牙膏的价格买到 140 克的使用量，这都是正常的销售促进措施。但若联系到有些药商为医院医生提供数额可观的"回扣"以取得医院的订货，一度在许多医院中，医生只给病人开那些有"回扣"的药品，这些药品甚至药效不好，而那些药效好但没有可观"回扣"的药品病人却不能得到。这种"回扣"已不是正常的促销措施，它搅乱了正常的市场秩序。

六、格式合同的伦理问题

（一）格式合同的含义与特征

格式合同，又称定型化合同或者标准化合同，指经营者为与消费者订立合同而单方拟定的合同条款。这种条款不论其是否独立于合同之外或成为合同的一部分，也不论其范围、字体或合同的形式如何，均属于格式合同的范畴。格式合同还包括通知、声明、店堂告示等明示的手段。格式合同具备以下特征：

（1）制定格式合同的主体是企业，其决定合同的内容并预先拟定，占有优势地位；

（2）格式合同的对方是消费者，只有接受合同与否的自由，而无参与决定合同内容的机会，处于劣势地位；

（3）格式合同是企业出于同消费者达成交易协议的目的而制定的，合同所指向的是不特定多数的消费者，并非单个消费者，在适用对象上具有普遍性；

（4）格式合同一经制定，可以在相当长的期限内使用，具有固定性和连续性。格式合同如果公平合理，就有利于交易，也有利于保护双方当事人的利益。从本质上来看，格式合同反映了双方当事人经济地位的不平等，企业利用不公平、不合理的格式合同损害消费者权益的问题就屡屡发生。

（二）不公平、不合理格式合同损害消费者合法利益的表现形式

在实践活动中，不公平、不合理格式合同损害消费者在接受服务和产品时的合法利益的表现形式有很多。各种不公平、不合理的格式合同的表现形式如下：

（1）有的是硬性条款，强迫消费者接受；

（2）有的是以假承诺欺骗消费者；

（3）有的是增加附加条款或随意规定；

（4）有的是减免了经营者所承担的义务；

（5）有的是不履行应当承担的民事责任；

（6）有的是公司制定的硬性条款，剥夺了消费者的选择权；

（7）有的是企业许诺不兑现，违约并剥夺了消费者的索赔权；

（8）有的是剥夺了消费者的知情权。

这些不公平、不合理的格式合同都不同程度地侵犯了消费者的公平交易权，因为这些情形使得消费者在不平等的条件下进行交易。

（三）不公平、不合理的格式合同：最常遇到的服务伦理问题与对策

《消费者权益保护法》第 24 条明文规定，"经营者不得以格式合同、通知、声明、店堂告示等方式作出对消费者不公平、不合理的规定，或者减轻、免除其损害消费者合法权益应当承担的民事责任。格式合同、通知、声明、店堂告示等含有前款所列内容的，其内容无效"。一些企业对此规定不了解，坚持沿袭的所谓规定、惯例，违反了本法规定还不自知。其根源还是在于企业"眼光向内"，为保护自己的利益，甚至是不合法的利益，竟然不惜伤害消费者，从而失去消费者，最后受害的必然是企业自身。

第二节　企业与竞争者道德规范：互惠互利，实现双赢

一、企业竞争与道德约束

（一）企业竞争的含义及其道德要求

1. "竞争"的含义与基本要素

"竞争"一词最早出现于《庄子·齐物论》。在古汉语中，"竞"字是并立的二兄弟，"争"字是两只手同时拉扯着一件东西。因此，按字面解释，竞争就是对立的双方为了获得他们共同需要的对象而展开的一种争夺、较量。竞争一般包括竞争主体、竞争的对象和竞争的场所三个基本要素。

在现代市场经济条件下，企业是自主经营、自负盈亏、相对独立的商品生产者和经营者，是具有相对独立的经济利益的经济主体。在一定的经济技术关系和条件范围内，不同企业之间为了实现自己的目标、维护和扩大自己利益而展开的争夺顾客、市场和人才、资金、信息、原材料等各项资源的活动，即是企业竞争。

2. 企业竞争的基本内容与形式

根据美国哈佛大学教授迈克尔·波特（Michael E. Porter）的理论，企业一般面临五种基本的竞争力量：新竞争者的进入、替代品的威胁、买方的讨价还价能力、供方的讨价还价能力和现有竞争者之间的竞争。一般来讲，企业与其竞争者共同面对一个给定的市场，它们之间存在广泛的竞争关系。企业与其竞争者要在以下四方面展开竞争（见图6-1）。

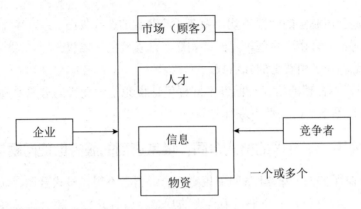

图 6-1　企业竞争的基本内容组成

3. 市场竞争的分类与优胜劣汰的基本机制

市场竞争有广义和狭义之分。在现代市场经济条件下，企业想要以适宜的价格获得生产所需的人才、资金、物资和信息，想以适宜的价格把产品销售出去，都必须通过市场，依靠一定的市场机制和规则实现生产经营和流通。因此，广义的市场竞争就是企业之间的竞争，而狭义的市场竞争指的是争夺顾客的竞争。顾客，对于企业来说无疑是至关重要的，如果不能赢得顾客、留住顾客，企业就不能生存；只有不断扩大顾客群，企业才能不断发展壮大。为了赢得顾客，企业必须以适当的价格、恰当的分销渠道向顾客提供能够满足其需要的适当的产品或服务，并运用公关、广告等多种促销手段。

4. 市场竞争的形式与规则：物竞天择，适者生存

市场竞争的主要形式包括产品竞争、价格竞争、促销竞争和分销渠道竞争等。

"物竞天择，适者生存"是自然界和人类社会竞争的规律，优胜劣汰是竞争的基本机制。企业竞争毫无例外也要遵循这些法则。企业竞争实际上是企业、竞争者、顾客之间的"三角之争"。这一点决定了企业在竞争中必须注意赢得顾客，而不只是赢得与竞争者之间的对抗。在遵守基本竞争规则之外，还必须讲究一定的伦理道德规范。

（二）企业竞争中讲究伦理道德的必要性和重要意义

1. 企业竞争中讲究伦理道德和诚实守信是市场经济的必然要求

市场经济既体现在以法律为手段的制度约束性上，还体现在以信誉为基础的道德约束性上。随着我国市场经济体制的不断完善，道德与诚信对企业发展的影响越来越大。企业经营者应把道德与诚信经营理念提高到一个崭新的高度，应当树立道德与诚信就是企业竞争力的观念。明确道德与诚信是内强企业素质、外树企业形象的基石。

市场竞争既是一种激励机制，又是一种淘汰机制：获胜者可达到自己的目标，满足自己的需要，失败者就会被淘汰出局。正是这种巨大的激励和压力双重作用，才使得参与竞争的各方不断进取、奋力向前，最终推动整个社会、经济、文化的发展与进步。

2. 让道德与诚信成为竞争力，就要让道德与诚信无处不在

一是企业无论对社会、对各阶层、对银行、对税务部门，还是对企业员工，都必须讲道德与诚信；二是企业中每一位个体都要讲道德与诚信，领导与员工间，上级与下级间，员工与员工间，都必须讲道德与诚信，这样才能有效地提高企业的道德与诚信形象。

建立商业伦理道德与诚信文化，需要把诚实经营的理念，由表面的感性认识变成深层的理性思维，融入员工的潜意识中，要从细微之处着手。我们设想，企业是一棵树，道德与诚信则是树之根。我们要把"一切从道德与诚信做起"，作为全体员工的准则，以及企业的宣传用语。

另外，也要明白，无序竞争和恶性竞争也会断送市场经济。自然界的竞争是残酷的，有时甚至是血淋淋的，企业竞争也绝不是"和风细雨"。如果没有一定的规则，在经济利益的巨大推动力和对失败的恐惧之下，竞争者会铤而走险、不择手段，从而给社会造成极大危害。首先，不正当竞争使守法之人吃亏，正直之士遭损，阴险狡诈之辈得利，凶狠歹毒之徒获胜。其次，无序和不正当竞争扰乱社会经济秩序，使社会陷入无序和混乱。在社会经济交往中，人们必须依靠基本的规则，才能使社会经济正常运转。不正当竞争藐视这些基本规则，会严重扰乱社会经济。

3. 竞争规则以个人自律为基础，道德约束是维护有序竞争的重要工具

市场经济是法制经济，法律无疑是维护正常经济秩序的重要工具和手段。但市场经济却是以个人自律为基础的，它离不开伦理道德规范的约束。从历史上看，在西方市场经济形成的早期，法制、规则极不健全，人们相互之间的交往完全依靠个人自律，如在经济往来中坚持诚信、公正平等、人道礼让等基本准则。随着经济的发展，仅依靠个人自律就愈发显得苍白无力，出现了大量不正当竞争行为，造成社会经济的混乱。

4. 企业竞争中讲究道德是企业追求长远利益和兴旺发达的根本要求

坚持竞争道德，并用道德高标准要求自己，企业才能获得长久的发展和雄厚的竞争优势。首先，竞争是参与各方相互依存、相互制约、相互作用的过程，是自利和他利的结合。企业只有在自利和他利的平衡中，讲究竞争道德、实现有序竞争，从而保持生机与活力。没有竞争的企业不可避免地会停滞、没落。其次，讲究竞争道德有利于在企业内部形成良好的风气，使企业更具战斗力。如果不讲竞争道德，会对良好的商业诚信文化造成重大冲击，甚至会使健康向上的文化氛围荡然无存。最后，讲究竞争道德也有利于企业树立良好形象，建立良好的商誉，不仅会给企业带来巨大的、持久的经济效益，而且有助于企业建立起良好的内外关系。良好的内外环境对于企业的生存和发展至关重要。

在竞争中讲究伦理道德，最终会使企业的经济利益目标和发展目标得以实现；而如果不顾竞争道德，即使在短时期内飞黄腾达，也必不长远。因此，从长远利益出发，企业也应讲究竞争道德。

（三）不正当竞争的含义与表现形式

1. 不正当竞争行为的含义与分类

世界各国对不正当竞争行为的界定可分为狭义和广义两类：狭义的是指以欺诈、虚伪表示、诋毁竞争对手、侵犯商业秘密等不正当手段进行竞争，损害其他经营者合法权益的行为；广义的不正当竞争行为除了包括狭义的内容之外，还包括限制竞争行为，即经营者滥用经济优势或者政府及其所属部门滥用行政权力，排挤或者限制其他经营者公平竞争，包括垄断和以限制竞争为目的的联合行为。

我国《反不正当竞争法》对不正当竞争行为给出了明确定义，"本法所称的不正当竞争，是指经营者违反本法规定，损害其他经营者的合法权益，扰乱社会经济秩序的行为"。这就明确地规定了，所谓不正当竞争是一种市场竞争行为，它具有违法的性质和两方面的危害，判断不正当竞争的标准即在于此。

2. 不正当竞争行为的 11 种表现形式

我国《反不正当竞争法》列举了 11 种不正当竞争行为：

（1）采用假冒或混淆等不正当手段从事市场交易的行为；

（2）商业贿赂行为；

（3）引人误解的虚假宣传行为；

（4）侵犯商业秘密行为；

（5）不正当有奖销售行为；

（6）损害他人商业信誉或商品声誉行为；

（7）公用企业或者具有独占地位的经营者强制交易行为；

（8）滥用行政权力限制竞争行为；

（9）以排挤竞争对手为目的、以低于成本的价格销售商品的行为；

（10）搭售和附加不合理交易条件行为；

（11）串通投标行为。

市场竞争中应当遵循的一般原则，即自愿、平等、公平、诚实信用的原则和公认的商业伦理道德，这有助于我们识别不正当竞争行为。

市场竞争中的伦理道德问题

市场，是买卖双方交换的场所，是企业取得各项资源（人、财、物等）并把产品或服务推销出去实现企业利润的场所，也是企业与其竞争对手角逐的竞技场。为了实现企业目标，企业必须通过产品或服务、价格、促销手段、分销渠道、售后服务等诸方面与其竞争对手周旋，争取赢得消费者。因此，以上的方方面面都是我们在讨论市场竞争中的伦理问题时所要分析的问题。

（一）产品竞争的道德问题

广义的产品是企业向市场提供的、能满足人们某种需要和利益的物质产品和非物质形态的服务。物质产品主要包括产品的实体及其品质、特色、品牌和包装装潢等，它们能满足顾客对使用价值的需要。非物质形态的服务主要包括售后服务和保证、产品形象等，能给顾客带来利益和心理上的满足。产品竞争中的主要伦理道德问题如下：

1. "见贤思齐"与"压低别人，抬高自己"

《论语》中有"吾日三省吾身"和"见贤思齐"之语，说的是一个人要经常审视自己，见到比自己高明的人，要努力充实、提高自身水平，这样才能进步。然而，我们在现实生活中经常会发现，一个人看到比自己高明的人，不是想办法提高自身，而是千方百计压低、贬损别人，试图以此来抬高自己，但实际上自己并没有高起来。这样做，也许一时可以"蒙"住不少人，但并不能长时间地混淆视听，也不能把所有人都"蒙"住。一旦暴露，自己还会"碰一鼻子灰"。做人如此，企业竞争也如此。

2. 顺风搭车走捷径——仿冒

一个企业、一项产品，要想赢得消费者的信赖和偏爱，在市场上站稳脚跟、建立信誉，必须花费企业很多的心力，不仅靠过硬的产品质量、合理的价格、齐全的品种、良好的服务，而且靠企业遵守法律、法规和商业伦理道德，以公平、正当的竞争方法，通过长期的诚实劳动才能实现。但很多企业却耐不住这份"寂寞"，它们不仅想"一炮而红"，而且也找到了顺风搭车的捷径——仿冒，主要形式有：假冒他人的注册商标；仿冒知名商品特有的名称、包装、装潢；仿冒他人的企业名称。

（二）价格竞争的道德问题

价格是企业参与市场竞争的重要手段，它与企业的生存和发展休戚相关。企业在制订价格时，除了考虑产品本身的成本外，还要综合考虑市场特性、供求状况、消费者的需求状况和竞争对手的情况，以及国家或行业的政策法规等因素，不仅要考虑企业自身利益，而且要遵守基本的价格竞争道德，考虑到消费者和竞争对手的利益。

总体说来，价格竞争道德也要讲究公平、公正、诚实信用的基本原则，一方面要求企业不能任意定价，哄抬物价，牟取暴利，要制定与市场需求和产品质量相符的价格，尽量为顾客提供物美价廉的产品；另一方面要求企业不能故意以低价倾销，排挤竞争对手，大打"价格战"。在价格竞争中存在以下几个问题：

1. 压价排挤竞争对手

压价排挤竞争对手是指经营者为了排挤竞争对手，在一定市场上和一定时期内，以低于成本的价格销售商品的行为，国外也称之为"掠夺性定价"。实施这种行为的企业通常是具有市场竞争优势的企业，它们具有资金雄厚、品种繁多、产量规模大、市场占有率高和经营风险小等优越的竞争实力。而中小企业往往势单力薄，无力承担这种亏损的风险，所以实施这种不正当竞争行为的可能性不大。

在跨国经营中，有的企业为了打入国外市场或者挤占部分市场份额，也往往用低价倾销的策略。这一现象已受到世界各国的广泛重视，不少国家还制定了"反倾销法"加以惩治。在我国改革开放和进行社会主义市场经济建设的今天，这类事件也多有发生。如韩国三星企业收购苏州"香雪海"冰箱后，为了扩大在华市场份额，声言准许3年亏损2.5亿元。面对跨国企业咄咄逼人的态势，专家呼吁，除了我国企业要自强之外，国家也要加强对倾销的查处，制止不正当竞争，创造健康的竞争秩序。

2. 限制价格的落后行为

价格竞争作为一种有力的竞争手段，在生活中随处可见。例如，我们常常会看到这样一种景象：即使只有几步之遥的两家商店，同一规格同一商品的价格却相去较远。这是正常的经营行为，应该受到认可和保护。正是由于这种价格的差异，才使一家商店门庭若市，另一家则门可罗雀。也正是这种压力和反差，使企业加强管理，改善服务，树立特色，千方百计改善经营，形成向上的动力。

反观限制市场价格的行为，不仅起着保护落后的作用，而且让消费者去承担由于商业伦理低水平而造成的额外开销，也是不公平的。因此，这种联合限制价格的行为也是一种不正当竞争行为。虽然它现在并未在法律上被明文禁止，但在某些行业规定或约定俗成的基本规则中是不容许的。

（三）销售渠道竞争的道德问题

在销售渠道竞争中也存在着很多问题，主要有：

1. 回扣的危害与禁止

回扣作为商品流通的伴随物，客观存在于经济生活的各个角落。人们对于回扣的利与弊、是与非，以及它是商品经济的"润滑剂"还是破坏公平竞争的"腐蚀剂"，长期以来争论不休。我国《反不正当竞争法》第八条规定："经营者不得采用财物或者其他手段进行贿赂以销售或者购买商品。在账外暗中给予对方单位或者个人回扣的，以行贿论处；对方单位或者个人在账外暗中收受回扣的，以受贿论处。"由以上规定我们可以看出，回扣是市场交易一方当事人为争取交易机会和交易条件，在账外暗中向交易对方及其雇员等有关人员支付的金钱、有价会计或其他形式的财物。它属于商业贿赂的一种，在世界上大多数国家都受到禁止。

显然，回扣是公平竞争的"腐蚀剂"，它能侵蚀人心灵，败坏社会风气，所以应对它说"不"。只有这样，才能有助于形成健康正常的竞争秩序和社会环境。

2. 滥用行政权力限制竞争

滥用行政权力限制竞争行为会阻碍全国统一市场的形成，使市场自身的运行规则屈从于行政干预，并使消费者的正当权益受到侵害，妨碍了正常竞争，其危害甚大。

三、信息竞争中的伦理道德问题

作为一种重要资源，信息已成为现代经济社会竞争的焦点。由于信息关系着企业的成败盛衰，所以对于信息的争夺也日益激烈。这一方面要求企业的信息工作人员有高度的责任心和灵活的头脑，积极主动地开展工作，另一方面又不能使用偷盗或采用欺骗、胁迫以及暴力等不正当手段获取信息，侵犯竞争对手的商业秘密。事实上，企业获取信息有多种渠道和方法。例如，通过企业年鉴、报纸剪报、杂志、产品介绍、咨询研究、专利档案、供应商报告、顾客报告等公开方法。

专栏 6-3

国务院办公厅关于加快推进社会信用体系建设构建以信用为基础的新型监管机制的指导意见

扫描此码　深度学习

（一）禁止侵犯商业秘密

1. 商业秘密与侵犯商业秘密的含义

所谓商业秘密，是指不为公众所知悉、能为权利人带来经济效益、具有实用性并经权利人采取保密措施的技术信息和经营信息，如生产配方、工艺流程、技术诀窍、设计图纸、管理方法、营销策略、客户名单、货源情况等。它们都是其权利人投入一定的时间、精力和资金而开发出来的，对权利人具有实际的或潜在的经济价值。侵犯商业秘密，是指不正当地获取、披露、使用或允许他人使用权利人商业秘密的行为。

2. 侵犯商业秘密行为的四种主要表现形式

根据我国《反不正当竞争法》的规定，侵犯商业秘密行为的主要表现形式有以下四种：

（1）以盗窃、利诱、胁迫或其他不正当手段获取权利人的商业秘密；

（2）披露、使用或者允许他人使用以前项手段获取的权利人的商业秘密；

（3）违反约定或者违反权利人有关保守商业秘密的要求，披露、使用或者允许他人使用其所掌握的商业秘密；

（4）第三人明知或应知前三种侵犯商业秘密的违法行为，在这种情况下仍从违法行为人那里获取违法得来的商业秘密，使用或者披露这些商业秘密。

在现实中，大到跨国企业，小到身边的小厂，甚至小商贩，都存在着侵犯竞争对手商业秘密的行为，并且在判定合法与非法之间也并不是十分清楚。因此，除了加深对法律的理解，明确司法解释、依法办事以外，还要求企业自觉遵循信息竞争道德。

（二）散布虚假信息的危害

"兵不厌诈"是兵家名言，而对于企业竞争来说，用散布虚假信息的方式来诱惑乃至坑害竞争对手，是不道德的。在"市场学"课堂上，老师一般都会津津有味地讲述一个真实的故事：美国一家小企业生产的一种新型肥皂在费城卖得很好。此时，洗涤业巨头宝洁企业（P&C）也生产出了这种产品，并决定在费城试销。该企业知悉后不动声色，就在宝洁企业将产品投放市场的头一天，将其产品悄悄从货架上撤下。

宝洁并未发觉。于是宝洁试销"大获成功"。试销的成功促使宝洁制订了庞大的推广计划，大张旗鼓地展开了促销、销售活动。而该家小企业却"回马一枪"，不仅抢回了费城大部分市场，也使宝洁的很多努力无功而返，损失惨重。在这一则以弱胜强案例中，我们能说它道德或不道德吗？在信息竞争中，散布虚假信息，搞"小动作"，有悖于公认的商业伦理道德，是一种不道德行为，为真正的商人所不齿。因为如果此风盛行，商场上必然充满尔虞我诈之风，定会破坏良好的经济秩序。

（三）查封盗版现象

软件是一种特殊商品，它以电子数据的方式存在于磁介质或塑基介质上，它的价值不仅仅是其生产成本。在现代电子信息业中，生产制造成本仅占其总成本的很小一部分。凝结在软件中的资金、劳动与知识是庞大的，必须靠出售大批量的正版软件才能回收。而盗版行为却使企业辛辛苦苦开发出来的知识成果"血本无回"，这不仅大大挫伤了软件开发者的积极性，不利于信息产业的发展，而且使很多人短期内就能"暴富"，破坏了公平、公正的竞争秩序。

因此，每个国家都在加大打击盗版行为的力度，国际间也加强了打击走私盗版活动的合作。我国相继制定、颁布了多项知识产权保护法律法规，并加大执法力度。为促进我国电子信息产业的健康发展，创造良好的投资环境，维护我国的国家形象，保护版权人的合法权益，打击盗版行为势在必行。

第三节　企业对政府与社会：遵纪守法，足额纳税

一、对政府负责，建立和谐的政企关系

企业遵守国家的法律法规，最重要的一点就是要依法诚信纳税。我们之所以把遵守税法单列出来，是因为马克思曾经说过："赋税是喂养政府的奶娘。"税收是财政收入的主要来源，是国家的经济命脉，也是国家宏观调控的重要手段。国家利用税收的形式参与国民收入分配，筹集资金，有计划地用于发展国民经济，发展科技、教育、文化、卫生等各项社会事业，满足人民的物质文化生活需要，提高人民的生活水平。这也正是税收取之于民、用之于民的本质所在。

专栏6-4
信守诺言
取信于民
扫描此码　深度学习

依法诚信纳税是现代文明社会的重要标志。依法诚信纳税既是企业履行法律责任的要求，也是其最好的信用证明，是对公司法律义务与道德要求的有机统一。依法诚信纳税有利于健全市场信用体系，营造和维护正常的税收秩序，促进公平竞争，为经济健康发展提供良好的环境。因此，企业应该把诚信纳税作为生存发展的前提条件，立足于自身的长远发展，明礼诚信、依法纳税，树立良好的企业信誉和企业形象，实现自身的持续、健康的发展。实践证明，遵守政府法律法规的企业常常能被国家或当地政府给予更多的自由甚至一定的认可和奖励，从而保证企业持续稳定的发展。

二、企业依法纳税，履行社会责任

依法纳税是每个企业和公民应尽的责任和义务，对于企业的税收问题，企业的管理层和全体职工都要引起高度重视。从企业长远发展角度来说，企业必须要有一个税务统筹，要懂得合理规避税务风险，争取企业利益最大化，使企业能走得更加长远。

（一）依法纳税与税收法定原则

1. 税收法定原则

税收法定原则的另一称呼是税收法定主义，指的是一国政府征税必须以法律为依据，没有法律依据政府不得向公民征税，即"无代表不纳税"。这是从制度上规范一国征税行为，从而保护纳税人合法权益和实现税收公平正义的保障。税收是国家对私人财产权的分割，因此只有依据法律规定，征税才具有正当性，税收作为国家调节手段的重要功能才能很好

地发挥。因此，税收法定原则被法律界推崇为税法的最高原则，具体包括三个方面：

第一个是税收要件法定原则，该原则要求作为纳税义务成立的相关要素的税收要件必须以法律形式规定下来，这些要件包括纳税主体、税收客体、税收优惠、税率、纳税地点和纳税时间等。

第二个是税收要件明确原则，该原则要求法律在规定税收要件时要尽量明确具体，不能含糊不清引起歧义，否则就可能变相为行政机关立法授权。因此，立法机关要提升立法水平，使税法具有很强的可操作性，避免税法条款不明确给税务机关过大的自由裁量权，这有利于降低税收执法和纳税遵从风险。

第三个是征税合法性原则，要求征税机关征税必须严格依法定程序进行，不得违反法律规范主观随意、自作主张地对税法进行解释与适用，对于法定的税收要件更不得改变。

2. 实施税收法定原则，确保依法纳税

有效落实税收法定原则对于规范一国的税收立法和执行过程，从而确保税收的开征、停征、减免税和退税依法进行至关重要，具体如下：

（1）有利于限制税收权力的不当行使。税收法定原则通过在税收立法权的占有与行使方面进行限制从而实现了限制税收立法权的行使。一方面，税收法定原则对税收立法权的占有进行了限制。税收法定原则要求只能由立法机关规定开征新税、税收停征等事项，包括行政机关在内的其他机关是没有税收立法权的，这就从税收立法权的占有方面排除了非立法机关的立法权。同时，立法机关对税收立法权的独占也意味着立法机关不得随意放弃与转授对税收要件的立法权，目的是防止其他机关干涉税收要件事项从而侵害纳税人的利益。另一方面，税收法定原则还对立法权的行使进行了限制。这主要通过程序保障原则来实现，程序保障原则要求税收立法要履行正当的程序从而防止立法的恣意与专断。

（2）能够增强税法的稳定性与可预测性。保持税法的稳定性和可预测性则是税收法定原则的又一重含义。首先，在保持税法的稳定性方面，由于税收要件确定原则禁止税法溯及既往，这在很大程度上维持了税法的稳定性。其次，税收法定原则还可以增强税法的预测性。税法的预测性是指人们可以根据现有的法律规范事先估计自身未来的行为及该行为可能产生的法律后果。税收要件确定原则要求立法时规定税收要件，以及征税程序必须明确具体，不能含糊不清引起歧义，这就使纳税义务人可以明确地预测其税负。

（3）有助于实现税收公平。古典经济学鼻祖亚当·斯密早在十八世纪末就系统地提出了一项重要的赋税原则——税收公平，他认为每个公民都应该根据自己在国家保护之下实现的收入的比例向国家缴纳税收以便维持政府的运行。而税收法定原则便很好地体现了实施该原则的实质目的——税收公平。

首先，如前文所述税收法定原则排除了行政机关等非立法机关的立法权，从而防止了行政机关通过行政立法侵害纳税人的切身利益，从而在政府与纳税人之间实现了征税公平；其次，税收法定原则要求税收立法的程序要合法，需要保障公众参与立法的渠道畅通，通过公众内部博弈以及公众与立法主体之间博弈，使得各方利益得到均衡，从而在纳税人与政府、纳税人与纳税人之间实现征税公平。

（4）更好保护纳税人权利。税收法定原则的核心内容是保护纳税人的权利。税收法定原则在纳税人权利保护方面有一条"帝王法则"就是在宪法层面为纳税人权利提供了保护。首先，税收法定原则从宪法层面上界定了税收立法权，最高级别地给予纳税人财产权立法保护。一方面，由选民组成的立法机关代表的是民意，而由立法机关制定的法律自然地反映了公民的心声，公民通过立法机关间接地参与了税收立法，其在立法中的参与权也得以实现。另一方面，税收法定原则防止了行政立法对纳税人财产权的侵害，这是从防御的角度上保障了公民的私人财产权。其次，根据依法征收原则，税务机关必须依法征税，征税行为要严格地履行法律程序，保障税法赋予纳税人的陈述申辩权、听证权等得以实现。

（二）企业纳税理性与纳税行为

1. 企业纳税理性

企业作为市场经营的利益主体，其目标是追求自身经济利益的最大化，而税收作为经营活动中"刚性"现金支付的一种特殊成本，税负的轻重直接影响着企业的经济效益。因此，企业自然希望少纳税甚至不纳税，"理性经济人"假设构成了企业纳税理性行为选择的基本前提。具体而言，企业纳税理性具有如下特点：

（1）纳税人多数情况下是理性的。基于"理性经济人"自利的观念，纳税人尽可能减少纳税支出的观念和税收征收机关尽可能应收尽收之间的矛盾一直现实地存在着，具体表现在偷税与反偷税、避税与反避税等税收征纳主体之间的行为博弈。一方面是税收征收机关通过制度化、信息化等方式提高税收征管水平，另一方面是纳税主体通过多种形式尽可能减轻纳税负担，包括显性的税收负担和隐性的税收负担如税收罚款、滞纳金等额外纳税支出。

（2）纳税理性是相对有限的。尽管从理性角度讲，纳税人总是尽可能减少纳税支出，尽可能进行最合理的决定，但现实中纳税人的纳税行为选择并不是完全理性的，而是会受外在环境、纳税人接受信息的能力和广度、纳税人的纳税意识和纳税心理等相关因素的制约，从而导致纳税人的纳税行为选择并不是完全理性的。

（3）纳税理性的前提是充分考虑行为方案的成本与风险。任何一种纳税行为都是要付出一定的成本的，纳税人需要综合衡量方案的成本收益以及其他相关因素进行理性选择纳税行为。例如，偷逃税行为可能涉及的逃税成本、被查处的处罚成本，税收筹划行为需要投入的人力、物力以及可能存在的筹划失败风险等。

2. 企业纳税行为

（1）偷逃税等违法纳税行为。违法纳税行为是指不按照税法规定正确计算、及时解缴应纳税款的违法行为，具体包括偷税、逃税、欠税、抗税、骗税等。偷税具有故意性、欺诈性，偷税者应承担补缴税款、罚款、有期徒刑、拘役等相应的法律责任。逃税是指纳税人欠缴税款，采取转移财产或隐匿财产的手段，妨碍税务机关追缴欠缴税款。对于逃税行为，《税收征管法》规定，由税务机关追缴欠缴的税款、滞纳金，并就欠缴税款金额处以一定的罚款，情节严重的依法追究刑事责任。

就性质而言，逃税与偷税都具有欺诈性、隐蔽性，因此各国对于逃税一般没有单独的处罚规定，而是将其归入偷税行为，一般理论与实务中统称为偷逃税。抗税是指纳税人以暴力、威胁方法拒不缴纳税款的行为。对于抗税行为，税法规定除由税务机关追缴其拒不缴纳的税款、加收滞纳金外，还要依法追究刑事责任。

骗税是指采取弄虚作假和欺骗手段，将本来没有发生的应税（应退税）行为虚构成发生了的应税行为，将小额的应税（应退税）行为伪造成大额的应税（应退税）行为。骗税是指实现纳税人根本未向国家缴纳过税款或未缴足申报的税款数额，而从国家骗取了退税款，从性质上属于非常恶劣的违法行为。按照《税收征管法》规定，以假报出口或其他欺骗手段骗取国家出口退税款的，由税务机关追缴其骗取的退税款，并处以一倍以上五倍以下罚款，构成犯罪的依法追究其相应的刑事责任。

（2）依法纳税行为——纳税遵从。纳税遵从就是纳税人遵从或税收遵从，是指纳税人在税法规定的时间内按照税收法律、法规的要求正确如实申报、缴纳税款，并且在税事活动中无其他违反税法的行为。纳税遵从与否属于法律的范畴，它反映出纳税人纳税意识的高低，也体现了由此而引起的纳税人的具体纳税行为是否合法。依法纳税是每个公民应尽的义务，是指依法按期履行纳税义务，其实质是指纳税人严格按照税法规定办理税务登记、加强账务管理、正确计算应纳税额并按期足额解缴税款。

按照法律法规的规定，负有纳税义务的单位和个人，除临时取得应税收入或发生应税行为以及只缴纳个人所得税、车船税的外，都应该按规定向税务机关办理税务登记；同时，依法进行账簿、凭证管理和纳税申报管理。纳税申报是指纳税人按照税法规定的期限和内容向税务机关提交有关纳税事项书面报告的法律行为，是纳税人依法履行纳税义务、界定纳税人法律责任的主要依据。纳税人在纳税期内没有应纳税款的，也应当按照规定办理纳税申报；纳税人享受减免税待遇的，在减免税期间也应当按照规定办理纳税申报。

（3）科学纳税行为——税收筹划。对于"税收筹划"的内涵研究，目前国内外还没有一个公认的、统一的概念，对其定义的表述观点各异，但都认为税收筹划是一种合法的纳税行为。具体来说，主要有广义和狭义之分：广义的税收筹划观认为，税收筹划包括一切采用合法或者说非违法手段进行的纳税方面的策划，只要是事前合理合法安排的减轻税收负担的方法都属于税收筹划的行为范畴；而狭义的税收筹划观认为，税收筹划不仅要符合税法的规定，还要符合国家的立法精神和立法意图。目前，理论与实务界也有观点认为税收筹划是一种特殊的涉税理财行为。

专栏6-5

中国企业外国注册——是否为"避税天堂"？

扫描此码 深度学习

（三）企业纳税风险及成因

1. 企业纳税风险

企业纳税风险概括说是企业在涉税过程中因为未能正确有效按照税收法规执行而导致企业未来利益的流失，具体体现在企业涉税行为影响纳税准确性的不确定性因素上，出现最多的结果就是企业多交税或者少交税。总体而言，一是未按税法规定去承担纳税义务而导致的目前存在或未来潜在的税务处罚风险；二是因未主动利用税法规定去安排业务流程而造成的本应该享受权利而丧失权利的遗憾。

企业普遍在纳税核算、申报等方面容易因疏忽而出现纳税风险点，而比较典型的有以下几个方面：

（1）增值税纳税风险点。首先，增值税的计税基础是要求产品不含税的价格，而产品的交易价格或者谈判价格往往是含税价格，二者存在较大区别，在纳税时容易出现差错而产生风险。其次，在销项税既定的情况下，进项税的高低决定了增资税应缴纳税额的高低，而在确定进项税高低的条件较多，一旦出现疏忽，就会产生风险。除此之外，还存在符合优惠政策却未及时申报导致企业多纳税而产生的风险。

（2）企业所得税风险点。受企业所得税算法的影响，在支出核算上是否严格遵守国家标准；在汇算清缴的办理方面，是否及时地因现实情况做好纳税调整，都会产生企业所得税风险点。

（3）其他税种风险点。除去增值税和所得税，企业还应该缴纳教育税、印花税、城市维护建设税等多个税种，这些税种按照税收政策的变化随时改变，企业在纳税申报的时候，有无按照实际情况及时进行调整，有无严格按照税收规定来严格进行印花税贴花工作等行为，都会导致公司产生纳税风险点。

2. 企业纳税风险成因

（1）企业税收风险意识薄弱。在我国权利和义务是对等的，公民既享受权利也必须履行义务，从一个企业角度出发，纳税申报和应纳税款也是每个企业应尽的义务。但依然存在多数企业缺乏纳税的主动性和自觉性，常常存在侥幸心理，在国家强制性的权威压制之下，才迫不得已去申报纳税，遵从和应付。这种被动的态度导致企业不能够从大局上把握其各项交易应适用的税收政策，导致企业纳税金额漏缴、少缴或者政策依据没有正确使用，没有履行依法纳税的义务而被当地税务机关责罚。

（2）税收政策变化导致的税收风险。随着经济形势的变化，税收政策也在不停地进行更新。现阶段，我国对制定统一的、明确的能对应各种复杂实际情况的税收基本法律和操作指南还需要走很长的一段路，尚不可能确定下来。现有的法律层次比较多，部门规章和地方性法规、文件内容也无法统一。企业可能会因为税收政策的变化给企业带来收益或损失的情况，如果企业对税收政策变更不敏感，未及时知悉政策，无法根据政策的变化对企业的业务结构进行调整，这就会产生企业的税收风险。如最近热门的"改革国税地税征管体制"历经二十多年，国地税又重新合并了，这体现了国家政治体制和经济体制的改革，在不断适应时代发展的需要，这就要求企业相关人员引起高度关注和重视，对企业税收管理采取相应措施和计划。

（3）企业相关人员能力不足。要进行税收工作的前提是必须开展财务工作，如果企业财务人员业务能力不足、缺乏敏锐的分析判断能力，缺少财务方面的专业知识和技能，就会导致企业面临税务风险；另外当财务人员对可能的税务风险提出好的建议时，各领导和各部门没有给予高度重视和提出有效解决方法，日积月累企业就会形成较大的税务问题。

（四）企业税务风险的防范措施

1. 提高企业税收风险意识

企业首先要树立依法纳税，诚信纳税的意识，并能及时捕捉相关财税法规的最新动向。领导团队可在企业内部宣传"依法纳税光荣，偷逃税收可耻"的观念。单位和会计部门负责人定期对企业财务会计核算体系进行更新和完善，确保不影响正常工作，对各项交易和经济活动的真实性、完整性及时监督反馈并加以改正。必须准确计算、及时申报、足额缴纳应缴税款，要严格把关企业涉税人员的业务素质，提高他们的税收风险意识。应经常安排财务会计人员、业务人员参加各类税收政策的培训活动，让他们认识到降低税收风险对于企业未来发展的决定性作用。

2. 加强税务培训，培养专业人才

对于规模较大的企业，应当设立专职财务岗位，对于一般规模的中小企业，也应当培养一些具备税务专业知识的人员。税务统筹计划与普通的财务工作大不相同，它需要财务人员经常的自我学习。此外，企业还需加强税务工作人员的道德素养，提高涉税人员的职业道德水平，每年都能保证为税务管理人员提供充分进修时间和渠道。企业还要及时关注财税政策调动及国家的经济调控方向等，降低税务筹划失败风险。最后，在必要的情况下，企业还可以寻求税务师事务所团队的帮助，聘请税务顾问或代理，对企业的涉税事项进行咨询并要求提供合理的建议，建立良好的税企关系。

（1）建立健全企业纳税风险管理流程制度。企业风险管理流程制度是企业内部控制体系中的控制活动，可以帮助企业在经营中及时地发现和识别风险，并制定相应的应对策略，制定具体的管理措施，从而实现对风险的控制，确保企业的正常发展。在企业的纳税风险管理上，这一制度也同样适用。企业在纳税风险管理中，依据自身已经存在或者可能存在的纳税风险，制定应对的策略，建立健全纳税风险管理流程制度，从而将纳税风险降低并控制在可承受范围内。企业纳税风险管理流程制度的建立和完善，可以帮助企业更加高效地运转，也可以帮助企业有效地消除和降低纳税风险，让企业更好地发展。

（2）定期开展税务自查活动。企业在进行税务自查活动的过程中，能够及时地发现已经存在的和潜在的纳税风险，从而及时地解决已经存在的纳税风险，并对潜在的风险做好防范，避免因风险累积造成更大损失。同时，在税务自查过程中，企业可以及时地了解税收政策，及时地学习相关的法律法规。对于存在的疑问和分歧，及时地同税务机关进行沟通，从而对问题进行解决，不仅可以减少纳税风险，还可以推动税收法规的完善和修订。

（3）提高有效涉税管理效力。当企业的管理效力一旦得到提升，管理企业的漏洞就能得到不少的弥补，包括税收风险。建立以税收风险为导向的税务管理体系。首先，需要企业高层领导的重视，同时企业高层对税收风险管理在企业管理中的作用需要重新审视、重新定位；其次，组建一个良好的企业内部税务风险管理团队，进一步明确税务岗位职责要求，从人才配置方面提升企业税务管理的总体水平。

三 对企业所在社区负责，建立和谐的社会关系

以前人们谈及社区这个名词时，可能仅仅指的是企业所在的某个城市。但是，随着全球化时代的到来，通信的即时性和旅行速度的加快，使得一个地区、一个国家甚至整个世界都变成了一个相联系的社区。

企业与社区的关系就好像鱼和水的关系一样，鱼离不开水，只有水才能给鱼提供生存发展的机会和空间。只有社区支持企业的发展，企业才能如鱼得水、畅游自如。通常，当一家企业积极参与社区活动时，它就能够在社区获得很高的声望并且能被社会更好地接受。社区中的企业活动能为企业自身带来很多好处，在帮助别人的过程中，企业也在自助。但是，企业参与社区活动并不是突发奇想的，需要事先经过认真的考虑和安排，从而制订出社区活动计划。制订社区活动计划包括以下四个步骤：

（1）了解社区。制订活动计划的首要关键问题就是了解企业所在的社区，要求企业应该对本社区的特征进行深入的调查研究。每个社区都具有制订社区活动计划的相关特征。例如，社区中生活着哪些人群？他们的宗教信仰是什么？社区的失业状况怎样？是否存在旧城区和贫困问题？其他的企业正在从事哪些社区活动？社区真正具有压力的社会需求是什么？

（2）了解企业的资源。在了解了社区的真正需求后，就需要考虑企业自身拥有哪些资源可以满足这些需求。每个企业拥有的资源都是不完全一样的，为了能使这些资源最大限度地发挥作用，企业有必要了解什么是可获得的资源，在什么程度上是可获得的，可获得的是哪些方面以及在哪个时期是可获得的等一系列问题。

（3）选择项目。企业社区活动项目的选择应该使得社区的需求与企业拥有的资源相匹配，二者的匹配程度决定了资源发挥作用的大小。因此，企业在选择项目时必须非常谨慎，社区活动项目的选择应该和企业用于调研、营销、生产和管理上的投资一样满足成本有效性的标准。

（4）监管项目。监管社区活动项目包括检查和控制。追踪整个项目的进展，才能保证项目能够依据计划和日程安排实施。来自于监管过程中不同步骤的反馈给企业管理层提供了需要监管进度的信息。如同其他三个步骤一样，这个步骤也需要企业进行谨慎的管理。

第四节　企业慈善公益道德规范：做优秀企业公民

一 发展我国慈善事业的建议与出路

（一）强化责任意识，树立慈善公益观念

企业作为社会经济的主体，在经济发展中的作用增大，这意味着企业和企业家地位的上升，也意味着企业社会责任的加大。企业因社会的存在而存在，企业应该建立在企业家

的社会责任观之上，而不是建立在企业家的权利观之上。企业不是"赚钱机器"，企业的成功归根到底不在于赚钱的多少，而在于对社会的回报。这种沉甸甸的责任不仅是要企业永续经营，而且是要企业投身慈善事业，回馈社会。创造社会财富的众多企业，是发展慈善事业的重要源头活水，它们的慈善意识强不强、支持慈善事业的力度大不大，是决定慈善事业规模的重要因素。这就要求企业经营者在进行决策的时候，不仅要考虑企业对员工的法定义务，促进企业内部的和谐，而且还必须考虑公司行为是否有利于公众利益、社会进步和社会和谐。企业应树立社会慈善意识，正确认识慈善责任，将慈善责任由一种外在的约束内化为企业的内在需要，主动承担慈善责任，树立起良好的公众形象，成为获得广泛认同的可信赖的企业，从而大大增加企业社会资本，提高自身的市场竞争力。

（二）突出企业主体，弘扬慈善公益文化

我国的慈善事业长期以来都是由政府主导，自己搭台唱戏。在人们的传统思想里，普遍认为慈善是政府的事情。但慈善应该是由整个社会共同参与的一项事业，并不能由政府来唱独角戏，企业作为特殊的公民，应该承担更多的慈善责任。商业伦理文化对于实现商业伦理的最佳境界和企业履行慈善责任有导向和支持作用。用辛苦的收益报效国家、社会，不是经济学规律的规定，也不是传统管理学的原则，而是一种商业伦理问题。企业的慈善责任是一种新兴的商业伦理，是一种旨在追求"共同福祉"的企业社会实践。企业在培育和弘扬慈善文化时，应该紧密结合自身实际，寻求与其产品相关的慈善项目进行有规划的、长久的慈善活动，从而形成特色鲜明的慈善文化。这里可以借鉴许多国外跨国企业的经验，通过相关的慈善公益活动在自己的商业诚信文化中深深地打上慈善的烙印。总之，我们每一个企业和公民都要有爱心，关爱弱势群体、关心残疾儿童、培养慈善意识，投身慈善事业。

（三）健全慈善公益法制与组织，规范慈善公益行为

制定专门的慈善事业法，立法中应当突出慈善机构；应当取消慈善机构须有主管单位的陈规；确立完善、统一的慈善财税制度；调整政府与慈善机构的关系，强化处罚机制。

非政府的慈善组织应该在现代慈善事业中承担重要的任务。目前，在国家民政部门注册的中国公益慈善组织约有30万个，而没有经过注册登记的有300万个。这些组织良莠不齐，有不少组织没有规范的规章制度，没有规范的管理，也没有严格的监督机制，影响了慈善事业的公信力。培育一批信誉度较高，操作规范的非政府慈善组织是我国目前慈善事业发展过程中必须要解决的问题。很多企业和个人不愿参与慈善捐赠的一个重要的原因就在于我国目前的慈善活动的操作上存在一些不透明的因素。缺少一个捐赠项目信息共享平台，对于捐赠的去向和效果也缺乏清楚的了解，这就制约了企业的积极性。公信力的缺乏带来了中国慈善事业的相对落后。就目前来说，中国的慈善事业与发达国家还有很大的距离。

（四）完善激励体制，优化慈善公益环境

政府应进一步为发展慈善事业创造良好的社会环境和条件。

首先，政府要加强对发展慈善事业的舆论宣传，进一步增强企业经营者的慈善意识。

电视、广播、报刊、网络等多种媒体都要把推动慈善事业的发展当成自己义不容辞的社会责任，要运用灵活多样的形式，吸引更多的企业经营者参与慈善事业、奉献慈善事业。

其次，进一步推进全方位的体制改革，继续培育和完善市场经济环境，祛除富裕阶层所拥有财富的"原罪"色彩，同时在全社会培养健康的财富文化和慈善文化，使富人以创造财富为荣，并大大方方地乐善好施。

再次，要加快有关慈善公益事业的法律法规建设步伐，通过制定强化企业社会责任的各项法律制度，进一步引导企业强化社会慈善责任意识。"道德"固然是慈善的决定因素，但制度同样也能引导慈善。在发达国家，与税收相关的捐赠制度，可以归纳为"一疏二堵"。一疏，是企业和个人捐助慈善和公益事业可以获得免税的待遇；二堵，是用高额的遗产税和赠与税，对资产由"私"到"私"的转移进行限制，以促进企业家更好地履行慈善责任。要切实落实新的《企业所得税法》中关于企业慈善免税的规定。根据从2008年开始实行的新的《企业所得税法》的相关条款，企业用于慈善目的的捐款免税额已经由原来的3%提高到了现在的12%，这对于企业参与慈善捐赠的积极性来说，无疑是一个极大的激励措施。但令人遗憾的是，在全国很多地方，办理免税的手续还比较复杂，设置的程序太多，加上一些地方政府对企业免税的热情不高，导致税法规定企业可以享受的税收优惠政策并不能落实。由此可见，我国企业慈善事业的发展还有很长的一段路要走。

最后，慈善事业作为爱心事业，它在现代社会中的作用越来越大，也受到了越来越多的企业家的关注，并在构建和谐社会、促进社会全面发展过程中发挥着积极的作用。发展现代慈善事业是一个系统的工程，承担起相应的慈善责任，用科学发展观指导企业的经营行为，维护社会的整体利益，已经成为社会主义市场条件下的现代企业义不容辞的责任。

二、优秀企业公民的培育

（一）企业公民的定义与要求

C. 马斯登和J. 安德罗夫指出：企业公民涉及组织与社会关系的管理，使组织对社会的负面影响最小化，正面影响最大化。D. 洛甘等人认为，企业公民是满足企业对包括员工、股东、消费者、供应商以及社区在内的利益相关者的责任的活动，他们列举了四个层次的活动：

（1）遵守所有法律法规，选择能直接增加企业利润和提高市场竞争力并对利益相关者有益的活动；

（2）从事正常业务以外的、对利益相关者有益的活动，并且以一种可以衡量的、有利于企业取得短期和长期利益的方式开展这些活动；

（3）支持社区的活动，如教育、培训等，这些活动对企业的长期成功有着重要的影响；

（4）支持或参与改善社区条件或有利于利益相关者的活动，企业不期望从这些活动中得到直接的、可见的好处。

一般认为，优秀企业公民包括四个方面的要求：

（1）好的公司治理和道德价值，主要包括遵守法律、现存规则以及国际标准，防范腐败贿赂，包括道德行为准则问题以及企业原则问题；

（2）对人的责任，主要包括员工安全计划、就业机会均等、反对歧视、薪酬公平等；

（3）对环境的责任，主要包括维护环境质量、使用清洁能源、共同应对气候变化和保护生物多样性等；

（4）对社会发展的广义贡献，如传播国际标准、向贫困社区提供要素产品和服务，如水、能源、医药、教育和信息技术等。

（二）企业公民与社会责任、社会回应与社会表现的关系

企业社会责任回答"应该是什么"的问题，企业社会回应回答"如何做"的问题，企业社会表现回答"做得怎么样"的问题。企业公民是这三者的结合，不知道社会对企业的期望，不可能做一个好公民；知道了社会的期望，但采取的对策不恰当，也不可能做一个好公民；是不是一个好公民，最后还要看企业行为的结果。

从2001年开始，"中国最受尊敬企业"评选活动应运而生，一直持续至今。这些评选活动不仅受到了企业界的广泛支持和欢迎，也受到了政府和民众一致的赞扬。通过评选及系列活动，我们可以动员媒体的力量广泛而深入地传播企业社会责任的基本理念，促进企业和公众提升对企业社会责任的重视和思考；通过对参评企业的调研和对获奖企业的宣传及案例研究，较为全面和深入地剖析和总结履行企业社会责任取得的成就和问题；通过对优秀企业的宣传推广，为其他企业提供范式和榜样；通过评选活动，使企业界以全新的视野认识企业社会责任的内涵，并通过各种方式履行企业的社会与公众责任与义务，促进企业健康良性的发展。

通过评选的方式广泛地宣扬承担社会责任的优秀企业，这对于它们来说是一种奖励，也是一种无形资产，能够提高它们的知名度和美誉度，从而促使它们更加积极地投身到企业社会责任中去。相反，对于缺失社会责任的企业来说，这是一种强烈的谴责，将导致它们失去社会的认可，从而迫使其不得不积极履行企业社会责任。

【关键概念】

购销客户（purchase and sale clients）

互惠互利（mutual benefit）

依法纳税（tax by law）

企业公民（enterprise citizen）

【复习思考题】

1. 如何理解企业对购销客户的道德规范？

2. 怎样看待企业与竞争者的道德关系？

3. 企业为什么依法纳税，履行社会责任？

4. 如何理解企业与社区的关系？怎样制订社区活动计划？

5. 什么是企业公民？其与企业社会责任、社会回应与社会表现的关系如何？

【在线测试题】

扫描书背面的二维码，获取答题权限。

【案例分析】

马云为诚信而战与阿里巴巴骄人成绩

马云要做"诚信的商人"，他痛感中国企业在国际资本市场上的信用度之低、中国产品在全球消费者心目中评价之差，发誓要建一家"全世界信任的公司""将人放在利润之前"。阿里巴巴的六大价值观，第一条就是"诚信"；阿里巴巴平台上最能卖钱的产品，名称就叫"诚信通"；全球影响力最大的财经杂志《福布斯》采访马云，并以《为企业诚信而战的人》为题进行报道。

马云曾在微博上感慨："今天在中国，做商人难，做诚信商人更难，建立商业信任体系难上加难。淘宝经历了9年的不正常，9年来我们从未考核过淘宝收入，从未要求过淘宝一分钱的利润。今天也没！赚钱不是我们的目的。"这就更让人难以理解了：一方面说不想赚钱，一方面又成倍地收钱，这其中的思路转换，恐怕只有在马云心中，凭着伟大梦想作支撑才能自圆其说吧。

在马云眼里，支付宝就是基于人与人之间的信任和诚信体系建立起来的。马云也曾直言不讳地说："我以前也看不起商人，也认为无商不奸，而且商人创造的社会价值非常有限。等自己做了企业之后才明白，其实一个企业家要做得久、做得好，他每天考虑的大部分事情，都应该是跟钱没什么关系的。跟钱有关的都不是战略性的，不以利益为出发点的战略决策才是真正的庙堂之策。"

阿里巴巴在发展历程中，马云特别注重团队精神，更注重团队的价值观，即诚信。马云表示，因为诚信，阿里坚持不靠贿赂盈利，甚至依靠诚信体系创立了支付宝。在中国上千年的历史文化中，诚信是我们经久不衰的话题。马云称中国人是最讲诚信但又缺乏诚信体系的，所以他认为阿里巴巴要在中国建立一个诚信体系。

阿里巴巴网络技术有限公司是以曾担任英语教师的马云为首的18人于1999年在浙江杭州创立的。阿里巴巴集团经营多项业务，另外也从关联公司的业务和服务中取得经营商业生态系统上的支援，业务包括：淘宝网、天猫、聚划算、全球速卖通、阿里巴巴国际交易市场、1688、阿里妈妈、阿里云、蚂蚁金服、菜鸟网络等。

　　2014年9月19日，阿里巴巴集团在纽约证券交易所正式挂牌上市，股票代码"BABA"。2019年2月19日，阿里巴巴集团完成对中金公司的入股，持有中金公司港股约2.03亿股，占其港股的11.74%和总已发行股份的4.84%；3月，阿里巴巴投资46.6亿元，入股申通快递控股股东公司；7月，发布2019《财富》世界500强，其位列182位；9月，以20亿美元收购网易考拉；9月10日，马云卸任阿里巴巴集团董事局主席，将接力棒交给现任CEO张勇；11月13日，阿里巴巴在香港进行路演，11月15日接受认购，11月20日定价，11月26日在港敲钟，共发行5亿普通股；11月26日在港交所主板正式上市，股票代码"9988"。

　　2020年2月13日晚，阿里巴巴发布了一份超预期的财报。2020财年第三财季，阿里巴巴营收为人民币1614.56亿元，同比增长38%；净利润为人民币501.32亿元，与上年同期的人民币309.64亿元相比增长62%。此外，2019年12月，阿里巴巴中国零售市场移动月活跃用户破8亿。

　　当一个人的事业达到某种高度，财富积累到某种程度之后，就会利用自己的财富或能力去做一些造福社会的事，我们把这称为慈善。放眼全球，财富榜上的各位大佬在慈善方面都不遗余力，如比尔·盖茨和巴菲特都承诺死后捐出所有财产，扎克伯格也承诺捐出自己99%的股份做慈善。

　　马云和蔡崇信以他们在阿里巴巴2%的股权设立了两只慈善信托基金，其中马云和蔡崇信分别占7成和3成。该基金将用于环境、医疗、教育和文化领域。按照阿里巴巴招股价计算，马云为该基金会捐赠的股权金额约为145亿元。2020年3月23日上午九点左右，马云发了一条微博表示，"马云公益基金会和阿里巴巴公益基金会紧急搭建了一个'在线健康咨询'志愿者平台，许多从武汉回来和参加过抗疫的英雄医护人员们志愿为海外的同胞提供新冠病毒防治咨询，希望能给海外的同胞提供一些帮助。"2020年3月21日，马云就联合阿里巴巴公益基金会和马云公益基金会给阿富汗、孟加拉国、柬埔寨、老挝、马尔代夫、蒙古等十个国家捐赠180万个口罩、21万检测试剂盒、3.6万件防护服，另外还有呼吸机、额温枪等防疫物资，还对欧美、非洲等众多国家捐助防疫物资。阿里巴巴集团拥有大量市场资料及统计数据，为履行自身对中小企的承诺，阿里巴巴正努力成为第一家为全部用户免费提供市场数据的企业，希望让人们通过分析数据，掌握市场先机，继而调整策略，扩展业务。同时，阿里巴巴希望成为员工幸福指数最高的企业，以及一家"活102年"的企业，横跨三个世纪。

　　资料来源：阿里巴巴官网。

　　讨论题：

　　1. 马云创造阿里巴巴辉煌的根本原因何在？

　　2. 马云与阿里巴巴推崇的六大价值观对我们有何启示？

第七章 会计假账与财务舞弊的道德探析

📖 经典名言与感悟

太上曰：祸福无门，唯人自召。善恶之报，如影随形。

是以天地有司过之神依人所犯轻重，以夺人算。

算减则贫耗，多逢忧患，人皆恶之，刑祸随之，吉庆避之，恶星灾之，算尽则死。

凡人有过，大则夺纪，小则夺算，其过大小，有数百事。

所谓善人，人皆敬之，天道佑之，福禄随之。众邪远之，神灵卫之，所作必成，神仙可冀。

——《太上感应篇》

最近的财务危机始于美国，但是其影响却是全球性的，它使我们受到很多谴责——缺乏公司治理和内部控制、会计和审计准则不足等。然而我经常想，最终的罪魁祸首不正是职业道德的沦丧吗？

——约翰·格林纳尔

德商比情商更重要，情商比智商更重要，智商比财商更重要！

——叶陈刚感悟

📝 学习目的与要求

1. 明确权钱交易、不公正经济与会计假账的关系；

2. 理解腐败及寻租是会计假账滋生的内在动因；

3. 了解会计市场假账行为的供给需求曲线；

4. 明确会计假账与财务舞弊的含义、类型及常用手段；

5. 认识会计假账与财务舞弊动因理论及我国现实成因；

6. 熟悉会计假账与财务舞弊的道德治理对策；

7. 开展商业伦理与会计职业道德教育。

中外资本证券市场少数公司诚信缺失严重，将上市作为圈钱的手段，为此不择手段炮制假账、虚构盈利、蒙骗公众、谋取私利，最终因巨额造假而破产倒闭，对社会、国家和公众以及企业自身造成巨大损害。因此，很有必要对会计假账与财务舞弊成因展开分析。

第一节　道德滑坡、信息不对称及会计败德行为

 一、道德滑坡与囚徒困境

（一）"道德滑坡"：成为一个世界各国共同面临的不争事实

在西方发达国家的政界、企业界与法律界存在明显的"道德滑坡"现象。

我们暂且以美国为例：自 21 世纪初开始，美国以安然公司造假安达信审计失败案、美国世界通信公司财务欺诈案、2008 年美国房市引发全球金融危机，无不显示美国社会步入"道德滑坡"的可悲时代！特别是特朗普当政以来，奉行美国优先政策，挑起与世界各国多个经济体的贸易摩擦，与中国开打贸易战，并退出了多个国际组织，退出巴黎气候协定及联合国教科文组织，长期拖欠联合国会费，单方面废除伊核协议，执意建立墨西哥边境墙，造成最基本的人权危机，严重透支美国国家信用，给世界各国带来不安定因素。加之近年来，以波音公司连续两次空难为导火索，引发了美欧日韩企业严重的产品安全质量问题，造假事件接踵而至。同时，长期以来美国枪支失控，校园暴力及拉斯维加斯等枪击事件层出不穷，给美国人民带来了巨大的伤害，也给世界带来不安定因素。上述众多社会事件频发，看似偶然，究其原因，共同始作俑者为：道德滑坡后，可怕败坏的人心。

一个国家，如果没有国民素质的提高和道德的力量，绝不可能成为一个真正强大的国家、一个受人尊敬的国家。

（二）囚徒困境理论揭示个人最佳选择并非团体最佳选择

囚徒困境最早是由美国普林斯顿大学数学家阿尔伯特·塔克（Albert Tucker）1950 年提出来的。他当时编了一个故事，向斯坦福大学的一群心理学家们解释什么是博弈论，这个故事后来成为博弈论中最著名的案例。故事内容包括：两个嫌疑犯（A 和 B）作案后被警察抓住，隔离审讯；警方的政策是"坦白从宽，抗拒从严"，如果两人都坦白则各判 8 年；如果一人坦白另一人不坦白，坦白的放出去，不坦白的判 10 年；如果都不坦白则因证据不足各判 1 年。

单次发生的囚徒困境和多次重复的囚徒困境结果不会一样。在重复的囚徒困境中，博弈被反复地进行，因而每个参与者都有机会去"惩罚"另一个参与者前一回合的不合作行为。这时，合作可能会作为均衡的结果出现。欺骗的动机这时可能被受到惩罚的威胁所克服，

从而可能导向一个较好的合作结果。纳什均衡趋向于帕累托最优。

囚徒困境的主旨为，囚徒们若彼此合作，坚不吐实，可为全体带来最佳利益（无罪开释）。但在信息不明的情况下，因为出卖同伙可为自己带来利益（缩短刑期），也因为同伙把自己招出来可为他带来利益，因此彼此出卖虽违反最佳共同利益，反而是自己的最大利益。但实际上，执法机构不可能设立如此情境来诱使所有囚徒招供，因为囚徒们必须考虑刑期以外的因素（出卖同伙会受到报复等），而无法完全以执法者所设立的利益作为考量。

囚徒困境是博弈论的非零和博弈中最代表性的例子，反映个人最佳选择并非团体最佳选择。虽然困境本身只属于模型性质，但现实中在道德领域也频繁出现类似情况。

道德领域中的"囚徒困境"屡见不鲜。大家常见的上车挤抢、汽车抢道、排队加塞，司空见惯的见义不为，大家痛恨的行贿成风，都是囚徒困境的表现。在现实生活中，谁都希望有一个良序社会，享有一个好的道德环境，但"经济人"的自利天性又使其不想对良好的道德环境付出必要的成本。

于是，一部分人在提供道德产品为全社会创造福利的同时，另一部分人"搭便车"免费使用，导致谁提供谁亏损，谁不提供谁盈利。从而，使得德行收益与德行成本不一致，非德行者比德行者获得更高的收益。最后，就德行者而言，如果在德行成本与收益的理性选择中找不到充分的根据，就会弃善从恶。久而久之，道德环境只会越来越坏，最终导致道德的无序状态。

（三）个人理性、集体理性与"囚徒困境"

"囚徒困境"反映出了个人理性与集体理性的矛盾。经济人的个人理性，驱使单个的人围绕个人利益最大化这一目标而行为，但导致了集体利益的最小化（其实质也是个人利益的最小化）；理性的个人，加在一起成了非理性的集体、非理性的社会；个人的理性导致了集体的非理性，但是在以下三种情况下二者也可以统一起来。

第一，多次重复博弈可以实现个人理性和集体理性的统一。经过多次重复博弈，自利的个人追求的并不是在某一次博弈中期望的收益最大，而是在多次重复博弈中期望的收益的总和最大；人们从追求自己的短期利益最大化的目标转变到追求长期利益最大化的目标，再转变到追求共同利益最大化的目标。这样，个人理性和集体理性实现了统一。

第二，由外部环境压力凸显集体的重要性时，可以实现个人理性和集体理性的统一。由于外部环境的威胁，使得集体成员之间的依存关系相当紧密，个人利益和集体的共同利益高度统一，理性的个人如果不相互合作，会导致集体所有成员（包括其本人）的失利。在此情况下，个人理性和集体理性就会走向统一。

第三，引入人工博弈规则，使得理性的个人有追求德行的动力和外部约束，可以实现个人理性和集体理性的统一。如果一种制度安排不能满足个人私利、个人理性的话，就不能贯彻下去，所以解决个人理性与集体理性之间冲突的办法不是否认个人理性，而是设计一种机制，在满足个人理性的前提下达到集体理性，在满足个人私利的同时实现集体的公利。

（四）道德回报与"囚徒困境"

如果能够实现善行得益（底线是善行不能失益）、恶行失益（底线是恶行不能得益），那么"囚徒"们就能够走出道德困境。"道德回报"就是指道德行为主体因其道德行为（善行或恶行）的作用和影响，而获得相同性质、相当程度的后果回报。道德回报可以分为奖善和惩恶两个方面，可以通过物质和精神上的奖惩方式来实施，道德回报是建立和维系良序社会的前提条件。

通过社会氛围和制度环境的创设来提高非道德行为的道德负成本，使无德失利、有德得利，使不道德行为人"下次不敢"或"下次不愿"，引导公众在追求利益的互动和博弈中感受到合作博弈比不合作博弈更为有利；在全社会范围内建立刚性的社会补偿制度，降低道德成本，打消德行主体践履道德义务的后顾之忧，让德行主体在不付出或付出很少代价的同时去行善，避免"救人"必将"舍己"，"行善"必将"失益"和"英雄流血又流泪"现象的发生；充分利用个人行善的利益动因，从制度、机制设置上满足个人行善的利益需要，尊重、维护德行背后的世俗权益，保证行善不仅能"谋义"，而且能"得利"，从而实现德得相通、德福一致。

如果一个社会普遍存在"得不必德""德不能得"或"德必定失"的德福分裂现象，或者存在可能的暴利，人们从成本—收益比较中就会修正自己已有的道德意识或弱化自己的道德意志，选择恶行。在一个社会中，如果行为者基于德行成本—收益分析而普遍弃善从恶，则说明道德回报未能得到实现。道德得不到回报，在本质上就是剥夺了德行者的道德收益权，就是在引导乃至强迫人们弃善扬恶和"搭便车"，从而形成"囚徒困境"。

信息不对称：委托代理失灵对会计败德行为的分析

（一）委托代理的运行机制

1. 民众与国家公共权力的第一层委托代理关系

无论是政府还是具体官员，其所掌握与运作的公共权力都不是他们自己所拥有的，而是全体民众所拥有的，并在隐含有契约条件下，以委托代理的运行方式，将公共权力委托给政府或政府官员负责实施与执行。

2. 民众与官员多层委托代理

官员成为公共权力的终极执行者，使广大民众与政府之间的公共权力初始委托代理链延长。因此，才更容易导致民众与官员之间的公共权力委托代理关系失灵，就可能出现腐败、作假，导致会计败德行为的发生。

（二）委托代理运行失灵

1. 完全信息条件下委托代理的特征

当符合委托代理前提假设，完全信息条件下委托代理具有下列特征：

（1）都具有经济人的本性，并是充分理性的；

（2）都具有无限计算能力；

（3）信息完全性；

（4）都没有机会主义倾向；

（5）彼此讲究信用。

2. 信息不对称代理失灵

将上述前提假设放宽，则会出现完全相反的情况：

（1）信息是不完全的，谁拥有的信息多，谁就具有潜在的优势；

（2）双方都有有限理性与有限计算能力；

（3）双方都具有机会主义倾向。

委托代理失灵产生的条件是公共权力代理者被惩罚程度较轻和概率较小，以及代理者在失灵条件下获得的收益和成功的概率较大。

委托人对公共权力代理人监督不力，是因为：

（1）监督成本过大，代理的链条延长，增加了公共权力的执行监督成本；

（2）监督者机会主义行为，监督者的机会主义倾向重，不求有功，但求无过。

上述两条中，关键是第二条。委托代理链条长，监督成本增大，监督者本身也没有积极性，即便监督成本为零，监督者也不会进行监督。

（三）制度漏洞所致

1. 高度集权制下的委托代理关系

在高度集权制的计划经济中，代理人被组织在一个金字塔形的中央集权制度下。在任何一个经济权力实行中央集权管理的国家，集权统治下的活动都不是完全协作的，代理人面对的激励和全局的利益也不完全兼容，表现为：

（1）当信息传到最上层，大量信息已经丢失或扭曲；

（2）信息的加工和处理费时费力；

（3）上级不能完全控制下级的活动；

（4）级别较低的有多个上级；

（5）上级计划脱离下级实际。

2. 计划经济体制下的腐败、作假

（1）个人腐败作假与组织作假。以企业为例：第一，企业的成功取决于作假者能给它的好处；第二，企业成员的奖金取决于上级对企业是否成功的判断；第三，违规代理人的奖金份额很大，组织作假的诱因就会很大。如果某厂的上级主管升迁和任职期限长短取决于该厂的业绩，那他更有可能这样做。这种非法交易对双方都有利。当双方的交易对象是各自的剩余产品时，这种交易能提高整个经济的生产效率，这时上下级往往会共同直接作假。

（2）低级个人和高级个人作假。在中央集权体制下，越靠近金字塔的顶部、级别越高的代理人权力越大，并且由于人力资本的稀缺，级别越高、职位越稳固，加上职位越高越不容易监督，因此，级别越高作假的机会越多，且级别越高作假的危害越大，而级别最高

作假更容易，因为权力顶端缺乏权力制衡。因此，制止作假必须辅以权力制衡作为保障。

（3）会计作假的隐蔽性。在高度集权的计划经济体制下，企业和政府机关内部是如何动作的，局外人无从知晓，也根本不可能去查清楚。没有哪个组织拥有能使其不计后果地揭露、惩处作假者的司法或行政独立性。这使得作假活动似乎除了参与者以外，几乎就没有见证人，这就大大降低了作假发现的可能性。

（4）作假惩罚与风险。作假活动的风险取决于作假者的职位和他被指控有作假行为时面临的选择的多少。实际上，作假者的职位越高，他的预期成本就越小，作假被发现，指控惩处的风险及概率就越小；当收益越大时，造假者也就乐于作假。

（四）会计败德行为的十种表现

当前，各种各样的道德观念对人们的思想产生不同的影响，从而导致各种会计败德的行为时有发生。俞安畅在《缺乏会计职业道德的几种表现》一文中对此归纳出十种表现，详见专栏7-1。

行为的直接结果是导致企业伦理道德环境的恶化。发生上述会计败德行为有多方面的原因：从主观原因上看，受个人经历、水平、思想和认识上的限制；从客观原因上看，受历史条件、社会风气和周围环境等诸多因素的影响。本书的主要目的，就是通过对会计职业道德理论的研究，开展会计职业道德评价、会计职业道德教育和会计职业道德修养，宣扬和倡导会计职业道德行为，抵制、批评和谴责会计败德行为。

三、会计作假的败德行为供求曲线分析

会计作假的诱因取决于查处率高低和作假收益大小。查处率与诱因成负相关关系，作假收益与诱因成正相关关系。设定查处率是一个常量，作假诱因直接依赖于作假收益的变动及市场对作假行为的供求关系。

（一）会计假账的计量模型

对作假者来说，进行作假活动、躲避查处惩罚所花费的时间和精力也是作假所付出的成本。作假以后，心理负担也是一种成本。因为作假，吃不好、睡不好，整日提心吊胆，这当然是一种代价。不造假所带来的心安理得，或是上级信任、群众拥护，也是一种无形收益。而包括会计人在内的相关当事人决定是否作假，可按下列公式计算：

$$C = C_1 + C_2 + C_3 = C_1 + C_2 + M' \cdot P_r \tag{7-1}$$

而

$$C_3 = M' \cdot P_r \tag{7-2}$$

$$R = r(1 - P_r) \tag{7-3}$$

公式中，C 表示作假总成本；C_1 代表支付给会计作假者的钱财物；C_2 代表会计作假者需要耗费的精力与时间以及由此引发的联系费用和机会成本；C_3 代表假账曝光后必须付出的代价与成本；P_r 表示假账被查处的概率；M' 表示假账被查出受民事追究的经济处罚与受

刑事处罚所造成的人力、财力和物力损失；R 表示作假者的私人收益；r 表示会计作假者谋取的私利。我们可以发现 R 与 r 成正比关系，而与 P_r 成反比关系。

$R \geqslant C$ 为作假者选择会计造假的前提条件。反之，$R < C$ 时，不必作假。从理论上看，理性作假者一般会把作假程度决定在作假带来边际收入大于边际成本之上。

会计作假已经成为一个市场，现在分析这个市场的供求双方的结构。供方是竞争型的，需方是完全垄断型的。在一个集团组织中，权力结构呈金字塔形，上级制约下级，下级服从上级。虚假信息的供方需要付出的成本包括：支付必要的费用、消耗时间及精力、作假后可能受到的处罚。下面通过图 7-1 展开会计假账的供求关系分析。

（二）会计假账的供需关系分析

1. 会计市场的假账需求曲线

我们把造假者对会计假账行为的需求视为单位需求，要么购买一个单位或者不购买，可用如图 7-1 表示会计市场的假账需求曲线图。

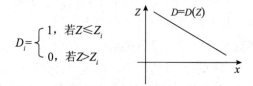

$$D_i = \begin{cases} 1, & \text{若 } Z \leqslant Z_i \\ 0, & \text{若 } Z > Z_i \end{cases}$$

图 7-1　会计市场的假账需求曲线

这里，D_i 表示第 i 个单位对会计假账的需求数量；Z_i 表示第 i 个单位对会计假账的需求成本，或者是愿意支付的价格；Z 表示均衡价格。加总所有单位对会计假账的需求函数可以得到会计市场的假账需求曲线图。在图 7-1 中，横轴 x 表示会计假账的需求数量，纵轴表示会计假账的需求成本。当会计假账的需求成本低，查处风险小，会计假账的需求数量就会增加，也就是说会计假账的需求数量与会计假账的需求成本成反比，从形状上表现为一条向右下倾斜的直线。在当今会计制度日趋严格的情况下，美国大公司会计假账数量日渐增多，从而表明中外资本市场存在着对会计虚假信息数量的巨大需求。

2. 会计市场的假账供给曲线

对于会计假账的供给来说，目标是追求会计假账的净收益最大化。我们把每个单位的供给加总起来，就可以得到会计市场的假账供给曲线图（见图 7-2）。

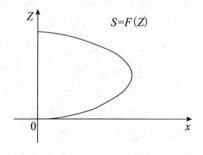

图 7-2　会计市场的假账供给曲线

在图 7-2 中，横轴 x 表示会计假账的供给数量，纵轴表示会计假账的供给价格，传统的供给曲线在这里不完全成立。对于造假的处罚而言，在会计假账数额 Z 达到一定水平后，查处惩罚的程度会大大提高，被发现的概率也在增加，从而使预期受罚的代价急剧上涨。在此情形下，像劳动力供给曲线一样，会计市场的假账供给曲线会在 Z 的某个值点突然向后弯曲。惩处力度、查处概率及作假收益的相互关系，是最终决定是否作假的三大因素。惩罚力度和查处概率大，会使人理性意识到作假成本太高而采取不作假的行为抉择。作假的充分条件是作假收益大于作假成本。加大打假力度，会使得作假成本提高，从而制止作假行为的产生和发展。最根本的办法，还是加快体制改革步伐，尽快建立市场经济新秩序，把更多的事情交由市场自身去完成，同时要降低决策层的"含金量"。

第二节　权钱交易、腐败寻租与会计假账

 对权钱交易的制度分析与博弈论分析

（一）对权钱交易的制度分析

社会游戏规则又称之为制度。本小节从制度角度考察经济运行，分析制度产生和变迁对资源配置的影响。制度是约束、激励、保护个人行为的规则，人们在不同的制度环境中，将表现出不同的行为方式，人的行为方式是制度的函数。经济制度对人们的经济行为起决定性作用，并需要在很长时间内反复实践，在多次博弈中才能逐步形成和完善。

（二）对权钱交易的博弈论分析

博弈论分析是研究决策者在某种竞争过程中，当最终结果无法由自己控制，而需要取决于其他参与竞争者的策略选择时，个人为了取得最佳结果而应采取何种策略的数理方法。

第一，合作博弈→存在制度对局中任何人都有约束力→强调群体

第二，非合作博弈→不存在制度约束，只存在自我实施协议→重点在个体

（1）两种博弈的特点。合作博弈特点，在于探讨合作的形成过程以及合作中的成员如何分配他们的成本，因此强调集体理性，强调效率、公正、公平；非合作博弈特点，在于揭示个体在其他局中人的策略给定的条件下所应选择的策略，因此强调个人理性、个人最优决策，其结果可能是有效率，也可能是无效率。

（2）价格制度的重要性。经济人在最大化自身效用时需要相互合作，而合作中又存在冲突。为了实现合作的潜在利益和有效地解决合作中的冲突，人们制定了各种制度以规范彼此行为。其中，价格制度是最重要的制度之一。

（3）博弈与契约。现实中，市场参与者之间的信息一般是不对称的，这就使得价格制度常常不是实现合作和解决冲突的最有效的制度安排。企业、家庭、政府等非价格制度便

应运而生，其显著特征是参与人的相互作用。

（4）信息的重要性及影响。由于在他人信息不完全的情况下，自利的经济人往往会利用一切在现行体制下可能的机会，以损害他人或公众利益的办法，为自己谋取利益，即具有私人信息的一方，可以利用自己在信息上的优势，采取机会主义的行为。信息在人群间不对称分布对于个人选择及制度安排有着重要影响。

（5）委托代理理论，即非对称信息的博弈论，它包括两类风险：道德风险和逆向选择。道德风险是指双方签约后，具有私人信息的一方会产生机会主义行为的风险；逆向选择是指在双方签约前，具有私人信息的一方所进行的机会主义行为产生的后果。通常，我们把具有私人信息的一方视为代理人，不具有私人信息的一方视为委托人，因此产生了委托代理关系。黑色经济的假账丛生就是产生于这种委托代理关系中。

二 权钱交易：会计假账丛生的社会根源

官员腐败是现代社会各个国家面临的通病。一位知名经济学家提供的研究成果表明，假如贪官本人贪污金额为 1，那么给国家造成损失则为 1 000，权钱交易的代价一般比例为 1∶1 000。通过各种媒体和渠道，我们收集百名"贪官录"，这百名贪官个人贪污、受贿、犯罪金额合计高达 2 亿元，给国家直接造成经济损失高达 2 000 亿元。而黑色经济的会计账目，不是"假账真算"，就是"真账假算"，"官出数字，数字出官"，其渊源盖出于此。腐败的黑色经济是当今假账泛滥的重要社会根源之一。

产生腐败的微观原因是公共权力委托代理合同的不完善。腐败发生在某个特定的人身上，与其时间观念、消费观念、法制观念等密切相关，但腐败的普遍存在必然有其制度原因。转型经济中制度的诸多特点，特别是其过渡性和不完善性，尤其为腐败的发生和泛滥提供了肥沃的土壤。腐败不仅仅与宏观的社会背景有关，作为一种行为选择，腐败实际上是建立在个人得失、个人效用计算基础上的一种个人行为选择。一般的腐败作为社会的常态，其产生主要是既定偏好下个人理性处理的结果，而在特定的社会背景下，作为社会问题出现的特定的腐败，源于体制改革未完全到位。

我们需要从微观到宏观、从个体到整体层层深入分析，才能完整、全面、深刻、透彻地认识到腐败及假账的根源。

三 腐败及寻租是会计假账滋生的内在动因

（一）腐败的概念及层次

腐败行为一般是指个人在公共领域和私人领域违背社会道德、法律和传统规范的，运用公共权力来达到个人不正当地谋取私利目的的行为，其主要发生地集中在公共领域，即党务部门、各级政府机构与行政事业单位。

腐败现象当前正在蔓延，其存在范围有三个层次：

（1）权力腐败，以职权非法谋取私利，是腐败的核心层；

（2）行业腐败，以职业非法谋取私利，是权力腐败的延伸和扩张；

（3）社会腐败，消费行为扭曲、人际关系的恶化，是国家公共权力不能正常运作的结果。

在一切社会中，腐败总是与公共权力结合在一起，人们通过运用、影响、操纵公共权力来达到私人目的，获取私利。只要存在公共权力，就难免产生腐败行为。公共权力的非规范、非公共的使用，是腐败行为的核心。英国历史学家阿克顿有句名言："权力倾向于腐败，绝对的权力倾向于绝对的腐败。"因此，对权力的监督和制约是遏制腐败的核心，也是制止造假的核心。

腐败的三要素包括：

（1）腐败主体：公职人员（包括国有企业、事业单位领导）。

（2）腐败动机：谋取私利。

（3）腐败手段：滥用职权。

官员滥用权力，是长期以来人们对公权信仰的逆反结果。在早期的人类心理中公共政府是天生的道德，在其中任职的官员也必须是有道德、有公益心的。而当官员出现滥用职权、营私舞弊时，将丧失道德、公益心，故称腐败。

（二）寻租的含义、层次及其活动

1. 人类追求自身经济利益活动的分类

人类追求自身经济利益活动可以分为：生产性的、增进社会福利的活动；非生产性的、有损社会福利活动，即腐败、权钱交易与寻租行为。

2. 寻租的含义

权钱交易是一种非生产性活动，是一种个人或利益集团为了自身经济利益而对政府决策或政府官员行为施加影响的活动。在我国经济生活中，各级政府官员对国有企业的经营施加着各种干预和影响，其目的有的可能是为了增进公众利益，有的则是谋取个人私利。企业讨好顾客不如讨好"婆婆"，这就使企业经理、厂长不得不费心尽力地走后门、拉关系，耗费了大量资源。这就产生了寻租。

寻租，是指一种生产要素投资者所获得的收入中超过这种要素的机会成本的剩余。机会成本是一种生产要素用于某种生产时，它所放弃的用于其他生产活动能带来的最高收益。从理论上说，只要市场是完全竞争的，要素在各产业之间的流动不受阻碍，任何要素在任何产业中的超额收入都不可能长久存在。但在实践中，大量存在利用行政法律手段阻碍生产要素在不同产业之间自由流动、自由竞争以维护既得利益的行为。

3. 寻租的三个层次

第一层次：通过向政府官员使用游说、行贿等手段，促使政府对经济实施干预，从而产生租金，并获取租金的活动。

第二层次：由于第一层次的活动给政府官员带来好处，使人们看到了权力的含金量，从而吸引更多人去争夺官职。

第三层次：各社会利益集团为争取这些超额利益而展开竞争。

例如，一个企业开拓一个市场后，可能寻求政府干预，维护其垄断地位。有的企业施展各种手段，使政府以特殊政策给予"优惠照顾"，从而享受其他企业对其的输血，获得经济租。政府官员在这些活动中享受特殊利益，他们的行为就会遭到扭曲，由此引发追求行政权力的非生产竞争。跑官、要官、买卖官，就是这类寻租竞争，而利益受到威胁的企业就会采取避租行动。寻租、避租最后是两败俱伤，浪费社会资源。

4. 政府与寻租活动

政府创租与抽租的存在提高了寻租活动的普遍性和经常性。因为寻租存在，市场竞争的公平性被破坏了，人们对市场的合理性和效率产生了根本怀疑。于是，人们更多地要求政府干预来弥补收入分配不均的现象。由此反而提供了更多的寻租机会，产生了更多不公平的竞争，这是当今假账丛生的沃土。

寻租成为对既有产权的一种重新分配方式。政府的作用在于定义或维护产权。人们可以通过正常的市场交换来处理产权，也可以通过政府来重新界定或分配产权。与法律手段不同，用行政手段来保护产权，会诱使有关个人和利益集团争相影响政府决策，造成社会资源浪费。

政府一项政策造成的市场扭曲越严重，有关人员和利益集团享有的"租"或剩余就越多，于是这项政策就越难得到矫正，任何矫正都会遭到既得利益集团强有力的抵抗。这就是假账屡禁不绝的社会根源。

腐败现象存在于历史上的各种阶级社会和各种不同社会制度的国家之中，既非资本主义的产物，也非社会主义的必然。在转型经济中，腐败表现为具有经济人特征的代理人凭借委托人授予的权力，用非法手段满足自己的私欲，利用公共权利非法谋求私利。在发达国家以钱谋权，是被动腐败；在发展中国家以权牟钱，是主动腐败。社会的公共权力是通过成千上万个职位来控制和分配社会资源。谋私者只要处在其中一个职位上，就有腐败的客观条件，即外因。腐败最终是否发生，要取决于主观条件——经济人的成本—收益计算。

寻租实际上是政府官员与政府以外的利益主体之间的双向寻租，政府官员利用特权进行创租，目的在于寻租，而其他想获取特权或想购买特定生产要素产权的利益主体，便以与政府官员分享租金为条件，从政府官员处获取租金。没有受贿官员与行贿者的合谋，租金是无法寻觅的。

四、不公正经济与会计假账成因探析

（一）不公正经济是会计假账产生的直接条件

当前，在全世界范围内有五种比较突出的不公正经济，这五种不公正经济都是会计假账产生的直接条件。

1. 权力经济

权力者用手中之权同企业做交易，借助"关系""批文""差价"获得不义之财。企业靠权力等寻租行为破坏了市场经济活动中的起点公平，从而不用通过公平竞争就轻易获得非法利润。这种经济不公正的社会存在，反映到人的意识中，就是掌权者中流行的"有权不用，过期作废"。此种腐败属于结构性的官商互动、政经勾结和权钱交易，需要从体制上解决。

2. 人情经济

人情经济或称经济人情化。借人伦、人情为中介，在权力者协助下，干预经济过程以中饱私囊，于是就出现了金融领域的大量人情贷款，企业之间的人情供给、人情销售，企业内部用人方面的裙带关系等。人情经济本质上是长期计划经济一统天下局面的延续。

3. 地方保护主义经济

地方保护主义经济只关注地方利益、部门利益，而不顾国家和全局利益，搞地区封锁和部门垄断。

4. 短期经济

如果社会上流行的是个人巧取豪夺，谁也不去关心他人、注意短期经济将以牺牲长远、全局利益为其个人利益，那么长久下去，这个社会在精神上就会沉沦。短期经济行为既有道德上的缺失，又有体制上的原因。作假就是短期经济的突出表现。

5. 贿赂经济

行贿受贿均属腐败，是经济上的黑洞，也是产生会计假账的温床。

（二）会计假账丛生的具体行业成因分析

下面我们从商业伦理学的角度，对会计假账丛生的成因进行具体分析。包括会计人员在内的公职人员也是独立的经济人，如果要求公职人员将个人利益最大化的目标函数修正为公众利益最大化，显然有悖于经济人的基本假定。公共决策与其决策人私人利益矛盾的存在，是作假行为产生的客观基础。我们采用成本—效益法对会计作假的预期效用加以分析。

1. 现行体制的原因

在私有制经济中，公共决策的范围相对狭小，作假行为的客观基础也相对较小。在公有制经济中，不仅政府直接参与经济活动的有关决策是公共决策，而且除个人消费之外的一切经济决策，包括生产、投资、资源配置、收入分配和产品销售等，都普遍地具有公共决策的性质，都可以成为滋生腐败、作假的土壤和温床。因此，公有制经济比私人制经济有着更为广泛的产生腐败和作假的客观基础，存在着更广泛的作假市场供求。因此，专家建议走"小政府、大社会"之路，把更多的事情交给市场这只"看不见的手"，这是解决腐败和作假的根本出路之一。

2. 会计人员自身的原因

从经济人角度来研究，如果作假不能给会计人员带来任何利益，那么为什么要去做呢？作假的目的在于谋求自己的私人收益以及局部和地区的利益。这些利益不仅包括会计人员目前获得的各种有形的经济利益和无形的满足，还包括履行职责可望得到的各种预期收益，如利润、市场份额、权势、工资、晋升等。

3. 代理人的收益——成本比较

企业是市场的主体，如果市场是完备的，没有外部性，那么它将获得履行职责的所有收益，并承担相应的成本。在这种情况下，充分履行职责将完全符合当事人的利益，因此，他没有必要作假。投资者的代理人——经理人并不能获得履行职责的全部收益，也不承担渎职的全部损失，履行职责也只能获得契约收入。如果是这样，他也没有作假的必要。

如果作假不受查处，得到契约收入，还会带来额外的作假收益。代理人（总经理）履行职责和作假的私人收益和私人成本既可能小于也可能大于其行为所带来的社会收益和社会成本。代理人只能根据其私人收益和成本计算来选择自己的行为。当作假带来的私人收益大于成本时，就会诱发作假。除非通过某种手段使作假者承担的私人成本超过私人收益，否则会计假账就不可避免。

第三节　会计假账与财务舞弊的内涵手段

21 世纪以来，会计假账与财务舞弊已成为世界范围内的重大问题，它给世界经济和会计行业发展带来了重大的负面影响。2002 年初，在美国华尔街损失惨重的股东们向安然公司和安达信会计师事务所提出集体诉讼，指控安然公司的高层管理人员、董事会成员以及为安然公司提供审计、法律和金融服务的会计师事务所、律师事务所和银行等，从事财务舞弊和证券欺诈活动。这起财务舞弊案的曝光严重损害了会计行业的信誉，深深动摇了投资者的信心。

而后出现的世界通信、施乐等公司的会计造假案又使纽约股市大跌，造成了国际五大会计师事务所之一的安达信会计师事务所的破产，使美国股民乃至全球的投资者都缺乏投资安全感。近年来，对华尔街巨头——高盛的诉讼纠纷令美国证券交易委员会（SEC）如坐针毡。而最近又有人指责，监管当局未能成功发现雷曼兄弟公司对其财务报表进行粉饰，最终才酿成金融危机。据国外媒体报道，在双重压力下美国证券交易委员会欲重拳出击，对美国 19 家大型银行是否存在财务舞弊展开彻查。

我国证券行业的发展尽管历史不长，但同样饱受会计假账与财务舞弊的困扰。早在 20 世纪 90 年代初我国就发生了"深圳原野""琼民源""红光实业""东方锅炉"等恶性财务舞弊事件。紧随而来的"郑百文""银广夏与中天勤""麦科特"等案件更是将财务舞弊行为推向了风口浪尖。近年来，我国又出现了"山东巨力""吉林敖东""科龙电器""华源制药""康美药业"等知名企业与会计师事务所由于财务舞弊而被惩处的事件。

上市公司会计假账与财务舞弊行为的泛滥，给各国社会经济发展带来了巨大危害。它不仅给证券市场投资者带来了重大损失，动摇并挫伤了投资者的信心，而且更为严重的是，它破坏了会计行业赖以存在和发展的公平、公开、公正原则，严重危害了会计行业在资源优化配置中的重要作用，阻碍了国民经济健康持续的发展，并且进一步导致社会信任危机。因此，上市公司会计假账与财务舞弊问题应当引起社会各界的广泛关注。

一、财务舞弊的含义与类型

1. 财务舞弊的含义

《韦伯斯特新大学词典》将舞弊解释为："一种故意掩盖事实真相的行为，它以诱使他人丧失有价值的财务或其法定权利为目的。"美国注册会计师协会（注册会计师）第16号审计准则（SAS 16）指出，"舞弊指故意编造虚假的财务报告，可能是漏列或错误地反映事项与经济业务的结果，篡改、伪造记录或文件，从记录或文件中删除重要的信息，记录没有实现的交易，蓄意乱用会计原则以及为管理人员、雇员或第三方的利益随意侵吞资产"。

我国2006年发布的《中国注册会计师审计准则第1141号——财务报表审计中对舞弊的考虑》中，将舞弊定义为"被审计单位的管理层、治理层、员工或者第三方使用欺骗手段获取不当或非法利益的故意行为"。袁晓勇在《企业舞弊防范与对策》一书中对财务舞弊进行了较为全面的解释，他认为，"企业中的舞弊，就是指企业职员或企业管理当局利用账目、凭证上的处理技巧或利用交易过程中非法活动等欺诈手法，以达到窃取资财或粉饰（掩盖）其贪污盗窃行为目的的一种违法乱纪行为，如贪污、盗窃、行贿受贿、挪用资金、隐匿资金、偷税漏税、偷工减料、制假售假、缺斤短两、坑蒙拐骗等都属于企业舞弊行为"。

借鉴上述定义，本书认为财务舞弊是指企业集团或个人有预谋地、故意采取欺骗性手段和违法、违规行为以获取一定非法或不当利益的行为。财务舞弊具有四个性质：①违法性，即违反会计制度、会计准则、刑法等国家法律制度；②有意性，即出于某种目的的故意行为，舞弊与错误的主要区别就在于舞弊是有意识地进行欺诈；③危害性，即舞弊行为会导致他人利益遭受损失，对经济和社会造成危害；④隐蔽性，即舞弊发生后不易被察觉。

2. 财务舞弊的类型

从会计信息反映的角度来看，财务舞弊通常分为两种主要类型。

（1）侵占资产，通常是指企业员工为了自身利益将公司的资产转变为个人所有或使用，其具体行为包括偷窃、盗用如现金或存货这样的资产，操纵现金流量等。注册舞弊审核师协会把侵占资产类型的舞弊进一步分为由于贪污引起的舞弊和由于挪用资产引起的舞弊。

（2）财务报告舞弊，是管理当局蓄谋的集体舞弊行为，主要是指舞弊人通过虚增资产、收入和利润，虚减负债、费用等手段，粉饰企业经营成果，欺骗投资者和债权人，采用财务欺诈等违法违规手段以谋取经济利益，最终导致他人遭受损失的故意行为。其主要表现形式为：伪造、编造会计记录或凭证，隐瞒或删除交易事项，记录虚假交易，蓄意使用不当的会计政策，故意违反会计准则的规定编制财务报告，不恰当地确认收入和费用成本以及利用关联交易虚增利润等。

根据舞弊者所处层次，企业财务舞弊又可分为管理舞弊和员工舞弊。管理舞弊是指管理层蓄意编制和披露虚假财务报告，以达到获取不法利益的目的，具有集团性、对外性和较大的隐蔽性、危害性。雇员舞弊是为了获取个人私利以欺骗性手段不正当地获取公司钱财或其他财产而损害企业利益的违法行为，其主要手段是编造虚假单据、越权行为和盗窃资产，该类舞弊行为具有个体性、对内性和易侦破性。这两类舞弊的根本区别在于，雇员舞弊是为了获取个人私利而损害企业的利益，而管理舞弊是为了企业利益而损害企业外部利益相关者的利益。

3. 相关概念辨析

财务舞弊与会计信息失真、盈余管理之间存在联系，但也有一定区别。

（1）财务舞弊与会计信息失真。会计信息失真包括制度性会计信息失真和执行性会计信息失真。制度性会计信息失真是由于现行会计制度的缺陷所导致的，此类失真并不违反法律法规。执行性会计信息失真是由于会计处理过程不当所产生的信息失真，属于违法违规行为，并可进一步分为错误性会计信息失真和舞弊性会计信息失真，二者的差异在于前者是无意造成的，而后者为主观故意。

舞弊性会计信息失真又包括业务舞弊性会计信息失真和会计舞弊性会计信息失真。业务舞弊性会计信息失真指虚构或隐瞒业务导致会计信息失真，如银广夏、东方电子、蓝田股份、康得新等上市公司虚构交易导致收入和利润虚增。会计舞弊性会计信息失真指故意使用不当的会计政策，如提前或推迟确认收入或费用、蓄意改变会计要素确认标准或计量方法导致的会计信息失真。本书所指的财务舞弊主要是舞弊性会计信息失真。总体来看，财务舞弊与会计信息失真之间的关系如图 7-3 所示。

（2）财务舞弊与盈余管理。盈余管理一直以来都是国内外文献研究争议最多的一个概念。对盈余管理的定义有许多不同的表述。威廉·K. 斯考特（William K.Scott，2000）认为，盈余管理是"在公认会计准则（GAAP）允许的范围内，通过对会计政策的选择使经营者自身利益或企业市场价值达到最大化的行为"。凯瑟琳·雪珀（Katherine Schipper，1989）认为，盈余管理实际上是企业管理人员通过有目的地控制对外财务报告过程，获得某些私人利益的"披露管理"。

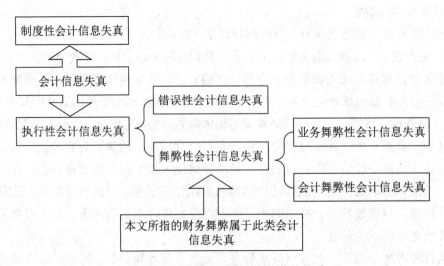

图 7-3　会计信息失真与财务舞弊的关系

区分盈余管理和财务舞弊的标准是主体所采用的会计处理方法是否被公认会计准则认可。财务舞弊是违反公认会计准则的，而盈余管理是指蓄意选择形式被公认会计准则认可的会计处理方法，以使财务报表达到管理当局所希望呈现的会计数据，故其实质上并不能反映公司的真实经营业绩。可见，盈余管理实质上是会计人员合理运用专业判断，在会计准则留有较大判断空间时，选择能使自身效用或公司价值最大化的会计政策，其行为虽不违反法律、法规以及会计准则的规定，但因其呈现财务数据并非公司真实状况，有粉饰报表之嫌，同时会导致会计信息失真。盈余管理与财务舞弊区别如表 7-1 所示。

表 7-1　财务舞弊与盈余管理的区别

项　目	财 务 舞 弊	盈 余 管 理
目的	欺骗投资者，获取不正当的利益	使自身效用或企业市场价值最大化
是否违背会计准则	是	否
手段	欺骗性手段，蓄意谎报或隐瞒财务事实	对公认会计原则范围内有关原则、方法、程序的选择，会计估计变更，会计方法、程序运用时点的控制
表现形式	伪造或编造会计资料，隐瞒或删除交易或事项的结果，编造虚假交易或事项，虚假披露等	激进会计，稳健会计等
影响	误导投资者、破坏会计行业的健康发展、造成经济秩序混乱等消极影响	有助于企业经营目标的实现、降低契约成本等积极影响和导致会计信息失真、误导投资者等消极影响

资料来源：朱玲. 会计假账与财务舞弊行为研究——基于公司治理视角[M]. 武汉：华中科技大学出版社，2007.

 ## 会计假账与财务舞弊的常用手段

会计假账与财务舞弊的手段一般有如下几类：

（1）以提前确认收入、递延确认收入、非营业收入营业化为手法的收入舞弊；

（2）以提前确认费用、递延确认费用、费用过度资本化等为手法的费用舞弊；

（3）滥用会计政策，运用会计估计和会计差错进行舞弊；

（4）通过虚构销售、资产等方式虚构交易事实进行舞弊；

（5）以关联购销与交易、资产置换和股权置换等为手法利用关联交易舞弊；

（6）利用地方政府补贴收入舞弊；

（7）掩盖交易或事实进行舞弊，包括对未决诉讼、未决仲裁、担保事项、重大投资行为和重大购置资产等行为的隐瞒、不及时或不完整披露等；

（8）操纵现金流量以粉饰经营业绩进行舞弊。

第四节 会计假账与财务舞弊的成因分析

一 国外财务舞弊动因理论与分析

国外对财务舞弊动因理论的研究比较早，所以也比较成熟，主要有：冰山理论，即二因素论；舞弊三角理论，即三因素论；舞弊 GONE 理论，即四因素论；舞弊风险因子理论，即多因素论。

冰山理论把舞弊看作一座海面上的冰山，露在海面的只是冰山一角，更庞大、更危险的部分则藏在海面以下。该理论从结构和行为方面考察舞弊，海面上的是结构部分，海面下的是行为部分。舞弊结构的内容实际上是组织内部管理方面的，这是客观存在且容易鉴别的。舞弊行为的内容则是更主观化、更个性化、更容易被刻意掩饰起来的。冰山理论说明，一个公司是否可能发生财务舞弊，不仅取决于其内部控制制度的健全与否和严密性，也取决于该公司是否存在财务压力，是否有潜在的败德可能性等因素。

舞弊三角理论是由美国会计学家史蒂文·阿伯雷齐特提出的，他认为财务舞弊的产生必须有三个要素：压力、机会和自我合理化借口。因此，防范和治理财务舞弊既要通过加强内部控制消除舞弊机会，还应通过消除"压力"和"自我合理化借口"来抑制舞弊。舞弊三角如图 7-4 所示。

图 7-4 舞弊三角图

舞弊 GONE 理论是杰克·波洛格、罗伯特·林德奎斯特和约瑟夫·韦尔斯在 1933 年提出的，该理论认为，舞弊由贪婪（Greed，G）、机会（Opportunity，O）、需要（Need，N）、暴露（Exposure，E）四因子组成，它们相互作用、密不可分，并共同决定舞弊风险程度。舞弊风险因子理论是博洛加等人（Bologua et al.，1993）在 GONE 理论基础上发展形成的，是迄今为止最完善的关于舞弊动因分析的理论。该理论认为企业舞弊由个别风险因子和一般风险因子共同构成。个别风险因子包括特定个人的道德品质和动机，而一般风险因子包括舞弊的机会、被发现的可能性、发现后受惩罚的性质和程度。当一般风险因子和个别风险因子结合在一起，并且舞弊者认为有利时，舞弊往往就会发生。

专栏 7-3
美国世通公司财务失信欺诈始末
扫描此码　深度学习

二、国内会计假账与财务舞弊动因分析

研究我国会计假账与财务舞弊行为，不能脱离我国证券市场的特殊制度和会计行业的独特背景。我国会计假账与财务舞弊的动因表现出一些独特性。

（一）会计假账与财务舞弊的内部动因

1. 信息不对称——会计假账与财务舞弊的根本条件

信息不对称是指市场中交易的一方比另一方拥有更多的信息。在一个信息不完备的经济环境中，委托人和代理人各自拥有的信息是不对称的，代理人往往比委托人拥有更多的信息。作为理性的个体，他们更倾向于利用自身优势为自己谋利。在我国的上市公司中，同样也存在着股东和经营者之间的委托代理关系。由于所有权和经营权相分离，经营者以企业法人的身份独立自主地利用企业资本进行经营活动，他们成为企业的内部人，股东则成为外部人。因此，资本所有者（股东）与资本运作者（经营者）始终处于信息不对称的状态。

虽然股东有可能对经营者提出尽可能确切的经营目标，但因信息的非对称分布，经营者凭借自己在公司的管理权威和信息掌握，在信息的不对称公布上处于有利地位。公司管理层在披露信息时，会有选择地向股东提供对自己有利的信息，隐藏不利信息；在管理过程中，选择最有利于自身利益而不是最有利于投资者利益的行为。在这种情况下，如果管理者具有借助舞弊实现自己机会主义的动机和欲望，财务舞弊行为就会发生。

2. 公司治理结构失效——会计假账与财务舞弊的温床

公司治理结构从狭义上讲是有关所有者、董事会和高层管理人员三者之间权利分配和制衡关系的一种制度安排，具体表现为明确界定股东大会、董事会、监事会和经理人员职责及功能的一种企业组织结构。我国上市公司的内部治理主要是一种双层监控模式，即股东大会之下的董事会与监事会并行，董事会提供经营决策，监事会则负责监督董事会、经理层的行为，如图 7-5 所示。

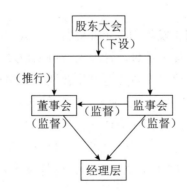

图 7-5 我国上市公司内部治理模式

我国经济经由计划经济向市场经济转型，许多上市公司都是由原国有企业重组而来，因此必然受到客观环境和传统计划模式的双重影响和制约，使上述公司治理模式无法完全发挥其作用，具体体现在以下几个方面。

首先，我国股权结构往往是国有股处于控股地位，大股东在公司中拥有绝对控股权或相对控股权，董事会完全由大股东决定，并为大股东服务，股东大会形同虚设，中小股东作为弱势群体其利益无法得到保护。其次，许多中小股东因持股数量限制而无法参加股东大会，也影响了其行使股东权利。这些都导致经理层迫于压力通过舞弊为大股东谋利的行为屡禁不止，严重损害了中小股东的利益。再次，上市公司管理层权力过大，内部人员控制现象严重，董事会、监事会与经理层之间的相互制衡机制失效，也成为财务舞弊滋生的土壤。最后，董事会和监事会独立性缺失、制约作用弱、独立董事制度不完善、内部控制漏洞等也是财务舞弊得以产生的原因。

3. 上市公司舞弊动机——会计假账与财务舞弊的压力

压力是舞弊者的行为动机，也是直接的利益驱动。事实上，任何类型的企业舞弊行为都源于压力，只是具体形式不同而已。公司会计假账与财务舞弊压力动机主要有以下几点：

第一，融资压力。根据有关法规制度，我国上市公司发行股票，必须连续三年盈利，这便构成了公司为达到上市资格实施舞弊的压力。许多企业为了确保上市以发行股票，就会通过各种舞弊手段进行会计处理和报表粉饰，以保证公司连续三年盈利。另外，我国上市公司为了得到再融资的资格，会采取各种舞弊手段提高净资产收益率，以达到筹集更多资金的目的。

第二，迎合市场预期压力。由于股票价格的涨跌受到企业财务状况的影响，为维持股价正常增长以迎合投资预期，我国上市公司会实施财务舞弊，进而利用虚假的财务报表信息操纵股价。

第三，经营业绩压力。企业管理者的薪酬与公司经营业绩挂钩，股票期权促使管理层希望通过盈余管理抬高股票价格以从中获利。同时，为避免公司上市后业绩大量下滑或亏损被给予 ST、PT（摘牌或退市）处理，我国上市公司也会实施会计舞弊。

（二）会计假账与财务舞弊的外部动因

1. 我国会计制度存在缺陷

我国会计准则所遵循的权责发生制将企业经营分割成相同的期间，每一个会计报告期都产生应收、应付、待摊、预提等项目，管理人员可以通过调整某些递延项目的确认时间来影响当期会计信息。而现金收付制虽然避开了会计分期假设，但是通过对经济业务结算方式的不同安排，仍然可以操纵年度现金流量以粉饰经营业绩。因此，无论采用何种方式，财务舞弊行为都难以避免。同时，会计估计、会计差错调整、会计政策变更等行为也都为财务舞弊提供了很大空间。管理当局完全可以出于自身利益的考虑，通过调整会计政策或使用会计估计等方式来实施财务舞弊，并且这种财务舞弊行为具有更强的隐蔽性。

2. 审计独立性缺失

独立性是外部审计的灵魂，也是审计的一个重要特征。离开了独立性，外部审计将没有任何意义，并可能使上市公司的舞弊行为更具欺骗性。但从我国目前的情况来看，注册会计师的独立性远远未达到市场经济发展的要求。究其原因，主要有以下两个。

第一，审计委托代理关系失衡。由于委托代理关系的出现，所有权与经营权的分离，委托人（即股东）需要第三方对其代理人（即管理层）进行评价考核，以解决代理人的信息优势和道德风险问题。而目前我国上市公司不合理的股权结构和严重的内部人控制，导致公司治理结构失效，上市公司审计中本应存在的三者之间的委托代理关系，实际上演化成二者之间的关系，即"代理人"委托"代理人"，也就是管理者聘请注册会计师来监督自己的行为，况且注册会计师经济收入依赖上市公司提供。显然，这是一种影响独立性的制度设计陷阱，无疑使注册会计师的独立性严重削弱。

第二，我国审计市场尚不完善。审计资源有限，市场竞争者众多，会计师事务所执业质量、注册会计师专业素养差距不大，导致会计师事务所之间的过度竞争在所难免。有资料显示，美国四大会计师事务所的市场占有率高达95%以上，而我国前十大会计师事务所的市场占有率仅在30%左右。而且，许多会计师事务所的规模偏小，导致其在业务和经济上对客户产生依赖，审计收费受到限制。

在恶性竞争的市场环境中，会计师事务所甚至会对资产庞大的上市公司收取极低的审计费用。在此情况下，为了平衡自身的成本与收益，注册会计师往往存在不合理缩短审计时间的倾向，通过减少必要的审计程序，以牺牲执业质量为代价换取自身经济利益的增加。这种不健全的审计市场助长了财务舞弊的嚣张气焰，甚至导致某些会计师事务所与被审计公司串通舞弊，造成审计独立性的严重缺失，对社会产生巨大危害。

3. 外部监管与处罚力度不够

会计假账与财务舞弊得以发生的另一重要原因是监管不力，即证券市场监管效率和效果欠佳。

首先，法律制度本身不完善，为会计假账与财务舞弊提供了条件和空间。为保障企业会计信息的真实性和治理编造虚假财务信息的行为，有关部门颁布了大量的法律法规，如《会计法》《企业会计准则》《企业财务报告条例》《企业会计制度》《公司法》《证券法》等。从表面上看，这些法律法规构成了一个比较完备的体系，规范了企业的财务行为。但由于它们通常只进行一般原则性的规定，强调普遍适用性和原则性，没有明确量化标准，缺乏对应实施细则，实际可操作性较差。这种情况制约了会计法律的约束力，使得不少财务人员无所顾忌地实施财务舞弊。

其次，法规之间存在不协调性。为了有效进行会计监管，我国政府设置了许多监管职能部门，我国会计监管组织架构如图7-6所示。

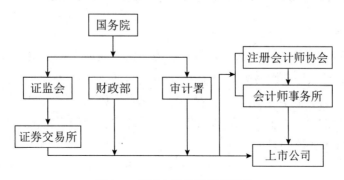

图 7-6　我国会计监管组织架构

其中，证监会、财政部、审计署、证券交易所等多个部门都在不同程度上参与会计行业的政策制定工作，在制度、法规、政策的制定上难免会出现交叉或者疏漏的情况，造成法规制度不统一、不协调的现象。这必然会增大上市公司与监督部门的博弈空间，增加财务舞弊产生的可能性。

最后，政府对实施舞弊的惩处力度较小。深交所综合研究所（2002）认为，"第一，对财务报告舞弊的处罚尤其是以内部批评为主的处罚方式，未能足够地增加上市公司的财务报告舞弊成本，没有起到防止再犯的效果。这是我国上市公司财务报告舞弊行为屡禁不止的原因之一。第二，在2001年前受处罚公司的再融资（包括增发和配股）机会与未受处罚的公司相比，无显著差异。以内部批评为主的处罚手段，对公司的再融资能力和机会没有影响"。

实际上在会计行业中，若按照现行法规，如果上市公司实施财务舞弊被查处，其处罚方案往往是对上市公司及其管理层负责人进行谴责、处以行政处分或罚款，只有极少数人需承担刑事责任。而上市公司被证监会查处后，被处罚公司缴纳的罚款一般为股东投入的资金。另外，公司舞弊行为一旦被依法披露，股价的巨幅下跌将使股东在二级市场的利益严重受损，投资者（特别是中小投资者）由此将遭受双重损失。而对于真正实施舞弊的管理层或大股东而言，政府所处以的微弱惩罚与其获得的巨大非法利益相比，根本起不到警示作用，相反还会由于收益远远大于成本而加剧他们的舞弊行为。

4. 职业道德缺失——产生会计假账与财务舞弊的根源

近年来，我国会计界正面临着严重的诚信危机。会计信息失真、财务舞弊行为大量出现，会计师事务所和注册会计师审计业务公信力降至低谷。在我国财政部会计信息质量抽查中，有资料证实我国80%以上的企业会计信息存在不同程度的失真。其表面原因是社会经济环境不佳，法律制度不全，执法不严，惩处不力，给舞弊者提供了机会，但究其根源，实质上是由于社会及职业道德缺失导致企业社会责任感下降。不少企业会计人员及注册会计师为获取个人或集团巨额经济利益，违背会计职业道德，置会计审计法规于不顾，配合企业负责人或审计客户实施财务舞弊行为，提供舞弊性财务报告。

第五节　会计假账与财务舞弊的道德治理对策

会计假账与财务舞弊产生的原因是多方面的。为了获取上市资格、避免被摘牌退市等是上市公司出现会计假账与财务舞弊迫于压力的动机，信息不对称、公司治理结构不完善、外部监管与处罚不力等则为会计假账与财务舞弊提供了机会，同时职业道德缺失使舞弊者找到了自我合理化的借口。因此，会计假账与财务舞弊行为的道德治理对策也要多种手段并用，才能达到标本兼治的目的。

完善公司治理机制

为了有效防范会计假账与财务舞弊行为发生，上市公司应该建立健全有效的内部治理机制。

1. 完善上市公司股权结构

我国上市公司国有股占绝对优势，董事会及经理人员通常受到行政干预的影响，形成内部人控制的局面，中小投资者股权分散，难以形成对大股东的制约。为了扭转这种股权结构，进而改善公司治理机制，应具体考虑以下几点：

第一，积极推进国有股减持政策，设计国有资本逐步退出的方案，在考虑二级市场承受能力、不影响其稳定运行的前提下，降低国有股比例，并相应提升中小股东在公司决策与管理中的参与度。

第二，鼓励机构投资者作为股东进入企业，使股权结构多元化。机构投资者多为专业化人员，可以对所投资的公司实行有效的监督，而且机构投资者的决策方式和投资理念有助于提高公司治理决策的科学性。在减持国有股的同时，我国可逐步鼓励非银行金融机构长期持股并参与公司治理，提高会计信息披露质量。

2. 明确各职能机构的权利和责任

完善上市公司治理机制，应明确上市公司股东大会、董事会、监事会和经理层的权利及责任，使其各负其责、相互独立、相互制衡，以形成有效并相互制约的管理机制，消除内部人控制的现象，主要应从以下几个方面着手。

第一，规范独立董事的选聘机制。首先，应减少内部董事的比例，防止董事会被内部董事控制，同时应改变独立董事的提名制。为确保董事真正成为公司股东特别是中小股东利益的代表，在独立董事的提名任命上应该实行大股东回避制度，并严格明确大股东和中小股东各自对独立董事的推荐比例。其次，对独立董事人员的选用应改变之前的名人效应原则，对任用条件制定更严格的标准，以确保独立董事具有胜任本职工作的能力、时间和精力。

第二，规范独立董事的权利与责任，并完善相关的法律制度。应根据《公司法》及中国证监会等部门制定的有关法规，使独立董事的权利和责任更加明确。

第三，完善独立董事激励机制。通过完善独立董事的激励机制，如设立针对独立董事的股权激励制度，提高其工作积极性，以使独立董事能专心本职工作。

第四，强化监事会的监督职能。目前，我国上市公司监事会的成员基本由职工代表、党团组织人员组成或由控股股东、管理层提名选举产生，专业化程度较低且内部人现象严重，而且上市公司对独立董事和监事会的职责划分不明确，经常造成相互推诿的局面，这严重削弱了监事会的作用。

因此，有必要加强上市公司监事会的职能，可从两方面进行完善：一方面，应建立更为健全的监事选任制度，对监事的任命程序、任职资格、人员构成等进行明确细致的规定，防止董事会或经理层直接任命监事的行为，从而避免监事会被董事会牵制，而且应在上市公司监事会中引入适当比例的独立监事，以增强监事会的独立性；另一方面，应强化监事会职权。监事会的职权范围是它的生命，我国监事会作用发挥不好的原因之一就是其职权范围的模糊和狭窄，具体包括财务检查权、职务监察权、损害行为纠正请求权、罢免建议权等，通过对这些权利的加强，监事会能更好地发挥监督作用。

3. 完善审计委员会制度

上市公司应成立审计委员会，使其作为独立的第三方在注册会计师与公司管理层之间形成隔离带，以提高上市公司会计信息的质量，减少财务舞弊行为。大量的经验证据显示，独立的审计委员会确实有助于提高外部审计的独立性和财务报告质量。根据《COSO 舞弊财务报告研究》，25% 的舞弊公司没有设立审计委员会，在设立有审计委员会的舞弊公司中，大部分审计委员会成员没有会计任职资格或没有在会计或财务岗位的工作经验。

由于审计委员会具有独立性，不存在舞弊动机，故由审计委员会负责外部注册会计师的选聘工作，可有效防止经理人的"意见采购"，而且由于审计委员会的人员具有专业性，可由审计委员会负责公司内部审计工作，同时也保证了内部审计的独立性。另外，独立权威的审计委员会制度可以通过对内部治理结构的健全和完善，营造一个适合注册会计师进行审计的良好公司环境，进而解决独立审计不独立的问题。这不仅增强了注册会计师审计的独立性也保证了审计信息的真实性，而且可以解决公司治理中的所有者缺位、内部人控制等问题。另外，在现行公司治理结构下，审计委员会和监事会并行可作为我国上市公司会计监督模式的一种选择。审计委员会和监事会的结合可以在一定程度上弥补治理结构和内部控制的缺陷，它们是一种互补关系，审计委员会应以对董事会的所有重大决策的公正性与科学性监督为主。

具体而言，上市公司设立审计委员会，应将其作为一个与董事会相独立的平行机构。该委员会成员代表股东利益，直接对股东负责，并由股东选聘和激励，委员会成员全部由独立董事构成且至少有一位财务专家。审计委员会负责聘用和监督注册会计师，决定注册会计师的审计报酬及支付形式，被聘用的注册会计师定期向审计委员会报告重大会计事项。此外，审计委员会的权利还包括行使内部审计权、解聘注册会计师、设计内部控制制度、质疑董事会决策等。

二、加强外部审计独立性

1. 全面规范会计师事务所的轮换制度

除了设立独立的审计委员会外，还可以通过实行注册会计师定期轮换制度，达到增强注册会计师审计独立性的目的，防止上市公司与会计师事务所互相勾结、共同舞弊问题的出现。由于会计师事务所与被审计单位管理层长期合作难免会有经济业务等方面的相关牵连，审计准则应明确实行严格的会计师事务所强制轮换制度。

美国《萨班斯—奥克斯利法案》（2002 年）规定，会计师事务所的主审合伙人，或者复核审计项目的合伙人，为同一审计客户连续提供审计服务不得超过 5 年，否则将被视为非法。这一规定的实际意义是，会计师事务所负责某一审计客户审计的合伙人在对该客户的审计工作达到一定时间以后必须轮换，以避免合伙人与审计客户合作时间过长而影响其独立性。

中国注册会计师协会在 2002 年发布的《中国注册会计师职业道德规范指导意见》中也有类似的规定，"会计师事务所应定期轮换审计项目负责人和签字注册会计师"。但我国至今尚未对最短轮换期限进行明确规定。同时，会计师事务所的轮换范围应扩大到关联方，即一个会计师事务所轮换后不得在规定的时间内负责原客户关联方的审计工作，否则会大大降低轮换制度的效果，这个期限也是规范的轮换制度所必须明确的。

2. 引进同业互查制度，以提高审计质量

同业互查制度是美国注册会计师的一种行业自律模式，目标是确定被复核的会计师事务所是否按照质量控制准则的要求来设计审计质量控制制度及遵循的程度，复核人要对被检查的会计师事务所出具书面报告，并针对存在的问题提出改进意见。我国也可以引进同业互查制度，由证监会要求执行上市公司审计业务的会计师事务所每隔 3 年接受强制性的同业互查。这样不仅能够促进不同会计师事务所之间的业务交流，还可以帮助被审核的会计师事务所认识到自身的缺陷，提高其财务报告的审计质量，同时也可以激励和督促注册会计师加强自身的专业胜任能力。

3. 引入会计监察委员会保证审计独立性

我国对上市公司会计信息的监管存在重叠现象。财政主管部门、税收主管部门、金融主管部门、证券监管部门、国家审计部门等都对上市公司会计信息有法定监管权，由此导致了各监管部门之间职责不清，并且出现监管部门为上市公司谋求私利的倾向。美国《萨班斯—奥克斯利法案》（2002）指出，会计监察委员会的设立目的在于"监督证券法律制度下上市公司的审计及相关事项，以保证其向公众投资者提供准确、独立的审计报告，保护投资者利益，促进公共利益"，并规定所有从事上市公司审计业务的会计师事务所都必须按照会计监察委员会的要求向会计监察委员会注册，否则不得从事上市公司审计的业务。

同时，各会计师事务所应向会计监察委员会提交年度报告，包括工作总结等内容。为了保证会计监察委员会运转的经费需要，该法案还授权会计监察委员会对每一个注册会计师事务所进行评估并收取注册费和年费。该法案可以更好地保证外部审计的独立性，所以我国也应引进类似的会计监察委员会制度，以监督上市公司审计业务是否公正，进而规范审计市场秩序，解决监管重叠问题。

三　推行法务会计，加大会计假账与财务舞弊处罚力度

现行的预防会计假账与财务舞弊的机制主要有内部控制和外部审计。完善的内部控制制度能在一定程度上发现审计过程中忽视的侵占资产舞弊，保证会计信息准确可靠、资产安全完整。但由于内部控制本身的局限性，经常出现管理层凌驾于内部控制之上实施舞弊的行为。而外部审计更多关注的是导致被审计单位的财务报表及相关资料不能公允表达的重大舞弊，却忽视了不影响财务报表公允表达的其他舞弊行为。另外，我国关于会计假账与财务舞弊处罚的法律规定相对模糊，对其司法审判的过程也缺乏相应依据，并且忽视了相应的民事处罚。因此，治理会计假账与财务舞弊的机制还存在着重大缺陷，应引入法务

会计制度，从而使内部控制、独立审计和法务会计共同构成一个有效的会计假账与财务舞弊控制系统。

所谓法务会计，是指把法律知识和会计知识相互融合，通过对会计假账与财务舞弊事件的调查，在法庭上提供专家证词，从而使会计假账与财务舞弊案件的处理更加及时有效。法务会计不同于审计，二者的区别见表 7-2。

表 7-2 法务会计与审计的区别

范　畴	法　务　会　计	审　　计
关注点	已知舞弊或怀疑存在舞弊的领域 使舞弊者承认	财务报表的公允性 内部控制质量
方法	审问、重建损失、百分百地检查目标文件	抽样，分析性复核 确定基于重要性水平的测试范围
范围	从公司财务报告舞弊到离婚案件中在法庭上隐瞒资产的行为	经常性财务报表审计
最终产品	收集法律证据并总结 出庭提供专家证词	财务报表和内部控制的审计意见
基础技术 要求	面谈——倾听、会计余额重建 计算机重建（计算机案件） 出庭——提供专家证词工作	客观性 收集和分析证据 会计、审计、面谈、计算机审计等

提供法务会计服务的是注册法务会计师，他们在反舞弊工作中取得了显著成绩。因此，我国应建立法务会计师制度，规范法务会计师的职业行为，保证法务会计师的执业质量，明确法务会计师的执业责任，实现法务会计准则与其他相关准则、惯例及法规的协调，维护法务会计师的职业信誉，促进法务会计师素质的提高。

在加强法务会计建设的同时，还应加大会计假账与财务舞弊处罚的力度。首先，应加强对上市公司管理层的惩罚力度，在法律责任处罚的基础上加重对参与假账舞弊的高层管理者的民事赔偿责任和刑事责任，将会计假账与财务舞弊所造成的责任和损失由投资者转移到操控舞弊行为的高层管理者身上，提高其会计假账与财务舞弊的成本，也对其他上市公司潜在的会计假账与财务舞弊起到震慑作用。其次，应加强对注册会计师的惩罚力度。通过审计市场改革和创新行业监管，并完善处罚制度，使注册会计师意识到若参与假账舞弊必会受到法律严惩，通过施加惩处压力和假账舞弊风险达到减少审计舞弊发生的目的。

四、完善会计假账与财务舞弊审计机制

我国现行制度基础审计是以研究和评价被审计单位内部控制制度的健全、有效性为基础，依据被审计单位内部控制制度的可靠程度，决定实质性测试性质、时间和范围的一种审计方法。这种审计模式在一定程度上可以减少审计程序错误的发生，但它有其局限性，因为该审计方法是以健全、有效的内部控制制度能减少会计假账与财务舞弊发生这一假设为前提的，但如果上市公司管理者凌驾于内部控制之上，使内部控制失效，那么这个前提

假设就是不成立的。

考虑到现行审计模式的缺陷，我国应发展和完善会计假账与财务舞弊审计机制，其审计流程应在原有模式的基础上进行若干延伸。具体来说，比如在审计开始之前，审计小组采用头脑风暴法讨论会计假账与财务舞弊的可能性、会计假账与财务舞弊可能采取的方式；适当设计延伸性审计程序，实施一些补充和特殊的审计程序；收集关于会计假账与财务舞弊风险的信息并修改审计计划等。

产生会计假账与财务舞弊的原因不仅在于各种制度的不完善，更在于个人职业道德的缺失。法律只对违法行为进行管束和惩处，而唯有依靠道德标准的提升方能从根本上使人自律和服从他律。因此，为减少会计假账与财务舞弊的发生，我国需要大力加强商业伦理与会计诚信教育，使商业伦理与会计职业道德要求内化为会计人员的自觉行动，成为会计人员一种内在的精神力量。

专栏 7-4 🔍

诚信乃"国之大纲"

扫描此码　深度学习

第六节　加强商业伦理与会计职业道德教育

一　加强商业伦理与会计职业道德教育的必要性

商业伦理与会计职业道德教育应该是全方位的，重点应包括企业管理层、以监督上市公司为职责的政府监管机构官员以及市场监管机构工作人员，如会计师事务所、证券公司、律师事务所、资产评估事务所的员工等，他们本应作为会计假账与财务舞弊的披露者和鉴证者，但是其中许多人却成为会计假账与财务舞弊者同伙。通过职业道德教育，可以使他们意识到在利益面前道德更加重要，树立职业道德，严守岗位操守。

首先，充实现代会计教学的内容，不仅要设置经济、管理方面的课程，而且要将商业伦理与会计职业道德作为会计专业学生的必修课程之一，让未来的会计人才在学校就有商业伦理与会计职业道德意识，树立商业伦理与会计职业道德观念，从而防微杜渐。我们知道，缺乏商业伦理与会计职业道德教育是导致我国会计工作诚信度较低的重要原因，所以我们应该突出诚信为本的教育，提高会计专业学生的道德水平。其次，建设现代会计教材，不仅要丰富专业教材，还要将商业伦理与会计职业道德教材作为正式的教材学习，另外可以从国外引进比较经典的教材，这样可以与国际接轨。最后，改进现代会计教学方法。现代会计教学方法主要有讲授方法、讨论方法、发现方法、实践方法等，而在商业伦理与会计职业道德教育的过程中，最好采用伦理道德知识研讨与案例教学的结合方法，这是会计专业和各类进修的会计人员最容易接受的，也是最有成效的教学方法。

商业伦理与会计职业道德教育是根据会计工作的特点，有目的、有组织、有计划地对会计人员施加系统的商业伦理与会计职业道德影响，促使会计人员形成商业伦理与会计职业道德，履行商业伦理与会计职业道德义务的活动。商业伦理与会计职业道德教育的作用在于：它把社会意识中得到反映和论证的一定的商业伦理与会计职业道德原则、商业伦理与会计职业道德规范和商业伦理与会计职业道德观念灌输到会计人员的意识中，引导会计人员既能够实行自我监督，调整自身行为，也能够参与社会行为的调整过程，并对其他会计人员提出商业伦理与会计职业道德要求和进行商业伦理与会计职业道德评价。

二、商业伦理与会计职业道德教育的特征

商业伦理与会计职业道德教育是塑造或改造会计人员道德面貌的工作。由于会计人员与社会实践、生产经营等活动有广泛的联系，而且有高度的自觉性和能动性，因此商业伦理与会计职业道德教育过程是一个极为复杂的矛盾运动过程。但是，商业伦理与会计职业道德教育并非不可捉摸、无规律可循。根据优秀会计人员的感人事迹，结合其商业伦理与会计职业道德思想和商业伦理与会计职业道德行为，可以看出商业伦理与会计职业道德教育具有如下特征：

1. 商业伦理与会计职业道德教育的整体性

由于商业伦理与会计职业道德品质是商业伦理与会计职业道德认识、商业伦理与会计职业道德情感、商业伦理与会计职业道德意志、商业伦理与会计职业道德信念和商业伦理与会计职业道德习惯等基本因素有机统一的集合体，因此商业伦理与会计职业道德教育不能机械地确定一个序列，单一地进行，而必须注意各个基本要素的整体培养。整体性要求把商业伦理与会计职业道德教育看作有机的体系，做到各要素间齐头并进、相互协调、共同发展。

也就是说，我们应该在提高会计人员道德认识的同时，培养会计人员的道德情感和道德意志；在教育会计人员确立、坚定和增强自己的道德信念的同时，教育会计人员养成自然而然地实践商业伦理与会计职业道德原则和规范行为的习惯。当然，在进行商业伦理与会计职业道德教育的时候，是可以而且应该根据实际情况侧重于其中的某个方面。但是，切不可因有侧重点，而不同时兼顾其他方面。总之，整体性是由商业伦理与会计职业道德本身形成和发展的客观过程所决定的，也是构成会计品质中各要素相互依赖、相互制约的必然要求。

2. 商业伦理与会计职业道德教育的针对性

商业伦理与会计职业道德教育要着眼于构成会计人员道德品质诸要素的平衡，使其全面发展，但在现实的会计工作中往往难以达到各个要素发展的完全平衡，各要素在发展方面和发展水平上常常不一致。这是因为每个会计人员的生活经历、受教育程度、知识水平和实践状况不同，他们的社会公德素质和职业道德素质不同，客观上会计人员的职业活动又与许多方面发生关系。这种情况决定进行商业伦理与会计职业道德教育不能采取统一的形式、死扣一环，只从一个固定不变的模式出发，而是要从实际出发，在充分调查的基础上，针对不同的教育对象，选择最需要、最迫切、最能见效的方面进行商业伦理与会计职业道德教育。总之，商业伦理与会计职业道德教育要因人而异、灵活多样。这种商业伦理与会计职业道德教育的针对性是商业伦理与会计职业道德教育灵活性和生动性的体现。

3. 商业伦理与会计职业道德教育的复杂性

培养商业伦理与会计职业道德品质是一个极为艰巨复杂的过程,需要不断地反复进行。即使是比较单纯地传授商业伦理与会计职业道德知识,也必须经过反复教育才能逐步为会计人员所了解和掌握。相比之下,商业伦理与会计职业道德感情的培养、商业伦理与会计职业道德意志的锻炼、商业伦理与会计职业道德观念的树立和商业伦理与会计职业道德习惯的养成困难得多、艰巨得多、深刻得多,不可能一蹴而就、一次生效。例如,就培养商业伦理与会计职业道德情感来说,真正要使会计人员做到爱憎分明、从善如流、疾恶如仇,是很不容易的。这种情感必须在实践的基础上经过反复认识、反复感染、长期熏陶才能产生,要使其稳定,还需要更长期的教育。可见,复杂性是商业伦理与会计职业道德教育的又一规律性特征,它表明商业伦理与会计职业道德教育是一项长期艰巨工作。

4. 商业伦理与会计职业道德教育的实践性

商业伦理与会计职业道德本身就是知和行的统一,商业伦理与会计职业道德离开了实际的商业伦理与会计职业道德行为就会变得毫无意义。不仅商业伦理与会计职业道德认识、商业伦理与会计职业道德情感、商业伦理与会计职业道德信念和商业伦理与会计职业道德习惯需要在社会实践中培养和训练,而且由"知"转化为"行",必须在实践基础中实现。商业伦理与会计职业道德教育的实践性意味着,这种教育既要从会计实际工作出发,适应社会的实践情况和实际需要,同时又要引导会计人员遵循商业伦理与会计职业道德规范。实践是进

专栏7-5
国务院办公厅关于加强个人诚信体系建设的指导意见

行商业伦理与会计职业道德教育的基础,也是检查商业伦理与会计职业道德成效的唯一标准。离开了实践,商业伦理与会计职业道德教育就会变成美妙的空谈和说教。

5. 商业伦理与会计职业道德教育的渐进性

会计人员的道德品质不是先天就有的,也不是自发产生的,只有经过后天的长期学习和反复磨练才能形成。会计人员这种反复的磨练过程实际上也是商业伦理与会计职业道德品质形成的渐进过程。一种良好的品质要经历积小善为大善的长期过程,只有通过平时细微的不断的道德进步的量的积累,才能达到道德面貌的根本变化。刘备曾说:"勿以善小而不为,勿以恶小而为之。"因此,商业伦理与会计职业道德教育不能操之过急、急于求成,而要循序渐进、日积月累。商业伦理与会计职业道德教育要给会计人员以道德理想,要达到这种理想必须经过无数的阶梯。只有立足会计实践,从自我做起,千锤百炼,才有可能成为具有高尚道德情操的会计人员。

三 商业伦理与会计职业道德教育的方法

商业伦理与会计职业道德教育的方法是以商业伦理与会计职业道德教育的客观过程的特征及其规律性为依据的,是商业伦理与会计职业道德实践经验的总结。商业伦理与会计职业道德教育究竟应采取怎样的方法,只能根据商业伦理与会计职业道德本身的特点和教育对象的实际情况来确定。

1. 传授会计职业道德知识与进行道德锻炼相结合的方法

传授商业伦理与会计职业道德知识，就是通过讲授、向会计人员灌输商业伦理与会计职业道德规范等知识，帮助会计人员提高商业伦理与会计职业道德认识，并在职业生活中自觉进行商业伦理与会计职业道德实践。但对商业伦理与会计职业道德知识的深入理解，离不开会计实践的锻炼和商业伦理与会计职业道德的锻炼。会计人员只有亲身实践，通过自身的锻炼体验和总结，才能更深刻、更全面地认识、理解商业伦理与会计职业道德知识，更自觉地从事会计实践活动。可以说，传授商业伦理与会计职业道德知识和进行商业伦理与会计职业道德锻炼，是加强商业伦理与会计职业道德教育的两个同等重要的方面。

2. 个人示范和集体影响相配合的方法

个人示范，其一，要求会计领域的各级负责人在会计工作中，以身示范、以身作则，严格要求自己，成为全体会计人员的表率；其二，要求表彰先进模范人物，树立正气，抨击不良倾向，通过个人示范起到影响大众的作用。同时，要加强集体教育，扩大集体影响。集体是许多个别成员集合组成的。集体影响一般表现为集体成员的相互学习、相互感染、相互激励、相互监督和相互促进等过程。发挥每个成员的长处，克服各自的不足，促进大家一道提高道德水平，可起到良好的商业伦理与会计职业道德教育效果。

3. 典范诱导和舆论扬抑相统一的方法

榜样的力量是无穷的。会计领域的榜样是指在会计工作中做出了巨大成绩的英雄、模范人物。他们具有高尚的商业伦理与会计职业道德品质，善于从日常小事做起，不断对自己进行道德品质的锻炼，全心全意地为国家、为人民、为集体工作，他们闪光的行为和事迹对其他会计人员有潜移默化的作用。加之，他们在社会上，尤其在会计领域的道德行为，恰当地、实事求是地发挥榜样的作用，可以启发和激励其他会计人员履行商业伦理与会计职业道德。与此同时，还要重视舆论作用。舆论对会计人员的道德行为起到扬抑作用。在会计领域中，只有形成了扬正抑邪、褒善贬恶的社会舆论环境，商业伦理与会计职业道德教育才能收到好的效果。

【关键概念】

利益驱动（profit driving）

道德滑坡（ethics downhill）

会计假账（false account）

财务舞弊（finance embezzlement）

道德对策（ethics game）

【复习思考题】

1. 会计败德行为有哪些表现？

2. 权钱交易、腐败及寻租与会计假账有什么关系？

3. 不公正经济与会计假账关系如何？

4. 怎样理解会计假账与财务舞弊的含义、类型与常用手段？

5. 如何进行会计假账与财务舞弊动因分析？

6. 会计假账与财务舞弊道德治理对策有哪些？

【在线测试题】

扫描书背面的二维码，获取答题权限。

【案例分析】

证监会 2019 年最新调查牵出瑞华 "连环雷"

康得新涉嫌虚增利润 119 亿元，审计机构瑞华会计师事务所 2019 年 7 月 26 日被证监会立案调查，此事引发了资本市场 "连环雷"。最新数据显示，已有 40 多家企业的 IPO、再融资因此中止，此事也越来越像当年的安然、安达信事件。

一、连续两个大案

瑞华会计师事务所 "出名"，源于其审计的两家公司爆雷，先是 "千亿白马" 康得新年报虚增利润 119 亿元，而后不久辅仁药业又爆出坐拥货币资金 18 亿却拿不出 6 000 万分红。2019 年 7 月 5 日，康得新造假被证实，中国证监会发布消息称，康得新 "涉嫌在 2015—2018 年期间虚增利润总额达 119 亿元"。中国证监会还特别指出，康得新所涉及的信息披露违法行为持续时间长、涉案金额巨大、手段极其恶劣、违法情节特别严重。此后，权威媒体报道称，瑞华事务所已被中国证监会立案调查。没想到的是，康得新的事还没了结，这边又爆出 "大雷"。

二、影响 10 多家公司中止再融资项目与 30 多家公司 IPO 中止

2019 年 7 月 26 日晚，凯撒文化、深南电路、泰禾集团、新北洋、庄园牧场、天汽模、蓝英装备等多家公司公告其项目中止审查，原因都是同一个，即聘请的审计机构瑞华被立案调查。涉及的融资品种有定增和可转债。

更早时间，继峰股份、ST 新梅分别于同年 7 月 4 日、7 月 16 日发布过类似公告，均为瑞华所被立案调查，触发相关规则，上市公司主动申请中止。除了再融资，30 多家企业的 IPO 也受到连累。同年 7 月 26 日，中国证监会官网发布了最新 IPO 排队情况，瑞华会计师事务所手下正在排队的 29 家企业 IPO 项目均被暂停。

三、证监会：要大幅提高处罚力度

证监会正在会同有关方面，推动尽快修改完善《证券法》《刑法》有关规定，拟对发行人、上市公司及其控股股东、实际控制人信息披露虚假，以及会计师事务所、保荐人等中介机构未勤勉尽责等证券违法行为，大幅提高刑期上限和罚款、罚金数额标准，强化民事损害赔偿责任，实施失信联合惩戒，切实提高资本市场违法违规成本。

四、怎么才能"不做假账"?

瑞华屡涉财务舞弊,为何仍能活跃在资本市场?

2001年,安然公司轰然倒台,参与财务造假、位居世界五大会计公司之列的安达信公司也因此事件分崩离析。为了恢复市场信心,美国于2002年通过了《萨班斯—奥克斯利法案》,即《2002公众公司会计改革和投资者保护法案》,同时设立PCAOB(美国公众公司会计监督委员会Public Company Accounting Oversight Board),PCAOB是历史上首个注册会计师行业的独立监管机构,专门负责上市公司会计师事务所的注册、检查、制定准则和执法监管。

此后,美国再也没有发生过大规模、足以震动市场的财务舞弊案件。

相比之下,中国资本市场财务造假却屡禁不止、愈演愈烈。

北京大学教授、PCAOB咨询委员会专家保尔·吉利斯(Paul Gillis)向《南方周末》记者解释,在美国如果被判定财务造假造成投资者损失,会面临双重追责:一是美国SEC作为监管机构可以直接罚款或者起诉上市公司和会计师事务所,二者不仅将面临罚款,相关责任人会被追究刑事责任;二是投资者会发起民事集体诉讼,要求上市公司和事务所赔偿损失,数额一般巨大,这也是威慑上市公司的最主要手段。

以*ST康得新为例,如果案件发生在美国,SEC证实*ST康得新和瑞华财务造假后会提起公诉,向上市公司提出大额罚金,追究上市公司负责人和审计负责人存在的刑事责任。与此同时,投资人也会组成集体诉讼团队,要求民事赔偿,最终无论胜诉或是和解,赔偿金都会被放入SEC专门的公平基金用于支付赔偿。

在国内,证监会已经对*ST康得新进行了顶格处罚60万元,并采取终身证券市场禁入措施,但如果不进行集体诉讼,投资人几乎得不到任何赔偿。

浙江裕丰律师事务所高级合伙人、投资者维权律师厉健向《南方周末》记者分析,目前证监会对于类似案件均以"信息披露违法"来着手处罚,这主要涉及三层责任:行政责任、刑事犯罪以及民事赔偿。国内监管的主要处罚手段是行政责任,但是处罚上限只有禁业和60万元罚款两种手段,"这部分罚款上交国库,并不用于赔偿投资者"。

厉健表示,对于上市公司造假威慑作用最大的民事赔偿,却因为缺乏集体诉讼机制难以实施。以2018年祥源文化(4.160,-0.08,-1.89%)(600576.SH)、赵薇夫妇涉及证券虚假陈述案为例,尽管此案最终判决投资者胜诉获赔,但首批受害者19人在杭州法院仍是分别立案审理。"这相当每一位受害人仍需要单独立案、提交材料、缴纳诉讼费,诉讼的成本就会上升。加上这类案件往往耗时几年,一些投资者在权衡时间成本和收益后往往就不愿意起诉。"厉健说。在美国的集体诉讼模式下,律师主要采用风险代理的模式收费,委托人先不需要支付代理费,案件执行后按照赔偿金额的一定比例付给代理人作为报酬。这相当于鼓励律师开展集体诉讼业务,并向法院提出尽可能高的赔偿金额。

资料来源:笔者根据中国证监会等网站和《南方周末》等报刊整理而成。

讨论题:

1. 瑞华对康得新等公司审计失败案件的根本原因是什么?

2. 注册会计师应如何遵守职业道德,保证审计质量?

第八章　单位负责人与公民会计道德规范

📖 **经典名言与感悟**

执道者德全，德全者形全，形全者神全。神全者，圣人之道也。

托生与民并行而不知其所之，忙乎淳备哉！

功利机巧必忘夫人之心。若夫人者，非其志不之，非其心不为。

虽以天下誉之，得其所谓，敖然不顾；以天下非之，失其所谓，傥然不受。

天下之非誉，无益损焉，是谓全德之人哉！

——庄子

我们大家要学习他（白求恩）毫无自私自利之心的精神。从这点出发，就可变为有利于人民的人。一个人能力有大小，但只要有这点精神，就是一个高尚的人，一个纯粹的人，一个有道德的人，一个脱离了低级趣味的人，一个有益于人民的人。

——毛泽东

计利当计天下利，求名应求万世名。

——于右任

年龄决定人生长度，诚信决定生命高度，格局决定人生结局！

——叶陈刚感悟

📑 **学习目的与要求**

1. 掌握单位负责人与公民会计道德规范要求；

2. 知道重视会计职业，提高会计地位；

3. 能够关心会计人员，支持会计工作；

4. 可以利用会计信息，进行经营决策；

5. 明确遵守会计法规，强化会计责任；

6. 理解并弘扬会计诚信，优化会计环境。

青少年是人类的希望和祖国的未来。同样，会计的希望和未来也在于对青少年的会计教育，尤其是会计职业道德教育。因此，会计职业道德建设首先应该以会计职业道德教育作为切入点。会计职业道德教育是会计教育的关键与核心，决定着会计教育的方向和前途。朱镕基同志强调指出："培养成千上万个职业道德好、业务素质高的会计人才，这是为发展社会主义市场经济奠基，也是现代化建设的根本大计。"

对于一般企事业单位负责人与公民（尤其是与会计工作发生联系的人们，特别是企事业单位领导与高级管理者，尤其是实际控制人）来说，强调会计的社会道德规范的核心问题，是开展会计职业道德教育，宣传和建立正确的会计观念，端正和形成科学的会计认识，自觉践行合理合法的会计行为，营造良好的会计诚信环境。为此，企事业单位负责人与公民应明确会计的社会道德规范要求，具体包括以下几个方面的内容。

专栏 8-1
把诚信教育放在首位
扫描此码　深度学习

第一节　重视会计职业，提高会计地位

市场经济越发达，会计、注册会计师职业越重要。同样，会计、注册会计师行业发展的状况，对市场经济具有基础性作用，这是因为从商业伦理学来分析，市场经济是以诚信和法律为基础的发达的商品经济，会计、注册会计师行业就是为建立和保持市场经济的诚信原则的存在而发展的。市场经济孕育、催生了会计、注册会计师行业，会计、注册会计师行业影响、支撑了市场经济的运行，两者相互支持、相互补充、相互影响、相互制约。其中，商业伦理道德因素无论是对整个市场经济还是对会计、注册会计师行业的影响，都起着决定性作用。

会计控制和参与决策功能日益重要

会计是一种古老的职业，会计学是一门古老而又年轻的学科。会计的发展历史表明，"当近代会计以较为完善的科学形象，在社会经济领域里的管理工作中发挥重要作用的时候，人们开始为树立它的尊严做了种种努力。此后，那种普遍存在的陈腐的轻视会计的思想，已作为一种没落的思想抛进了历史的垃圾堆。自此，对这一学科的公正评价替代了无理的责难。德国伟大诗人歌德在诗中写道：'复式簿记（现代会计的前身——笔者注）是人类智慧的结晶，是伟大的发明。'英国伟大的诗人司各特也欣然赞颂会计业务之尊严。著名的科学家亚瑟、克勒赞美复式簿记为两大完美科学之一。自15世纪以来，包括数学家、哲学家、法学家在内的专家、教授、学者为创建会计学说做出了贡献。从复式簿记着手，对会计学科进行深入细致的研究，成为整个世界的行动"①。

---

① 资料来源：郭道扬.会计发展史纲[M].北京：中央广播电视大学出版社，1984：379.

现代会计较之传统会计又有了质的飞跃，尤其是 20 世纪 40 年代管理会计的产生，并成为一门独立的学科之后，会计逐渐显示出其控制与参与决策的功能。当今，会计更是重要，会计信息是企业最完整、最系统、最综合、最准确从而也是最重要的信息资源。西方国家许多世界著名企业公司的总经理大多是从会计人员中提拔的。会计人员常被人们称为"控制师""领航员"。有人曾把资本主义的世界性经济危机避免与否归结为会计提供信息的成败，虽然这种观点本身未必正确，但足见人们对会计的重视程度。

中国"十年动乱时期"之前，会计曾有所发展，但因受"工具论"和"反映论"等传统会计观念的束缚，会计理论与实践的发展速度远不能令人满意。"十年动乱"中，居然有人提出所谓的"无账会计"，实际上是不要会计，毁了会计，使我国会计步入低谷时期。长期以来，会计工作的可悲现实，使人们的会计观念十分低沉。要改变这种状况，不仅需要会计人员努力提高自身的政治素质、业务素质和知识水平，做好会计工作，提高会计职业的知名度，而且需要整个社会以及每个公民都重视会计工作，尊重会计人员，尤其是财政、税务、审计、银行、工商等宏观经济管理部门，要充分利用会计信息，健全会计监督，形成宽松的、和谐的践行会计职业道德的社会环境。要重视会计职业，提高会计地位，对社会公民来说，应接受并形成以下两个方面的重要观点。

二　发展经济必须加强管理，实施管理必须借助会计

物质资料的生产是人类社会生存和发展的基础，是决定其他一切活动的前提。而"一切规模较大的直接社会劳动或共同劳动，都或多或少地需要指挥，以协调个人的活动，并执行生产总体的运动——不同于这一总体的独立器官的运动——所产生的各种一般职能"。[①]这样，对经济的管理也就成为客观的必然。经济管理的目的在于合理地分配劳动，以节约劳动时间，提高单位时间利用效率，从而提高劳动生产力。

要科学地管理经济，就必须对生产过程中活劳动和物化劳动的消耗利用货币形式进行全面核算、有效控制和严格监督。因此，它对节约时间规律的体现更为直接，利用更为巨大，这决定了会计在经济管理中的中枢地位，也决定了会计机构作为独立的职能部门在经济管理体系中的重要地位。

三　经济越发展，会计越重要；会计越发达，经济越繁荣

随着社会生产的发展和生产规模的扩大，会计经历了一个由简单计算、记录财务收支开始，逐步发展到主要运用价值形式综合核算和监督经济的活动。会计的技术方法，通过长期实践也日益完善起来。处理会计资料从全部手工操作发展到机械操作，现在部分或全部地电子计算机化。

从社会形态角度看，世界近现代史表明，资本主义社会的会计比以前各种社会形态的

---

① 资料来源：马克思. 资本论 [M]. 中文 1 版（第 1 卷）. 北京：人民出版社，1975：367.

会计都重要，而且会计学作为一门科学，本身就是产生于商品市场经济发展的客观需要，会计学产生之后又对资本主义的发展进程起了极大的推动作用。正如德国社会学家马克斯·韦伯所说的"如果在其（西方资本主义）发展过程中没有两个重要因素，资本主义企业的现代合理组织也是不可能的建立：首先，是公司经营活动与家庭的分离，这也普及现代经济生活方式；其次，是与此相关的合理簿记"[①]。

社会主义社会由于具有生产资料的公有制等的资本社会主义社会无可比拟的优越性，从理论上讲，社会主义会计的重要性一定大于资本主义会计，因为社会主义的社会化大生产，迫切要求通过会计核算，及时、准确、完整地提供各种有关数据和资料，组织国民经济的综合平衡；迫切要求通过精确的算账，提供准确、及时的数据，对社会生产进行反映和控制，以指导国民经济的发展；迫切要求通过会计，如实核算，反复比较，严格监督社会再生产过程中的劳动占用、劳动耗费与劳动成果三者之间的比例关系，保证有限的财力、物力和人力得到最合理的分配，最节约、有效地使用，实现以最小的劳动消耗取得最大的经济效益。

在我国社会主义建设实践中，上述重要性未得到充分体现，原因在于：

其一，生产力发展水平不高；

其二，会计工作未被领导和更多的人所理解与重视。

这些年来，随着开放和改革的实施，国家建设和颁布了一系列会计法规、条例；各单位会计机构相继健全，并投入正常运转；会计教育有了较大的发展，在我国高等教育中，会计专业受到众多家长关注与广大学生喜爱，据不完全统计每十个大学生就有一个学会计，会计人员知识水平不断提高，我国会计进入了一个新的发展时期，会计发展全面进入社会主义建设新时代，也大力促进社会主义市场经济繁荣发展。

第二节　关心会计人员，支持会计工作

长期以来，我国会计停滞不前，发展缓慢，这与社会和公民轻视会计，不尊重会计人员有关。眼下当务之急是整个社会要形成尊重会计人员的气氛，主要从以下方面来展开。

明确会计人员身份的多重性

专栏 8-2　重建会计人员职业道德文化　扫描此二维码深度学习

会计人员身份的多重性是由会计职业的特殊性所决定的。会计在处理收支发生、钱物进出时都要涉及国家、集体、职工三者的利益关系。会计在处理三者关系时，应从不同的位置和角度来考虑问题。在上缴税利和维护财经纪律等方面，会计人员代表着国家，取得了国家理财人的身份；在企业提高经营管理和经济效益等方面，会计人员要站在

---

① 资料来源：马克斯·韦伯.新教伦理与资本主义精神 [M].中文 1 版.成都：四川人民出版社，1986：20.

企业利益上，取得企业职业的身份；在职工生活、福利、奖励等方面，会计人员要在国家政策、制度允许范围内扮演着职工代表的身份。这种会计人员身份的三重性，增加了会计工作的难度，但这有利于加强管理，提高经济效益。

二　切实提高会计人员的政治地位和经济待遇

会计人员是工人阶级的一部分，是生产经营管理者的重要组成部分，是社会主义建设事业中的一支必不可少的主力军。因此，要求整个社会尊重他们的知识，以及他们的工作习惯，使会计专业人才学以致用，用其所长，以便充分发挥他们在会计工作中的管理才能。特别是各级领导干部要带头尊重会计人员的劳动，倾听他们的意见，鼓励他们解放思想，大胆工作；在各种场合下注意提高会计人员的威信，全面发挥他们参与管理、参与控制、参与决策的重要作用。同时，还要切实提高他们的经济待遇，落实解决他们的工作和生活问题，以便全力以赴地投入实践，并搞好会计工作。首先，应积极提供与会计工作有关的各种资料，配合会计人员做好会计核算工作，真实反映单位的生产经营活动和财务状况，完善管理的基础工作；其次，要理解并配合会计人员做好会计监督工作，保证单位的生产经营和业务工作合法、合规、有效地进行。

三　理解会计人员的职责

《会计法》明确规定"会计机构、会计人员依照本法规定进行会计核算，实行会计监督"，"会计人员应该遵守职业道德，提高义务素质。对会计人员的教育和培训工作应当加强。"对于任何问题，会计人员要从多个角度去面对、分析和解决，往往比其他人要考虑得全面、深入得多。社会成员对会计人员的职责要理解，并充分相信他们的工作而且还应为会计人员履行职责创造条件。

新修订的《会计法》在对单位负责人的会计责任予以具体化的同时，对会计人员的法定职责也进行了相关的规定：

第一，会计人员必须依据新《会计法》的规定进行会计核算，实行会计监督。

第二，会计人员必须根据实际发生的经济业务事项进行会计核算，填制会计凭证，登记会计账簿，编制财务会计报告。

第三，会计人员必须按照国家统一的会计制度的规定对原始凭证进行审核，对不真实、不合法的原始凭证有权不予接受，并向单位负责人报告；对记载不准确、不完整的原始凭证予以退回，并要求按照国家统一的会计制度的规定更正、补充。

第四，会计人员对本单位发生的各项经济业务事项应当在依法设置的会计账簿上统一登记、核算，不得违反本法和国家统一的会计制度的规定，私设会计账簿登记、核算。

总之，作为会计人员应当遵守《会计法》和国家统一规定的会计制度，遵守自己的职业道德，才能保证会计信息的真实、可靠。

四、会计人员的责任界定

据调查资料表明，近几年违规的上市公司中，涉及三类人：第一类是单位负责人，总经理和董事长；第二类是总会计师；第三类是财务部负责人。在大多数案件中，都是因单位负责人指使、授意做假账，披露假信息造成的。由此可以看出，将单位负责人确定为对会计信息负责是非常正确的，但也不排除会计人员为己私利做假账、提供虚假会计信息的可能性，这就需要对单位负责人的会计责任和会计人员的会计责任进行一个界定划分。

（1）唯利行为。所谓唯利行为是指会计责任人在执业过程中，受利益驱动而违反《会计法》规定的舞弊行为。唯利行为若为会计人员的个人行为，则会计责任由其个人承担；若为会计人员和单位负责人的共同行为，则两者都应承担相应的会计责任。

（2）唯上行为。所谓唯上行为是指会计责任人在执业过程中，由于某种目的的驱使，为迎合上司心理而违反《会计法》规定的舞弊行为。唯上行为有个人行为，也有共同行为。个人行为则会计责任由个人承担；共同行为则与其相关联的人应承担会计责任。

（3）放纵行为。所谓放纵行为是指单位负责人或关系人，受利益或某种目的的驱使，玩忽职守，放纵会计人员违反《会计法》规定的舞弊行为。放纵行为是一种领导违法行为，单位负责人应承担较大的会计责任，会计人员应就其舞弊行为承担会计责任。

（4）胁迫行为。所谓胁迫行为是指单位负责人或关系人，受利益或某种目的驱使，滥用职权，胁迫会计人员违反《会计法》规定的舞弊行为。它也是一种领导违法行为，单位负责人应承担此会计责任，而会计人员则无需承担会计责任。

上述会计违法行为都会使会计信息严重失真，从而导致企业经营业绩的歪曲，税源和国有资产的流失，给社会经济发展带来极大的危害。要从根本上遏制此类违法行为，就应加大法律的监管力度，对违法的单位负责人、会计人员及注册会计师依法追究其行政责任、民事责任和刑事责任，使其受到应有的法律制裁。

五、单位负责人依法支持会计工作

2017 年修订的中华人民共和国新《会计法》第四条明确单位负责人对本单位的会计工作和会计资料的真实性、完整性负责。而第二十一条也明确财务会计报告应当由单位负责人和主管会计工作的负责人、会计机构负责人（会计主管人员）签名并盖章；设置总会计师的单位，还须由总会计师签名并盖章。强调单位负责人应当保证财务会计报告真实、完整。

在企业内部，单位负责人依法支持会计人员，遵循会计准则处理经济业务。会计人员必须按照国家统一的会计制度的规定对会计资料进行审核，对其合法性、经济性进行判断，对不真实、不合法的经济业务有权不予接受，并向单位负责人报告。对记载不准确、不完整的会计资料可予以退回，并要求按照国家统一的会计制度的规定更正、补充，从而成为管理中有效的经济信息控制系统。

在企业外部，对外披露的会计信息直接影响报表使用者的决策，影响着经济资料的配置。

因此，会计是一个开放管理系统中的重要组成部分，会计是一项管理活动。从会计本质可知，一方面在企业内部会计应发挥内部控制的功能，另一方面其预测、分析职能应为企业领导者决策提供依据。在企业外部，会计信息应引导经济资源实现有效配置。故会计行使其职能，是为了实现以下目标：加强企业内部控制，为企业内部决策提供依据；帮助企业外部各方了解其财务状况及经营成果，满足宏观经济管理的需要。

第三节　利用会计信息，进行经营决策

 ## 企业经营管理重心在于决策

现代管理理论可以用两句最简练的话来表达，这就是"管理的重点是经营，经营的重心是决策"，因而决策的研究和制定便成为管理的重要课题。何谓决策？通俗地讲：决策就是进行决定，是指为达到某一目标，从众多方案中选择一个最优方案（相对最优方案，下同）加以实施，并将实施的结果反馈，以作用于下一个循环的过程。

首先，是根据需要明确决策目标。目标明确后，就按方案整体详尽性和互相排斥性提出达到目标的多种备选方案，然后以技术上的先进性、经济上的合理性和实现上的可能性为标准，运用经验判断、数学分析和模拟试验等进行方案的论证、评价和比较，从中选出最优方案；随后付诸行动，在执行中将每一局部过程的执行结果与决策目标比较找出差异，采取调整措施，以期实现决策目标；同时，为下一个经营循环提供资料。因此，决策不是瞬间决定，而是一个提出问题、确定目标、方案选优、采取行动、信息反馈的系统分析的动态过程，也是一个反馈控制过程。

显然，企业决策是一项非常复杂的系统工程。而决策的准确性很大程度上取决于决定于决策者对信息的了解和掌握程度，取决于信息的数量和质量，以及获取信息的及时性和准确性，这是因为信息具有目的性、有用性、记载性、传递性、共享性和实效性等特征，更主要的原因在于决策过程本身就直接表现为信息的收集、加工、处理、贮存、反馈的过程。企业只有对每日每时所发生的信息形成的信息流进行及时、迅速、科学的处理，才能进行正确的决策。可以说，信息是企业经营决策的重要依据，是企业经营活动的重要资源。

会计信息的重要性还体现在使用目的的多样性上。首先，会计信息能满足企业内部的管理需要。企业领导者主要应根据会计信息开展决策和管理活动，作为企业主人的劳动者也要经常了解会计信息，关心企业的发展。其次，会计信息能满足与企业有利害关系的外部集团的需要。从国家与企业的关系看，企业是定期向财政、税务部门报告会计信息，接受国家的监督，同时为国民经济宏观决策积累资料。企业应向银行报告会计信息以取得资金支持；企业要考虑与本单位有往来关系的单位对会计信息的了解的需要，发展与这些单位的协作。那么，会计信息与企业经营决策有什么关系呢？

二、会计信息是制定企业经营决策的重要依据

第一，大量的信息是制定决策的前提。没有足够可靠、真实客观的信息，决策就会流于形式，起不到应有的作用。企业中大量及时有效的信息来自会计部门。会计信息是企业整个经营活动的综合体现，其财务会计部分信息用于反映和控制，管理会计部分信息用于决策和计划。会计信息也就成为公司制定经营决策的重要基础，企业财务决策的直接依据，企业市场营销决策、产品生产决策和技术改造决策的衡量标准。

第二，公司制定经营决策的目的是提高企业的全面经济效益。会计管理工作的目的旨在以货币为量度，对企业的经济活动进行连续、系统、全面、综合的反映、监督和控制，以实现企业整体经济效益。可见两者的目的是一致的，并且经营决策的目标是通过会计管理和其他生产经营管理活动来实现的。

第三，根据决策目标，运用会计信息及其他信息提供多种选择的方案。各种方案指标的计算、比较、评价和选优工作都离不开会计信息。会计信息在决策制定中扮演着十分重要的角色。

 三、经营决策的实施过程也是会计信息的记录和控制过程

决策是行动的基础，行动是决策的延续，也是决策最重要的一环。企业的经营决策确定以后，就要付诸实施，企业各部门、各环节都要围绕经营决策运动起来。为了使经营决策稳定协调地实施，企业必须对企业决策的实施过程从价值和使用价值两个角度加以全面的管理。会计管理就是从价值角度核算、控制使用价值的再生产过程，及时发现并指出实施过程与经营决策的偏差，尽可能地将偏差控制到最低程度，加强成本控制，搞好资金调度，合理分配财务成果，并根据决算的需要对生产经营活动进行有效的调节，使经营决策的运行处于最佳状态。因此，会计信息贯穿于经营决策实施全过程。

四、经营决策的反馈过程主要体现为会计信息的反馈过程

一方面，狭义的反馈过程本身就是经营决策实施过程的组成部分；另一方面，作为广义的反馈过程则是企业经营决策循环的环节，上一个经营决策的输出信息往往成为下一个经营决策的输入信息。会计理论假定企业是一个连续经营的实体，为了实现对企业这个耦合运行系统进行长期的管理和控制，企业经营决策必须是一个多层次的连续的时间序列决策系统，经营决策之间在内容上就存在着相互依赖的关系。这里的信息自然要求是综合性的、可比的价值信息，而只有会计信息才能当此重任。会计信息的反馈集合形成企业经营决策的数据库，会计信息就能有效地作用于经营决策系统。

以上分析表明：经营决策的过程很大程度上就是会计信息的获取、加工、转换、处理、贮存、传输、控制和反馈的过程。会计信息在企业经营决策中发挥举足轻重的作用，以美国为例，近年来"过去的一些会计人员，现在已成为伯利恒钢铁公司、通用汽车公司和通用电器公司等许多大型公司的最高层主管人员了。他们担任过会计职务的经历，在他们晋升到最高管理阶层的过程中曾起过十分重要的作用。会计工作贯穿于组织机构的一切方面；管理会计人员的职责与管理人员的计划和控制工作关系密切、难分难解"。[1]

随着经济体制改革的深入发展，会计信息在经营决策中的地位和作用将日益为人们所认识和理解，并引起足够的重视。因此，在企业经营管理过程中，会计人员（同时也是信息工作人员）不仅要搞好记账、算账、报账、管账和用账等工作，还要随时了解企业的生产技术经营活动，全面熟悉企业的情况，及时提供准确的会计信息，提高会计信息的质量，增强会计信息的可信度，主动参与决策；企业领导者要重视作为决策基础的会计信息，极大调动会计人员的积极性，虚心听取会计人员的意见，学习和掌握必要的会计知识，以制定出科学的经营决策并高效地实施经营决策，促使企业增强竞争能力，不断提高经济效益。

第四节　遵守会计法规，强化会计责任

会计法规指的是《会计法》、会计人员工作规则、会计人员岗位责任制、各行各业的会计制度、费用开支标准、成本开支范围、会计档案管理办法的总称，是组织经济活动，开展会计工作的指南。每个社会公民，特别是领导干部，首先要带头学习会计法规，领会会计法规的精神实质，树立会计法规意识，在工作中身体力行、以身示范。人人都应养成自觉遵守会计法规的好习惯，主动约束自己的活动，规范会计行为，全社会都应形成讲究会计法规的风尚，这是会计社会道德的最终表现与目标。彻底治理会计信息失真，从源头上根除会计信息失真产生的可能性，在遵守会计法规的同时，还必须强化会计责任。这里所指的会计责任是广义的，包括单位负责人的会计责任、会计人员的会计责任、注册会计师的审计责任三方面。

一　单位负责人的会计责任

在原《会计法》（1988 年 1 月 21 日六届人大第九次会议审议通过）中用了较大篇幅来规定单位领导的责任，却把单位负责人、会计人员和其他人员放在同一会计责任主体上，其结果往往导致无人负责。鉴于此，（1999 年 10 月 31 日九届人大第十二次会议审议通过）新修订的《会计法》特别强调了单位负责人是本单位会计行为的责任主体，全面扩大了单位主要负责人应承担的会计责任。但是，众所周知，会计是一项专业性、技术性很强的工作，而单位负责人又不一定精通会计专业，那么，新修订的《会计法》为什么要求单位负责人对本单位的会计工作和会计资料的真实性、完整性负责，并承担法律责任呢？

（1）从法理上说，单位负责人既然作为本单位的法定代表人或主要负责人，应当对本单位包括会计工作在内的所有经营管理工作和各项经营管理活动负责，并承担相应的法律

---

① 查尔斯·T. 霍格伦. 高级成本管理会计学 [M]. 中文 1 版. 北京：中国财政经济出版社 1986 年版，第 11 页.

责任。《中华人民共和国公司法》规定，公司法定代表人或主要负责人拥有管理公司所有重要经济事项和对外代表公司处理业务的权利，根据权利与义务对等的原则，公司法定代表人或主要负责人也应同时承担相应的义务，对其所进行的决策和决议负责。而公司所进行的决策和决议绝大部分都与会计核算和管理直接或间接相关，作为公司的法定代表人或主要负责人，当然应对会计事项负责，同时也就包含着对会计信息的真实性、完整性负责并承担相应的法律责任。

（2）单位负责人对本单位的会计资料的真实性、完整性负责，并承担相应的法律责任，符合中国的实际情况。在市场经济条件下，单位负责人有权任命、聘用或者解聘会计机构负责人（会计主管人员）和有关会计人员，两者之间是行政领导与被领导、聘任与被聘任的关系。会计机构负责人（会计主管人员）等会计人员是在单位负责人的领导下开展工作的，也是单位负责人的参谋与助手。尽管这些人员可以在一定程度和职权范围内参与决策和处理业务，但他们是在单位负责人的领导下具体组织实施的，如果本单位的会计工作出现作假和违规行为，不仅相关会计人员有责任，由此产生的法律责任还是应由单位负责人承担。

在实际工作中，各单位对外报出的财务会计报告，最终还须由单位负责人签名、盖章后方可成为合法的文件对外提供，否则该文件将不具有法律效力，有关方面也可不予受理。这不仅是一种形式上的要求，实质上也代表着一种法律责任。一个单位对外提供虚假的财务会计报告的行为如同对外提供假冒伪劣的产品，其责任是相同的。因此，单位负责人的法律责任是不能回避的，不能认为会计工作专业技术性强，是会计机构和会计人员的事情而与己无关，更不能认为在财务报告上签名、盖章只是一种手续，而对其内容可以不负责任。

（3）单位负责人对本单位的会计工作的真实性、完整性负责，并承担相应的法律责任，国际上已有先例。日本《有限公司法》规定，"董事代表公司（第二十五条）""董事须于每个决算期制作下列文件及其附属明细书：资产负债表，损益计算书，营业报告书，关于利润分配或亏损处理的议案（第四十三条）""董事履行其职务有恶意或重大过失时，该董事对第三人亦连带承担损害赔偿责任（第三十条）""董事就第四十三条所列文件应记载的重要事项进行虚伪记载或者进行虚伪登记或公告时，亦同前项（即董事亦应对第三人连带承担损害赔偿责任）"。德国《有限责任公司法》第三十五条规定："管理董事在法院内外均代表公司"，第四十一条规定："管理董事有义务使公司依照规定进行会计工作，在每一营业年度最初三个月内，管理董事提出上一营业年度的资产负债表与损益计算书。"该法第八十二条专门对公司负责人提供虚假报告所应承担的法律责任进行了规定，如果公司负责人对外提供虚假报告或者在公开的通告中对公司资产状况作不真实的陈述或隐瞒事实真相者，将被处3年以下徒刑或罚金。各国的事实证明，这样规定责任清楚，对抑制、减少乃至杜绝会计违法行为至关重要。因此，我国《会计法》在修订过程中借鉴了这一做法，明确了单位负责人作为单位会计行为的责任主体。既然单位负责人为本单位会计行为责任主体，他就应承担起相应的会计责任。

新修订的《会计法》在规定单位负责人对本单位的会计工作和会计资料的真实性、完整性负责的同时，对其法定职责也予以具体化，主要包括以下十项法定职责：

第一，组织本单位依法设置会计账簿，并保证其真实、完整，保证单位发生的各项经济业务事项在依法设置的会计账簿上统一登记、核算，不得违反《会计法》和国家统一的会计制度的规定私设会计账簿登记、核算。

第二，组织领导单位会计机构、会计人员和其他相关人员严格遵守《会计法》的各项规定，依法进行会计核算，实行会计监督。

第三，对认真执行《会计法》、忠于职守、坚持原则、做出显著成绩的会计人员，给予精神的或物质的奖励，不得对依法履行职责，抵制违反《会计法》规定行为的会计人员实行打击报复。

第四，应当在单位财务会计报告上签名并盖章，并保证财务会计报告的真实、完整。

第五，应当组织本单位建立健全有效的内部控制制度，强化单位内部制约机制，保证办理会计事务的规则、程序能够有效防范和控制违法、舞弊等会计行为的发生。

第六，应当保证会计机构、会计人员依法履行职责，不得授意指使、强令会计机构、会计人员违法办理会计事项。

第七，对会计机构、会计人员发现会计账簿记录与实物、款项及有关资料不相符而无权处理的报告，应当及时做出查处决定。这也是单位会计工作及时正常进行的重要保证，单位负责人对此必须及时做出处理。

第八，应当如实向受托的会计师事务所提供会计资料，不得以任何方式要求或示意注册会计师及其所在的会计师事务所出具不实或不当的审计报告。

第九，应当组织本单位接受有关监督检查部门依法的监督，如实提供会计资料和有关情况，不得拒绝、隐匿、谎报。

第十，应当依法任用具有会计从业资格的会计人员，并依法保障本单位会计人员的继续教育和培训，促进会计人员的业务素质的提高。

从上述法定职责可以看出，修改后的《会计法》的一个突出特点是明确了单位负责人对本单位会计工作的责任，确定了单位负责人为单位会计行为的责任主体，与旧《会计法》相比，新《会计法》对单位负责人的要求更为明确、更为直接。新《会计法》中把单位负责人定位在本单位会计工作第一责任人的位置上，明确其会计责任，这有利于规范会计行为和保证会计信息质量，有利于从根本上解决会计秩序混乱等问题。

专栏8-3
会计做假账可否"株连"领导
扫描此码　深度学习

二、会计人员的会计责任

在权责均衡的公平竞争的市场经济中，任何从事经济活动的主体，社会均赋予其一定权利完成其特定目标，相应地也要求其对其行为及其结果负责。会计的本质是一种管理活动，会计人员利用组织赋予的职权从事会计管理工作，必然要承担会计责任，以保证实现组织目标。笔者从以下角度来认定会计人员的会计责任，即：会计本质→会计目标→会计责任。

1. 会计本质→会计目标

会计本质是管理活动，这可以从管理的定义及会计职能的发展来证实。会计从近乎原始的结绳记事发展至现代会计，职能不断拓宽，涉及预测、计划、决策、监督、控制、激励等各个领域。会计不是被动地适应各方面对会计信息的需要，而是通过提供会计信息，能动地影响决策行为。这种能动的影响是积极的还是消极的，取决于会计人员自身的行为。若要使这种能动的影响是积极的，就要求会计人员提供真实、可靠的会计信息。新《会计法》对这方面也作出了相关的规定：会计人员必须根据实际发生的经济业务事项进行会计核算，任何会计机构和会计人员不得伪造、编造会计资料，不得提供虚假的财务会计报告。只有出具的财务信息是真实的、完整的，才能对决策行为起到正确的引导作用。

2. 会计目标→会计责任

为实现会计目标，会计人员有权依据法律及职业判断对经济活动进行控制，对会计信息进行处理。与会计权利相对应，会计主体也应承担一定的会计责任。与会计目标一致，会计责任分为内部责任和外部责任，内部责任是建立、健全内部控制制度，为企业领导者决策服务；会计外部责任是保证会计信息真实、合法、完整，保护资产安全与完整。

三 注册会计师的审计责任

审计责任是指注册会计师应按照独立审计准则的要求出具审计报告，保证审计报告的真实性、合法性。它包括两个方面的内容：一是注册会计师应对审计报告的真实性负责，审计报告的真实性是指审计报告反映注册会计师的审计范围、审计依据、审计程序和发表的审计意见都是真实的；二是注册会计师应对审计报告的合法性负责，审计报告的合法性是指审计报告的编制和出具必须符合《中华人民共和国注册会计师法》和独立审计准则的规定。审计责任是注册会计师作为被审会计报告合法性、公允性和会计处理方法一贯性的证明人所应尽的义务。但是，由于审计责任和会计责任是我国独立审计中两个关系非常密切的概念，使得许多人并不能准确地把握这两种责任的区别，致使社会上有关 CPA 的责任问题的诉讼越来越多，所以明确这两个概念的相互联系有利于社会各界正确理解审计工作，合理地运用审计报告，恰当地追究注册会计师的法律责任，保护注册会计师的合法权益，充分发挥审计的重要作用。会计责任也可称作经营责任，是指被审计单位应建立健全的内部控制制度，保护资产的安全、完整，保证会计资料的真实、合法、完整。会计责任是被审计单位管理当局应尽的义务。

注册会计师的审计责任不能替代、减轻或免除被审计单位的会计责任，原因如下：

第一，注册会计师只是被审会计报表合法性、公允性和会计处理方法一贯性的证明人，而不是被审计单位的管理人员，没有承担会计责任的权利和义务。

第二，会计责任是被审计单位管理当局自身应负的法律责任。如果让注册会计师在执行审计业务的同时，代行全部或部分会计责任，不仅会导致被审计单位的会计责任可以不充分履行，而且意味着注册会计师成了被审计单位的管理人员，丧失了对被审计单位进行审计的独立性。没有独立性的注册会计师出具的审计报告是不合法的。

注册会计师充分履行审计责任，能够促进和帮助被审计单位充分履行会计责任。首先，注册会计师通过向审计单位提供管理建议书和提请被审计单位对会计报表中的重要错报项目进行更正，可以帮助被审计单位充分履行其会计责任。其次，注册会计师通过向委托人及其他利害关系人提供真实合法的审计报告，可以帮助这些利害关系人实现对被审计单位管理当局会计责任及其他受托经济责任履行情况的正确考核和有效监督，促进被审计单位管理当局充分履行会计责任。最后，注册会计师通过提供真实合法的审计报告，可以增加会计报表使用者对被审计单位会计报表的合法性、公允性及会计处理方法一贯性的信任，提高被审计单位的社会信誉，为被审计单位充分履行会计责任提供条件。

被审计单位会计责任是否得到正确和充分的履行，决定着注册会计师审计责任充分履行的难易。合理的审计程序必须与被审计单位的实际情况，主要是会计责任的履行情况相适应。如果被审计单位会计责任履行情况很差，内部控制制度不健全，就不能发表正确的审计意见，导致审计责任难以充分履行。因此，注册会计师要充分履行审计责任，必须深入了解被审计单位的实际情况，特别是会计责任的履行情况，对审计风险谨慎进行判断，合理选择和认真实施审计程序。

由此可见，会计责任与审计责任是两种完全不同的责任，它们虽有区别，但也存在着一定的联系，只有把被审计单位的会计责任和注册会计师的审计责任共同落实到位，才能保证会计资料的真实、完整、可靠。

四、履行会计责任的若干建议

新修订的《会计法》及相关法律、法规从各个方面都对单位负责人、会计人员、注册会计师的行为起到了一定的约束作用，规范了社会经济秩序。但是，笔者认为光凭外在的约束力规范会计责任人的行为是远远不够的。为彻底解决会计信息的失真和会计资料的不可靠这一世纪难题，笔者特提出以下几点建议：

1. 加强对会计人员的培训教育，提高会计人员的职业道德水平

新修订的《会计法》第 40 条规定，会计人员违反某些行为将"不得取得或重新取得会计从业资格证书"。因此，应教育会计人员充分认识到主观上制作虚假会计资料的严重后果，促使其自觉维护会计资料的真实性，自觉讲究会计职业道德，造就高尚的道德品质，此乃治理会计信息失真的根本措施。

2. 加强会计人员的管理工作，改善执法环境

新修订的《会计法》第 29 条明确会计人员发现单位会计账簿记录与实物，款项与有关资料不相符的，按照国家统一会计制度规定有权自行处理；无权处理的应当立即向单位负责人报告，从而给会计人员的执法提供了较大的回旋空间。

3. 加强单位领导的教育培训工作，支持会计人员工作

会计人员是受单位领导的，通过增强单位负责人的会计法治意识，支持会计人员真实反映经济活动，可有效制止会计资料的失真行为，使提供的会计信息真实、可靠。

4. 发挥社会中介机构的作用，增加中介机构的责任约束

目前，中介机构对企业的资料评估、验资或验证提供虚假文件的现象时有发生。这一方面有主观原因，另一方面是由于企业造假手段隐蔽，而中介机构的审计报告多基于单位所提供的会计资料而发生，影响了审计报告的可信度。因此，充分发挥社会审计力量的监督作用，也是抑制会计资料失实性的有效方法之一。

5. 健全单位内部管理，使会计、统计、审计三者互相制约

各级财政部门应当要求所管理的本地区的企事业单位健全内部监督体系，完善会计、统计、审计三者间的相互监督、约束功能，使三者间的数据相互验证，提高会计资料的真实程度。此外，还可以采取提高会计责任人的工资、福利待遇这一措施，使其违法行为的成本远远高于收益，这样就可以使违法行为发生的可能性降至最低。

第五节　弘扬会计诚信，优化会计环境

近代会计诚信思想形成于潘序伦先生的"立信"思想，是依据会计职业本质并顺应时代要求的产物。在从事会计事业的过程中，潘老先生始终以"立信"为思想追求和行事准绳，笃信、言传、践行着会计诚信思想。可将潘序伦会计诚信思想的内涵归纳为三点：一是职业道德，二是治学态度，三是人格素养。

诚信是会计职业道德的核心

诚信首先是一种职业道德。会计是一项具有广泛社会性的事业，与社会经济联系紧密，在会计师事务所成立的第二年，潘序伦本着"取信于社会"这一会计职业的特殊要求，取《论语》中"民无信不立"之意将事务所更名、冠以"立信"，打出"诚信"这一响亮的招牌，要求同仁公正服务社会、建立广泛的信用。潘序伦先生多次著文阐发他的会计职业道德思想，强调诚信在职业道德内涵中的核心地位。在《中国之会计师职业》一文中，潘序伦提道："夫学识经验及才能，在会计师固无一项可缺，然根本上究不若道德之重要性。因社会环境，千变万化，利诱威胁，无处不极。会计师苟无强固之道德观念，则在执行职务之际，存在可以代人舞弊，存在可以为己舞弊。然会计师之为职业，实为工商业保障信用为设，苟有不道德行为，而自丧其信用，则此项职业，即失去根本存在之理由，违背国家社会期望之意愿，可不慎哉。"同时指出，诚信是各行各业所倚赖的道德品质，但比较起来，对会计职业尤其重要。因为会计师职业存在的依据和唯一目的，就是"建立社会各界财政上的信用"，如果本身不能"以绝对诚信自期"，更谈不上为他人的信用进行证明了，所以诚信是会计师职业成败的关键。会计师是社会的"经济警察"，会计诚信表达了会计对社会的一种基

专栏 8-4

日本当代"经营之圣"稻盛和夫：强者的至诚

扫描此码　深度学习

本承诺，即客观公正、不偏不倚地把现实经济活动反映出来，忠实地为会计信息使用者服务。会计人员，必须树立诚信观念、坚守诚信这一职业道德，严格自律。由此可见，诚信思想在潘序伦这里，首先是一种职业道德要求。

二、会计人员必须诚信执业、诚信治学

诚信也是一种治学态度。诚信最根本的内涵是不欺人、不自欺。现代会计作为一个需要专业知识的职业，不欺人的前提首先要求不自欺，即业务上要扎实过硬，才能为社会提供科学有效的服务。潘序伦自己求学一向刻苦勤奋，早年在圣约翰大学读书时，他年纪比别的学生大，英文底子比别的学生薄。刚插班读四年级时，他听课都困难重重（圣约翰大学教师授课用英语），但凭着刻苦精神，日夜苦读，一年后英文毕业演讲，他竟得了第一名。潘序伦不仅自身诚信治学，也不断对同仁和学校同学强化这一思想。他认为，会计比其他任何职业都事务繁琐、责任重大，会计人员在技术上必须精益求精，既要有扎实的基本功，又要勤奋学习新的知识，会计人员要在记账、算账、报账等方面都做到百分之百的正确，没有丝毫差错，就必须勤学苦练，精通专业。

诚信治学的思想集中体现在立信会计人才的培养方面。潘老带领下的立信学校素有从严治校、从严治教、从严治学的优秀传统，以"认真"二字为主导，对师生高标准、严要求。教师要认真备课，认真批改作业；学生考试成绩以70分为及格，考试作弊要开除学籍；并且通过课程、教材和师资等方面的着力建设来保障教育的高质量。潘序伦认为，"惟有优越之会计人才，庶政府与企业之会计能日臻于完善，间接足以促进国家社会之进步，收效迅速而宏大。"对于会计人员来说，99分也不算及格，只有100分才算及格。会计人员必须兼具娴熟技能和高尚品德，诚信执业、诚信治学。

三、诚信是会计人格素养的基础

诚信更是一种会计人格素养。1937年，立信"信以立志，信以守身，信以处事，信以待人，毋忘立信，当必有成"24字校训的提出，标志着潘序伦会计诚信思想由职业道德、治学态度更上了一个层次，即诉诸为一种人格要求。立志和守身，强调的是个人修养。立志是起点，守身是维持和延续。"立志"是要树立以"信"为基的志向。志向一旦树立，就会变成行动的方向与动力。有高远的志向，就有明确的人生目标。"守身"则是要把这种志向内化为人生观和价值观，持之以恒地贯穿于人发展的始终。也就是说，潘老先生要求学生不仅要把"信"作为人生起步的目标，而且要成为保持终身的信仰。处事和待人，是要将"信"融于"行"中，充分体现在处事和待人的行为中。将"信"作为自觉性的习惯行为，既不需要外部的监督和提醒，也不需要自己的意志努力，而成为一种自我意识的流露。

以信"处事"和"待人"，其人文含义首先在于对"人是一切社会关系总和"这个科学判断的认同，也就是说，作为社会的人，个人与他人的交流、合作是生存的必须手段和途径。诚信是个人的立身之本，也是处理人际关系的重要德行。在市场经济条件下，"信"不仅

仅是一种出自道德动机的品质，而且还是一种明智的行为准则。不仅是会计人员的从业资格要求，而且是他们的核心价值观和精神气质。潘序伦认为，从事会计工作的人，必须在立志、守身、处事、待人等方面，建立信用。"毋忘立信，当必有成"是说，不忘母校教诲，本着诚信的人格操守去工作和生活，就会在社会上立于不败之地。

四、优化会计行业的诚信环境

当今社会，会计诚信的缺失已经成为一个国际性的难题。会计诚信的缺失，增加了市场的交易成本，阻碍着市场的正常发育，制约着经济的发展和社会的进步。面对历史的教训和现实的危机，重塑会计诚信、加强会计教育、净化会计从业环境成为理论界与实务界共同关注的焦点。潘序伦先生是中国近现代会计界最早倡导诚信思想，大规模开展诚信教育的先驱，深刻挖掘潘老先生会计诚信思想的精髓对我国诚信现状的改善具有重大指导意义。

调查分析发现，我国会计发展与发达国家的差距主要是社会环境较差。而社会环境影响会计环境，会计环境对会计活动产生极其深远的影响，同时又影响会计人员的职业道德水平，所以我国的会计职业道德教育的加强需要依赖良好的会计环境。所谓会计环境，是指会计所依赖和依存的大环境，包括客观环境和主观环境，或者称会计外环境和会计内环境。会计客观环境，是指包括经济、政治、社会文化、法律环境等因素的环境，其中，最重要的是经济环境。会计主观环境，则包括会计系统结构内部各部分的客观状况，有会计模式、会计人员素质、会计工作手段和方法、会计行为等。会计的客观环境影响着会计主观环境，会计的主观环境又反作用于客观环境，两者在相互作用和影响下不断向前发展，具体可以通过以下措施改善会计环境。

（1）强化会计监督意识，增强道德观念。

（2）加强企业内部管理，迅速建立监督约束机制。

（3）排除不正当的行政干预，克服浮夸虚报现象。

（4）加强会计职业道德建设，完善会计职业道德准则。

（5）扩大现有会计人员的知识结构，积极推广会计终身教育。

【关键概念】

诚信教育（sincerity education）

会计职业道德教育（education of the professional ethics for accountants）

会计责任（accountants responsibility）

单位负责人与公民（mass organizations and citizen）

会计道德规范（accounting ethics standard）

【复习思考题】

1. 会计职业的社会道德规范主要包括哪些内容？

2. 会计信息质量的主要特征以及其对防范会计假账有何作用？

3.会计责任的范围包括哪些？注册会计师的审计责任主要是什么？

4.单位负责人与公民如何践行会计诚信，优化会计环境？

【在线测试题】

扫描书背面的二维码，获取答题权限。

【案例分析】

康美药业财务造假与正中珠江会计师事务所未勤勉尽责

2018年12月，中国证监会日常监管发现康美药业股份有限公司（简称康美药业）财务报告真实性存疑，涉嫌虚假陈述等违法违规，证监会当即立案调查。2018年12月29日，康美药业披露有关信息。2019年4月29日，康美药业发布了一份《关于前期会计差错更正的公告》，修正财务数据多达14条。同时，康美药业2018年年度报告被出具保留意见的审计报告。在2019年4月29日康美药业发布的《关于前期会计差错更正的公告》中阐述了公司2017年年报中出现的14项会计错误，其中最主要的有以下几点：

一是由于公司采购付款、工程款支付以及确认业务款项时的会计处理存在错误，造成应收账款少计6.41亿元、存货少计195.46亿元、在建工程少计6.32亿元；由于公司核算账户资金时存在错误，造成货币资金多计299.44亿元。

二是公司在确认营业收入和营业成本时存在错误，造成营业收入多计88.98亿元、营业成本多计76.62亿元；同时，销售费用少计4.97亿元，财务费用少计2.28亿元。

三是由于第一项会计处理错误，使得公司合并现金流量表销售商品、提供劳务收到的现金、支付其他与经营活动有关的现金等多个现金项目计额错误。也因此，康美药业经营性现金流量净额由18.43亿元转为-48.4亿元。由于财务数据出现会计差错，造成2017年营业收入多计入88.98亿元，营业成本多计入76亿元，销售费用少计入5亿元，财务费用少计入2亿元，销售商品多计入102亿元，货币资金多计入299亿元，筹资活动有关的现金项目多计入3亿元。公告出来之后，市场哗然。其中多计货币资金高达299.44亿，金额之大刷新A股纪录。资深投行人士王骥跃点评称，这可能是中国证券史上最大的一笔"会计差错了"！面对市场的质疑，康美药业董事长马兴发表了致歉信，并未回应财务差错出现的具体原因。

2019年5月5日晚间，康美药业收到上交所问询函，主要有以下6点：

（1）前期差错更正涉及采购付款、工程款支付、确认业务款项等环节的会计处理，请说明具体会计处理、依据及其合规性，还要请会计师发表意见。

（2）近300亿元货币资金说没就没，怎么没的，要说清楚：多计货币资金的存放方式、主要账户、限制性情况、是否存在违规资金使用及资金的主要去向；货币资金核算出现重大差错的具体原因、涉及的主要交易事项、交易安排、交易对手方及是否为关联方等具体情况。

（3）其他应收款少计57.14亿元。请说明具体原因及责任人，是否为非经营性资金占用。

（4）存货少计195.46亿元。请披露少计存货的具体项目、品种及金额，是否存在虚构交易事项及具体情况和责任人。

（5）营业收入多计88.98亿元，营业成本多计76.62亿元。请披露说明收入确认及成本结转出现差错的具体原因，存在虚构交易事项及具体情况和责任人。

（6）公司对2016年的主要会计数据进行了调整，营业收入、扣非前后的净利润分别调减69.48亿元和14.99亿元，总资产、净资产分别调减15.72亿元和14.01亿元。请披露具体调整事项、相关会计处理、调整原因及依据，并说明未及时发现前期差错原因及责任人。

2019年5月17日，中国证监会公布对康美药业的调查进展：康美药业披露的2016至2018年财务报告存在重大虚假，涉嫌违反《证券法》第63条等相关规定。一是使用虚假银行单据虚增存款，二是通过伪造业务凭证进行收入造假，三是部分资金转入关联方账户买卖本公司股票。中国证监会对公司审计机构正中珠江会计师事务所涉嫌未勤勉尽责立案调查。

而市场质疑康美药业涉嫌财务造假的同时，也把矛头直指审计机构正中珠江会计师事务所，应该为康美药业所谓的"财务差错"承担一定的责任。事实上，从2001年起，正中珠江已连续为康美药业审计了18年的财报。公开信息显示，广东正中珠江会计师事务所（特殊普通合伙），由广东正中珠江会计师事务所有限公司、广州健明会计师事务所有限公司、中山中信会计师事务所有限公司、韶关中一会计师事务所有限公司、广州市德信会计师事务所有限公司的注册会计师共同发起设立，股东为29个自然人。而康美药业出事，也给这家会计师事务所带来不少的麻烦。2019年5月13日晚，中顺洁柔（002511）披露的年度股东大会决议公告显示，其中《关于继续聘任广东正中珠江会计师事务所（特殊普通合伙）为2019年度会计审计机构的议案》审议未获通过。

资料来源：笔者根据中国证监会官网与新浪财经等网站和报刊整理而成。

讨论题：

1. 什么原因致使康美药业和正中珠江会计师事务所被中国证监会立案调查？

2. 结合本案例探讨会计人员与注册会计师如何加强商业伦理与会计职业道德建设？

第九章 会计人员职业道德规范

📖 经典名言与感悟

故天将降大任于斯人也，必先苦其心志，劳其筋骨，饿其体肤，空乏其身，行拂乱其所为，所以动心忍性，曾益其所不能。

生，亦我所欲也，义，亦我所欲也，二者不可得兼，舍生而取义者也。

穷则独善其身，达则兼济天下。富贵不能淫，贫贱不能移，威武不能屈。

——《孟子》

勿以善小而不为，勿以恶小而为之。

——刘备

作为对过程的控制和观念总结的簿记，对资本主义生产比对手工业和农业的分散生产更为必要；对公有生产比对资本主义生产更为必要。

——马克思

思想决定行动，思路决定出路，忠义决定前途！

——叶陈刚感悟

📖 学习目的与要求

1. 知道会计职业道德规范是对会计人员的会计行为的道德要求；
2. 把握会计从业人员职业道德核心规范两个方面要求；
3. 理解会计从业人员职业道德具体规范八个方面要求。

随着社会主义市场经济体制的逐步建立，客观上要求建立与之相适应的会计人员职业道德规范，使其成为广大会计人员自觉遵守的行为准则和自律标准。对于从事会计职业的会计人员（包括会计理论研究与教学人员，会计实务操作与分析人员和会计事务管理人员）来说，会计职业道德有以下两个方面核心规范的要求与八个方面的具体要求。

第一节　市场经济对会计职业道德的影响

经济体制改革以前，我国采用行政命令直接管理经济。但由于我国封建社会长达几千年，封建道德中的消极、保守、落后的东西还有一定的市场。虽然其赖以存在的经济基础早已不存在，但仍旧影响着人们的社会生活和心理习惯。我国的传统会计职业道德不免带有封建落后的东西。市场经济的运行和发展，必然会对我国的会计职业道德产生影响，表现为：

一、提高会计人员主人翁意识，激发奋发向上的工作作风

我国封建社会做人的标准是循规蹈矩、安分守己。"非礼勿视，非礼勿听，非礼勿言，非礼勿动"，"知足者常乐，忍事者安然"，就是反映封建社会做人标准的。这种做人标准要求人们安于现状，不要有非分之想，不要谋图进取。虽然我国早已推翻封建制度，建立了社会主义市场经济制度，但这种思想仍然影响着我国的会计人员。它在会计人员中主要表现：

（1）有些会计人员在会计活动中发现了某些制度有漏洞，不向上反映，更不会采取什么行动，而是继续按老规矩办事。例如，我国近十几年来会计改革飞速发展，《会计法》进行了两次大规模修订，会计准则及审计准则不断推陈出新，企业会计制度、金融企业会计制度以及小企业会计制度统一的进程日趋加快，有些会计人员不积极主动学习新规定、新办法及新知识，而是因循守旧、循规蹈矩，技术性假账在所难免。

（2）一切唯上。上级叫怎么做就怎么做，即使是违反财经会计纪律的，也照样执行，上级没有明确规定的，即使是正确的，也决不干。例如，国务院和财政部三令五申严禁私设"小金库"。私设"小金库"是严重违反国家财会制度和现金管理条例的行为。有些领导为了自己能随意开支和其他目的，要求会计人员私设"小金库"，会计人员明知是违反财经纪律的，也要按领导的意图办事，从而政策性假账层出不穷。

市场经济的发展，必然会在各个领域、各个部门、各个行业形成广泛而激烈的竞争，包括在会计领域的竞争。市场经济的基本规律——价值规律要求商品生产者尽可能以低于社会必要劳动时间的价值出售商品，获得利益，迫使商品生产者发掘所有潜力，在市场竞争中取得优势。市场经济不仅要求经营单位的财权工作人员（包括金融系统工作人员）和财经主管部门会计工作人员完成本职工作，而且还要求他们行为的结果取得好的社会效益，特别对企业单位会计人员要求更是如此。如果达不到社会的要求，在众多求职人员的压力下，

在职会计人员随时可能被解雇。这在我国沿海开放特区表现得尤为明显。社会的激烈竞争，必然要求会计人员增强竞争意识、拼搏精神和创造能力。

二、促进会计人员自由平等发展，消除行业不正之风

我国一些会计人员，特别是一些主管部门会计人员以权谋私、家长作风，以及会计行为发生的行业不正之风，明显受到了封建等级特权制度的影响。有些会计人员不把人民赋予的职务和权力看成岗位分工的不同，而是把职务、权力与身份等同起来，进而把个人身份的高低和享受的多寡联系在一起。会计行为不正之风，在社会上影响很大。

在市场经济中，商品的使用价值对商品生产者而言只是价值的载体，没有什么用途，这要求实现的是商品货币价值形态。在交换市场中，交换双方都需要遵守一个原则——等价交换的原则。所谓等价交换是指商品生产者根据其劳动产品所耗费的社会必要劳动时间量来进行交换。而进行交换的前提条件是买卖双方是平等的和具有独立人格的。否则，就不可能实现真正的等价交换。对卖者来说，不管买者的身份、地位有什么不同，只要手中持有相等的货币，那么他们在交换中所承担的责任是相同的。

对买者来说，不管卖者的身份、地位有什么差别，只要手中持有他所需要的货物，那么他们在交换中所承担的责任也是相同的。因此，在交换市场，一切特权、高贵的等级等足以显示社会身份的东西都不被交换所承认，失去了社会作用。商品是天生的平等派。商品交换的等级原则反映了商品生产者之间的社会关系是平等的。它上升到人的价值观念就形成了自由、平等的观念。因此，市场经济的发展有助于消除会计行业的以权谋私、家长作风和行业不正之风，有助于树立会计人员平等互助，以及会计部门与其他行业的平等互助关系。

三、打破会计行业任人唯亲观念，形成举贤尚能新风尚

我国封建社会农村居民一般是以自然村落为单位而聚居。在这个自给自足的村落中，人们缺乏与外界进行交往的愿望，形成内部交往的自我循环机制。每一个聚族而居的村落，实际上就是一个封闭的"小社会"。同治《松江府志》卷三记载："兄弟析烟，亦不迁徙，祖宗庐墓永以为依。故一村之中，同姓者至十家或百家，往往以姓名其村巷焉。"村落内部的交往，是以家庭为中心的，然后波及旁氏血亲和婚亲。来往最密切的是直系血亲之间。经过长期的共处，强化了家族成员之间的关系，形成了共同的心理习惯和风俗、社会舆论，产生了浓厚的乡土观念。这种观念，渗透到社会生活的各个方面，包括会计领域。它主要表现：

（1）有些会计人员主要是由部门推荐、上级领导批准而产生的。本单位部门职工对此没有发言权，即使群众极力推荐也没有任何作用，这就容易使领导干部任人唯亲。有的人把国家给予的权力看成是自己的特权，在提拔、使用、配备、考核、奖励等工作中，重用自己认为"靠得住的人"或自己的亲戚和老乡。而那些所谓"靠得住""听话"的人多半是一些喜欢阿谀奉承和溜须拍马的人。因血缘、姻亲关系而提拔的干部中，有一部分相当

无能。事实上，会计是一个非常依赖个人专业技能和职业素质的行业，无德无才无能之辈混做会计人员是对会计行业的损害，使人们对会计行业信任大打折扣。

（2）有些地方的会计部门，特别是财税和银行系统中，裙带关系很明显。相当长的一段时期内，财税和银行系统的职工工资待遇一般比社会其他行业的要好。因此，想进这两个系统是比较困难的。在这里血缘、姻亲关系显得很重，有时70%的职工与单位领导有直接或间接的关系。市场经济的发展，企业的经营的效益直接影响到它的生存。会计人员的素质高低直接影响到企业的管理水平，从而影响企业的效果。为了国家和企业的利益，本单位职工要求把昏庸、守旧或不称职的干部和工作人员从岗位上换下来，让那些具有竞争能力的人担任领导。这样就必然会产生这种情况：干部由职工选举而产生。以前任人唯亲做法由于市场经济的发展而最终必然会失去市场。

四、市场经济发展引起会计工作生活发生变化

（一）会计工作由单一格局向多样格局发展

在高度集中计划管理体制下，国家对职员的要求是完成本职工作，实际上是要求完成国家计划任务。社会舆论称赞那些所谓"安分守己"的会计人员，谴责为个人谋取私利的行为。因此，人们的职业生活是比较单一的，根本不可能存在什么兼职行为。国家对社会劳动力资源实行统一安排，一旦分配到某单位、部门，也就同时指定了工作岗位，如果情况不发生大的变化，这种分工将是终身的。其职业生活范围是狭窄的，只限定在本单位，甚至本车间的范围里。随着市场经济的发展，人与人之间的依赖性越来越大，人的需求大部分甚至全部要靠他人供给，人们的视野范围大大拓宽了其职业生活，随之走向多样化。人们不以终身从事某项职业为满足，表现出在社会生活的各方面兴趣和爱好。市场经济发展程度越低，人们职业生活多样化比例就越低。

专栏 9-1

财政部关于加强会计人员诚信建设的指导意见

扫描此码　深度学习

（二）选择会计职业的标准由重名向重实转化

前面我们曾经提到，在高度集中管理体制下社会否认个人利益，单位利益与个人没有多大的关系。人们在选择职业时，往往注意只能带来心理满足的名誉。大学毕业生或社会待业青年在求职时，首先考虑求职单位是否在大城市；其次是单位的性质和单位规模的大小；最后是比较满意的工种。三者若能结合在一起，便认为那是最好的职业。如有取舍问题，按照顺序考虑。如果供职达不到上述要求，则会感到脸上无光，在众人面前抬不起头来。而随着市场经济的发展，人们的思想意识发生了根本性的转变，人们开始注重实际利益和能否发挥自己的才能。

第二节　会计职业道德核心规范：诚信为本，操守为重

会计职业道德规范表达会计职业内在义务和会计职业的社会责任，其表达形式比较具体、灵活、多样、独特。会计职业道德规范主要是用来约束从事会计职业人员，以调整从事会计职业人员的内部关系和他们所接触对象之间的关系。会计职业道德规范是根据会计这一职业的特点，对会计人员（主要是指会计实务人员）在社会生活中的会计行为所提出的道德要求，既是会计人员在履行其职责活动中所应具备的道德品质，也是调整会计人员与国家、不同利益群体或会计人员相互之间的社会关系及社会道德规范的总和。这种道德要求，是会计人员在长期会计实践活动中形成的，通过一定的习惯方式固定下来的，主观见之于客观，并为大家所共同遵循的行为准则。

会计职业道德规范规定了会计人员在履行职责中应该怎样做和不应该怎样做，即从道义上规定了会计人员应以什么样的思想、什么样的态度和什么样的作风去接人、待物、处事，以及完成本职工作。会计职业道德规范是财经法律、法规和制度所不能代替的。一般来说，非法行为是不道德的，但是合法行为也可能存在着道德还是不道德的问题。

一　诚信为本，是会计行业发展的基石

市场经济必然是以道德诚信为基础的法治经济，其内在的契约精神决定了市场经济中的个体一定要守规则，如果不守规则那就是单次博弈，不仅为其他人带来了更多交易成本，而且破坏市场经济的秩序，更有甚者，还败坏了市场风气与社会道德。

（一）诚实守信，是会计行业的根本与基础

所谓诚信，即诚实、诚恳、信用、信任，它包括两层含义：一是要以信用取信于人；二是对他人要给予信任。"民无信而不立"。诚实守信，是为人处世的基本准则，也是会计工作的根本。《会计法》要求"保证会计资料真实、完整"，就是对会计诚信的高度概括，就是诚信会计的根本。

目前在我国市场经济体制初步建立的情况下，市场经济健康运行需要会计诚信。会计服务于企业，服务于社会，服务于公众。尤其是会计信息越来越被广大决策者、投资者、债权人、企业管理者等会计信息使用者所重视，它成为了政府部门进行宏观决策的重要依据。然而，受错误的价值观和利益的驱动，会计造假、会计信息失真的现象也越来越严重，几乎成为一种较为普遍的现象，这是和会计诚信相悖的。假凭证、假账簿、假报表、假数字比比皆是，已经成为影响社会经济秩序正常运行的突出问题。

在众多的会计造假案件中，都有其造假的目的和动机。私营企业为了逃税而少做或不做收入，多列成本费用，以虚减利润。国有企业、上市公司为了营造业绩、树立企业形象，

多做或提前确认收入，少列成本费用，以虚增利润粉饰业绩，捞取政治资本或包装上市圈钱。政府部门为突出政绩、捞取政治资本、获取个人或小集团利益的虚报浮夸指标数字等。会计诚信出现了前所未有的危机，会计诚信危机是社会诚信环境的一部分，它不是一个独特的社会现象，即不单纯是会计人员职业道德低下造成的。原因是多层次、多方面的，有历史原因，也有现实原因；有主观因素，也有客观因素；有管理方面的缺陷，也有体制的不完善、不健全的因素等。

（二）政府与单位负责人的会计诚信在社会中具有导向和示范效应

《会计法》强调了会计诚信不仅仅是会计人员或是会计行业的问题，而是"国家机关、社会团体、公司、企业、事业单位和其他组织"即社会各个单位的会计诚信。同时，"单位负责人对本单位的会计工作和会计资料的真实性、完整性负责。"更强调了单位负责人的会计诚信。政府的会计诚信在社会中具有导向和示范效应。没有诚信的政府，就不会有诚信的社会，政府作为市场经济的宏观管理者，在构建和推动市场经济的健康、有序、和谐发展作用巨大，而加强单位负责人的会计诚信也尤为重要，他既是单位的领导者、指挥者，又是国家法律法规的执行带头人。因此，单位负责人的会计诚信，有助于单位会计工作和经济行为的法制化、规范化、有序化，有助于减少投资失误，减少资金浪费，合理引导社会资金流向，提高经济效益的作用，有利于整个社会经济资源的优化配置，推动社会主义市场经济健康有序发展。会计人员更应该将会计诚信作为会计的职业道德。"立信，乃会计之本。没有信用，也就没有会计"。会计人员，更应提倡做老实人，办老实事，讲老实话，始终坚持真理，实事求是的精神。在市场经济不断发展和不断完善的今天，更应加强会计诚信道德教育。诚信是会计工作的根本，是会计业发展的基石。

二、操守为重，是会计行业发展的保障

会计诚信是在法律规范执行的基础上，在与法律法规相互配合、相互作用中进行的。会计诚信是道德规范，也是市场经济领域中一项基础性的行为规范，属于自律性的、自愿性的行为规范。但在会计诚信出现危机时，失信行为就要得到相应的警示和惩戒，市场经济健康有序的发展才能得以保障。市场经济从运行机制上讲是一种契约经济，从法律层面看也是一种法制经济。道德和法同属行为规范的范畴，二者虽有区别，但却相互作用，相互补充。法律法规是强制性的、权威性的，是通过制度约束实现社会和经济的有序发展，而道德规范则通过自律来保证社会和经济发展的和谐。

会计是一项重要的经济管理工作。会计涉及各行各业，涉及国家、集体、职工及社会公众等利益，涉及经济活动各个方面、各个环节。如何解决会计诚信危机，仅仅依靠道德教育、行政手段、会计制度是缺乏权威性和约束力的。要确保经济秩序健康有序的发展，只有通过会计立法，才能保证会计工作在处理各种经济关系中发挥作用，才能维护市场经济正常运转。操守为重，就是要严格贯彻执行《会计法》，恪守会计职业道德、职业规则、职业纪律。《会计法》的立法宗旨就是规范会计行为，保证会计资料质量。会计工作中的

会计行为规范统一，才能保证会计资料质量，才能保证会计工作正常秩序，从而顺利开展经营管理活动，促进市场经济健康发展。

操守为重，更应该从会计人员自身做起，首先，是恪尽职守，执行《会计法》，规范会计行为，执行会计制度，保证会计信息的真实、完整，坚持原则，敢于同违法乱纪的行为做斗争。其次，要真实反映，对会计核算的内容，实事求是，不夸大、不缩小、不隐瞒、不歪曲，老老实实、绝不弄虚作假，独立、客观、公正地反映会计信。再次，提高会计工作水平，除了对经济活动中的会计信息进行真实的记录和反映之外，还要进行事前的预测、计划，事中的控制、检查和事后的分析、考核等。通过这些管理，向经营管理的各个领域和环节渗透，对经济活动的合理性、合法性和有效性进行核算和监督，真正发挥会计的职能作用。

加强会计基础工作，坚持操守，增强会计人员职业荣誉感

（一）各单位要加强会计人员业务学习，更新会计专业理论知识

会计基础工作是会计工作的基本环节，也是经济管理工作的重要基础。会计基础工作的好坏，直接关系财务信息的真实性、合法性。为了增强会计人员的敬业意识与职业荣誉感，要加强会计基础工作，建立规范的会计工作程序，保障会计人员依法行事，发扬求真务实的精神，树立严谨的工作作风，保证会计信息披露质量，提高会计公信力。不断提高会计人员的业务素质，这是实施会计工作规范的基础。组织会计人员认真学习国务院颁发的《中华人民共和国会计法》和财政部制定的《会计基础工作规范》，提高思想认识，端正工作态度，在实际工作中自觉、认真地贯彻执行《会计基础工作规范》。

（二）加强职业道德教育，提高会计人员工作责任感

为了使会计人员具有高度的事业心和责任感，保证国家财经规章制度的贯彻实施，保护国家财产的安全完整，确保会计工作符合国家规定的质量标准，坚持原则，忠于职守，业务精湛，精心理财；掌握现代会计理论，提高实际操作技能，培养精细严谨、一丝不苟的职业习惯；实事求是，提供真实、可信的会计资料，如实反映财务收支全貌；以身作则，模范遵守国家财经纪律和财会规章制度；严格监督，认真履行国家赋予会计人员的权利和义务，敢于同一切违反国家财经纪律和财会法规制度的行为做斗争。

（三）科学地设置会计岗位，合理地分配会计人员

理顺岗位之间的协作与制约关系，使会计人员各司其职、各尽其责，保证会计工作正常有序运行。企业可以根据自身的生产经营特点和管理要求设置不同的会计工作岗位，一般来讲可以设置会计机构负责人或者会计主管人员、出纳、财产物资核算、工资核算、成本费用核算、财务成果核算、资金核算、往来核算、总账核算、稽核、档案管理等。会计工作岗位可以一人一岗、一人多岗或者一岗多人，但有些关键岗位不得兼任，如出纳岗位

与会计岗位不可同一人。完善的岗位职责必须保证：

①审核岗位，根据国家制定的财会法规制度以及企业发展计划和经费预算安排，对企业经济活动实施会计监督。严格审核每一张原始凭证的各项内容以及经办人员签名和部门领导签署审批意见等。对原始凭证进行严格审核和监督，是对会计信息质量实行源头控制的重要环节，是实施会计监督的第一道关口。

②出纳岗位，应严格执行国务院《现金管理暂行条例》和银行结算制度，根据经审核无误的原始凭证办理收支业务。对外收款必须开具收据，付款必须有付款凭证。现金做到日清月结，账实相符；银行存款日记账与银行对账单认真核对，未达账项及时清理，并定期与总账核对。

③制单岗位，根据审核无误的原始凭证确定经济业务性质和分类并填制记账凭证，按现行会计制度规定，正确使用会计科目。

④记账岗位，负责全面记录和反映单位经济业务，对大量分散的数据或资料进行归类整理，逐步加工成有用会计信息作为编制会计报表的重要依据，应当按照国家统一会计制度的规定和企业会计业务的需要设置总账、明细账、辅助账，及时准确地核算记录每一笔经济业务。月末、年终将总账与明细账、库存现金、银行存款、有价证券以及财产物资管理部门进行对账，确保账账相符、账实相符。

⑤财务报表岗位，负责编制财务报表，这是对会计核算工作的全面总结，也是及时提供合法、真实、准确、完整会计信息的重要环节。财务报表根据登记完整、核对无误的总账、明细账和其他有关资料编制，做到数字真实、计算准确、内容完整、说明清楚。

⑥工资核算岗位，负责设置和管理人员工资明细账，根据核定的人数及时核实记录工资基金的增减变动情况，并负责向上级有关部门报批，同时接受有关部门委托办理各种扣款事项并造册发放工资。

⑦稽核岗位，根据国家统一制定的财会法规制度以及会计基础工作的要求，认真复核原始凭证、记账凭证、会计账簿、会计报表的合法性、真实性、准确性、完整性，发现问题及时指出，并予以纠止，严格把好会计监督最后关口。

因此，在会计机构内部和会计人员中建立健全岗位责任制，定岗定员，明确分工，各司其职，各尽其责，相互协作，相互制约，有利于会计工作程序化、规范化、制度化，有利于落实岗位责任和鼓励会计人员钻研分管业务，提高工作效率和工作质量，完善内部制约机制，实现会计人员队伍整体素质的提高和会计工作的全面规范化。

四、会计人员应具备诚实可靠的品质，客观反映经济活动过程

诚实可靠是会计人员的基本品质。会计职业是一项极为特殊的职业，是一项与钱、财、物直接打交道的职业。在市场经济环境下，每一个人首先是一个经济人，其次才是一个社会人，正所谓"天下熙熙，皆为利来；天下攘攘，皆为利往"，但是君子爱财应取之有道。诚实可靠固然人人应该具备，但对会计人员来说尤为重要。会计人员只有做到洁身自爱、

不贪不沾，才能处理好利益关系，才能做到"常在河边走，就是不湿鞋"，正所谓"廉则明"。

诚实，就是要讲真话，做真事，不欺骗，不说谎，对己、对人、对上、对下都不掩盖事实真相；可靠，就是要始终把握好自己，保持客观公正立场，不为任何利诱所动。这包括三个方面的内容：

①反映实际，核算实绩。也就是把发生的经济业务，通过记账、算账、报账等方式予以反映，并核算企业生产成果。这是最关键的一个方面。

②分析现象，抓住规律。将企业丰富多彩、千变万化的经济现象加以归类、整理、分析，找出构成因素及发生原因，以便搞好生产经营活动。

③揭示未来，明确方向。也就是在以前核算资料的基础上，认识事物的本质和现状，预测未来的发展趋势，做出可行的、先进的经营决策，明确往后的奋斗目标与方向，促使企业发展兴旺。

第三节 会计职业道德核心规范：坚持准则不造假

"没有规矩，不成方圆"，干会计这一行也是如此。"规矩"是什么？"规矩"就是会计人员从事会计工作所遵守的行为规范或具体要求，包括一系列的会计法律、法规和政府规章。遵纪守法是会计职业道德规范中的重中之重。会计工作涉及社会经济生活的方方面面，必须以会计法律、法规和规章为准绳，正确处理国家、集体和个人三者利益关系，把好财务收支合法性、合规性的关口，依法理财；必须具备高度的政治责任感，时刻保持清醒的头脑，既不助纣为虐，也不监守自盗，做到立于潮头而不倒。

一、坚持准则，依法理财

社会主义会计职业道德的一个重要根据就是依法理财，是在严格遵守国家法律、法规和规章的前提下，为会计所服务的单位理好财。在社会主义制度下，国家的法律、法规和规章充分体现了社会的整体利益。严格遵守法律、法规和规章，就是对社会整体利益的维护。同时，在社会主义条件下，又存在个人、集体、国家等不同主体的不同利益要求。会计人员应当为自己所服务的单位理好财、维护单位的合法利益。依法理财原则的确定正是社会的整体利益和单位的个别利益在会计职业道德观念上的集中反映。依法理财作为会计职业道德的基本原则，其主要内容可归纳如下：

（1）会计人员在工作中，要把国家的整体利益放在首位。无论在什么情况下，决不做对国家、对民族有害的事情。国家利益就是人民的整体利益。把国家利益放在首位，具体表现为把遵纪守法作为自己理财工作的出发点，凡是违反法律、法规的事都不能做，也反对、抵制他人违反法律和法规。

专栏9-3

加强会计人员信用档案建设

扫描此码　深度学习

（2）依法理财，就是要处理好为国家利益服务和为单位利益服务的关系。会计人员应在严守法律、法规的前提下维护单位的利益，不能为单位的利益损害国家的利益，也不能因此而忽视了单位的合法利益。

（3）在为单位理财的过程中，要正确处理单位整体利益与个人利益的关系。从总体上说，单位的整体利益与个人的利益是一致的。但在实际生活中，单位的整体利益和个人利益也往往产生矛盾。会计人员在理财工作中，不允许任何人因个人利益损害单位的整体利益，应按照有关政策来合理协调两者关系，使之达到和谐统一。

要坚持依法理财原则，会计人员首先要通晓并遵守国家、专业团体及本公司制定的各有关规定：进行会计工作应遵循的基本法律《会计法》；针对会计人员自身条件所提出的基本准则《会计人员行为守则》等；会计人员处理经济业务所须遵守的标准，如财政部颁布的《企业会计准则》、证监会关于信息披露方面的规定、公司的内部控制制度等。由于这些规定是会计人员能够履行好其职能的重要保证，所以会计人员应熟知这些规定，以便在工作中能够自如地加以运用。随着改革的不断深入，新的法律、法规不断颁布和实施，这要求会计人员不断学习、更新和充实相关的法律知识，以保持和发展自己的专业技能，提高自己的业务能力。但同时更为重要的是，会计人员在实际工作中应遵守这些规定，特别是在与有关方面发生利益冲突的时候，会计人员应敢于坚持原则。

 二、用法律维护自身正当权利

现代经济生活中，任何个人及经济组织必须遵守法律的规定，企事业单位的各种经济行为更是如此。会计机构和会计人员做好本职工作实现其应有的职能，是法律所赋予的权力。但来自于企业内外的利益冲突及权势威胁给会计人员造成了较大压力。因此，会计人员在遵守法律、法规的同时，也需要完善的自我保护机制。

随着经济体制改革的深化，逐步完善的会计法律、法规将给予会计工作强有力的法律支持。我国于2017年修订的新《会计法》第五条规定："会计机构、会计人员依照本法规定进行会计核算，实行会计监督。任何单位或者个人不得以任何方式授意、指使、强令会计机构、会计人员伪造、变造会计凭证、会计账簿和其他会计资料，提供虚假财务会计报告。任何单位或者个人不得对依法履行职责、抵制违反本法规定行为的会计人员实行打击报复。"新《会计法》第46条还规定："单位负责人对依法履行职责、抵制违反本法规定行为的会计人员以降级、撤职、调离工作岗位、解聘或者开除等方式实行打击报复，构成犯罪的，依法追究刑事责任；尚不构成犯罪的，由其所在单位或者有关单位依法给予行政处分。对受打击报复的会计人员，应当恢复其名誉和原有职务、级别"。这两项法律条款有力地保证了会计机构、会计人员的合法权益，使会计机构、会计人员从一定程度上摆脱了单位负责人的非正常干预，必要时可拿起法律武器保护自己。

由于中国几千年遗留下来的"官官相护"的劣根性和官僚主义作风，以及会计人员在企业中的特殊作用和地位，会计人员一时难以摆脱各种压力所带来的负作用。随着会计法律、法规的健全，我们已经有法可依了，而现在的一个关键问题是能不能做到"有法必依"。我国用人制度的缺陷以及渗透到各行各业甚至司法部门的腐败等，都会使法律在具体实施过程中遭受阻力而不能充分发挥其效力。这更加说明外部环境的净化对于会计职业道德建设的必要性。为此，我们应当打破会计行业中任人唯亲的传统观念，加强廉政建设，尤其是司法部门的廉政建设，加大对违法违纪行为惩治力度，真正做到"有法必依，违法必究，执法必严"。

三、会计人员应全面理解"不做假账"的现实意义

做假账行为不仅仅是违反《会计法》，其直接后果就是导致会计信息失真。而会计信息是经济决策的基础，更是财政管理的基础，会计信息的虚假，必然导致经济秩序混乱，财政管理弱化，宏观决策失误。会计人员应深刻理解"不做假账"的现实意义。

（一）"不做假账"是整顿经济秩序的客观要求

会计信息是经济信息的基础，是经济决策的主要依据之一。真实、完整的会计信息才能客观地反映经济运行的质量，揭示存在的问题和面临的风险。基础或依据出了问题，甚至人为提供的虚假信息，必然导致经济决策失误和秩序混乱。朱镕基同志"不做假账"的警训，直指造成经济秩序混乱的根源，抓住了治理经济环境的根本。

（二）"不做假账"是贯彻实施新《会计法》的客观要求

新《会计法》的立法宗旨就是规范会计行为，提高会计信息质量，维护社会主义市场经济秩序。做假账就是一种违法行为，这种行为明显违反社会公德，更为会计职业道德所不齿。现今社会生活中，人们的法律意识和依法办事的自觉性还达不到成熟的境界，此时提出"不做假账"的"德治"思路，具有重大的现实意义和作用。

（三）"不做假账"是发展社会主义市场经济的必然要求

社会主义市场经济是法制经济。不做假账是国家管理经济、加强监管的基本要求，为了维护社会主义市场经济中所有各利益关系方的会计权益，尤其需要各企业单位保持真实、完整的会计记录，并提供真实的财务会计报告。因此，"不做假账"是社会主义市场经济健康发展的最基本、最现实、最紧迫的要求。

（四）"不做假账"是加入 WTO 必须遵守的基本原则

我国已是世界贸易组织的一员，因此必须遵守通行的"游戏规则"，否则，就会付出现实的、直接的、惨重的代价。会计信息是市场经济条件下国际通用的商业语言。为了实现会计制度与国际惯例的接轨，我国会计领域进行了一系列重大改革，其直接的作用和目的就是整治会计秩序，杜绝做假账现象，根治会计信息失真。

（五）"不做假账"是从源头上治理腐败的有效措施

纵观已经发生的许多腐败现象，几乎都与做假账有着千丝万缕的联系。假账是滋生腐

败的温床和条件，做假账的会计人员在腐败行为中，无论是主动还是被动，其结果和影响都是十分恶劣的。朱镕基同志"不做假账"的警训，不仅是对会计从业人员提出的基本职业道德要求，也必将在根治腐败现象中发挥特殊的作用，每一个会计人员都应从朱镕基同志"不做假账"的警训中体会出重大的责任感和使命感。

四、坚持客观公正，坚决不做假账

目前，会计信息失真严重，一个很重要的方面是会计人员在处理会计业务、编制会计报表时不能遵循客观公正的原则，有的是出谋划策，有的是被逼无奈，有的是积极配合。过去的"书记成本，厂长利润""拍板利润"，现在的"账是怎么算的""技术处理"，都与客观公正原则相违背。所谓的"技术处理"，无外乎在具体准则、会计处理方法、会计科目的选用，以及会计要素的确认、计量、记录上弄虚作假、掩盖问题，欺骗外部信息使用者。特别是一些上市公司的会计人员，为了取得上市资格，为了增股、配股、"圈钱"，不惜血本弄虚作假，表现出了高超的技术处理能力，极具隐蔽性。在这些单位，那些所谓的"技术高、公关强"的会计人员颇受重用，而那些"丁是丁、卯是卯，不栽花、光种刺"的会计人员则被"打入冷宫"。

客观公正是会计职业意志的具体表现。有了这种职业意志以及崇高的职业精神，在会计工作中，才能做到坚持原则，照章办事。那么，怎样才能做到客观公正呢？

一是要保持会计人员从业的独立性。独立性有实质上的独立和形式上的独立两层含义。前者是指会计人员在从事会计工作时应当不受个人或外界因素的约束、影响和干扰，保持客观公正的工作态度；后者是指会计人员应当保持适当独立的身份，如财务利益上的独立，实行回避制度、内部稽核制度或控制制度等。

二是要保持客观公正的从业心态。会计人员要时刻保持客观公正的工作态度，遇事三思而后行，不能分远近亲疏。对发生的任何一项经济业务或会计事项，都要看看是不是符合制度规定、手续是不是齐全，对那些需要判断、估计才能处理的事情，都要不带任何偏见或感情色彩，就事论事，不能"以貌取人""看客下菜碟"。

第四节　会计职业道德具体规范

一、爱岗敬业，勤奋工作

爱岗敬业要求会计人员以极大的热忱投身会计本职工作中，做好工作、干出成绩。这一规范反映了会计人员对社会劳动的态度，体现了诚实劳动，树立共产主义劳动态度的共产主义道德规范的精神。勤奋工作，即通过自己的工作把会计管理职能作用充分发挥出来，也就是要在会计人员充分认识自己应负会计责任的前提下，最大限度地将应负的会计责任担当起来。在社会主义制度下，由于劳动者过去"千百年来都是为别人劳动，为剥削者做苦工，现在第一次有可能为自己工作了，而且是利用一切最新的技术文化成果来工作。为自己劳动取代了强制劳动，是人类历史上最伟大的更替"。因此，从根本上激发了会计人员尽职尽责、勤奋工作的热情。

同时，这一规范也是进行社会主义现代化经济建设的历史使命对会计人员提出的客观要求。因为经济越发展，会计越重要；会计越发达，经济越繁荣。只有健全和完善会计工作，才能提高会计管理水平，才能实现企业和社会的优化经济效益。而要完成历史赋予会计人员的重大使命，关键是要有热爱本职工作的道德感情、勤奋工作的劳动态度。只有这样，才能充分发挥自己的管理才能，自觉运用现代会计管理知识，为社会主义现代化建设做出贡献。"爱岗敬业，勤奋工作"规范，对会计人员要求包括：

（一）自觉把从事的会计工作同祖国的命运紧密联系在一起

党的十九大提出的建设有中国特色的社会主义市场经济体制是一项伟大而又艰巨的工程。其中，为企业、国家理好财是一项事关全局的工作，是会计人员肩负的历史使命。会计工作搞好了，就能积极地促进国家经济建设的发展；反之，会阻碍和延缓国家经济建设发展的步伐。会计人员只有清醒地意识会计管理工作的重大意义，才有可能使内心信念转化为创造性的劳动。

随着现代科学技术的迅速发展，知识更新不断加快，特别是在我国社会主义初级阶段市场经济理论的建立时期，以前那种高度集中的计划经济模式下的会计理论方法体系已经远远不能适应形势发展的客观要求。当务之急是顺应改革的发展，建立古今结合、中外结合的中国式的现代会计管理理论和方法体系，使我国的会计事业适应祖国日新月异的伟大变革。尤其是面对世界范围内兴起的新技术革命浪潮，我们必须从全新的角度开展会计理论和方法的研究，如会计理论思想、会计准则体系、会计制度建设、会计改革模式、会计管理体制、电脑会计、宏观会计、人力资源会计等。因此，会计人员要立足本职工作适时地研究新问题，钻研会计业务，更新会计知识。

（二）以饱满的工作热忱、一丝不苟的工作态度对待会计工作

所谓热忱，是指对事业、工作、学习的一种热烈而真挚的感情，它反映个人对现实的一种积极的、富有创造性的态度。从事会计工作，就需要这种劳动态度。许多会计工作中的模范人物的先进事迹表明：有了热忱，才能激发积极性，并产生巨大的动力。当前，我国的改革开放正在不断地深入，会计和经济领域中出现了很多新事物和新问题。会计人员只有克服墨守成规、安于现状的不良惰性，振奋精神，开动脑筋，以巨大的热忱积极投身改革，才能做到尽职尽责，勤奋工作。

会计人员要自觉形成任劳任怨、一丝不苟的工作态度和工作作风。会计工作是一项政策性、技术性很强的工作，也是很重要的工作。从宏观角度看，它关系到单位、部门的财务状况和经济效益。因此，会计人员要能认真、正确地领会改革意图，从大局出发，坚持原则，不计划个人得失，不怕得罪人。与此同时，会计工作又是很具体、复杂的实务性劳动，

有较强的技术性要求。这就需要会计人员有认真踏实、一丝不苟的工作态度，刻苦钻研技术，这样才能做好会计工作。

（三）爱岗敬业是会计工作的内在要求

爱岗敬业，就是要求会计人员充分认识本职工作在整个经济和社会事业发展过程中的地位和作用，珍惜自己的工作岗位，做到干一行爱一行，一丝不苟，兢兢业业，争当会计工作的行家里手。同时，还要求会计人员在工作中自觉主动地履行岗位职责，以积极、健康、求实、高效的态度对待会计工作，做到认真负责，尽职尽责。

会计工作是一项内容丰富、涉及面广泛地管理工作。就会计核算来说，它包括记账、算账和报账各环节；就会计监督来说，它涉及事前监督、事中监督和事后监督全过程；就会计管理来讲，它包括预测、决策、预算和控制各方面；就某一企业而言，它涵盖了材料供应、产品生产和商品销售的全过程。会计也是一项非常具体、繁琐的管理工作。从现金、财产物资、工资、成本费用、财务成果和销售往来等的核算到总账、明细账的登记和报表的编制以及会计稽核和会计档案的管理，都需要设置不同的具体岗位；从一般的会计人员、会计主管，到会计机构负责人、总会计师，都需要配备专门的会计人员。一个人具体从事哪项工作、担任什么职务，完全取决于工作的需要和组织的安排。

任何工作只有分工不同，没有高低贵贱之分。无论在哪个会计岗位上，也无论担任什么职务，都是整个会计工作的重要组成部分，其工作的好坏、效率的高低都影响着整个会计工作的质量，以及会计目标的实现和会计任务的完成，所谓"牵一发而动全身"，会计个体要服从会计工作还要特别注重信息的时效性。会计人员处于决策支持的地位，高层管理当局正是依靠会计人员提供的大量信息来进行决策的，而提供信息的数量和质量直接影响决策的水平。会计信息如果不及时，便失去了决策的相关性，并且信息的及时提供常常需要付出额外的工作，而要做到这一点仅具有业务能力往往是不够的，还需要有勤勉的工作态度。会计人员应尽可能及时地收集各方面的资料，仔细地研究并找出可行方案，尽量预测出方案的结果，以向决策者提供充分的信息。正是会计工作的这种重要性、全面性、时效性和复杂性，决定了任何一个人只要从事了会计这项工作，就应该爱岗敬业，以积极的态度、严谨的作风在各自的平凡岗位上做出不平凡的业绩。

二、 当好参谋，参与管理

"当好参谋，参与管理"这一规范就是要求会计人员不能只是消极地被动地记账、算账、报账，而是要积极地、主动地经常向上级领导者反映经营活动情况和存在的问题，提出合理化建议，协助领导决策，参与经营管理活动。这一会计道德规范，是会计人员对自己的本职工作的基本道德认识，同时也是自身对社会应尽的道德责任。我们知道，现代企业领导决策层是由一厂三师（厂长、总会计师、总工程师、总经济师）构成，总会计师和会计人员对决策的制定和实施起着十分重要的作用（直接或间接的）。这就决定他们必须做好决策层的参谋，与决策者配合，共同搞好管理工作，而且在现代商品经济社会中，会计管理工作范围逐渐扩大，遍及整个社会经济领域，这种会计工作的广泛性决定了会计人员应当好参谋，参与管理，这一规范的具体内容如下：

（一）会计职能由"报账型"转为"管理型"

我国加入世贸组织后带来了许多方面的发展机遇，也享受多边贸易体制和经济全球化带来的好处，但加入世贸组织也会使我们面临一些严峻的挑战，特别是对企业提出了更高的要求。因此，企业的管理办法、经营机制需要做相应的转变。企业作为自主经营、自负盈亏、自我发展、自我约束的法人实体和市场竞争的主体，要不断提高企业经济效益，不断降低成本，增加盈利。这些对传统的会计职能提出了新的挑战。

传统的会计职能以记账、算账、报账为主，它的主要任务是核算。现代公司制度的建立，更看重会计的本质即会计参与管理、会计核算为企业管理奠定基础，目的是更有效地管理企业，提高效益。中国加入世贸组织和知识经济的迅速发展，要求会计主要进行信息控制、预测经营并加强企业管理。会计工作除了进行传统的企业核算外，重点应进行财务管理，制定经营计划，进行财务控制系统设计和投资决策。

而在现代公司制度下，企业会计核算要做到核算与管理相结合，不仅对外提供会计信息，而且还要为企业内部各级管理人员提供预测、决策、控制、分析的信息，将会计工作由"报账型"转为"管理型"。会计核算的重点由过去主要侧重于事后算账和面向已经发生的经济活动，为企业及上级有关部门服务，转为既要有事后算账、报账，做好事后分析，又要有事前预测和决策，为控制经济活动提供会计信息。

（二）积极参与企业经营管理的全过程，做好参谋工作

为了积极参与企业经营管理的全过程，要求做到：（1）参与预测，即开展广泛调查研究，科学地预测市场、资源状况、本企业的生产能力、技术设备条件和企业未来发展趋势等，以了解情况，取得有关信息；（2）参与决策，即根据预测情况，拟订各种可行性方案，对生产、销售、成本、利润、价格等方面的备选方案进行优化决策；（3）参与制订计划，即为实现决策目标而制订各种计划，如劳务、资金、技术、设备等各种具体计划；（4）参与执行，即将计划付诸实施，并将执行情况进行记录、计算、分析和控制，使各种计划得以实现；（5）参与效果评估，即对执行结果加以分析和评价，考核成绩，检查存在问题，并通过信息反馈，为下期计划提供依据，为领导决策提供信息。

（三）以经济效益为中心，提出改善管理的各项会计措施建议

经济效益是企业一切工作的核心。会计管理工作必须围绕这一中心来开展。在这里，一方面就是要通过对各项资金的管理、监督，以保护财产安全，挖掘增产潜力，少花钱多办事，加速资金周转；另一方面就是要通过收支管理，以合理组织收入，节约费用支出，少投入多产出，增加财富收益。会计人员应充分利用管理工作所反映的信息，如资金周转率、投资收益率等指标，积极提出建议，为改善企业经营管理，提高经济效益服务。在现实生活中，

有些会计人员，只算产值产量账，不算经济效益账；只算死账，不算活账；只能按制度办事，不善于按效益处理；只管合"法"不大考虑合"理"等，这些现象应予以改变。

三、如实反映，正确核算

反映经济活动是会计的基本职能。进行会计核算，是会计机构、会计人员的主要职责。如实反映、正确核算，以提供真实可靠的数据和信息，就能协助企业搞好经营决策，有效加强企业管理与经营，提高经济效益；反之，失真的数据和信息，将会导致决策失误，给国家、人民财产带来极大损失。怎样做到如实反映、正确核算呢？

（一）明确会计的核算职能

会计核算贯穿并反映经济活动的全过程，也称反映职能。它是指会计以货币为主要计量单位，通过确认、计量、记录、计算、报告等环节，对特定对象（或称特定主体）的经济活动进行记账、算账、报账，为各有关方面提供会计信息的功能。记账是指对特定对象的经济活动采用一定的方法，在账簿中进行登记；算账是指在记账的基础上，对企业单位一定时期的收入、费用（成本）、利润和一定日期的资产、负债、投资者权益进行计算；报账是指在算账基础上，对企业单位的财务状况、经营成果和现金流动情况，以会计报表的形式对有关方面进行报告。会计核算应注重会计信息质量，会计信息质量高低是评价会计工作成败的标准。评价会计信息质量的标准主要看会计核算的客观性、相关性、可比性、一贯性、及时性、明晰性等。

会计核算的内容是会计工作的对象，具体表现为各种各样的经济活动，它包括：

（1）款项和有价证券的收付，如企业的销货款、购货款和其他款项的收付，股票、公司债券和其他票据的收付等；

（2）财物的收发、增减和使用，如材料的购进与领用，产成品的入库与发出，固定资产的增加与减少；

（3）债权债务发生和结算，如应收账款，应付账款，其他应收、应付款的发生和结算；

（4）资本、基金的增减，如企业实收资本和盈余公积的增加和减少；

（5）收入、支出、费用、成本的计算，如企业的主营业务收入，其他业务收入和支出，管理费用和产品成本的计算；

（6）财务成果的计算和处理，若企业盈利，要按规定进行分配；若亏损，则要按规定进行弥补；

（7）需办理会计手续、进行会计核算的其他事项。

（二）适应现代公司制度的要求，做好会计核算工作

（1）明确产权关系，建立产权明晰的会计核算体系。现代公司制度的特征之一是产权关系明晰。国有企业财产属国家所有，企业具有法人财产权。会计恒等式"资产＝负债＋投资者权益"，基本理清了各种产权关系，体现了产权关系明晰这一基本特征。尤其是建

立资本金制度，使企业按投资主体细化投资者权益核算体系。各项经济业务对实收资本、资本公积和盈余公积的影响具体反映到各个投资者账户中，把"产权明晰"的要求在实际工作中具体化，使出资者能真正按其投入企业资本额享有投资者权益。

（2）正确核算劳动者在企业中所拥有的各项权益。在企业中，劳动者在完成生产经营任务的同时也获得了合法报酬和权益。劳动者权益的获得来自三个方面：①企业在初次分配中，发给职工的劳动报酬，属工资性质的权益；②企业按照国家有关规定，为职工提取的福利费、工会经费、职工教育经费、住房公积金等，属福利性质的权益；③在企业税后利润分配中，提取的用于职工集体福利设施的公益金。目前，在会计核算中都把公益金视为投资者权益，实际上公益金的性质应属劳动者权益。

（3）改革会计核算体制，完善会计报告体系。首先，改革会计核算体制。权责明确是现代公司制度的一个重要特征，为适应这一特征的要求，企业应划小核算单位，将企业生产经营资金运动，由财会部门控制管理变为各责任单位多家控制管理。责任单位的会计既担负单位的责任会计核算，又成为企业财务会计核算的组成部分。这两种核算都必须按照国家的要求以及公司制定的经营目标，确立业绩效益指标，从中取得有关资金、成本、利润等指标的正确、完整、系统的信息。随着会计改革的深化，传统财务会计的转变势在必行，在保证以简明、及时、真实的方式向外报账的同时，更要加强内部的控制和管理。其次，完善会计报告体系。当下会计报告体系提供信息不能满足使用者的要求具体表现在：提供的报表种类比较单一，尤其缺乏投资者关心的增值表；报表附注简单，不足以说明问题；报表时效性差。

完善会计报告体系是建立现代公司制度的客观要求，为了全面反映经营者履行责任的情况，会计报告体系应包括的内容主要有：年度报表按照公认会计原则及时公允反映财务状况的变化及经营成果；控制报告结构，说明内部控制程序；遵纪守法情况报告；经营活动及目标报告，说明资源的运用效益和节约情况，反映本年经营目的与经营目标的实现程度。

四　精益求精，提高技能

在当今社会，人们追求速度与效率，忽视品质，所提供的产品和服务已不能满足当前中国产业转型的要求，更没有国际竞争力。而要使产品和服务精益求精、不断进取，需要的就是"工匠精神"。

（一）"工匠精神"：精益求精、追求极致的精神

"工匠精神"是对职业敬畏，对工作执着、不断追求完美的信仰。有"工匠精神"的人，会将职业视作一种信仰，注重细节、精益求精，把技术做成艺术，不断追求完美。不仅制造业需要"工匠精神"，服务业同样需要"工匠精神"。"工匠精神"不只是工匠身上具有的特殊精神。这个解释完全基于工匠、基于产品、基于工艺，显然已经将"工匠精神"的外延窄化了。"工匠精神"存在于各行各业。工匠精神与社会主义核心价值观相契合，也和会计人员的价值观一脉相承。

会计有专门的方法和程序，对纷繁复杂的经济业务的核算和处理需要会计人员的职业判断，只有在工作中严谨细致、追求精益求精，不断提升专业水平，才能做好本职工作。会计提供经济信息，有助于提高经济效益，在推动经济发展中具有举足轻重的地位。会计是一项管理职能，不限于核算，还需要从企业的实际出发，为管理者出谋划策，致力于提高经济效益。只有出于对工作的热爱，会计人员才能深入基层，熟悉各种经济业务，发现企业有待提高的地方，才能深入钻研，找出对策，帮助管理者提高经济效益。

（二）会计工作特别需要"工匠精神"，提高技能

社会上各行各业都离不开"工匠精神"，会计更需要"工匠精神"，做到"精益求精，提高技能"。具备"工匠精神"的人，不仅把工作当作谋生的手段，而且对工作心存敬畏，具体内涵包括：（1）热爱，敬业。只有发自内心对工作的热爱，工匠们才能对工作始终保持认真、负责的态度，把更多的时间投入到枯燥的专业发展中，在专业领域里不断探索，不断进步。（2）严谨，精益求精。注重细节，一丝不苟，执着坚持，孜孜不倦，反复改进，追求完美和极致。（3）专注，坚持。选定一个目标，努力用一生的时间和精力，艰苦磨炼，持之以恒，不断提升产品和服务的品质，在专业领域上不断追求进步。（4）与时俱进，创新。跟上市场需求的变化，持续创新，不断改进产品与服务，满足社会的需要。

会计作为经济发展中不可或缺的岗位，应能持久地为企业、为社会创造价值。"职业技能"和"职业精神"两者缺一不可。职业技能是职业精神的具体表现，职业精神指引职业技能更精湛。会计人员在具备精湛的职业技能的同时应具备精益求精的职业精神。（1）职业技能。企业的经济业务庞大复杂，随着时代的发展，经济业务出现了新的形式、新的内容，仅靠学校里老师传授的知识是远远不够的。会计人员应刻苦钻研，深刻理解经济业务的实质，认真处理好每一笔经济业务，并且在自身专业技能的基础上，根据职业发展的需要，持续不断地学习，尽可能通晓国内外的经济动向及《企业会计准则》。（2）职业精神。对职业技能的执着追求离不开职业精神的支撑。会计人员应意识到自己肩上的重担，时刻心系企业的经济利益，出于对职业的热爱，专注、精益求精、与时俱进，帮助管理者做出决策，适应产业转型的要求。

（三）会计人员应精确核算经济业务，提高会计信息质量

在实际工作中，会计人员要实事求是做好本职工作，提供真实可靠的会计资料，切不可"掺水分""添油加醋""偷工减料"。现实中的"书记成本、厂长利润"与这一要求相违背。为此，要求会计人员在实际工作中精益求精，努力做到以下几点：

①对于会计记录必须以经济业务发生的原始凭证为依据，要做到手续完备、内容真实、账目清楚，无任何凭证不得记账。

②用科学适用方法，日清月结，搞好成本计算、财产计价、收益确认、费用分配。

③定期进行财产清查，保证账实、账表、账证、账卡相符。

④对于会计报表不能全面反映的事项，应加以文字说明和辅助资料等补充表述。

⑤会计人员不得弄虚作假，制造假账，谋取私利；也不得为了集团或地方利益，虚增成本，虚减收入，偷税漏税，损害国家整体利益。

五、廉洁自律，遵纪守法

当前，会计工作面临全面实施法治的任务。由于遵纪守法是每个公民应尽的义务和责任，作为会计人员必须以身作则，应严格遵守国家的财经纪律（财政纪律、信贷纪律等）和财务制度（如费用开支标准、成本开支范围），贯彻执行国家的法律规定，如经济合同法、企业法，特别是会计法，牢牢树立会计法治的思想，使会计工作早日走上全面法治的轨道。

（一）会计人员应以身作则，模范遵守财经法规

为了做到严格监督，会计人员必须培养自己具有公正、客观的品质和忠于职守的精神，从国家和人民的利益出发，以有关政策和法规为标准，不带任何成见和偏见去开展会计工作。实施严格监督，更为重要的是会计人员必须从自己做起。具体要求包括：

（1）自觉遵守财经纪律和经济法规，严于律己，大公无私，不谋私利。

（2）积极主动宣传解释财经法规和制度，使有关会计人员了解、掌握并自觉遵守。

（3）在工作中严格把守关口，从实际出发，善于区别各种情况，宽严结合。进行严格监督，最后必须落实到实处。

（4）积极支持促进生产，搞活流通，开发财源的一切合理、合法开支，坚持抵制揭发违反财经纪律、偷税漏税、铺张浪费、假公济私、行贿受贿、贪污盗窃等不道德的行为，不怕打击报复，维持会计人员的尊严，忠实地执行法律所赋予的权利和义务，以促进建设发展。

（二）对经济活动实施严格的事前监督、事中监督和事后的监督

会计监督工作要始终贯穿于经济活动的全过程中，要把会计监督寓于决策之中，寓于管理之中，寓于日常的财务业务之中，这样既可以防患于未然，又能及时解决出现的各种问题，避免造成大的损失。具体来说，这一规定就是要会计人员运用会计方法、会计手段和会计资料对本单位的经济活动进行严格的事前、事中和事后的监督。

事前监督是指在企业各项经济业务活动的准备阶段，以财经政策、制度和企业计划为准绳，对企业经济合同、经营计划等所做的合法合理合规、经济性审查，使之符合规定要求。

事中监督是在企业生产经营过程中以计划、定额、预算等为标准，对生产消耗、成本升降、资金使用、收益大小加以控制，及时发现并校正执行中的偏差，促使预定目标的实现。

事后监督则是指在一个生产经营过程完结之后运用会计资料进行检查，对经营全过程做出评价，并检查会计工作的质量，为下一个生产经营过程做全面的准备。

（三）把握会计监督工作重点，增强监督工作的有效性

会计监督工作的重点应该根据党和国家对经济工作的要求来保证经济工作沿着正确的轨道运行，不断提高经济效益，因此，会计监督人员要围绕这个重点，抓住经济活动中的重要环节，开展监督工作。

（1）要积极参与经营决策的研究和制定工作。过去在计划经济条件下，企业的生产经营活动是由上级部门通过下达计划进行的，企业只向计划负责，而不过问经济效益，也不具有真正的自主权，财会工作只能起到记账和出纳作用。在市场经济体制下，特别是《会计法》颁布以来，企业成为社会经济活动的主体和市场主体，实行自主经营、自负盈亏，这就要求企业必须有正确的经营决策。并且随着市场的不断变化而及时调整决策。经营决策调整，必须充分利用会计资料和其他相关资料，尽可能地进行适时的定量分析和科学预测，准确的资料是正确决策的主要依据。

（2）要积极参与经营管理。一个单位的生产经营管理是否合理，产品结构、原料消耗等是否适当，怎样才能以最少的投入，获得最大的经济效益，离不开会计的核算与监督。同时，在深化改革中，尤其是被已经证明的有效的管理模式，要大胆地提出建议性意见，努力改变会计人员存在的单纯业务观念和忙于应付的被动局面。

（3）要积极发挥把关作用。目前，在国家经济政策尚不健全，并且存在执行不力的情况下，个别领导立足于单位的小天地，无视财经纪律的现象到处可见，有的为了"创政绩，捞选票"往往置国家政策、纪律不顾，长期私设"小金库"，任意挥霍国家财产，有的为了搞福利，谋私利，随意侵吞，违法违纪，会计人员决不能睁只眼、闭只眼，类似问题都是非常有害的，是与会计职责格格不入的，必须予以坚决纠正。

六、勤俭理财，公私分明

这一道德规范要求会计人员将勤俭理财看作自己义不容辞的职责，将公私分明作为最基本的职业品质，以主人翁的态度在自己的岗位上科学地、合理地计算、控制人力、财力、物力的消耗，十分注意节约，尽可能为国家创造和积累更多的物质财富。所谓公私分明，就是会计人员要做到公私有别，泾渭分明，守正尚廉、洁身自好、严于律己，不以权谋私，不贪赃枉法，不见利忘义，在经济上滴水不沾。要知道会计是因管理公共物品的需要而产生的集体性经济行为，不应成为满足私欲的行为。公私分明原意为公即公，非私也；私即私，非公也。公私分流，黑白分明，清白不污、纯正不苟，特别要求不得公私混淆，假公济私，以权谋私，损公肥私，为此要做到廉洁自律，洁身自好。

（一）公私分明是会计人员职业道德的基本品质

公私分明的一般意义是要求洁身自好，为公众谋事。会计职业道德把公私分明作为道德规范，是会计工作的特殊职能所决定的，会计人员的职业工作说到底就是理财，就是对

金钱和物资的管理，正是这种时时与钱物相联系的职业工作决定了会计人员必须是一个在经济上廉洁奉公、公私分明的人，而这已成为社会公众考察会计人员职业资格的基本前提之一。会计人员在社会中职业威信和荣誉的取得，在很大程度上也依赖于这种道德品质。如果做不到这一点，会计工作就失去了其自身的价值和意义。公私分明的主要内容包括：

（1）正确认识会计人员手中的管理权是职业神圣权力的一种表现。会计人员决不能把这种职业权力作为谋取私利的特权，不能挪用、侵吞单位的一分钱、一针一线。

（2）深刻认识自己管理的钱财是单位的财产，决不允许任何人浪费、侵吞单位财产。

（二）严明自律是会计人员职业道德的更高层次

自律是职业道德管制的基本形式，保持公私分明与廉洁奉公主要靠会计人员的觉悟、良知和道德水准，而不是受制于外在的力量。自律很重要，会计人员应该能够经得起来自各方面的利益诱惑，自我约束，自我控制，不为金钱、酒色所动，能够不断反省、剖析自己，学榜样、找差距。

自律是会计职业道德的最高阶段，也是职业道德建设的最高目标。目前的会计职业道德处于他律与自律相结合的阶段，我们盼望着它的发展会迎来第二次飞跃，即发展到完全的会计自律阶段。自律的基本形式又可分为会计行业自律和会计个人自律。会计个人自律，指会计人员靠内心道德感和职业良心来实现会计道德上自我完善的追求而它是一种自愿、自觉、自发的内心追求行为。会计人员的个人自律是会计职业道德的最高境界。一个有着崇高自律精神的会计人员，一定是一个能得到社会广泛好评的会计人员，因为其行为结果会更贴近于社会对客观公正性社会环境的追求。完全的会计个人自律这种职业道德境界，只有在具有高度责任感、集体荣誉感、崇高共产主义理想追求的会计人员身上才会实现。会计人员应当不断完善自我，不断提升自己的职业道德，实现自己从他律向自律阶段的转变。

马克思主义者认为，道德关系中的基本问题是个人与社会整体利益的关系。在现阶段，人们的道德观主要表现在对待金钱的态度上。会计人员天天与钱、财、物打交道，如果自己不能洁身自好，很容易"见利忘义"，走上犯罪的道路。因此，要培养良好的职业道德修养，必须学习职业道德知识，培养职业情感，在履行义务时，克服困难障碍，树立坚定的职业道德信念，以持之以恒、坚忍不拔的精神和对工作精益求精的态度，排除一切干扰和阻力，以职业道德标准去鉴定、评价他人和本人职业道德的善恶。

作为会计人员，一要自尊自爱——要有做人的尊严、高尚的情操和良好的品质，珍惜自己的名誉，珍爱自己的岗位，自觉抵制各种不正之风的侵袭；二要加强道德修养，经常自我反省、自我检查和自我约束，做到一日三省；三要从小事做起，从一点一滴做起，防微杜渐，严格要求；四要自觉接受社会的监督，听取大家的意见，敢于批评与自我批评，做到"有则改之，无则加勉"。

（三）发挥厉行节约的优良传统，坚决反对铺张浪费

厉行节约是我国人民在长期的革命和建设中形成的优良传统，是社会主义会计道德原则在对待社会财富上具体表现，它还包含着反对浪费、对人民财产的爱护和对社会劳动成

果的尊重。在我国社会主义初级阶段，由于经济比较落后、管理水平差、经济效益低，浪费现象严重，节约的潜力很大。近几年广泛开展的"增产节约、增收节支"运动，其核心就是节约。可以说，在改革和开放的今天，厉行节约仍然具有十分重大的现实意义。

为了做到厉行节约，要求会计人员以主人公的态度处处精打细算，监督人力、物力、财力的使用和财经管理制度的执行，保证岗位、承包责任制和部门独立核算制的推行，从各方面、各环节杜绝浪费，尽可能压缩不必要的开支，降低和控制成本，加速资金周转，节约资金使用。

（四）发挥勤俭理财的优良作风，管好财、聚好财和用好财

勤俭理财是国家、人民赋予会计人员的重要职责。勤俭理财，要求手勤，即对账目随时准确记载，不疏漏、不遗漏；要求腿勤，即经常到各有关部门，到下面实际单位了解情况，进行调查研究；要求脑勤，即经常盘算怎样管好财，聚好财和用好财，多出主意，出好主意，使资金流通加速进行。节俭，是聚财之道，是保存财富的途径，它要求会计人员协助领导和部门将国家财富用在该用的地方去，用作生产财富和创造财富，把"钢"用在刀刃上，防止盲目消耗。会计人员要做到勤俭理财，必须做到以下几点：

第一，培养自己节俭的品质。强调节俭品质，这是会计工作的性质决定的。会计工作本身就是通过理财的过程来聚财、用财，从而促进生财，这就从客观上要求会计人员在理财过程中经济、合理地利用社会财富为人民群众谋福利，因而节俭就成为会计人员必备的品质。

第二，应摒弃在勤俭理财上的旧观念。以往把勤俭理财总是局限在节制消费支出上，把消费视作勤俭的对立面，把消费等同浪费，这是不对的。现代经济发展表明，合理的消费可以促进社会生产的发展，满足人民生活的需要，具有道德价值，显然合理的消费应予提倡。在这里需协调处理好生产与消费、长远利益与眼前利益、国家利益与企业、职工利益的关系。

第三，会计人员在财务管理上要正确对待挣钱、花钱问题。挣钱要靠准确信息、适销商品、过硬质量和优质服务等途径，而不是靠哄抬物价、以次充好等非正当手段来扩大收入。花钱要根据国家有关规定办理，量入为出、讲求实效；组织货源，将钱用活；生产开支上要反对大手大脚，铺张浪费，但也不能脱离实际、死管硬卡，束缚生产发展。

总之，公私分明、勤俭理财的目的是促使会计工作更好地为经济建设服务，促进社会生产力的迅速发展。

七、保密守时，内外协调

会计人员应保守本单位的秘密，不能私自向外界提供或泄露单位的会计信息。会计工作是一项综合性很强的经济工作，它涵盖了一个单位整个生产经营的各个环节，所掌握的会计信息也涉及企业的方方面面，其中有些属于商业秘密，除非获得授权，这些秘密是不可以外泄的，否则会给企业造成重大损失，甚至造成企业经营上的混乱。

会计工作的职业特点也决定了会计人员身份的多重性。会计人员在处理收支发生、钱物进出时都要涉及国家、集体、职工三者的利益关系。会计在处理三者关系时，应从不同的位置和角度来考虑问题，同时承担着三重责任。这种会计人员身份多重性，增加会计工作难度，需要会计人员做到内外协调一致。

（一）会计人员应保守秘密

保守秘密是会计职业道德规范的基本要求。这指的是会计人员应当保守本单位的商业秘密，不能将从业过程中所获得的信息为己所用或者泄露给第三者以牟取私利。

何谓商业秘密？我国《反不正当竞争法》第10条规定，商业秘密是指"不为公众知悉，能为权利人带来经济利益、具有实用性并经权利人采取保密措施的技术信息和经营信息"。世贸组织《与贸易有关的知识产权协议》第39条规定"商业秘密必须符合下列全部条件：①它们必须是秘密的、没有公开过；②它们必须因为被保密才具有商业上的价值；③合法控制它们的人已经为保密而采取了措施。这种商业秘密的权利人，有权制止其他人未经许可而披露、获得或使用有关信息"。尽管两者的表述不尽相同，但是可以看出商业秘密至少应具备秘密性、实用性、价值性和管理性四个特征。其内容主要包括：①技术信息——人们通过研究得出的在经济活动中具有应用价值的技术方案、生产技巧、产品配方、工艺秘诀等；②经营信息——一切与企业营销活动有关的经营信息知识，如投资计划、销售方式、经营战略、销售渠道等；③管理信息——企业组织与管理生产经营活动的方法手段和经验，包括企业管理模式、管理经验等。

保守秘密一方面是指会计人员要保守企业自身秘密，另一方面也包括会计人员不得以不道德的手段去获取他人的秘密，这种手段包括会计人员直接获取和通过他人去获取。这也是市场经济条件下公平竞争的内在要求，即使其行为是为了公司的利益，但其结果导致了不道德的竞争，不利于市场经济的良性循环，也会给整个会计界的职业道德造成恶劣影响。一个恶意窃取他人秘密的会计人员又如何保证自身的客观公正、诚实守信？当然，这种保密也有例外的情况，比如提供审计服务的外部注册会计师，在提供审计服务时有权获得为满足审计所必需的各种资料；再有就是对待法院的取证，因为这种保密的要求是不能对抗法律的。

泄露单位的商业秘密是一种不道德的行为，会计人员应该树立泄露商业秘密是大忌的观点，对自己知道的内部信息或情况要做到守口如瓶，在任何时候、任何情况下都不能对外泄露。为此，会计人员应尽可能地做到：

（1）不该知道的事不问，仅在自己的职权和业务涉及的范围内了解有关财务及经营信息，不能以工作名义了解不相关信息；

（2）不该说的话不说，未经单位领导同意，不得向外散布有关的财务和管理信息；

（3）不该做的事不做、不为任何诱惑所动，坚决维护企业利益，坚持原则，坚守纪律，在任何情况下都不能泄漏本单位秘密。另外，企业也要做好保密工作，规范会计部门内部的管理工作，使不同层次的会计人员只能接触到相应的信息，同时要求其主管做好对下属的教育与督导工作，共同保守秘密。

（二）会计人员应协调各方关系

会计作为反映和监督经济活动的一种手段，其职业特点包括以下三个方面：

（1）协调组织内部管理者与被管理者之间的关系。作为一个组织实施内部控制的有效手段，会计要对组织的资产安全及有效运作负责，而组织的每项经济活动都涉及管理者与当事者之间的管理和被管理关系，会计始终处在一个中介的地位，必然要协调管理者与被管理者之间的关系。在双方发生分歧时，会计通常要根据所掌握的资料信息并采用科学的分析方法进行是非判断，协调各方利益。

（2）协调组织与外部当事人之间的关系。会计所提供的信息对组织外部的当事人是至关重要的。投资者通过财务报告评价企业的盈利能力并预计公司未来的发展潜力。债权人则通过财务报告了解组织的财务状况是否良好，债权是否安全等。组织内部与外部的当事人是处在不同地位的，会计则处在这两极的中介地位，必然要协调好外部与内部的关系。在许多情况下，组织的管理者希望隐瞒一些事情的真相，而外部当事人则希望了解越多越好。在这种情况下，会计通常要做出公正的评价，并准确、及时地在合理的范围之内提供相关信息，维护双方合法利益。

（3）协调会计职业技术性与职业社会性之间的关系。会计是一个技术性很强的职业，并有许多的职业技术规范，但它同时也是一个社会性很强的职业，其每项业务工作均涉及有关的当事人，实际上会计是在处理人与人之间的经济关系，这就会经常出现"两难"的问题。有些符合当事人愿望和利益的行为可能不符合技术要求，会计人员此时就会面临来自双方的压力。当技术性问题与社会性问题发生冲突时，会计人员应以职业道德的标准进行权衡，按照会计制度、准则的要求处理会计问题，保证所提供会计资料的公允性、合法性。

另外，会计工作也有一定的灵活性。针对同一经济事项，会计人员可能有若干种可供选择的方法，做出不同的估计。但是如果会计人员出于特定的目的而有意识地采用某种方法，就违背了客观性原则，如为了获取一笔贷款而需要提高净收益水平，就改变存货计价方法或者是修改坏账比率。这不仅仅是针对企业对外提供的会计信息而言的，对于企业内部的信息提供来讲，这种问题也存在，如为了企业内部一部分人的利益而更改自己的产品成本核算方法、责任中心的考核办法等。这样做的结果，必然使会计信息丧失其中立性，将直接损害会计信息的可靠性。

当然，企业所使用的会计方法与会计估计是可以变更的，但前提是这种变更有助于提高会计信息的准确性，而且对这种变更必须在报表附注中进行揭示，以使报表的使用者能综合了解全面情况，对此做出明确的判断。但如果会计人员不能揭示变更情况及其影响，就已丧失了应有的态度，会计人员对有关事项的判断和处理应基于客观立场，符合客观事实。对会计业务应做到收支有凭据，核算真实，传递的会计信息准确、及时、全面，如实地反映核算单位的经济活动、财务收支和经济效益情况。为适应建立社会主义市场经济体制、建立现代公司制度、转变经济增长方式的新形势，会计人员要不断努力学习现代会计理论和技术方法；同时，要勇于对不合理的管理模式和核算方法进行革新，提高自身素质，积极运用现代科学手段和方法理财。

八、强化服务，讲求效益

"强化服务，讲求效益"是我国会计职业道德的重要规范。这一规范要求会计制度和传统的会计模式，努力提高会计工作自身的效益，促使企业与社会经济效益的提高。社会主义的根本任务是发展生产力。这一任务本身就有其道德价值。在当今社会，时间就是金钱，效率就是生命。高效率的工作才能保证高效，才能促进生产力的发展，而会计职业道德最终也只能在高效益的工作中得以体现。

经济体制改革的展开和推进，使现行会计工作赖以生存和发展的基础发生了很大变化，对现行会计模式提出了严峻的挑战。新旧经济体制的转换对会计模式产生了极大的冲击，传统会计模式的弊病越来越明显地暴露出来。会计改革需要会计人员要培养强化服务的品质。

讲究效益，这里是指以先义后利、以义驭利为原则，讲究以社会效益为主导，并兼顾企业效益的共同的经济效益，它反映了人们对社会利益与企业利益的关心。会计工作与经济效益有着密切的联系，主要表现在：会计的产生是基于对经济效益的追求，会计的发展是基于提高经济效益的需要，会计的根本任务是提高经济效益，会计方法的变革、发展总是以提高经济效益的客观要求为动力。简言之，会计与经济效益之间客观上存在着内在的、必然的、不可分割的必然联系，有的会计学家将这种联系称之为"血缘"关系。会计之所以随经济发展而显得越来越重要，原因就在这里。随着经济体制改革的深入发展，会计工作不讲效益的观念将为人们所抛弃。不讲效益的会计人员是不称职的。讲求效益已成为国家和人民衡量会计工作价值的尺度，也是进行社会主义道德建设的最终目的。如何才能强化服务、讲求效益呢？这就要求会计人员做到以下几点：

（一）解放思想，理顺会计改革的思路

解放思想是进行会计改革的前提。改革需要勇气，而勇气来自思想的解放。会计人员要冲破"左"的思想和"平均主义"思想的束缚，一切从实际出发，理论联系实际，不"唯上"，不"唯书"，在实践中探索中国会计改革的道路。

（二）关注会计改革，促进会计发展

会计作为一门专门技术和社会科学，既有技术、方法等方面的共同性，也与特定的社会经济环境相联系。随着我国社会主义计划经济向市场经济的转变，会计的外部环境和内部环境，包括投资主体、经济利益分配、政府管理职能等都发生了巨大的变化，所以会计必须不断进行改革。

要关心、研究会计改革，更要投身、推动会计改革。会计是经济工作的基础，是反映经济运行的信息系统。会计工作涉及面广，进行会计改革必然会影响社会生活的各个方面，改革的阻力会很大。会计人员要冲破阻力，知难而进。同时，随着经济体制改革的深化和会计的新问题、新情况，会计人员要认真去发现、研究、解决，以推进会计改革。

目前,我国已经建立了包括会计人员职责权限制度。会计专业技术资格评审和考试制度、会计从业资格制度、总会计师制度、会计人员培训制度、会计人员表彰奖励制度等在内的一系列有中国特色的会计人员管理制度,强化了对会计人员的管理,调动会计人员努力钻研业务、做好本职工作的积极性,促进了会计队伍的发展壮大和素质的稳步提高。但是由于我国会计人员来源的复杂性,加上我国的会计教育水平比较落后,所以说会计队伍整体素质不高,会计人才缺乏,与经济和科学技术的飞速发展对会计人员素质的要求很不相适应,因此,在大力发展会计学历教育的同时,应组织好大规模的会计在职教育,不断改进培训渠道、组织形式、教材体系,提高培训工作的适应性和超前性。同时,要改革和完善的相应的会计人员管理制度,形成科学的会计人才选拔、评价机制,以激励会计人员通过多种途径学习业务,提高自身素质。

(三)树立效益第一的思想,讲究"效率""时间"战略

"效率"战略是以最低的劳动消耗创造更可能多的物质财富;"时间"战略是要求在保证效益的前提下以最短的时间最快的速度去创造最高价值。效率与时间相辅相成,效率中本身就有时间的规定性,时间是检验效率的标准之一。会计人员必须有强烈的时间、效率观念。会计人员自己要科学地支配时间,还要考核其他人员对时间的合理利用,力争高效率地做好会计工作。在主张效率第一时,我们还要坚持道义的原则,体现两个文明建设一起抓的精神。道义与效益的关系在

于:我们所追求的效益是体现道义要求的效益,道义则是实现最佳效益的手段。一旦道义与效益发生矛盾,首先考虑的应是道义。符合道义的经济效益才是我们所追求的目的。会计改革的目的就是要在道义与效益相统一的原则下,促进社会物质文明和精神文明建设的同步发展。

【关键概念】

核心规范(core standard)

诚信为本(honest foundation)

操守为重(most important integrity)

坚持准则(persising in principles)

不做假账(no false accounting)

具体规范(concrete standard)

【复习思考题】

1.为什么说爱岗敬业是会计工作的内在要求?

2.为了积极参与企业经营管理的全过程,会计人员应做好哪些参谋工作?

3.会计人员应如何正确核算经济业务,提高会计信息质量水平?

4.会计人员应如何把握会计监督工作重点,增强监督工作的有效性?

5. "不做假账"有何现实意义？如何实现"不做假账"？

6. 会计人员如何做到勤俭理财？

【在线测试题】

扫描书背面的二维码，获取答题权限。

【案例分析】

宁可辞职 不做假账：一位上市公司CFO的职业抉择

刘新华曾任某上市公司的财务总监，在别人看来，他是一个极普通的会计人员，在十多年的财会工作中，他恪尽职守，勤奋敬业，甘于清贫，淡泊名利。多年的职业生涯使他树立了一个职场信念："没有人能打败你，能打败你的只有你自己，无论对个人还是对公司而言都是如此，必须从自身做起，廉洁自律、诚实守信、坚持原则。他最欣赏的一句话就是会计人员要有一双能够'透视'的眼睛，要知道数字背后是什么，这就需要不断了解企业的运营，了解企业的战略，并结合企业战略制定财务战略，进而达到提升企业的目的。"

刘新华供职的上市公司是一家历史悠久的大型国有企业，但公司的产品质量与国外的同类产品有很大的差距。产品80%的重要原材料靠进口，自己生产的原材料质量达不到国内重要大客户的要求。这种原材料依赖进口的生产方式产生了多种弊病，主要在于：一是原材料价格昂贵，导致成本居高不下，产品价格在市场中没有竞争优势；二是进口原材料产量波动也会对其产品造成直接影响。根据目前的情况，股份公司要想生存下去，就必须进行原材料的自行生产，进行技术改造，提高原材料的质量，达到进口原材料的水准，这样不但可以满足自身的需要，也可以销售给同行业的其他依赖进口原材料的企业，抢占市场份额。

第一届领导班子成员眼看企业已经深陷泥潭，于是走的走、溜的溜，在危难之际，第二届领导班子匆忙上任。作为第二届领导班子中的一员，刘新华上任以后开始认真分析公司目前所处的境况：公司所需设备是从国外进口的二手设备，公司高层对这个项目所需资金估计不足，两年内已经陆续投入两亿多元，两年的资金利息让企业不堪重负；同时，随着国际市场的变化，当企业在大张旗鼓地进行技术改造时，国外已经停止生产这种产品了。

当这些问题摆在面前的时候，企业即将面临会计师事务所的年报审计，年度报告的数字是决定企业价值的核心要素，也决定着投资者对公司的信任程度，如果按真实的数字进行披露，势必影响投资者的信心，将会直接造成公司股票大幅度下跌，而且极有可能跌破发行价。管理层在财务报告上的欺诈行为通常是由于"渡过困难期的需要"，他们把股份公司所处的这个困难期看成是暂时的，相信获得相应的贷款或者通过其他方式获取资金后，就能帮助企业顺利渡过这个困难期，而且本年度的虚假利润也可以由以后的盈利来逐步消化掉。由于企业的前身是国有独资公司，公司的决策是由一个人或少数几个人做出的，因此内部控制存在严重的缺陷。第二届领导从企业的利益出发，同时也为了其自身的利益，开始要求财务部门在数字上做手脚，也就是掩饰一些东西，从而达到粉饰报表的目的。

于是公司的总经理将刘新华找来，语重心长地对他说："新华，你是公司的老员工了，对公司应该很有感情，公司对你也不错，培养了你，也曾经送你出去学习深造，现在公司遇到了困难，我们是不是都应该为公司出一把力呢？而且你和你爱人都在咱们公司，你也不愿意看着公司就这么垮了吧，公司垮了，对你的家庭也是最为不利的。"

显然公司领导希望刘新华在今年企业年度报表上做文章。刘新华当然对公司当前面临的困境十分清楚，他对企业也很有感情，自从大专毕业后他就被分配到公司从事财务工作，一干就是十多年，加上爱人也是公司的员工，可以说这家公司是他的半个家。但在工作中他已经养成了客观、严谨的工作态度，诚实可靠、有责任感的工作作风与职业道德，这些都驱使他去增产节约、开源节流、廉洁自律、奉公守法，但并没有教会他如何去舞弊造假。

在经过反复细致的思考后，他对总经理说："我对公司是很有感情的，公司的现状摆在眼前，我也一直在认真思考，但是很难。你看，我手里的借款合同就有整整89份之多，总计金额近几个亿，几个亿啊，我拿在手里心里都发慌，这些全是欠国家的钱，每天都有银行打电话追着要钱，那种尴尬与狼狈就不必说了，我现在与那过街的老鼠又有什么区别呢？现在我只要一听到电话铃声，心里就发慌。我认为现在我们的首要问题是如何真正为企业摆脱困境，而不是在财务上做文章骗取社会的信任。"

刘新华一边说，心里一边想：巧妇难为无米之炊，要想达到决策层的目的，唯一的方法就只有进行财务造假，编造虚假利润，从而获得一份虚假的业绩。听了刘新华的话，老总的脸色特别难看，他站了起来，大声说道："你知道吗，你的态度和决定将会关系到企业的生死存亡，不要被公司暂时的困难所吓倒，如果公司能够挺过今年这一关，就会东山再起，所有这些有点不合理的东西都会得到更正。你们年轻人就是没有经历过大风大浪，一遇到困难就打退堂鼓，这点困难算什么呀，我知道你的能力，只要在报表上面做做文章，一切问题不就迎刃而解了吗？我知道，你为公司做了许多贡献，公司是不会亏待你的，你会为你的付出有所得的，你不要担心以后的生活，我明说吧，你的付出将会为你换来下半辈子的安逸。我希望你能认真考虑一下，你不用立即回答我，回家去和老婆商量一下，我相信孰重孰轻你应该能够分得清。"

回到家里，刘新华不停地抽烟，他心里特别矛盾，如果公司挺不过今年，那么就会沦为"PT"类公司，甚至有被退市的危险，同时这也将影响到他的前途和家庭的命运，而且不可否认的是，摆在他面前的还有如此巨大的诱惑，如果能在报表上做做文章，那么他就会得到巨额的回报，非但自己的位子依然会稳如泰山，而且家庭的经济环境也会得到很大改善。

但刘新华也深深地认识到，一家上市公司的财务报告是面对公众的，它应该呈现出充分的透明度。如果公司的数据不实，将会对投资人和债权人造成损害，从而使广大的中小投资者蒙受更大的损失。如果他按照决策层的要求去做，那就不但违反法律，而且违背他做人的原则，同样也违背一个会计人应有的职业道德准则。

显然，公司的老总也找刘新华的爱人谈了话，她回到家里就说："你应该好好考虑一下，我们两个人都在公司，如果我们两人都丢了工作，那么孩子读书怎么办？而且老总说了，公司目前这些困难都是暂时性的困难，他已经联系好了，马上就有新的投资人加入，只要能顺利渡过这个困难期，所有的亏损就可以消化掉，他说根本就没有什么风险，是你胆子太小。"

听了爱人的话，刘新华叹道："我何尝不想为自己的利益和家庭的利益打算，但是，你知道吗，老总说在报表上做做文章，实际上就是要我做假账，你和我都不是小孩子，应该分得清什么是对，什么是错。任何作假都是违背实事求是精神的，违背了实事求是的精神，也就丧失了作为一名合格的会计人员最起码的职业道德和行为准则。难道你要我一辈子都活在痛苦的煎熬之中，时时刻刻等着被揭穿的那天吗？"

那晚，刘新华彻夜未眠。从夜晚到白天，转眼之间已经是清晨了，这个世界渐渐苏醒并开始忙碌起来。刘新华依然呆坐着，他一夜未眠却毫无倦意，就在此时，他终于下定了决心。早晨一上班，他就向董事长提交了辞职报告，并委婉地劝告说："我认为公司应该想办法真正地走出困境，而不仅仅在报表上做文章，业绩不是做出来的，纸是包不住火的，希望老总能好好考虑考虑，我就言尽于此了。"

刘新华走了，离开了他工作了十多年的公司，离开了让很多人眼红的位置，带着他会计人的信念和执着……在刘新华的身上折射出了会计人正直诚实的本性。在他的血液里有着公正、独立、诚信的会计精神，有着刚直不阿、廉洁自律的情操。诚信社会的建设正是由无数个"刘新华"牺牲了个人的利益逐步建立、完善起来的。

资料来源：项怀诚.会计职业道德案例[M].北京：经济科学出版社，2003.

讨论题：

（1）您认为刘新华这样做值得吗？理由何在？

（2）CFO的道德操守与专业技能哪个更重要？当二者处于矛盾冲突之中时，应如何取舍？

第十章　注册会计师审计职业道德规范

📋 **学习目的与要求**

1. 知道注册会计师职业道德规范，理解制度安排的价值；
2. 理解注册会计师制度安排的时代价值；
3. 明确注册会计师审计基石：诚信为本，操守为重；
4. 掌握注册会计师职业道德规范的具体内容。

注册会计师职业道德,是指注册会计师在执业时所应遵循的行为规范,包括在职业品德、职业纪律、专业胜任能力及职业责任等方面所应达到的行为标准。我国于 1997 年 1 月 1 日颁布实施《中国注册会计师职业道德基本准则》,全面论述注册会计师道德要求。2002 年初,中国注册会计师协会制订并发布了《中国注册会计师职业道德规范指导意见》。2009 年 10 月 14 日财政部发布了《中国注册会计师职业道德守则》和《中国注册会计师协会非执业会员职业道德守则》（下统称《职业道德守则》）,并于 2010 年 7 月 1 日起实施,以全面规范注册会计师的职业道德行为。

第一节　中国注册会计师面临的道德问题及对策

中国注册会计师市场恢复建设至今的四十年里已取得了迅速的发展,在我国的改革开放和社会主义市场经济体制的建设中发挥了积极的作用,扮演着十分重要的角色。为使注册会计师担负起维护社会公众的经济利益的神圣职责,在公众中树立良好的职业形象和职业信誉,必须大力加强对注册会计师的职业道德教育,强化并提高注册会计师的道德水准。注册会计师的道德行为应包括:诚信、独立性、正直性、客观性;遵守一般职业准则和技术准则,包括职业能力、职业谨慎、计划与监督、充分适当的证据、业务预测;对客户的责任;对同业的责任;其他责任和义务。以上内容是注册会计师职业道德行为可以接受的最基本要求,道德行为观念是一个综合性观念,审计师能否高标准行事,事关整个职业的信誉和声望。因此,它要求审计师即使损失个人利益,也应公正办事。

然而,从外部环境来看,人们对注册会计师职业在市场经济中的作用和责任的认识还处于较朦胧的阶段;从职业界内部的情况来看,也还未建立起一个有序的职业发展机制。应该明确,注册会计师事业与市场经济环境是相辅相成的。有什么样的市场经济环境,就有什么样的注册会计师职业效果。目前,中国注册会计师的执业素质偏低,注册会计师审计质量下降是多种因素共同作用的结果,必须进行综合治理。

中国注册会计师审计职业道德建设存在的问题

（一）中国注册会计师审计职业道德状况令人担忧

注册会计师对财务报表的众多使用者负有责任,而绝大多数报表使用者往往对公司的活动及其管理没有第一手资料。随着公司规模的扩大,导致所有权与经营管理权的分离。投资者再也不可能去一手操纵企业的经营管理,而必须借助于财务报表来了解企业的经营活动。债权人、潜在投资者和其他利益相关者也必须依赖这些财务报表,而独立的职业道德水平高的注册会计师对财务报表发表意见可提高报表可信度。

注册会计师职业道德是注册会计师在其职业过程中所应遵循的行为规范,它的具体内容如图 10-1 所示。

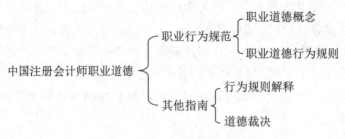

图 10-1　中国注册会计师职业道德框架

职业道德概念是用哲学语言简化表述的道德行为的理想标准；职业道德行为规则是执业中强制执行标准，是可接受的职业服务的最低标准；提供规则的适用范围和应用指南的是行为规则；协会就有关行为规则的问题所作的书面解释或解答是道德裁决。

当前，中国注册会计师的职业道德整体水平偏低，相当数量的注册会计师不能坚持独立、客观、公正的原则，承接不能胜任的业务，为了谋利采取各种不正当的手段招揽客户，更有甚者有意泄漏客户的商业秘密以谋取私利。2018 年中国注册会计师市场进入多事之秋，注册会计师的信誉受到整个社会的质疑。这些都严重威胁着中国注册会计师事业的生存和发展，造成了审计质量低下，败坏注册会计师自身形象，人为加大审计成本及助长某些单位违法经营行为的滋生，影响社会经济秩序的稳定。因此，加强注册会计师职业道德的研究，对于完善我国经济会计师制度，推动注册会计师事业的发展具有重要的战略意义。

（二）中国注册会计师的执业行为偏差

注册会计师的职业环境、自身素质在很大程度上影响着其执业的行为。执业行为又决定着会计师事务所的生存和发展，也决定着注册会计师行业的兴衰与成败，在相当程度上影响着市场经济秩序的好坏。注册会计师职业行为的偏差，将严重影响整个行业的社会信誉度。相当数量的注册会计师过分追求眼前利益，在事务所日常经营中，分光吃尽，不重积累；有些注册会计师只从自身利益出发，不能保持应有的职业谨慎，不能完全遵守专业准则的规定，不注重学习甚至出具不真实的报告，将从事注册会计师职业看作是一种经验的积累和去其他部门的跳板；有些注册会计师目光的短浅和谋求私利的行为使事务所变成一盘散沙。如果对诸如此类的恶劣行为不清理、不整理，任由其恶性循环下去，将严重影响市场经济的正常秩序。

（三）中国注册会计师队伍人员老化，专业素质不高

中国注册会计师行业经过了 40 年的发展，从业人员在数量上已经接近或超过经济发达国家行业发展速度。但在质量上，与国际同行相比还存在很大差距，其主要原因是注册会计师队伍人员老化，专业素质不高。从目前我国注册会计师发展历史构成来看，近乎一半的注册会计师存在着先天不足的现象。

（四）中国注册会计师的审计质量较低

我们认为，分析注册会计师审计质量较低的原因需要从外因和内因两方面着手分析。在外部环境方面，审计职业规范体系不健全是最主要的。首先，一些审计实务中出现的问题没有相应的准则加以规范，使事务所无章可循。其次，是审计市场的恶性竞争，使审计达不到应有的质量保证。再次，被审计者与其主管部门的目标存在偏差。政府部门的强制要求，使被审计者不给予积极配合，查出问题也不同意调整和披露。最后，是政府部门对民间审计的干预太大。这种做法有以下四个弊端：①人为地扩大审计责任，要求注册会计师披露应由管理当局披露的内容，混淆了会计责任和审计责任，把应由管理当局承担的责任转给了注册会计师；②与独立审计准则相矛盾；③不符合独立审计的合法性目标；④混淆了一般目的审计和特殊目的审计的区别。审计报告质量低下的内因，即审计职业界自身方面的原因，主要有：

（1）我国CPA职业人员业务水平较低，CPA职业胜任能力不足。我国会计师事务的CPA不仅总量偏少，目前我国执业CPA的总数尚不及国际四大所中的一家执业CPA的数量。而且从总体看，我国CPA准入条件较低，直接导致CPA职业人员业务水平较低，CPA职业胜任能力不足。

（2）我国不少CPA缺乏高尚职业道德，事务所出资人合伙人素质比较低下。我国CPA起步较晚，从业人员几乎都是白手起家，加之不公正的竞争环境，导致我国不少CPA缺乏高尚的职业道德，短期心理严重。事务所出资人合伙人素质比较低下，那些非专业出身的出资人合伙人视会计师事务所为盈利机构，不择手段挣钱，参编假账，出具虚假审计报告也就不在话下。

（3）审计质量控制力度不够。一些事务所为追求短期的经济利益，缺乏质量控制意识和科学的控制方法，使现有的利益方法只能流于形式，审计报告的质量很难保证。

（4）会计师事务所规模偏小。我国的会计师事务所最初大都是由财政审计等部门组建起来的，规模不仅较小而且又零星地分布于各个地区，力量薄弱，难以占领外地市场，只能借助于地方的一些有利条件在当地争取一席之地。这使得本来已经严重的地区分割局面变得更加严重，当地事务所之间的竞争更加激烈，极易导致恶性循环。

（5）业务范围狭窄。因市场压力不足，社会对非法定业务的现实需求较低，事务所的非法定业务方面自身能力不足，使众多事务所都在这一狭小领域内生存和发展，审计市场恶性竞争在所难免。

（6）行业管理不力。尽管各级注册会计师协会采取了大量的行业监管工作，但仍存在对行业监管工作的认识和力度不够、监管工作的体制不顺、监管队伍量不足等问题，这在一定程度上纵容了行业违规现象的发生，限制审计质量的提高。

中国注册会计师市场从恢复至今以来，取得的成就有目共睹。前些年出台的事务所脱钩改制政策，给注册会计师市场注入了新的生命。近年来，我国注册会计行业又经历了"两会"（中国注册会计师协会和中国资产评估协会）联合，"三师"（注册税务师、注册资产评估师和注册会计师）统一管理，在改革、规范、调整中取得了长足发展，使得注册会计行业尽早地沿着国际轨道发展。

二、中国注册会计师市场建设的发展对策

为使我国注册会计师行业尽快赶上国际水平，并使我国注册会计师行业受到最小的冲击，根据现有世贸协定中的一些基本原则和手段，我们认为应有以下对策：

（一）确立未来中国注册会计师职业总体的发展战略目标

一个国家注册会计师职业的总体发展战略目标是由这个国家的注册会计师职业发展现状、社会经济环境对这一职业的要求以及这一职业的国际发展趋势所决定的。我国注册会计师职业发展战略目标应确定为："把中国注册会计师职业发展成为一个真正独立的、公平竞争的、勇于承担社会道德职责的高尚职业；一个能最大限度满足市场经济发展要求的、与国际接轨的职业。为我国注册会计师职业在建立社会主义市场经济体制、保障正常社会经济秩序、维护国家、企业以及社会公众权益中发挥更大作用。"

专栏 10-1

以诚信为主线加强注册会计师专业服务市场建设

扫描此码　深度学习

（二）全面提升以诚信为核心的注册会计师综合素质

①注册会计师的基本素质要求。按照职业谨慎的要求，一个胜任的注册会计师，必须具备与其职业需求相适应的能力，而能力的取得既来源于所掌握的专业知识又来源于实际经验。从目前世界各国对注册会计师能力素质的控制情况来看，主要应把握好资格控制和后续教育。

②注册会计师的职业道德素质要求。一个职业是否注重其职业道德是这个职业成熟与否的重要标志。就我国目前的发展状况而言，要使所有的注册会计师都理解接受并自觉遵守这一行为规范，还有大量的工作要做。我们大致提出我国注册会计师职业道德体系的框架图，如图 10-2 所示。

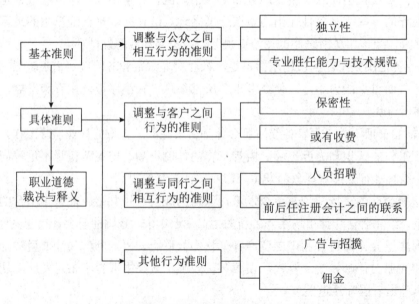

图 10-2　注册会计师职业道德体系

③强化注册会计师的社会职责。我国注册会计师及会计师事务所所承担的法律责任主要有行政责任、民事责任和刑事责任。中国注册会计师及会计师事务所法律责任的日益清晰和强化，要求注册会计师和事务所必须对自己所负的责任保持清醒和充分的认识，并以此为出发点，不断提高自己的道德素质和技术素质，从而不断提高自己的服务水平和服务质量。加快注册会计师队伍数量的发展，并提高注册会计师队伍质量水平。注册会计师职业在当今的中国已不再是一个可有可无的职业，而是一个肩负着协助建立社会主义市场经济体制，保障正常的社会经济秩序，维护国家、企业以及投资者和债权人利益等重要使命的职业。我国的经济体制改革推动了注册会计师职业的发展，也迫切要求注册会计师队伍的壮大，及包括服务多样化内容等方面对注册会计师队伍质量的要求。经济体制改革必然对我国培养注册会计师的能力提出更新、更高的要求。因此，我们应树立正确的注册会计师队伍发展的指导思想：一方面是最大限度地满足市场经济发展的需求；另一方面也应注重质量，讲求有质量的发展，将数量的发展建立在质量提高的基础上。

中国注册会计师市场的建设任重道远，需要我们完善注册会计师的法律制度，改善注册会计师的执业环境，同时还需要从注册会计师自身做起。加入世界贸易组织后，就再也不是计划经济浓厚的中国了。优胜劣汰会给有实力的大事务所足够的发展空间，而经营不利的事务所也将被罚出场外。当然，要和国际上的大事务所相抗衡，并不是一朝一夕的事，它需要时间和经验。只有借鉴外国有效的经验，使经验同我国国情相适应，才能在最短的时间内同国际注册会计师市场接轨，我国的注册会计师市场才得以保存和发展，中国注册会计师才会拥有光辉灿烂的明天。

第二节　制度安排：权衡短期利益与长期利益

一、会计审计人员进退两难的尴尬处境

现实中的会计审计人员在其岗位上往往处于进退两难的尴尬境地。一位企业会计主管人员讲：财务管理中有一个重要思想就是风险收益对等理论，如果冒高风险，就必须有高收益作为补偿。单位领导总让会计人员做假账，但收益却主要在领导他们那里，风险主要落在会计人员身上；出了问题都是对外讲会计人员背着领导做假账，说领导不懂会计，显然会计人员风险收益不对等。会计行业的所谓诚信危机虽有会计人员自身因素，但客观环境的影响是绝对不可忽视的。2002 年北京国家会计学院诚信教育教材开发课题组的调查也验证了这一点。课题组在针对 216 家企业总会计师、13 所高等院校 48 位教授专家及 323 位中国注册会计师的调查问卷中问：你认为目前假账成为社会经济生活中的"毒瘤"，主要是：A、政府当官的要"政绩"；B、企业当头的要"业绩"；C、会计人员要"饭碗"；D、注册会计师要"钞票"。从回答的问卷统计中，形成假账的主要因素排位及数据是：A、"政府当官的要政绩"，分别占 33.61%、30.25% 及 39.68%；B、"企业当头的要业绩"，

分别占 44.54%、36.97% 及 36.19%[1]。可见，大多数人认为假账的源头并不在会计行业，主要原因在于"政府当官的要政绩"与"企业当头的要业绩"两大方面。如果说单位、部门及企业负责人是假账的始作俑者，其帮凶必然离不开会计人员。因此，我们要根治假账，必须从源头抓起。企业的上市、上市公司的配股资格、地方政府的政绩等都是"政府当官政绩"与"企业当头业绩"的主要目标，同时也是某些会计人员和注册会计师的潜在收益源。必须正视这个源头，解决这些问题。如果在建构会计职业道德管理机制时不考虑到这一点，只是头痛医头，脚痛医脚的做法，无法对症下药，解决根本问题。

我们看到，道德的内容受社会、经济、文化等各种环境的影响。会计职业道德管理也是如此，市场经济条件下的会计职业道德管理内容不同于计划经济条件下的会计职业道德管理。我们在构建会计职业道德管理的自律与他律机制时必须注意这一点。经济学的一个基本假设是"人性"，即人是理性的，也就是说人是趋利避害的，也就是理性的人所遵循的"两利相权取其重，两害相权取其轻"原则。同时，

专栏 10-2
连城兰花审计
失败案件
扫描此码
深度学习

他在乎各种能给他带来效用的东西，除了钱以外，还有名誉、感情、受人尊重的感觉、舒适等。每个理性的人在做事的时候都要自觉不自觉地进行成本效益分析，也就是看做这件事值不值以及如何做。因此，我们在构建会计职业道德管理自律与他律机制时，首先必须从经济学角度分析会计人员遵守职业道德的成本效益，看看究竟是什么因素影响着会计人员对是否遵守职业道德的选择。我们将结合实际中的案例来分析会计人员遵守职业道德的成本收益，说明影响其成本收益的因素，对会计职业道德管理自律与他律机制构建提出建议。

二 会计审计人员履行职业道德的成本效益分析

注册会计师与企事业单位会计人员虽都是会计人员，但其工作性质差异较大，而且其成本效益的影响因素也有差异，故此我们分开考虑。而在企事业单位会计人员中，财务总监、总会计师又是典型代表，我们下面的分析以注册会计师和总会计师或财务总监为主要对象。

首先，从整个会计行业的角度分析，遵守职业道德的成本几乎为零，遵守职业道德的效益却数不胜数。会计行业遵守职业道德的社会效益在于树立良好的信誉，能够使事务所在公众面前保持良好的形象，从而提高行业的社会地位，增加行业收入。反之，整个行业不遵守职业道德的效益几乎没有，不遵守职业道德的成本巨大。如果注册会计师们都丧失诚信，那么就有可能对注册会计师行业带来致命的打击，有可能为其他机构或外国的事务所所取代，甚至可能导致注册会计师行业的崩溃。虽说会计的本质有"信息系统论""管理活动论"两种观点，但财务会计的作用主要在于提供信息，这是大家所认可的。会计是为相关的决策者提供信息的，原来信息源较为单一，会计处于垄断地位但现在决策者获取信息的渠道很多，会计信息只是其中一种。因此，如果会计行业以不讲职业道德、不讲诚

---

① 资料来源：叶陈刚. 商业伦理与会计职业道德 [M]. 大连：东北财经大学出版社，2004.

信的形象示人，那么会计在这场信息源争夺战中势必处于劣势，会计信息作用将日益下降，会计作为一个行业也将可能走入低谷。

其次，与整个注册会计师行业相比，单个会计师事务所遵守职业道德的成本效益相距甚远。事务所遵守职业道德的成本好像是显而易见的，那就是某些客户的丧失。如果你遵守职业道德，客户让你通融，而你坚持原则，不肯让步，那么可能有些业务你拿不到。问题的关键在于其他某些事务所又愿意在同等条件下接受这笔业务，即存在所谓低价揽客，低执业质量揽客，提供"定制客户服务"的现象。这说明，事务所遵守职业道德可能会失去某些有特殊要求的客户，失去相当的短期收益。由于功利主义、实用主义盛行，诚信可能吃亏，而不诚信可能带来很多边际利润、超额利润。事务所遵守职业道德的收益主要有两个：一是事务所信誉的提高，能够为事务所带来持久的客户源，能够提高事务所的社会形象，给事务所带来附加值更大的服务；二是精神上的享受，很多注册会计师认为，钱是赚不完的，但关键是人要快乐，作假的心里不踏实。也有注册会计师指出，要"本本分分做人，认认真真执业"，为了事业的发展和壮大、家人的幸福和健康，一定要遵守职业道德。

总会计师（或财务总监）讲诚信、遵守职业道德的成本效益又如何呢？在一个企业中，企业领导者的经营管理意识是决定总会计师遵守职业道德的成本效益的主要因素。如果领导者不讲诚信，那么总会计师遵守职业道德的成本就是在单位中地位的下降，甚至是职位的丧失，这就导致在会计行业内广为流行的说法"顶得住的留不住，留得住的顶不住"。遵守职业道德的效益主要是精神上的愉悦。如果领导者讲诚信，那么总会计师遵守职业道德的成本很小，遵守职业道德会提高自己在企业中的地位，带来精神与物质两方面的利益。另外，对于有些充满贪欲的会计人员，不讲职业道德的收益是大捞特捞；不讲职业道德的成本是行政、民事、刑事处罚。

加强会计职业道德建设，习惯上多从道德品质上对会计人员提出要求，虽然在道德的内涵和实质上都注入了时代精神，但道德的自我完善根本上继承了传统的儒家修身养性的人格自律。事实上，在市场经济条件下，会计职业道德和职业品质的建设包含两个层面的内容：一是内在的道德和品质的自律、修养和完善；二是外在的以法制教育、法律意识建设、法制管理为主体的言行规范，即"他律"，具有强制性性质。

第三节　诚信为本，操守为重：注册会计师审计基石

 诚信是注册会计师职业的灵魂

作为经济公道和国家公道的维护者和捍卫者，注册会计师不仅要受到一般伦理道德的制约，还要接受职业道德规范的约束。在注册会计师所应遵循的道德体系中，"诚信"无疑是其核心内容。因为只有"诚信"才能使客户乃至整个社会相信注册会计师具有专业胜

任能力，提供的服务质量可靠，做出的结论客观、独立、公正。这种信任构成了注册会计师行业存在的基础。如果没有这种以"诚信"为核心的职业道德体系作为支撑，注册会计师行业是无法保持信誉并立足于市的。因此，经过了风雨洗礼的中国注册会计师，在面对中国加入世贸组织这样更加严峻的市场格局和挑战时，只有高举"诚信"的大旗，"诚信为本，操守为重"，才能站稳脚跟，励精图治，重塑注册会计师行业的公信力。

诚信不只是外界对行业的需求和期望，而是行业的一种氛围，一种习惯，一种行规，是行业从业人员发自内心的愿望和追求，深深植根于每一个人的心中，每一个人以讲诚信为荣、不诚信为耻。注册会计师行业，其诚信文化的核心是操守为重，恪守职业道德。为此，注册会计师在执业过程中，应注重培育与民族传统文化和时代精神相结合的行业诚信文化，使社会诚信与行业诚信有机结合起来。人无信而不立，离开了诚信，注册会计师必将失去生存空间。因此，注册会计师要端正认识，树立正确的人生观、价值观和道德观，不断提高道德修养，面对困难时不怨天尤人，把诚信意识根植于心，以诚实守信的形象立身于世。只有每一个人都讲诚信，才能筑起中国注册会计师的诚信大厦。

二、注册会计师应有属于自己的个人诚信档案

在市场经济条件下，注册会计师必然是有理性的、追求自身利益或效用最大化的人，他们同样遵循着自利原则，但同时我们更应该看到，理性原则和公共原则同样制约着注册会计师的行为。只要有健全的约束机制，注册会计师追求个人利益的行为不仅不会损害社会利益，而且会带动整个社会公共利益的不断实现。原因在于：大多数注册会计师都能清醒地认识到，只有遵循独立审计准则，执行审计业务，公允表达审计意见才最符合其追求自身利益的目标，尤其是长远利益的目标；出于理性的思考，注册会计师不可能无视法律制裁、道德谴责的严肃性。

会计服务市场规范的信用体系就是建立在制度的基础上，即从制度上保证"诚信"的注册会计师能够得到应有的回报，"失信"的注册会计师必须承担其行为造成的成本，不仅要受到舆论的谴责，更要付出经济上的代价。这就为会计服务市场信用水平的提高提供了制度上的保障。为此，当务之急是尽快建立注册会计师"个人信用制度"，即注册会计师应有属于自己的诚信档案。只有建立起完备的个人信用制度，才能在此基础上完善会计师事务所市场信用体系，以制度约束注册会计师的失信行为。

三、打造"诚信为本"的注册会计师事务所文化

会计师事务所是法律意义上的企业，其文化应是管理者和全体员工在长期经营活动中形成的与其自身特点及其发展规律相适应的一整套理念、信念、价值观和行为规则（或准则），以及由此形成的群体行为模式。事务所企业文化作为自身持续发展过程中形成的社会文化的一种亚文化，要着重解决事务所经营理念、管理机制和运行机制的问题，要努力营造以"诚信为本、勤勉尽责、服务社会"为主要内容的企业文化，在激烈的竞争中创立自己的品牌，

以品牌求生存、以信誉求发展、以质量求进步。同时，会计师事务所文化通过树立正确的经营理念、良好的精神风貌、高尚的伦理道德和明确的发展目标，以统一和规范事务所员工的价值观念，形成事务所巨大的凝聚力；通过建立和完善事务所的各种规章、制度、操作规程及工作标准，以统一和规范企业会计人员的行为，确保事务所经营目标和发展计划的实现。事务所的企业文化建设是现代公司制度下，事务所生生不息的物质和精神支柱。

现阶段我国会计师事务所在完成一系列改革、在体制上基本与国际惯例接轨的背景下，打造会计师事务所的"诚信为本"的企业文化已是进一步提高注册会计师及事务所整体素质和质量，全面提升行业整体素质和社会形象的必由之路。

（1）最高管理者或者管理层的个人风格要融入事务所之中，形成事务所企业文化的重要组成部分。最高管理者应具有诚实可信、稳重谨慎、求实认真、胜任专业的领导风范，同时应体现出责任与创新、团结与合作、决策民主、管理权威的人格魅力。

（2）要有明确的事务所发展目标。事务所应根据自身特点，制定科学的近期、中期和远期发展目标或规划，给机构和员工的发展、成长提供一个明确的预期，促使员工自觉地把事务所利益和个人利益结合起来，在事务所运作和员工行为规范体系下，积极、努力、负责地做好本职工作。

（3）要有一套完善的事务所内部控制制度和合理的内部治理结构。内部控制制度应当包括：合法有效的事务所章程或合伙人协议、事务所内部议事规则和决策制度、人才引进制度、人员晋升和激励机制、执业规范、质量控制和保障制度、员工行为准则以及效益评价体系和制度。合理的内部治理结构必须是合法的，是在合法的基础上根据事务所的实际情况建立与事务所运作相适应的管理层次和结构，以保障事务所内部稳定、和谐、高效。

（4）要形成具有凝聚力的团队精神。共同的目标、共同的预期是形成事务所团队精神的首要条件。要让员工了解本所的发展目标，知道他们的责任，从而使员工自觉地约束自己的行为，遵守职业道德，提高工作质量，由此形成全体员工共同合作做好工作的愿望和需求，并自觉维护事务所声誉以实现个人利益的良性循环，其内在表现是事务所的合力、凝聚力，外在表现就是事务所的团队精神。

（5）要培养与现代社会先进文化要求相适应的员工思维方式、行为准则、工作作风等特性模式。员工一旦进入事务所就必须在工作、学习等方面融入这一特性模式之中。这一模式应集中体现事务所的经营宗旨、理念、目标和行为规范，对每一个员工形成强有力的约束力，同时具有凝聚力和亲和力，以保证其他企业文化要素得以实现。

四、关于注册会计师职业道德的完善建议

注册会计师的主要职能是对企业的对外财务报表发表审计意见，帮助会计信息使用者确立对会计信息的可信赖程度，从而保护投资者、债权人及社会公众的合法权益，为社会经济监督体系建立起一道有效的屏障。因此，守信用、讲信誉、重信义、恪守职业道德是

注册会计师行业生存和发展的生命线。以下是完善注册会计师职业道德的建议：

（一）从社会大局方面着手净化注册会计师的执业环境

在问卷调查中，我们不难发现，注册会计师不会积极作假，很多时候是迫于对现实的妥协甚至出于无奈。国内注册会计师市场中，委托人与被审计人角色合二为一，在不均衡的博弈关系中，注册会计师很难得到委托人与被审计人的真实信息，于是作假在所难免。因此，应建立健全成熟理性的委托人机制，解决和铲除虚假信息的市场需求机制，同时有配套的法律保障和良好的法律环境。此外，注册会计师已意识到本行业诚信缺失的危机感，但同时也由于事务所内部环境的某些原因，诚信教育仍没有到达它所应到达的位置。在全社会大力开展诚信教育之际，建议事务所的合伙人、发起人抓住机遇，加强诚信教育，建立注册会计师诚信档案，提高注册会计师职业素质和道德情操，但这毕竟需要一个潜移默化的时间，因此合伙人、发起人应有足够的耐心和信心，诚信终究是注册会计师行业的基石，诚信教育事关行业的未来。

（二）逐步改革注册会计师事务所的组织形式

注册会计师是高度依赖个人职业技能和职业道德的行业，我们认为只有连带责任才能构筑执业者间的有效约束。因此，无限责任制是维系独立审计诚信的最有效的组织制度。合伙制无疑是遏制注册会计师造假的最具威慑力的组织形式，违规一旦被发现，会计师事务所要以其全部财产承担赔偿责任，如果不足以赔偿，作为合伙人的注册会计师还要以其自家财产承担赔偿责任。但从目前情况看，事务所全部改为合伙制还尚待时日。这不仅涉及事务所的规模问题、注册会计师自身顾虑问题，还存在缺少完善的法律法规环境的问题。从问卷调查结果来看，更多的注册会计师选择了有限责任合伙制。在这种制度下，事务所以其总资产负有限责任，当事的合伙人负无限责任，而其他的合伙人则无须对当事合伙人的渎职行为负责。相比之下，从目前条件看，有限责任合伙制更合乎我国的现实情况。

（三）分别经营注册会计师的审计或非审计业务服务

审计一直是注册会计师提供的核心服务，随着社会经济的迅速发展，注册会计师的业务扩展到审计以外的评估服务、内审服务、IT系统服务、法律服务、编制会计报表、管理咨询等服务。这些服务的扩展是注册会计师行业发展的标志，但随着安然与安必信关系的水落石出，人们对非审计服务是否影响注册会计师的独立性提出质疑。我们认同"知识溢出效应"理论，即提供非审计服务所获得的知识可能向审计产品"溢出"，从而降低审计成本，提高审计产品的效率。若审计产品效率的改善所降低的成本，全部或部分被事务所获得，则事务所与委托人之间就会有经济连结，经济租金就自然产生，这一利益动机会使注册会计师遵照委托人的意愿办事，从而损害了注册会计师的独立性。注册会计师事务所应考虑分业经营的问题，停止以内部和外部审计师身份为同一客户提供服务，但可以对不同客户提供不同的内部或外部审计服务。

（四）"乱世用重典"，更需综合治理

当高额利润背后隐匿的虚假逐渐暴露时，注册会计师们就不得不直面他们应承担的后果——从巨额罚款到暂停执业，甚至追究刑事责任。我国对违规事务所的处罚力度日趋严厉。但问题是，惩罚力度越来越大而独立审计的失信程度也日益严重。我们不禁提出疑问：惩罚是否有效？在不够净化的执业环境中，只是一味对假账用"重典"，还是无法从根本上解决造假的问题，独立审计诚信绝对不可能在"高压"政策下确立。在某种程度上讲，严惩造假者只是一种"恨铁不成钢"的做法，更需要综合治理。从调查结果来看，当问及挽救行业信誉危机的关键所在时，注册会计师们选择进行诚信教育的与选择严惩造假者的比例相当。这表明注册会计师对行业未来的前途及目前应采取的措施还是比较清晰的。诚信教育是影响行业发展的一项重大系统工程，需要政府及社会各部门的正确引导，需要社会公众的支持与关注，需要注册会计师自己的努力和坚持。在全行业大力开展职业道德时，我们应以宣传、贯彻落实《行业诚信建设实施纲要》为契机，开展培训和后续教育，不仅要向注册会计师讲授专业知识、训练专业技能，还必须学习职业道德知识，陶冶职业道德品质、情操，特别要抓好敬业教育、勤业教育，把职业道德教育与文化知识、专业技能的培训有机结合起来，使广大注册会计师的职业道德水平不断提高。

第四节　注册会计师职业道德规范要求

道德与注册会计师职业的融合，是一般社会公德在注册会计师职业中的具体体现。注册会计师作为一种职业，既要遵循一般社会公德，也要遵循与职业相关的特殊要求。

一　注册会计师职业道德含义及其与法律规范的关系

（一）注册会计师职业道德的含义

注册会计师职业道德特殊要求来自两个方面：一是随着注册会计师职业的演进逐渐形成的、为职业公认的并为多数注册会计师自觉遵守的习惯、规则、纪律；二是国家有关部门制定的关于注册会计师行为和活动要求的法律法规等。这也是注册会计师职业道德形成的两种机制：自律与他律。注册会计师职业是社会职能专业化和人的角色社会化的统一。在此过程中，注册会计师将与他人、社会结成一些特殊的社会关系，包括职业主体与职业服务对象间、职业团体间、职业团体内部个体间以及职业主体与国家间的关系。为了维持并协调这些复杂的、特殊的社会关系，除了依靠法律、政治、经济的规范外，还需借助适应职业生活特点并用以调节职业社会关系的道德规范。注册会计师职业道德就是以协调注册会计师个人、职业团体与社会关系为核心的职业行为准则和规范系统，是注册会计师责、权、利的有机统一。社会赋予一种职业以特权化的社会地位（权力）和经济地位（利益）

作为回报，该职业道德应自动地运用知识来满足社会的需求。

（二）注册会计师职业道德规范与法律规范的关系

注册会计师职业道德规范与法律规范一样，都是上层建筑的重要组成部分，都是规范人们行为的重要行为准则。注册会计师职业道德规范与注册会计师必须遵循的法律规范之间的关系也不例外。注册会计师职业道德规范与以《中华人民共和国注册会计师法》为核心的规范注册会计师执业行为的有关法律法规一起，共同构成了规范注册会计师执业行为的重要行为准则，这是二者的共同之处，但二者又有各自不同的特点和作用。一般来说，主要有三方面的区别：（1）是引导还是强制推行；（2）是重事前预防还是重事后处罚；（3）是重自律还是重他律。

以《中华人民共和国注册会计师法》为核心的规范注册会计师执业行为的有关法律规范，作为我国市场经济法律体系中的重要内容之一，对于保障注册会计师依法执业、维护注册会计师行业的正常管理秩序、保护人民群众财产安全来说，具有不可或缺的重要作用。但事实证明，仅仅依靠市场机制和法律规范是不行的。市场机制虽然"神奇"，但是却不可能产生高尚的人格，有人甚至认为市场经济就是"不讲道德的经济"。在这种无论是市场机制还是法律规范都无法扭转和改变中国注册会计师行业信用危机的情况下，惟有道德规范的指导，才可以使市场主体有所感悟，才能重塑中国注册会计师信誉。

二、超然独立，客观求是

（一）超然独立，取信于各方利益相关者

独立性是注册会计师执业的灵魂与关键。所谓超然独立，是指注册会计师在执行审计业务、出具审计报告时应当在实质上和形式上超出一切界限，独立于委托单位和其他机构，其目的是取信于各种利益相关者这种独立性的需要，具体有两层含义，即实质上的独立与形式上的独立。实质上的独立，是要求注册会计师与委托单位之间必须实实在在地毫无利害关系。注册会计师只有与委托单位保持实质上的独立，才能够以客观、平等的心态表示意见。形式上的独立，是对第三者而言的，注册会计师必须在第三者面前呈现一种独立于委托单位的身份，即在他人看来注册会计师是独立的、无倾向性的。由于注册会计师的审计意见是外界人士决策的依据，因而注册会计师除了保持实质上的独立外，还必须在外界人士面前呈现出形式上的独立，只有这样才会得到社会公众的信任和尊重。

超然独立在强调注册会计师对于委托单位保持独立性的同时，也要求他独立于外部的其他机构和组织。注册会计师对他所出具的审计报告负法律责任，因此，无论是业务的承接、执行，还是报告的形式与提交，注册会计师均应依法办事，独立自主，不依附于其他机构和组织，也不受其干扰和影响，注册会计师的审计报告无须经过任何部门审定和批准。

注册会计师尽管接受委托单位的委托执行业务，而且要向委托单位收取费用，但注册会计师所承担的却是对于整个社会公众的责任，这就决定了注册会计师必须与委托单位和

外部组织之间保持一种超然独立的关系。因此，独立性是注册会计师的灵魂，其重要性是不言而喻的。为保持独立性，注册会计师应回避的事项主要有：

（1）委托单位任职，离职未满二年的；

（2）有委托单位的股票、债券或在委托单位有其他经济利益的；

（3）与委托单位的负责人和主管人员、董事或委托事项的当事人有近亲关系的；

（4）委托单位常年会计顾问或代为办理会计事项的；

（5）其他为保持独立性而应回避的事项。

如果会计师事务所与委托单位存在除业务收费之外的其他经济利益关系，也应实行回避原则。总之，注册会计师应按照独立原则的基本思想严格要求自己，在执业过程中时时注意避免违反独立原则的要求。

（二）从实际出发，客观求是地执业

客观求是就是指注册会计师对有关事项的调查、判断和意见的表述，应当基于客观中立的立场，以客观存在的事实为依据，实事求是，不掺杂个人的主观意愿，也不为委托单位或第三者的意见所左右，在分析问题、处理问题时，决不能以个人的好恶或成见、偏见行事。

注册会计师要做到客观求是的要求，在执业中必须一切从实际出发，注重调查研究、分析，只有深入了解实际情况，才能取得主观与客观的一致，做到审计结论有理有据。

三、公正审计，廉洁守法

（一）公正审计，正确处理各种不同类型的经济利益关系

公正审计是指注册会计师应当具备正直、诚实的品质，公平正直、不偏不倚地对待有关利益各方，不以牺牲一方利益为条件而使另一方受益。

注册会计师在处理审计业务过程中，要正确对待与被审计单位有利害影响的各方面关系人，如债权人、投资者、政府、企业职工、企业管理当局等。这些人的利益与被审计单位有着密不可分的利害冲突。注册会计师在处理审计业务时，保护了债权人的利益，可能会损害投资者的利益；保证了投资者的利益，可能会损害政府的利益；维护了企业职工的利益，有时会影响企业管理当局的利益。这些关系人的利益纵横交错，关系非常复杂。因此，注册会计师，在执业过程中，包括准备阶段、实施阶段和终结阶段，都应保持正直、诚实的心态，不偏不倚地对待利益各方，不掺杂个人私心、主观立场，做到使各方面利益关系人都能接受并认可注册会计师审计报告。只有这样，注册会计师才能立足于社会，与经济发展同步前进。

（二）廉洁守法，依法执业，避免法律诉讼

廉洁守法是指注册会计师在执业中必须保持清廉洁净的情操，在独立、客观公正基础上，恪守国家任何有关法律、法规及制度的规定，依法进行合理、合法的审计业务，不得利用

自己的身份、地位和执业中所掌握的委托单位资料和情况，为自己或所在的会计师事务所谋取私利，不得向委托单位索贿受贿，不得以任何方式接受委托单位馈赠的礼品和其他好处，也不得向委托单位提出超越工作正常需要之外的个人要求。

市场经济越发展，注册会计师在经济生活中的地位将愈来愈重要，发挥的作用也会更大。注册会计师如果工作失误或犯有欺诈行为，将会给委托人或依赖审定会计报表的第三人造成重大损失，严重的甚至导致经济秩序的紊乱。因此，强化注册会计师的法律责任意识，严格注册会计师的法律责任，以保证其职业道德和执业质量，其意义就显得愈加重大。近年来，我国已陆续颁布过不少重要的法律法规，其中都有专门规定会计师事务所、注册会计师法律责任的条款，比较重要的有《中华人民共和国注册会计师法》《中华人民共和国公司法》《关于惩治违反公司法的犯罪的决定》以及《中华人民共和国证券法》等法律、法规。

注册会计师除了必须严格守法外，还必须采取以下有效对策尽可能避免法律诉讼，主要内容如下：

（1）严格遵循职业道德和专业标准的要求。注册会计师严格专业标准的要求，保持良好的职业道德，认真执行业务、出具报告，对于避免法律诉讼或在提及诉讼中保护注册会计师，具有重要意义。

（2）建设和完善会计师事务所质量控制制度。注册会计师建设和完善会计师事务所质量控制制度，并将该制度落实到每一个人、每一部门和每一项业务中，迫使注册会计师按照专业标准的要求执业，保证整个会计师事务所的质量。

（3）必须与委托人签订业务约定书。业务约定书具有法律效力，它是确定注册会计师和委托人的责任的一个重要文件。会计师事务所不论承办何种业务，都要按照业务约定书准则的要求与委托人签订约定书，这样才能在发生法律诉讼时将一切争辩减少到最低限度。

（4）审慎选择被审计单位。注册会计师应审慎选择被审计单位，这里有两方面的要求：其一，要选择正直的被审计单位，如果被审计单位对其顾客、职工、政府部门或其他方面没有正直品格，也必然蒙骗注册会计师，使注册会计师落入他们的圈套。其二，对陷入财务困境的被审计单位要尤为注意。中外历史上绝大部分涉及注册会计师的诉讼案中，大多都集中在宣告破产的被审计单位。周转不灵或面临破产的公司的股东或债权人总想为他们的损失寻找替罪羊。因此，对那些已陷入财务困境的被审计单位要特别注意。

（5）深入仔细地调查和了解被审计单位的真实业务状况。在许多诉讼案中，注册会计师之所以未能揭示错误，一个重要原因就是他们不了解被审计单位所在行业的真实情况及被审单位的具体业务。会计是单位经济活动的综合反映，不熟悉被审单位的经济业务和生产经营实务，仅局限于有关的会计资料，就可能发现不了某些隐藏的错误。

（6）购买责任保险或建立风险基金。注册会计师购买责任保险在西方是会计师事务所一项极为重要的保护措施。虽然保险不能免除可能受到的法律诉讼，但至少能防止或减少诉讼失败使会计师事务所发生的财务损失。我国《注册会计师法》也规定了会计师事务所应当按照规定建立职业风险基金，办理职业保险。

（7）聘请熟悉注册会计师法律的律师。会计师事务所应尽量聘请熟悉注册会计师法律责任的律师。在执业过程中，注册会计师应先与本所的律师详细讨论所有潜在的危险情况并仔细考虑律师的建议。一旦发生法律诉讼，也要请有丰富经验的律师参与诉讼。

四、严谨执业，踏实进取

（一）严谨执业，提供优质高效的专业审计服务

所谓严谨执业，是指注册会计师必须具有较高的业务能力，达到一定的技术标准，在执业过程中注册会计师必须树立和加强风险意识，保持较高的职业道德水平，并在此基础上，建立严谨踏实的工作作风，认真负责地对待每项审计业务，严格依照独立审计准则开展审计，提高审计业务质量。具体要求注册会计师严格、诚实、认真、务实，争取不出或少出偏差。

注册会计师要向社会公众提供高质量的专业服务，除了必须具备良好的职业品质外，还须具有较高较强的业务素质。不仅要熟悉会计、审计、法律、税务、企业管理等领域的标准与实务，还应具备高水平的职业判断能力。因此，业务能力要求是注册会计师职业道德的一项重要内容。

注册会计师的执业范畴从传统的会计审计业务现已扩展到内部控制体系设计、管理、保险、税务咨询、管理业绩评价、预算管理体系设计与评价、业务流程分析、经营战略调整等，注册会计师的业务几乎可以伸展到社会经济的各个角落。从客观方面看，会计行业的规模化，审计对象的复杂化，表现为企业的规模不断扩大，进行的交易日趋复杂，企业的会计信息系统更加复杂，审计风险也随之加大；从主观方面来看，现代审计理念和审计技术、方法也处于不断发展变化之中，风险审计模式也呼之欲出。注册会计师的专业水平能否适应新形势下新知识、新技术、新经济的挑战，已成为提高注册会计师修养的热门议题。

注册会计师必须加强职业继续教育和终身学习，以保持和提高其执业的胜任能力，包括知识判断能力、理解分析能力、综合应用能力及实践经验等。注册会计师应具备扎实的理论和专业技术基础，包括对各国不同文化的理解并具有国际视野；具备进行调查、抽象思维和批判思维的能力；进行演讲及书面辩论和口头交流表达意见的技巧。

注册会计师还应掌握大量其他专业的知识，包括经济学、数学和统计方法、组织行为、经营管理、市场营销、国际商务以及有关信息技术的知识等。如果缺乏专业胜任能力，必将导致事务所风险的增加和审计失败。因此，对于合格的注册会计师来讲，专业胜任能力是保证其赢得社会尊重和市场竞争重要条件。

一般而言，公众很难对注册会计师的服务质量做出评价，但人们有权期望他是一位在业务上合格胜任、在人格上清正廉洁的人士。如果注册会计师接受了委托单位的委托从事业务活动，便意味着他有足够的能力完成所委托的业务，并将认真努力地运用他的专业知识、技能和经验。因此，除非他能够在其他专业人士指导下圆满地完成任务，不然的话，职业道德守则将禁止注册会计师承担和从事他所不能胜任或不能按时完成的业务。如果某项业务整个会计师事务所都无法胜任或按时完成的话，会计师事务所应当拒绝接受该项业务的委托。

（二）注册会计师应保持专业胜任能力

注册会计师应该具备下述业务能力才有可能胜任所从事的审计业务工作：

（1）在专业知识水平方面的要求。注册会计师所从事的工作是一项知识性、技术性较强的专业工作。作为一位合格的注册会计师，他不但要在会计、审计、财务管理、经济法、税法及其他相关学科方面具有比较深厚的功底，还须具备一定的发现问题、分析问题、判断问题、解决问题的实际工作能力，而这一切并不是简单地在工作中仅靠向师傅学就能达到的，必须具备较好的基础教育经历，经过一定时间的正规系统的学习，受到良好的教育。正因为如此，《中华人民共和国注册会计师法》规定，报名参加中国注册会计师资格考试的条件之一，就是要具有大专或者相当于大专的学历。这一条件将根据经济发展形势的需要和提高我国注册会计师基本水平的需要而进一步提升。

（2）在审计实践经验方面的要求。注册会计师所从事的是一项很具体、细致的工作，如果没有丰富的实践经验，即便具有较高的理论水平，在实际问题上仍有可能束手无策。因此，通过实践来丰富和提高专业知识，保持和发展专业技能，是获得较强业务能力的另一个重要途径。按照我国现行注册会计师管理办法的规定，参加注册会计师考试合格者，批准成为注册会计师的条件之一，就是必须有在会计师事务所从事过 2 年以上的审计业务工作实践经验。

（3）注册会计师对助理人员和其他专业人员的责任。注册会计师审计人员所从事的大部分业务比较复杂，都需要业务助理人员的参加或帮助，某些特殊业务也往往需要聘请其他专业人员（如金融专家、资产评估师、律师等）的帮助才能胜任，但审计报告则要由注册会计师签章，注册会计师对助理人员和其他专业人员的工作结果负责。《国际审计准则》规定："当审计人员委派工作给助理人员或利用其他审计人员或专家执行审计业务时，他仍然应负责对财务资料的形成表示意见。"注册会计师对助理人员和其他专业人员的工作结果负责，就要求注册会计师对助理人员和其他专业人员的业务能力进行评价，看其能否胜任所分派的工作；在执行业务之前，需就项目的性质、时间、范围、方法等对助理人员和其他专业人员进行必要的培训；在执行业务过程中应对助理人员和其他专业人员予以切实的指导、监督、检查，包括复核其审计工作底稿。

（4）在接受后续教育方面的要求。根据我国现行的《注册会计师法》的规定，只有参加注册会计师全国统一考试成绩合格，在会计师事务所从事过两年以上的审计工作方能获准注册成为一名中国注册会计师。这充分表明注册会计师在批准注册之前已经是一位专业水平较高、实践经验丰富的专业人士，已具备了较高的业务能力。但注册会计师绝不能停留于已有的知识和经验而固步自封、裹足不前，用经验主义、教条主义的方式去处理各种新问题。因为在高速发展的当代社会，知识更新的周期愈来愈短，新问题、新方法、新制度大量出现，注册会计师的业务领域也在不断地拓展和深化，于是就要求注册会计师必须适应时代的要求，按照注册会计师协会的规定，不断地接受后续教育，更新和提高专业知识，保持和发展专业技能，熟悉并掌握现行各种有关规定和实务标准，不断提高业务能力。

中国注册会计师协会已颁布的《注册会计师教育要求和培训制度》规定，注册会计师在专业新知识和专业新技能方面接受继续教育。继续教育的内容，除进一步深化会计、审计、财务管理、经济法、税法及金融等专业知识外，还应该熟悉掌握相关的知识领域如：外语、电脑等新知识，及时学习与本职业范围相关的新颁布或修正的法律、法规和财务会计准则、通则等，而且还应根据业务发展的需要，有重点地、有步骤地学习和掌握某些特殊行业的基本知识。比如，《注册会计师教育要求和培训制度》对于注册会计师和尚未取得注册会计师资格的审计人员的教育和培训，分别提出了相应的要求。

（三）注册会计师在执业过程中应沉思谨慎

除了必须具备上述业务能力外，注册会计师还必须掌握必要的技术规范或者技术标准。这种技术标准是对注册会计师的工作程序和工作方法等方面应当遵守的技术标准所进行的基本规定。注册会计师执行各类业务或在业务的各个环节所应实施的程序和方法，都已在有关的专业标准中予以明确，其中《注册会计师职业道德准则》在强调注册会计师应当严格遵循这些专业标准要求的同时，也对一些需要注册会计师重视的执业问题进行了专门的规定，需要注册会计师在执业过程中"三思而后行"。

（1）注册会计师不得对未来事项可实现程度进行保证。企业根据有关规定或为了业务上的需要，经常编制一些前景财务资料，如下一年度的赢利预测、资本预算、现金流量预测等。前景财务资料的重要特征是它所涉及的业务是未来的事项，是以企业在未来和可能的行动中或许会出现结果的假设为基础而编制的，而且假设从性质上讲有很大主观性，需要在很大程度上运用判断、分析方法。

企业编制的前景财务资料，根据政府的有关规定，或者企业为了增强前景财务资料的说服力，增强外界人士的信心，往往需要委托注册会计师进行审核。例如，某家公司为了顺利地得到银行贷款，对本公司未来的赢利前景进行乐观的预测，为使这种预测更具说服力，可能会请注册会计师对其预测出具审核报告。

注册会计师可以接受委托审核前景财务资料并出具审核报告，也可以发挥专业优势，作为一种咨询业务，参与或代理企业管理当局编制前景财务资料。但是，企业管理当局应当对前景财务资料负责，注册会计师的审核工作有其特定的内涵。根据《国际审计准则》的要求，注册会计师审核前景财务资料的目的是确定：前景财务资料所依据的假设没有不合理之处；前景财务资料是根据这种假设而适当地编制完成的；前景财务资料同历史会计报表的基础是一致的等。

中国证券监督管理委员会发布的《公开发行股票公司信息披露的内容与格式准则第一号》中规定："注册会计师必须对赢利预测所采用的会计政策和计算方法进行审查并做出报告。"注册会计师对前景财务资料的审核并不是对前景财务资料的准确性及结果能否实现或在多大程度上实现表示确认、提供担保或承担责任。《注册会计师职业道德准则》禁止注册会计师对于委托单位的预测、计划等含有不确定因素的未来事项的可实现程度进行保证。准则作出这样的规定，是因为前景财务资料的编制尽管有一系列的原则和方法，却因为是建立在一定假设的基础之上，其中包括许多主观判断因素，因而其结果能否实现也就存在着较大的不确定性。注册会计师能够以客观的态度对过去已经发生的事实进行判断并提出是否公允的意见，但未来事项中的不确定因素决定了注册会计师无法收集未来事项演变成结果的证据，无法对将来发生的事实进行客观的判断，因而就不能对其能否实现或可实现程度的大小进行保证，否则，只会加大注册会计师本不应承担的责任。

（2）不得代行委托单位管理决策的职能。这里需要我们分清会计责任和审计责任的区别，注册会计师执行审计业务所应承担的是审计责任，而编制会计报表和管理决策则是企业管理者的职能，是管理者的责任。注册会计师从事会计咨询和会计服务业务，是以独立于被审计单位之外的人士的身份进行的，他不是被审计单位聘请的职员或管理人员。注册会计师接受委托从事会计咨询和会计、审计服务业务，是运用自己专业和经验的优势，指导被审计单位进行会计核算或代为编制会计报表，或向被审计单位提供更为合理、更为科学的建议或方案。但会计报表的责任仍应归被审计单位承担，注册会计师提出的建议或方案是否予以采纳、是否予以实施，也须由被审计单位管理者进行决策。注册会计师在提供专业服务时，不论是审计业务还是会计咨询和会计服务业务，均应牢记注册会计师的身份，他所提供的只是一种专业服务。注册会计师不得以被审单位的一名管理者的身份发号施令，更不得代行管理决策的职能。

（四）踏实进取，认真承担审计责任和义务

踏实进取是指注册会计师在承接业务时必须讲究职业道德，诚实勤勉、积极进取，尽力做好应尽的责任和义务。

注册会计师能否争取到业务、拥有较多的客户，关系到他所在的会计师事务所的生存和发展。由此可知，在业务承接环节中也最容易发生败坏职业声誉的行为。因而，《注册会计师职业道德准则》对业务承接过程中注册会计师所应遵循的职业道德规范提出下列要求：

（1）注册会计师执行的各项业务，均应由会计师事务所统一接受委托。注册会计师及其他有关助理人员均不得以个人名义承接业务。

（2）会计师事务所不得在电台、电视台、报纸、杂志等新闻媒介上直接或间接地诋毁同业或进行自我夸张、内容虚假、容易引起误解的广告，也不得向委托单位或其他组织散发具有上述倾向的函件。但是除此之外的会计师事务所与注册会计师的名称或姓名、地址、电话、业务范围、开业、迁址之类的公告不在此限制之内。《注册会计师法》第22条规定，注册会计师不得对其业务能力和技术能力进行广告宣传以招揽顾客。

（3）会计师事务所与委托单位之间的业务委托关系，应实行双向自愿选择原则，不得以任何方式限制或干预委托单位对会计师事务所的选择或会计师事务所在业务承接上的自主权。

（4）会计师事务所不得以任何名义向帮助取得委托业务的其他单位或个人支付介绍费、佣金、手续费或回扣等，也不得向得到本所帮助取得委托业务的其他会计师事务所收取介绍费、佣金、手续费或回扣等。

（5）会计师事务所不得以降低收费的方式招揽业务。

（6）对应由注册会计师从事的法定审计业务，会计师事务所不得与其他机构进行收益分成式的业务合作，但会计师事务所聘请其他机构有关专业人员协助工作以及各会计师事

务所相互之间的业务合作不在此限。

（7）注册会计师和所在的会计师事务所不得允许其他单位和个人借用本人或本所的名义承接、执行业务。

五、保密守时、收费合理

（一）保守商业秘密，如期保质保量完成审计任务

保密守时是指注册会计师在执行审计业务过程中要严格保守被审单位商业秘密或财务信息，并按被审计单位要求的时间界限保质保量地完成审计任务。一般执业常识和独立性的概念均表明，应由审计人员而不是审计客户决定有效的审计所必须的资料。这种决定不应该因审计客户认为某些资料是机密的而受影响。讲求效率效果的审计要求被审单位（客户）相信审计人员提供的资料是绝对诚实的。这就要求审计人员必须向委托人保持严守机密，如果没有征得明确许可，不得将审计客户提供的资料泄露出去。

因为注册会计师的职业性质，决定了他能够掌握和了解委托单位大量的资料和核心信息，有些属于委托单位的机密信息，如即将进行的合并、拟议中的资金筹措、预期的股票分割和股利变更、即将签订的合同等。这些机密信息一旦外泄，可能会给委托单位造成经济损失，因此，《注册会计师职业道德准则》要求注册会计师对所掌握的委托单位的资料和情况，应当严格保守秘密，除非得到委托单位的书面允许和法律、法规要求公布者外，不得提供或泄露给第三者，也不得将其用于私人目的。

当然，保密责任不能成为注册会计师拒绝按专业标准要求揭示有关信息的借口，也不能成为注册会计师拒绝出庭作证，或者拒绝注册会计师协会和主管财政机关对其进行调查的借口，《中华人民共和国注册会计师法》第19条也规定，注册会计师对在执行业务中知悉的商业机密，负有保密的义务。

虽然会计职业高度重视保密工作，但是，某些公司的经理仍然担心敏感性资料会通过审计人员泄露出去。他们认为，某些资料非常重要，审计人员所提供的关于审计人员的品质和受过训练的一般证明无法使他们放心。如果审计人员认为必须取得这种资料，那么被审计单位的经理只有同意，别无选择；如果经理们希望这些资料仅限于审计负责人使用，那么这种意见也应该得到尊重。虽然注意到审计客户的敏感性很重要，但审计人员已发现，随着工作关系和相互信任的加深，审计客户的担心将日趋减少。除上述以外，被审计单位与注册会计师往来信件也属于秘密范畴，非经过被审计单位许可，审计人员不得透露信件的内容。

会计师事务所接受业务委托时，应当在初步了解委托单位的基本情况和委托业务的性质及要求之后，与委托单位签订业务约定书，作为会计师事务所与委托单位之间具有法律效力的一种合约，注册会计师应当恪守业务约定书中的各项约定，在委托单位提供了必要条件的前提下，在规定的时间内按专业标准要求高质量地完成所委托的业务，不得有任何拖延行为。

（二）提供优质审计服务，按规定的标准合理收费

收费合理指注册会计师在承接业务时按国家有关规定的标准合理收费，不能按服务成果的大小决定收费标准的高低。

注册会计师的服务是一种有偿服务，但收费的多少应当以服务性质、工作量大小、参加人员层次高低等为主要依据，按规定的标准收费。会计师事务所在从事审计业务时不得以服务成果大小为条件来决定收费标准的高低，否则将会削弱注册会计师应有的独立性、客观性。例如，如果以审计后的净收益的一定比例作为审计收费，就有可能导致注册会计师赞同委托单位虚增收入的行为。

在确定收费标准时，注册会计师应考虑办理业务所承担责任的程度和按照职业标准（行业标准）办理这项业务所需要的时间、人力和技术，还可以考虑他的工作对客户的重要性，以及约定俗成的收费标准和其他因素。客户有权事先知道收费标准和一项业务大约将支付多少费用。但是，由于涉及职业判断的因素，一般来说，应到工作完成时，才有可能确定出一个恰当的费用额。因此，注册会计师应该说明拟议中的业务的审计费用是一个估计数，它随着执业工作进展将会发生变化。

六、公平竞争，协同发展

"公平竞争，协同发展"这一职业道德规范的要求是针对会计师事务所在争取客户及执业过程中平等竞争，对同行负责、讲究信用，信守对客户的承诺，做好各自的审计执业工作，促进注册会计师审计事业的协同发展与进步。

对同行负责是指会计师事务所、注册会计师在处理与其他会计师事务所、注册会计师相互关系中所应遵循的道德标准。注册会计师行业在市场经济中是一个竞争激烈的行业，会计师事务所独立核算、自收自支，能否竞争到较多的客户，关系到一家会计师事务所的生存。但是注册会计师行业又是一个极需同行之间相互尊重、平等相待、团结合作的行业，同行之间能否保持一种良好的关系，这关系整个职业界在社会公众中的形象和信誉。因此，《注册会计师职业道德准则》在提倡会计师事务所以质量求信誉、以信誉求发展、公平竞争、共同维护和增进全行业职业信誉同时，对处理同业之间关系提出具体的规定与需要，内容如下：

（一）会计师事务所受理业务，CPA 跨地区、跨行业执业

《注册会计师法》规定会计师事务所受理业务，不受行政区域、行业的限制，也就是说可以跨地区、跨行业执业。因此，《注册会计师职业道德准则》禁止会计师事务所搞地区封锁、行业垄断，通过任何方式或以任何理由对到本地区、本行业执业的会计师事务所进行阻挠和排斥。任何搞地区封锁、行业垄断的行为，不仅严重破坏了同业之间的相互关系，注册会计师的独立性也受到了严重损害，对注册会计师事业、对社会公众的利益有百害而无一利。这个问题是目前我国注册会计师行业存在的较为突出和亟待解决的问题，我们还

须花大力气，在加强职业道德教育的同时，积极、稳妥地推动会计师事务所的体制创新和改革，改变目前会计师事务所部门所有、行业所有的局面，从根本上解决这一问题。

（二）前任与后任注册会计师相互支持和合作

委托单位出于种种原因，可能会辞去一家过去为其提供过审计服务的会计师事务所转而委托另一家会计师事务所，或在某项业务尚未完成之前对会计师事务所进行变更。《注册会计师职业道德准则》要求委托单位在变更委托的情况下，后任注册会计师应与前任注册会计师取得联系，相互了解和介绍变更委托的情况和原因，委托单位变更委托后，前任注册会计师应对后任注册会计师工作予以支持和合作，包括必要时提供以前年度的工作底稿等资料。

委托单位变更委托，经常出于某种不正常的原因，比如后任注册会计师的收费低廉或前任注册会计师就某些重要的会计原则问题与委托单位发生争议，此种情况下后任注册会计师是否承接业务须慎重行事。西方国家的法律及中国证监会的有关规定：这种为了防止企业管理当局购买会计原则的行为，大都要求上市公司如更换注册会计师，必须详实地公开更换的理由，被辞退的注册会计师如果不同意管理当局的意见也可以在股东大会上申辩。这里所谓购买会计原则，是指在前任注册会计师与被审计单位就会计原则的选用发生争议时，被审计单位辞退前任注册会计师并委托在上述争议中与公司观点一致注册会计师进行审计的行为。

（三）与同行保持良好的工作关系，加强相互协调与配合

《注册会计师职业道德准则》规定了注册会计师对其同行的其他责任，包括应当与同行保持良好的工作关系、相互协调，配合同行工作；不攻击、不诋毁同行，不损害同行的利益；注册会计师不得雇用正在其他会计师事务所执业的注册会计师及其助理人员；注册会计师不得以个人名义同时在两家或两家以上的会计师事务所执业；会计师事务所不得以不正当手段与同行争揽业务等。我们看到，"在中国的注册会计师正陷入从未有过的灰头土脸的尴尬境遇中，面对来自各方面的压力，会计师事务所正试图用行动来向社会证明：我们不做假账"。2002 年 1 月 8 日，上海立信长江会计师事务所有限公司向全国同行发出"我们不做假账"的倡议书。

七、服务社会，追求卓越

（一）注册会计师应关注公众利益，服务社会

从事注册会计师事业，必须坚定不移地贯彻客户第一，服务至上的经营理念。会计师事务所作为社会中介机构，是为社会公众服务的，要在服务公众的过程中发展自己。因此，必须增强服务意识。纵观所有的注册会计师的业务类型，都是在其服务于客户的经营理念上拓展的，审计是如此，会计咨询更是如此。尤其是在市场经济中，所有的会计师事务所

的发展都要建立在赢得客户的基础上。失去客户，就是失去市场；失去市场，就是失去发展后劲；失去发展后劲，就是失去生机和活力。要赢得客户的信任和信赖，开拓会计市场，就必须落实客户第一、服务至上的经营理念。这要从四个方面着手：一是改善服务态度；二是提高服务水平；三是拓宽服务领域；四是完善服务手段。

注册会计师职业性质决定了他所担负的是对社会公众的责任。注册会计师行业之所以在现代社会中产生和发展，是因为他能够在独立的立场对企业管理当局编制的会计报表进行审计，并提出客观、公正的审计意见，作为企业会计信息外部使用人进行决策的依据。所谓会计信息外部使用人，既包括企业现有的，又包括潜在的投资人、债权人以及政府有关部门等所有与企业财务信息相关的人士，可泛指为社会公众。社会公众在很大程度上依赖企业管理当局编制的会计报表和注册会计师对会计报表的审计意见，并以此作为决策的基础。注册会计师尽管接受被审计单位的委托并向被审计单位收取费用，但他服务的对象从本质上讲却是社会公众，这就决定了注册会计师从诞生之日起，所担负的就是面对社会公众的责任。

专栏 10-3

注册会计师要以维护社会公众利益为己任

扫描此码　深度学习

（二）注册会计师在执业过程中不断追求卓越

注册会计师行业作为一个中介行业，服务于广大社会公众，其生存与发展依赖于公众对其的评价和信任，因此，注册会计师作为专业人士，保持良好的职业风范是相当重要的。注册会计师服务质量是其生存的根基，也是其赢得社会公众信任的竞争优势之所在。因此，追求审计服务的精益求精成为注册会计师和会计师事务所的必然要求。追求卓越也就成为注册会计师职业道德规范的一个重要组成部分，具体有以下几个方面的要求：

（1）保持礼貌态度。礼貌是中华民族传统美德，作为具备一定素质的注册会计师，在与客户进行沟通过程中，保持对客户和广大社会公众礼貌的态度是一个基本的要求。

（2）主动性审计。这主要反映在注册会计师在执行审计业务时，应该采取积极主动的态度，深入了解客户的情况，为客户提供满意的服务，同时不忘维护广大公众的切身利益。

（3）提高服务效果。注册会计师在为客户提供审计等服务时，必须时刻注意服务的效果，而不仅仅为完成业务而已，因为业务的完成效果直接决定了注册会计师在客户和公众中的印象和评价，也就决定了其服务质量，而且有效果还反映在注册会计师对客户利益和社会公众利益的关心上。

（4）对服务对象的及时响应。注册会计师虽然是直接为客户提供服务，但其最终的服务对象却是广大的社会公众，因而对服务对象及时响应也是注册会计师所应具备基本品质。

（5）保持高效率执业。效率是指劳动消耗与劳动产出之间的比率。对注册会计师而言，有效率是指注册会计师在执行审计业务时，保持较高的效率是其执业的基本要求，也是赢得客户的重要依据。

（6）不断创新。知识经济的本质就是创新，创新是发展的长久基石，不创新就没有前途。注册会计师职业要树立与时俱进、不断创新的观念，抓住机遇，锐意进取，不断开拓，包括业务领域、执业技术、服务市场和内部管理等方面。唯其如此，方能保证我们所驾驭的会计师事务所这艘航船在市场经济海洋中乘风破浪、稳健行进。

【关键概念】

注册会计师（certified public accountan）

职业道德守则（professional ethics rules）

诚信原则（sincere principle）

独立性原则（independent principle）

客观原则（objective principle）

公正原则（just principle）

保密原则（secret principle）

【复习思考题】

1. 注册会计师的道德行为应包括哪些内容？

2. 你是怎样理解"诚信是注册会计师审计的基石"？

3. 你是怎样理解"独立性是注册会计师职业的灵魂"？

4. 注册会计师应如何保持专业胜任能力？

5. 注册会计师在承接业务时如何认真承担审计责任和义务？

6. 如何认识会计师事务所之间的平等竞争？

【在线测试题】

扫描书背面的二维码，获取答题权限。

【案例分析】

诚实做人 诚信执业：大信会计师事务所 70 载

在 1945 年抗战胜利后的举国欢腾中，大信品牌在荆楚大地武汉横空出世；40 年后的 1985 年，在改革开放的春风中，大信品牌涅槃重生，以当时全国首家合伙制事务所的面貌直面市场挑战；时至今日，在中国经济腾飞、"创业创新"浪潮之中，大信品牌已然脱胎换骨，屹立于注册会计师行业强者之林。岁月如梭，弹指挥间，大信会计师事务所是新中国第一家合伙制会计师所，从未更换过所名，更未改变过以诚信立所的信念。"大诚于人，信通天下"的信念将催动一辈又一辈大信人奋发图强。

一、回眸：抗战胜时大信立，74 年已逝，来日辉煌可期

经过 8 年浴血奋战，中国人民于 1945 年取得抗日战争的伟大胜利，国家开始民族

经济复兴的伟大进程。就在这一年，在"九省通衢"的大武汉，我国现代会计先行者吴英豪先生怀着服务国家经济建设之情，继上海立信后，以"潘氏模式"（会计师事务所、会计学校、会计期刊三位一体）在武汉创立中国会计界第二个"三位一体"的会计师事务所。

1978年12月，党的十一届三中全会"改革开放"的春风吹绿了祖国大地；1980年，财政部进行了重建中国注册会计师制度的战略决策，给我国CPA行业恢复发展带来了巨大希望。在党的改革开放春潮推动下，吴益格先生为顺应时代形势需要，断然从国企提前退休下海，秉承老师遗愿，在武汉恢复重建我国第一家合伙制会计师所——武汉大信会计师事务所，并以"自力更生、艰苦奋斗"精神，战胜"五无"（无钱、无人、无经验、无靠山、无关系）困难，在短短3年内使事务所在武汉稳稳站住脚跟，为起步发展奠定坚实基础。

在当年的市场环境下，"五无"的大信想承揽到业务并不容易，但大信的"草根"特质也使他们更愿也更能吃苦——大所看不上的业务，大信做；大所不愿意去的偏远地区，大信去！从武汉谌家矶一家乡镇企业的报表辅导起步，肯吃苦耐劳、愿放低身价而专业能力又过硬的大信赢得了口碑，改革开放前期纷纷涌现的乡镇企业也给了大信丰足的市场空间，并逐渐形成了"农村包围城市"的态势，事务所发展蒸蒸日上。脱钩改制极大地激发了大信人的创新精神，他们运用"三大法宝"（机制灵活、重用人才、优质服务），在国有所"一统天下"的环境下，巧出奇兵，不一味强攻湖北市场，而是采取外围战术，一举抢占山东7家IPO公司、广西3家IPO公司，再以"农村包围城市"杀回武汉，取得"湖北第一"佳绩。

二、"龙头"进京肯吃苦再成制胜法宝

经过15年的艰苦奋斗，进入新世纪的大信取得湖北省事务所业务收入第一的业绩。但此时，大信也面临发展瓶颈甚至是低谷——在成绩面前，有人已进取心不足；首次合并其他事务所不欢而散，前进道路受阻；有人对已日渐年长的董事长吴益格领导力心存疑虑，对发展前途悲观失望。大信是继续向前，还是就此止步？壮心不已的吴益格经过深思熟虑，决定顺应时代发展的潮流，把事务所总部迁到竞争更加激烈、发展机会更多的北京去，开启大信的二次创业。

此时，正是注册会计师行业发展史上著名的"百所进京"时期，与大信一同涌入北京的，还有上百家不甘在地方"小打小闹"的事务所，它们也有雄心壮志，甚至有更好的背景或资源。但大浪淘沙，进京的"百所"有的迅速发展壮大，有的与人合、被人合后名号消失，还有的则铩羽而归。

三、大信欲建"百年老店"

大信会计师事务所（特殊普通合伙）自1985年恢复重建以来，经过30多年的不懈努力，从一个地方所发展为具有H股资格的大型会计师事务所，业务收入近20亿元，员工近5 000人，跻身本土所前列，成为促进经济社会发展的重要力量。现阶段的大信更加重视一体化管理，特别关注对审计质量保障。对于这方面的工作，大信已经有了初步的打算，"做大"后更重一体化。

大信管委会认为，当前总分所质量控制必须实行一体化管理，分所执业实行分类管理，高风险业务集中由地区业务总部承办。下一步，大信将逐步实施业务项目按地区和行业管理，并且计划首先完善绩效考核激励机制和利益分配方式，包括内部收入分配等办法，为项目管理改革创新制度条件，随后在基础较好的区域业务总部实行试点，力争用1到2年左右的过渡期，基本实现业务项目按地区和行业管理。

四、严把审计质量"生命线"

审计质量是会计师事务所安身立命的"生命线"，新时期的大信在这一方面下足了功夫。他们把质量控制的关口前移，严格把控业务项目承接准入关。第一，是审慎评估承接拟上市业务项目，要求在承接该类项目时进行全面尽职调查和风险评估。各业务总部、分所承接拟上市企业项目，必须报经质量控制部门评估，经业务总部总经理审批后方能承接。涉及重大风险事项的项目由主任会计师审批。第二，是严格把关"接下家"上市公司业务项目。在签订业务约定书前深入了解上市公司的有关事项，高度关注业务复杂程度、财务状况等情况，经事务所风险控制部门讨论，主任会计师批准后方能承接。第三，是对于地方投融资平台发债业务项目，大信将保持审慎态度，要求业务部门在承接发债项目前要深入讨论财务重组、资产注入、利润来源等方案的可行性，并以书面方式上报质量控制部门同意后承接。

五、育人才重人才是立所之本

能吃苦、打得了硬仗的专业人才是大信持续发展进步的原动力，支持着这家无官办背景的事务所掘取第一桶金，从3 000元注册资本起家到年业务收入近20亿元，从湖北武汉挺进北京市场。培育人才、用好人才、重视人才是大信的立所之本。如今，大信依然把很大一部分力量投入到人才建设方面。

大信人认为，提高审计质量，关键取决于执业人员素质和专业胜任能力。他们还坚守"诚实做人、诚信执业"所训，充分利用大信平台优势，积极与对外经贸大学合作，为大信专门开办会计、审计硕士班，从全所选派有经验、有培养前途并具备学士学位的人员去学习、培训，为造就一批高级执业人才奠基。大信不仅下决心选拔、引进、培育一批既有深厚理论基础，又有实务经验的高层次专业人才，而且正在争取对外经贸大学和武汉大学等高校的支持，已经建立了大信审计研究院，并着手依托对外经济贸易大学筹建大信会计审计博士后工作站。

"雄关漫道真如铁，而今迈步从头越"。大信已经走过了前后70年的岁月，大信创始人已逝，重建者吴益格也已退居幕后，大信已将管理权向以胡咏华为首席合伙人、主任会计师的管理团队转移。随着事务所股权的稀释，大信已经逐渐摆脱"家族企业"的标签，这家全国最早的合伙制事务所全新演绎着"志同、人和"的合伙理念，向着"立足中国、走向世界、创一流会计师事务所""打造大信百年老店"的目标进发。

资料来源：东奥会计论坛，2016年7月7日。

讨论题：

1. 大信会计师事务所历经七十多年风雨成功执业的原因何在？

2. 大信人为什么要坚守"诚实做人、诚信执业"的所训？对我们有何启示？

第十一章　会计职业道德品质范畴

经典名言与感悟

天行健，君子以自强不息；地势坤，君子以厚德载物。

人有善念，天必佑之，福禄随之，众神卫之，众邪远之，众人成之。

积善之家，必有余庆；积不善之家，必有余殃。

——《易经》

大道之行也，天下为公。选贤与能，讲信修睦。

故人不独亲其亲，不独子其子。使老有所终，壮有所用，幼有所长。

矜、寡、孤、独、废疾者，皆有所养。男有分，女有归。

货恶其弃于地也，不必藏于己。

力恶其不出于身也，不必为己。

是故谋闭而不兴，盗窃乱贼而不作，故外户而不闭，是谓大同。

——戴圣

德为本，孝当先，诚修身，信立人，勤兴业，俭持家！

——叶陈刚感悟

学习目的与要求

1. 履行会计职业道德义务；

2. 珍惜会计职业道德良心；

3. 提高会计职业道德荣誉；

4. 坚守会计职业道德节操；

5. 加强会计职业道德修养；

6. 提升会计职业道德品质。

会计职业道德品质范畴是反映会计领域职业活动中最普通、最本质的道德关系和道德行为调节方面的一些基本概念。会计职业道德原则和会计职业道德规范对会计职业道德品质范畴起着约束作用，制约着会计职业道德范畴的重要内容和主体要求。会计职业道德品质范畴主要有开展履行会计职业道德义务、珍惜会计职业道德良心、提高会计职业道德荣誉、坚守会计职业道德节操、加强会计职业道德修养和锤炼会计职业道德品质六个基本范畴。

第一节　履行会计职业道德义务

 义务的含义与分类

义务指的是人们在道义上应当履行的对社会、集体与他人的责任。当今社会是一个相互联系的整体，个人离开与社会，与他人的联系就不可能生存。因此，从社会角度讲，每个人都有对社会、对集体、对他人应承担的责任。凡有人群存在的地方，就有必要，也应该存在着义务。由于人类社会存在的关系错综复杂，人们在社会生活中就承担着多种多样的义务，如政治义务、法律义务、经济义务、道德义务等。在此，研究的是会计人员在会计行为中的道德义务。

道德义务与政治义务、法律义务有区别，也有联系。从联系角度看，它们都反映了对他人、对国家、对社会的责任；从区别角度看，首先表现在政治、法律等义务总是与一定的权利相联系，尽一份义务就可以享受一份权利，也就是平常我们所说的"没有无义务的权利，也没有无权利的义务"。道德义务有其特点，它不以享受某种权利为前提，而以或多或少地牺牲个人利益为前提，道德义务是一种有利于他人或社会的行为。

政治、法律义务是靠一定的强制力发生作用的，拒绝尽义务就会受到组织纪律和相应法律的追究。而尽道德义务则是自觉自愿的，不需要外力的强制作用。在现实生活中，一部分道德义务同政治、法律义务是重合的，从而使这一部分道德义务和一定的权利相联系。对于有道德的人来说，尽管社会在他履行一定的道德义务之后，可能会给他一定的权利，但他决不会为追求一定的权利才去履行某种道德义务。如果一个会计人员为了追求某种私利去履行某种道德义务，那么他的行为本身就不道德。

 会计职业道德义务的作用

会计职业道德义务是指会计人员在一定的内心信念和会计职业道德责任感的支配下，在会计行为中自觉履行的对社会、对他人的责任，是会计职业道德原则和规范对会计人员的要求。在道德关系中，道德义务是不可缺少的因素，通常与使命、职责、责任有同等的含义。

而道德义务是由社会物质生活条件和人们在社会关系中所处的地位决定的。在阶级社会里，道德义务总是和一定的阶级利益相联系；在同一社会的不同历史发展阶段，道德义务所包含的内容不尽相同。会计人员自觉履行道德义务，在调节与他人、集体和社会的关系上发挥着重要作用，主要表现在以下方面：

（一）实行科学管理、讲究经济效益是会计人员义不容辞的责任

加强会计职业道德义务感，有助于会计人员把当前的会计改革视为己任，欢迎改革，拥护改革，参与改革，积极开动脑筋，研究新问题，解决新矛盾，探索新路子。尽管改革本身会给会计人员的习惯性工作方法和工作秩序带来冲击，对会计人员来说也会有一个不适应的过程。但是，这样就能够使自己的管理工作从过去的守业型变为创业型，进而在自己的工作岗位上更加努力学习和更新自己的专业管理知识，熟练地掌握现代化的管理工作。

有会计职业道德义务感的会计人员始终不会成为改革的阻力。这种道德义务感能促进会计人员自觉地抵制那股趁会计改革之机，为个人或小集团谋利益，慷国家之慨，占国家便宜的不正之风。会计人员的性质，尤其是会计人员的性质决定了他们对不正之风抵制的作用和影响是非常重大的，不仅可以控制自己在经济上不拿不该拿的钱财，还可以阻止一个单位、一个系统不拿不该拿的钱、财和物。

（二）会计职业道德义务：正确处理个人专业兴趣与愿望之间的矛盾

在目前以及今后一段相当长的时期内，我们的社会需要、个人志愿和兴趣爱好，还不能做到完全一致，这使得某些会计人员的实际工作和个人的专业爱好和愿望之间产生一些矛盾。即使社会组织的安排使一些会计人员的专业基本对口，也会存在安排的工作与本人的兴趣特长不一致的情况。尽管这些情况通过人事制度的改革会逐步改善，但应看到，因为社会不可能很快就具备消除上述矛盾现象的物质条件和手段，即使经过了会计改革，这种矛盾现象也不可能完全消除。因此，无论在现在还是将来，我们会计人员对待具体工作的安排上都要把服从社会需要、工作需要作为自己的道德义务而放在首位，并在实践中努力培养自己的兴趣和爱好，使个人愿望与应尽的义务统一起来，可见，义务在处理一些矛盾时的作用是显而易见的。

当然，改变自己的兴趣或工作方向，把工作需要作为义务，就要付出一定的牺牲。从这一角度讲，它又具有重大的道德价值。而当自己的工作安排得不合理，在同一单位又有合适的去向时，也可大胆说明自己的思想，提出合理的建议。这样做，非但与尽义务不相矛盾，反而是在间接地为建设和改革尽义务。而社会、单位则应尽量避免让人们去做这些无谓的牺牲。具体来说，领导部门和负责同志应尽量了解会计人员的兴趣、爱好和专业特长，了解他们的意向，尽最大努力安排得当，因才适用，使他们能以更大的积极性贡献自己的聪明才智。用人之长，安排得当，设身处地为他人着想，本身就是一种美德。那些不尊重会计科学，不爱惜会计人才，自己又不懂专业，又不去了解具体情况，在别人提出合理安排时，还要固执己见，以不安心工作的帽子压制人才，则是缺乏对革命事业和本职工作承担道德义务的行为。

（三）会计职业道德行为选择中，会计职业道德义务起着指令作用

会计职业道德义务观念，同会计人员的道德感情、信念和意志等联系在一起，特别是要同会计人员的职业良心、内心需要结合在一起。会计人员在会计行为中尽义务是发自内心的要求，如果不尽义务，就会受到良心的谴责。从这个意义讲，义务又是发自内心的"道德指令"。对于会计人员来说，为了保持自己会计行为的道德性，在内心发生某种义务指令之前，首先应对实际情况进行一番理智的思考，而不能不假思索地绝对信奉上级和别人的旨意，且将其当作义务盲目行为。否则，就会使自己成为精神上的奴隶和不道德行为的工具。

三　履行会计职业道德义务的具体要求

专栏 11-1

共铸诚信
有你有我

扫描此码　深度学习

我们应该看到，会计职业道德义务的内容是客观的，它所代表的是社会不断发展的客观需要。即使这种客观需要在初期不能被人们广泛、自觉地意识到，但它仍然是客观存在的，并必将为后人所认识、所理解。会计职业道德义务，本质上是社会主义社会对会计人员的会计行为提出的客观要求。这种客观要求只有被会计人员自觉、正确地认识以后，才能变成真正意义上的会计职业道德义务。作为社会主义道德义务的内容，其包括以下几个方面的要求：

第一，努力学习马列主义、毛泽东思想、邓小平理论，学习党的路线、方针、政策和各项决议，并结合经济理论的学习，着重研究社会主义经济建设和会计改革中的新情况、新问题，积极投身改革。要建设有中国特色的会计理论和方法体系，需要学习的知识很多，这要求我们努力针对新情况，掌握马列主义基本原理，以提高解决新问题的本领，加强工作中的原则性、系统性、预见性和创造性。我们必须牢记："马克思主义理论从来不是教条，而是行动的指南，它要求人们根据它的基本原则和基本方法，不断结合变化着的实际，探索解决新问题的答案，从而也发展马克思主义理论本身"。党在社会主义建设中，根据实际情况提出的一系列方针、政策，是对马克思主义的丰富和发展，是指导会计当事人职业行动的政策依据，应结合会计管理的实际情况学习、领会；同时，应在贯彻中不断有所创新，有所发展。

第二，刻苦学习现代会计管理知识，掌握和应用现代化会计管理手段，以便在会计工作实践中广泛应用。

第三，尽职尽责、全心全意为人民理财，坚持人民的利益高于一切，个人利益服从集体利益，局部利益服从全局利益，克己奉公，勤俭理财。对于会计人员来说，尽职尽责地对待会计工作是最起码的道德义务，如果做不到这一点，就不可能履行其他义务。

第四，遵守党纪国法，严守国家机密。特别是自觉遵守和维护财经纪律及会计制度，不泄露会计信息和经济机密。

总之，会计职业道德义务范畴，反映了社会发展的必然性。会计人员只有认识了这种必然性，自觉地适应社会发展要求去履行自己的职责，才可能获得自由，成为道德高尚的人。

第二节　培养会计职业道德良心

　　良心是指人们在履行对社会、对他人的义务的过程中形成的道德责任感和自我评价能力，是一定的道德观念、道德情感、道德意志和道德信念在个人意识中的统一。所谓会计职业道德良心指的是会计人员在会计行为中，履行对社会、对单位、对他人的义务过程中形成的会计职业道德责任感和自我评价能力，它是会计职业道德观念、会计职业道德情感、会计职业道德情绪在会计人员意识中的内在统一，是会计职业道德原则、会计职业道德规范体现为会计人员内心的动机、信念和情感的一种自我审度能力。

 培养会计职业道德良心的内容要求

　　会计职业道德良心的基本内容包括以下几个方面：

（一）会计职业道德良心和会计职业道德义务紧密相连

　　会计职业道德义务是会计人员对他人、对社会应尽的责任；会计职业道德良心则是会计人员对自己行为应负的道德责任感，形成并表现在尽义务的过程中。会计职业道德良心有自觉性，是内心的道德活动，不是外部强加的影响。会计人员的良心表现在发自内心的尽心尽力为社会、为企业管好账，理好财。当舆论评价自身行为符合义务和责任时，就会感到道德良心上的满足；一旦会计工作出现差错和失误，内心就会对自己的行为进行谴责而忏悔不安，并自觉地改正错误的行为。

（二）会计职业道德良心是会计人员对自己道德要求的集中表现

　　会计人员意识的存在形式相对于客观世界而言，会计职业道德良心是主观的东西；而其内容是客观的，是一定的社会关系和生活实践在会计人员意识上的反映，是社会对会计人员的义务要求转化为会计人员内心的道德要求，并体现在自己的职业生活中而成为个人品德的结果。

（三）会计职业道德良心具有不同的地位和阶级

　　这是因为人们在一定的社会关系中所处的地位不同。马克思说过："共和党人的良心不同于保皇党人的良心，有产者的良心不同于无产者的良心，有思想人的良心不同于没有思想的人的良心"。人类历史告诉我们：一切剥削阶级的良心，都以维护自己财产和特权为界限的，是"财产化""特权化"了的良心。社会主义社会的会计职业道德良心以维护人民财产利益为界限，是无产阶级的良心以会计职业道德的基本原则为自我评价的出发点。凡是自己的职业行为符合会计职业道德原则，就会感到良心上的满足和欣慰；反之，就要受到良心的谴责，会感到内疚和不安的。还应看到，会计职业道德良心客观存在于会计人员的意识之中。正如马克思所说的："良心是由人的知识和全部生活方式来决定的"。会计人员的职业道德良心，是在会计管理的实践活动及所处的社会地位中，在学习科学文化、接受教育的过程中逐渐形成的。

在社会主义社会中，会计人员的职业道德良心属于无产阶级良心范畴，是无产阶级的良心。正因为这样，会计人员的会计职业道德良心不仅包括无产阶级的是非感，以及自珍、自爱、自重等，而且包括对党、对共产主义事业的态度和感情，还包括对社会主义社会管理事业的热爱和努力搞好会计管理工作的使命感。列宁曾明确指出："我们相信党，我们把党看作我们时代的智慧、荣誉和良心"。作为一个会计人员，没有对党、对社会主义、对自己所从事的会计管理工作的真挚热爱，也就没有树立起码的会计职业道德良心观念。

 ## 会计职业道德良心的功能

会计职业道德良心在会计职业道德活动中具有十分重要的功能，主要表现在以下方面：

（一）会计职业道德良心是会计职业道德行为选择的尺度

在会计工作中，当会计人员做出某种行为之前，会计职业道德良心将依据会计职业道德义务的要求对行为动机进行自我检查，严肃反复地思考"我的会计行为将引起什么后果？""假如我处在他人的位置上，对此会有什么看法"等问题，经过慎重的权衡，对符合会计职业道德要求的动机予以肯定，对不符合会计职业道德要求的动机加以否定。因为会计人员的职业道德良心是不允许自己的行为违背自己的会计职业道德观念的。具有高尚会计职业道德的会计人员，在会计职业道德良心的支配下，必然会促使他对本职工作产生强烈的责任感，以及为国家、为人民理财的使命感，自觉承担对社会、对他人应尽的会计职业道德义务。

（二）会计职业道德良心对所进行的会计管理行为发挥监督作用

会计职业道德良心对符合会计职业道德要求的会计职业道德情感、会计职业道德意志、会计职业道德信念予以坚持和激励，对不符合会计职业道德要求的情感、意志和冲动予以克服。特别是对会计行为进行过程中产生的异常情感、私欲邪念，良心能及时制止，并作出行为方向的改变，避免产生不良后果，造成不良影响。这种监督作用就是我们所说的"良心的发现"。对会计人员来说，这种"良心的发现"，可以使自己的会计职业道德品质达到较高的会计职业道德境界。

（三）会计职业道德良心对会计人员的行为后果和影响起评价作用

由于道德观念不同，对行为的内心体验和评价就不同。作为一名社会主义的会计人员，当他意识到自己的会计行为履行了会计职业道德义务，符合了会计职业道德要求，其结果提高了社会经济效益，给人民带来幸福和利益的时候，就会感到良心上的满足；反之，就会感到羞愧和不安，受到良心的谴责，因而产生一种强烈的、持久的要求改变自己的行为表现方向的内在欲望。会计职业道德良心上满足，能够给会计人员带来安宁，而会计职业道德良心的谴责，会给他们带来痛苦。

总之，会计职业道德良心的功能作用是客观存在着的，而且是巨大的。因此，培养会计人员的会计职业道德良心就成为加强会计管理、健全会计职业道德建设的重要环节。从根本上讲，培养会计人员的会计职业道德良心，就是培养他们的无产阶级良心感。关于无产阶级良心的基本内容，刘少奇同志在《论共产党员的修养》一书中作了简短的论述。这就是，要有能爱人、能恶人的严格立场。能爱人，就是对同志、对人民忠诚热爱，平等对待他们，无条件地帮助他们，决不为个人的利益去危害大众，做到"忠诚""将心比心""己所不欲，勿施于人"。能恶人，就是对敌人以及各种危害人民利益的行为进行坚决的斗争。在患难之时，挺身而出，分忧解愁；在困难之际，能表示出自己的责任心和克服困难的勇气。无产阶级的这种良心相当于剥削阶级来说，是真正的良心。这是因为：

其一，这种良心是真正的大公无私，没有私人打算和目的，所以是高尚的；

其二，这种良心支配着无产阶级革命者的一切思想行为，所以是完美的。

培养会计人员的会计职业道德良心感，就是要把会计职业道德原则、会计职业道德规范变成内心的会计职业道德信念，并且用这种内心会计职业道德信念自觉指导自己在会计行为中的言行。把外在要求变成内在信念，变成个人内在会计职业道德品质的结果。社会主义会计人员之所以把献身于会计管理工作视为理所当然的义务，变成自己道德良心的需要，正是因为他们深信自己所从事的工作是社会主义建设事业的一部分，具有正确性和正义感。

目前，会计人员应把建设社会主义现代化强国的历史使命变成自己内心的会计职业道德信念，并以此指导自己的会计职业道德行为，审查、评价会计领域中的是非善恶，是培养会计人员无产阶级良心的现实可行途径。

第三节　珍惜会计职业道德荣誉

 一　荣誉与会计职业道德荣誉的含义及表现形式

（一）荣誉的含义与客观基础

荣誉指一定社会或阶级用以评价人们行为的社会价值的尺度，即对履行社会义务的道德行为的公认和褒奖；荣誉是个人对行为的社会价值的自我意识，即在良心中所包含的知耻和自尊的意向。上述荣誉范畴所包括的两方面内容是相互联系、相互影响的。前者，是从荣誉范畴的客观角度讲，荣誉是道德行为的价值体现或价值尺度；后者是从荣誉范畴的主观角度讲，荣誉是人们良心中的知耻心、自尊心、自爱心、进取心的表现。可见，关于荣誉的社会舆论是荣誉的客观基础，个人的知耻和自尊的主观意向是人们在内心对社会舆论、评价的感受和反映。一个人在受到社会或他人的赞扬、褒奖时，他会感到光荣、自豪，而受到他人的谴责、唾弃时，便会感到羞耻、自卑。一般来说，人们会自觉地按照社会的要求去履行义务，甚至做出牺牲，以维护自己的尊严，争取和保持社会给予的荣誉，追求人格的完善。因此，所谓荣誉，就是人们对道德行为的社会价值所做出的公认的客观评价和主观意向。

荣誉的标准在不同的时代、不同的社会、不同的阶级或阶层，由于各自社会性质和阶级利益的不同有着不同的质的规定性。在奴隶社会，奴隶主阶级以拥有奴隶的多少、特权的大小为衡量荣誉的标准。在封建社会，封建贵族的荣誉标准是他们的门第权势。在资本主义社会，资产阶级则以财产、金钱的多寡决定荣誉的大小。总之，一切剥削阶级荣誉观是把个人特权和利益放在首位，并将其视为荣誉的主要内容。

（二）会计职业道德荣誉的含义与功能

会计职业道德范畴中的荣誉，是共产主义道德的一般荣誉范畴在会计职业道德方面的体现和补充，它与一般荣誉范畴的关系是共性和个性的关系。作为会计职业道德范畴的荣誉同样具有两个方面的内容：一方面是党和人民对会计人员的职业行为的社会舆论，也就是对会计人员在会计行为中履行了社会义务的公认和奖赏；另一方面是会计人员在工作中的自我意向，也就是由于履行了会计工作中的社会义务所产生的道德感情上的满足和自我意识。会计职业道德荣誉对衡量和调节会计人员在会计管理实践中的行为，培养和发扬共产主义思想品德，产生着十分重要的作用。只有树立正确的荣誉观，才能更好地在会计管理过程中判别出什么言论和行为是正确的、光荣的，什么言论和行为是错误的、可耻的，并坚持和发扬正确、光荣的方面，反对和改正错误、可耻的方面。

（三）会计职业道德荣誉的表现形式

与其他荣誉表现形式一样，会计职业道德荣誉有物质奖励和精神奖励两种表现形式。会计职业道德荣誉的这种表现形式是由荣誉的客观基础决定的。社会舆论是社会对会计人员的道德行为的公认和褒奖。会计职业道德行为的社会价值尺度，是荣誉的客观基础。而社会对会计职业道德行为的公认、褒奖与价值尺度的表现形式是可以区分的。因此，从这一角度讲，会计职业道德荣誉有物质的和精神的两种表现形式——物质奖励和精神奖励。以前，我们有时自觉和不自觉地不承认或不敢承认荣誉有这两种表现形式。而长期只认为荣誉仅有精神奖励一种形式，不承认或不敢承认物质奖励也是荣誉的重要表现形式之一，把物质奖励视为物质刺激，并错误地加以批判、放弃。历史的经验表明：不承认或忽视荣誉两种表现形式中的任何一种都是片面的、有害的。两种形式相互联系，相互依赖，相互促进，共同提高。

无产阶级荣誉观，是同社会主义、共产主义事业相联系的，反映了共产主义的道德水平。无产阶级衡量的标准不是财产、权势和门第，而是对人民、对国家、对党的事业的无私奉献。作为社会主义的会计人员，应把全心全意为人民理财，促进经济繁荣，为发展会计科学做出贡献看作是最大的荣誉。因为这些无私的奉献必然会受到党和人民的赞扬、尊重，自己也应得到良心上的满足和欣慰。当前，"全国各个地区、各个部门、每个单位甚至个人，他们工作的评价和应得的荣誉，都要以对现代化建设直接间接所做的贡献如何，作为衡量的标准"。而会计改革的成败关系到现代化能否顺利实现。因此，会计人员衡量荣誉的标准是对会计改革所做贡献的大小。

二、会计职业道德荣誉发挥着鼓励和社会评价作用

一方面，会计职业道德荣誉通过社会舆论力量表现社会对会计人员职业行为的愿望与要求，明确表示支持什么、反对什么，使他们对自己的会计行为所造成的社会后果加以关注。这迫使会计人员通过调整自己的职业行为，从社会评价中得到肯定和赞扬，避免受到否定或责备。这就要求会计人员树立正确的荣誉观，争取荣誉、珍惜荣誉，努力按照会计职业道德的基本原则和规范支配自己的行为，决不弄虚作假，不择手段地骗取个人荣誉。在实际工作中，剥削阶级以财富和特权为主要标准的荣誉观在一部分人中还有影响，毒害其思想。因此，发挥会计职业道德荣誉的社会评价作用就成为会计人员树立正确的荣誉观，自觉与剥削阶级荣誉观做斗争的有力措施。

专栏 11-2
好人品往往会给你带来好运气
扫描此码　深度学习

另一方面，会计职业道德荣誉是一种巨大的精神力量，它对社会物质生产的发展具有积极的或消极的影响。会计职业道德所表现的荣誉感是以集体主义思想为基础的，体现着会计人员对人民工作的高度责任感，是一种发自内心深处的强烈自爱心。作为一名具有共产主义道德荣誉感的会计人员能够忠实地全心全意地在会计管理工作中履行自己对社会、对集体、对人民的义务，注重集体和个人的荣誉，勤奋工作，做出成绩，必将会受到社会的赞扬和肯定。而社会对他们的赞扬和肯定又会促进他们对自己工作的光荣感和自尊感，进一步激励他们奋发努力地工作，为社会主义经济建设贡献力量。因此，会计职业道德荣誉就成为会计管理工作中的一种巨大的精神力量，成为会计人员履行会计职业道德义务的强大动力。

毫无疑问，每个会计人员可以而且应该努力争取获得荣誉，争取广大群众的更高信赖，以及领导和组织的更多褒奖。因为这样有利于会计工作，可以促进社会生产并且方便人民生活。过去，在"左"的思想影响下，人们把争取荣誉与道德对立起来，认为两者是矛盾的。实践证明，这种观点是错误的，它不利于提高会计人员对社会的责任感和自尊心，在理论上更是说不通，因为荣誉是会计伦理道德范畴之一。在社会中，会计人员崇高的荣誉感和高尚的道德品质从来都是紧密联系的。

三、会计职业道德集体荣誉和个人荣誉的关系

会计人员要正确认识集体会计职业道德荣誉和个人会计职业道德荣誉的关系问题。会计管理工作是国民经济管理工作的重要组成部分，会计各岗位的管理工作则组成了整个会计管理系统，而其中的个人工作融于集体工作之中。个人在工作中所取得的荣誉，不仅是

人民和集体对其会计职业道德行为的赞赏和奖励，而且也为整个会计管理事业增添了新的荣誉。

（一）会计人员的个人荣誉和集体荣誉是一致的、相统一的

会计职业道德中个人荣誉和集体荣誉的关系反映着个人利益和集体利益的关系。在社会主义条件下，个人荣誉和集体荣誉从主要方面看是一致的，但也有不一致的情况。当个人荣誉与集体荣誉发生矛盾时，会计人员必须按照会计职业道德原则的要求牺牲个人荣誉，服从集体荣誉。对集体荣誉和个人荣誉的认识，使会计人员不仅应关心集体利益和荣誉，而且也应该敢于关心个人利益和荣誉。从荣誉的精神形式上讲，会计人员要视其他同志的荣誉为自己的荣誉。集体的荣誉要自觉地维护，而不应该嫉妒、挖苦、讽刺、打击、损害他人的荣誉。在荣誉面前，要讲究"礼让"的风气，要有"豁达"的态度。从会计职业道德荣誉的物质形式上讲，结合会计管理工作的实际，会计人员应通过自身的努力，坚决实行按劳分配的原则，打破平均主义的分配、奖励制度，关心别人的劳动绩效、贡献大小和劳动所得，促使整个社会劳动生产的发展以及荣誉程度的提高。

（二）会计人员应明确会计职业道德荣誉感和虚荣心的界限

荣誉感和自尊心是一种积极的心理品质，是推动会计人员在本职工作中履行会计职业道德义务的巨大精神力量。它们使会计人员把履行一定的道德义务变成内心信念和自觉要求，并促使其转化为相应的会计职业道德行为，从而在会计管理工作中发挥巨大的作用。虚荣心则是一种不良的心理品质，是个人主义的表现。虚荣心作为内在的心理品质，企图不通过自己的艰苦努力和出色工作也能获取荣誉，驱使人去干沽名钓誉、欺世盗名、损人利己的勾当，诱使个别人不讲道德、走上违法乱纪的道路。虚荣心在会计实践中的突出表现是会计工作上的浮夸自吹和会计信息上的弄虚作假。在这方面，我们国家有过惨痛的历史教训，国家和人民的财产也因此遭受了相当大的损失，而对荣誉感和虚荣心界限的正确辨别，使会计人员在荣誉面前能树立正确的态度，并能表现出极大的积极性、主动性和创造性。会计人员要主动发挥创造性，发挥拼搏精神，积极地争取会计职业道德荣誉，努力地保持会计职业道德荣誉。无论是集体荣誉还是个人荣誉，会计人员对它们的争取都意味着对社会、对国家做出更大的创造性的贡献，服务于社会主义初级阶段市场经济建设。

第四节　坚守会计职业道德节操

"节操"一词可先分字加以解释："节"就是气节、品质，是人们的道德行为中表现出来的较稳定的特征和倾向；"操"就是操守、操行，是人们的道德行为中一贯坚持的原则规范。所谓节操指的就是人们在政治行为上、道德行为上的坚定性和勇敢性。节操是一

个历史范畴。不同的社会，不同的阶级，有不同的节操思想。古人也曾提出过进步意义节操观，如孟子所说"富贵不能淫，贫贱不能移，威武不能屈"的节操思想。

一、会计职业道德节操的表现形式

具体来说，会计人员高尚的会计职业道德节操应表现在以下几个方面：

（一）会计职业道德节操包括有坚定正确的政治信仰

坚定正确的政治信仰就是要坚持四项基本原则，坚信社会主义制度的优越性，坚信共产主义最终一定能够实现。它要求会计人员明确认识到会计管理工作是社会主义事业的重要组成部分。对于会计人员来说，有了坚定正确的政治信仰，就有了行动的方向和准则，也就是在会计行为中自觉履行对社会的义务，坚持并实现为人民理财这一原则。

（二）会计职业道德节操体现着强烈的爱国主义精神

在改革开放的今天，会计职业道德节操的爱国主义精神有了新的内容。从对内工作看，具有高尚会计职业道德节操的会计人员能充分发挥主人翁精神，以国家利益为重，以社会主义现代化建设大局为重，注重管理的经济效益，为祖国的繁荣富强、文明昌盛贡献自己的会计管理才能。在涉外工作中，具有高尚会计职业道德节操的会计人员，一定要保持民族气节，维护民族尊严。特别要注意在涉外谈判、贸易、账务结算等活动中，与行贿、受贿、索贿，大收回扣，慷国家之慨，利用工作之便谋取私利等丧失国格、丢人格、失节操的行为进行坚决的斗争。同时，要切实提高涉外工作的水平和质量，维护国家和人民的利益。

（三）会计职业道德节操包含有高尚的职业道德品质

这里是指要有会计职业道德的坚定性，要坚持廉洁奉公的原则和刚正不阿的精神。会计工作岗位与钱物相联系，但具有高尚节操的会计人员不会为钱物所引诱而动私心，他们始终以毫不利己的动机，坚持为人民的利益和社会主义建设服务，做到"吃苦在前，享乐在后"。在会计工作中，那种"近水楼台先得月"的行为是不道德的，那种"常在河边走，哪有不湿鞋"的思想是不健康的，是有失会计职业道德节操的表现。

还要看到，会计职业道德节操具有时代特征。在不同的时代，会计职业道德节操的表现和要求也会有所不同。例如，二十世纪五十年代和六十年代，我国会计人员在工作中不贪污就是有会计职业道德节操的表现。而在当今社会，会计人员的会计职业道德节操不仅要不贪污，而且有讲究科学管理、参与决策、提高经济效益等要求，还要求他们有勇气、有胆量，不畏权势的压力和打击，不怕落后意识的干扰和阻挠，不怕错误潮流的冲击，为民理财，廉洁奉公，自始至终，讲求实效。

二、会计职业道德节操在职业道德行为选择中的重要作用

无产阶级的节操，是共产主义会计职业道德觉悟和品质的集中表现。它为会计职业道德规范体系中的节操范畴确定了方向，规定了范围。会计职业道德节操，就是会计人员在会计工作中表现出来的政治上的坚定性和高尚的道德品质。从一般意义上讲，能够扎根会计岗位，立足会计实践，热爱会计工作，投身会计改革，努力建设有中国特色的会计体系，就是会计人员在本职工作中体现的最高节操。会计职业道德规范体系中的节操充分体现了无产阶级节操的特征。会计职业道德节操在职业道德行为的选择中发挥着重要作用。

其一，会计职业道德节操能够调整会计人员的行为方向，使他们在会计实践活动中保持清醒的头脑。

其二，会计职业道德节操还能通过内心信念，使会计人员更加自觉地贯彻会计职业道德原则、规范，加强会计职业道德修养，抵制各种错误思想、行为，提高会计职业道德境界，全心全意地做好会计工作。

三、会计职业道德节操的培养

会计职业道德节操的作用十分重大，每个会计人员都应该具备良好的会计职业道德节操。那么，会计人员如何培养他们的会计职业道德节操呢？

（一）坚持四项基本原则

四项基本原则是会计人员树立高尚节操的首要前提和根本保证。因为，坚持四项基本原则就反映了会计人员在政治上和道德上的坚定性，是会计职业道德节操的根本表现，也是培养会计职业道德节操的最根本要求。

（二）在会计实践活动中逐步锤炼会计职业道德节操

对于会计人员来说，培养和树立高尚会计职业道德节操必须紧密结合会计实践活动。离开了具体的会计实践活动，会计职业道德节操不仅是空洞的，而且是脆弱的。特别是在当前的会计改革中，将会出现过去从未出现过的新情况和新问题，这正是培养、锻炼高尚会计职业道德节操的好机会。会计人员必须联系会计改革实践，不怕闲言蜚语，冲破种种束缚，坚持开拓创新，不断完善并锤炼会计职业道德节操。

（三）严格遵循会计职业道德原则与规范

这里要求会计人员必须联系会计改革实践活动，始终按照会计职业道德原则、规范的要求，自觉地、经常地进行反省、自我解剖和自我批评，培养和提高会计职业道德品质，选择会计职业道德行为。只有这样，会计人员才能树立、培养高尚的会计职业道德节操，在物质文明和精神文明建设中发挥积极作用，取得较大的贡献。

第五节　加强会计职业道德修养

一　会计职业道德修养的含义与分类

专栏 11-3

企业家的道德修养与运用

扫描此码　深度学习

　　修养是一个含义广泛的概念，通常是指人们在政治、道德、学术以及各种技艺方面所进行的勤奋刻苦学习和涵养锻炼的功夫，也是人们经过长期的努力所达到的能力和思想品质。会计职业道德修养是会计人员进行自我道德教育的课堂，它直接关系会计职业道德品质的形成和提升。

　　刘少奇同志在《论共产党员的修养》中认为：古代许多人所谓修养，大都是唯心的、形式的、抽象的、脱离社会实践的东西。他们片面夸大主观的作用，以为只要保持他们抽象的"善良主义"，就可以改变现实、改变社会和改变自己。这当然是虚妄的。我们是革命的唯物主义者，所以修养也不能脱离人民群众的革命实践。

　　修养一般包括思想意识修养、道德品质修养和科学文化修养三方面。会计职业道德修养是会计职业道德品质的一个部分，主要是指会计人员的思想意识、道德品质方面的"自我教育"和"自我改造"，包括按照一定的会计职业道德原则、规范所进行的自我批评和自我解剖，也包括在实践中形成的会计职业道德情操和所达到的境界，其任务是会计人员通过对会计职业道德原则、规范的认识和体验，使自己在本单位、本系统内享有崇高的威信，因而其深刻地影响着会计人员的善良与丑恶、光荣与耻辱、高尚与卑鄙、诚实与虚伪等方面的内在信念。会计人员有了正确的内心信念，就能在本职工作中自觉调节个人行为，使其符合会计职业道德规范。提升会计职业道德修养，具有重大的意义。这种意义可以从会计职业道德修养同会计职业道德检查与评价、会计职业道德教育的区别和联系中加以说明。

　　1. 会计职业道德修养和会计职业道德检查与评价是紧密相连的

　　会计职业道德修养要通过自我会计职业道德检查与评价的方式来实现，会计职业道德检查与评价的展开可促使会计职业道德修养的提高。在会计职业道德修养中，检查与评价的因素往往同对道德理想的选择、追求紧密联系在一起，并且始终服从于这种选择和追求。因此，检查与评价在这里仅仅表现为一般的"良心"谴责，而且还从被动状态中解脱出来，成为一种克服障碍，达到个人道德完善的积极的力量。

　　在会计职业道德修养中，会计职业道德检查与评价的广泛性、深刻性得到了充分发挥，它不仅成为会计人员思想和行为的隐蔽的监督者，而且成为他们思想和行为内在的鼓舞者。会计职业道德修养把义务、良心、荣誉、幸福等观点集于自身，推动会计人员为获取更高的道德价值，实现崇高的道德境界而自我反省、自我解剖和自我锻炼。因此，如果说会计职业道德检查与评价是会计职业道德规范的捍卫者，是形成会计人员道德品质的重要杠杆，那么其作用的实现关键在于提高会计人员道德修养的自觉性。

　　2. 会计职业道德修养和会计职业道德教育是相辅相成的

　　会计职业道德教育是社会进行的道德活动，会计职业道德修养是会计人员个人自觉进行的道德活动。两者的区别是社会和个人之间的关系在会计职业道德活动中的表现，它们之间可能存在着矛盾和斗争，但两者又是紧密联系的。会计职业道德教育要取得成效，关键是启发会计人员塑造会计职业道德修养的自觉性。因为在会计职业道德修养中，会计人员的道德积极性和主动性可以得到充分发挥，会计职业道德教育所提出的道德要求能够转化成会计人员内心的深刻信念，且将该信念付诸会计职业道德行为，凝结成会计职业道德品质。从这个意义上讲，会计职业道德修养是会计职业道德要求体现在会计人员行为和生活方式中所达到的程度，是对会计职业道德要求的认识同这些要求在行为中体现的统一，是会计职业道德财富同个人独特的生活经验的统一。因此可以说，没有会计职业道德修养也就没有会计人员道德品质的形成和发展。

总之，会计职业道德修养是会计职业道德的职能和社会作用得以顺利实现的重要基础，是会计职业道德教育的内在课堂，是会计职业道德教育的重要目标。一个会计人员一旦掌握了会计职业道德修养，就能将自己在社会实践中、在会计职业道德检查与评价和会计职业道德教育中所形成的道德观念、道德信念和道德理想转化为道德行为，凝结成相应的道德品质。其实，一个会计人员高尚的会计职业道德品质，都是他刻苦地进行会计职业道德修养的结果。

 会计职业道德修养的实践原则

首先，要明确会计职业道德修养的目的。我国会计职业道德修养受以公有制为基础的社会主义生产关系的制约，同共产主义道德体系紧密相连，其目的是提高会计人员在社会主义市场经济中的会计职业道德水平，培养会计人员的共产主义道德觉悟，造就一代新型会计人员，为实现中华复兴和共产主义而奋斗。

为了实现这一目的，会计职业道德修养一刻也离不开会计工作的实践。只有在会计实践活动中进行会计职业道德修养，才能使自身的道德品质不断提高。这就是会计职业道德修养的原则，这也是它和历史上一切旧的会计职业道德修养的根本区别。古代的伦理学家强调的是脱离实践活动的唯心主义的修养方法。会计职业道德修养之所以强调实践原则，这是因为：

（1）人们只有在实践过程中才能改造自己的主观意识。会计人员只有在开展工作过程中，通过与服务对象的接触和联系，才能意识到自己的行为哪些是道德的，哪些是不道德的，从而进行会计职业道德修养。

（2）会计职业道德修养只能在实践中得到检验和提高。会计职业道德原则和规范对会计职业道德修养提出了明确的目标。这些道德原则和规范必须运用到会计实践中去，通过实践效果检验会计职业道德修养是否符合会计职业道德原则的规范和要求，改正以至清除自己思想、言行中一切与上述原则和规范相违背的东西，从而不断提高会计职业道德修养水平。

（3）会计职业道德修养是一个人从实践到认识，再由认识到实践的不断循环往复的运动过程。这一过程不是简单的重复，而是不断向上发展的，永无止境的，只有反复实践和反复认识，才能使会计人员的道德修养不断升华，从而达到一个又一个新的境界。

三、会计职业道德修养的方法

会计职业道德修养的方法是多种多样的。因为每个会计人员的社会实践、工作环境、生活经历、文化素质、性格特征各不相同，所以修养的方法就不能完全是一个格调。总的要求是从实际出发，循序渐进，扎扎实实，持之以恒。具体方法主要有以下三种：

1. 进行两种会计职业道德观念的斗争

自觉进行两种会计职业道德观念的斗争，这是会计人员道德修养能否成功的关键。会计人员不能离开社会进行会计实践活动。在当今社会，存在着封建思想、资本主义思想和各种旧的道德思想，它们经常影响、侵蚀会计人员，以个人利益为核心的旧道德思想就通过各种渠道冲击、影响着会计人员的思想和行为。两种会计职业道德观念的斗争在一个较长时间内存在着。会计人员在进行会计职业道德修养时要正确地针对客观实际情况，严肃认真地培养自己扬善弃恶的道德感情，以会计职业道德规范为尺度，客观度量自己在会计工作实践中的言行，对各种旧的会计职业道德思想进行严厉批判，在斗争中不断提高会计职业道德修养水平。

2. 开展自我批评，严于解剖自己

有道是"金无足赤，人无完人"。每个会计人员，由于各种原因，难免会有这样那样的弱点、缺点和错误。正确的做法是，要敢于正视自己的不足，开展批评和自我批评，严于解剖自己，而这也是会计职业道德修养高低的重要标志。

会计工作的性质，决定了会计人员要直接或间接地与金钱和财产物资打交道。会计领域是充满"诱惑力"的地方。目前，社会上广为流行"向钱看"的思想，不健康的思想意识和生活方式会通过各种途径影响人们，会计领域更是"渗透"的重点。为此，会计人员要始终保持清醒的头脑，不为各种"香风毒雾"所迷惑，不被各种"糖衣炮弹"所击中，更需要经常不断地自我批评、自我反省和自我警惕。会计人员要紧密结合本职工作实际，经常进行自我反省检查，用社会主义会计职业道德原则和规范严格解剖自己，找出自己在道德问题上的不足，逐步提高自身会计职业道德修养水平。

在开展自我批评、自我解剖的过程中，对自己要有正确的评价，开展自我改造，培养并逐步形成社会主义会计职业道德情感和观念。为了更好地开展自我批评、自我解剖、自我检查与评价，还必须有"闻过则喜""知错必改"的精神，能够虚心地听取不同意见，因为一个人往往不容易发现自己的缺点、不足，即使发现了，认识也不一定深刻。正如俗语所言，"目能见几里之外，而不自见其眉睫""当局者迷，旁观者清"。会计人员要善于听取领导、同事和其他同志的批评，接受他们的监督，虚心、诚恳地考虑别人的意见，做到有则改之，无则加勉。可以说，会计职业道德修养过程同时也就是会计人员不断地开展批评和自我批评、由不成熟到成熟、由不完善到完善的过程，但这一过程永无尽头。

3. "慎独"

"慎独"作为会计职业道德修养的方法，是指会计人员必须严格要求自己，努力培养强烈的会计职业道德感情和坚定的会计职业道德信念，并且坚持在"隐"和"微"处狠下功夫，在履行职责时不管在人前人后、有人无人的情况下，都能一丝不苟、认真负责、恪尽职守。在会计职业道德修养中，要从小处、从无人之处着手，努力把好"隐""微"的关口，才能收到预期的效果。"慎独"作为修养应达到的境界，是指一种无须外来任何监督和强制而习以为常的行为方式。要达到这一境界是很不容易的，要有一个由不自觉到自觉的过程，要经历长期的甚至是痛苦的实际锻炼。会计人员必须努力争取达到这种境界，否则，会计职业道德修养就不能深入。会计人员要达到"慎独"境界，关键在于提高会计职业道德修养自觉性。会计人员要深刻认识会计工作的目的和意义，树立强烈的事业心，明确会计职业道德修养的方向。

第六节　锤炼会计职业道德品质

 一、会计职业道德品质的特征

会计职业道德作为人们会计行为原则和规范的总和，不仅体现在会计职业道德关系中，还表现在社会成员的个人品质方面，形成个人的会计职业道德品质。会计职业道德品质同会计职业道德行为一样，都是会计职业道德检查与评价的对象。会计职业道德品质具有稳定性和一贯性，表现为行为习惯或习性，但习惯和习性并不都具有道德意义。因此，考虑会计人员的会计职业道德品质，不仅要看会计职业道德行为的某一方面的表现，还要看其各个方面的表现；不仅要看其一时一事个别会计职业道德行为的倾向，还要看其一系列的会计职业道德行为所表现出来的一贯倾向，从而全面把握会计人员的会计职业道德品质，揭示会计职业道德品质的基本特征和发展规律。

如何定义会计职业道德品质呢？ 所谓会计职业道德品质是会计职业道德规范在会计人员的个人思想以及会计行为中的体现，是在一系列会计职业道德行为中表现出来的比较稳定的特征和倾向。会计职业道德品质具有如下特点：

（一）会计职业道德品质是客观存在的会计职业道德行为的综合表现

会计职业道德行为是会计职业道德品质的外在表现，会计职业道德品质是会计职业道德行为的内在动因。离开一定的会计职业道德行为就不能体现会计职业道德品质。会计职业道德行为持续不断地进行，形成一定的会计职业道德习惯，就表现为会计职业道德品质，会计职业道德品质只有通过会计职业道德行为才能表现出来。会计职业道德品质是会计职业道德心理、会计职业道德意识和会计职业道德行为的统一。

（二）会计职业道德品质是一种自觉的道德习惯或习性

会计职业道德品质不仅仅是一种会计职业道德习惯或习性，它还是一种自觉的意志行动过程，是审慎的凭借意志的选择而得到的习性。在会计行为的每一个场合和每一个时期，都能凭借一定的判断、选择和自觉意志控制，处理感情和会计行为的结果，是会计人员的自觉意志的凝结。这是会计职业道德品质不同于一般习惯、习性的突出特点。

（三）会计职业道德品质具有稳定特征和一贯倾向

会计职业道德品质是在会计职业道德行为整体中表现出来的稳定特征和一贯倾向。这里"会计职业道德行为整体"有两方面的含义：一方面它是构成个别会计职业道德行为的主观和客观两方面的统一，是会计职业道德意志和由这种会计职业道德意志所支配的会计职业道德行为的统一；另一方面，它是指一系列会计职业道德行为的统一，是某一时期或某一活动阶段的行为，乃至一生全部会计职业道德行为的综合。

会计人员的会计职业道德品质不仅体现在其某一个持续进行的会计行为中，而且更充分地体现在其一系列行为所构成的会计行为整体中。黑格尔曾深刻地指出："人就是由他的一串行为所构成的""主体就等于他的一连串的行为"，这两句话阐述了会计职业道德行为和会计职业道德品质的深刻的辩证思想，它表现了会计职业道德品质不仅是会计人员的内部意志和外部行为的统一，而且是个别行为和整体行为的统一。因此，可以这样说，会计职业道德品质就是会计人员的一连串会计行为，是会计人员在会计职业道德行为整体中表现出来的稳定的特性和一贯倾向。

二、会计职业道德品质的形成和发展

会计职业道德品质，从其构成内容来讲，包括会计职业道德认识、会计职业道德情感、会计职业道德意志、会计职业道德信念和会计职业道德习惯等基本要素。它们相互联系、相互依存、相互促进所构成整体就是会计职业道德品质。那么，会计职业道德品质是如何形成？

一方面，会计职业道德品质是会计职业道德现象在会计人员身上的表现，是现实社会关系和会计职业道德关系的反映，因而它的形成和发展必然要受到一定社会的环境和物质生活条件的制约；另一方面，会计职业道德品质绝不是对客观物质生活条件的具体会计环境的消极适应的结果，它是在会计实践的基础上，经过个人的主观努力所形成的。对会计人员来说，它是一个自觉认识和行为选择的过程，是逐步提高会计职业道德认识、培养会计职业道德情感、锻炼会计职业道德意志、树立会计职业道德信念和养成会计职业道德习惯的综合过程，其具体内容如下：

（一）提高会计职业道德的认识水平

有目的、有组织、有计划地向会计人员传授社会主义道德知识，提高他们对社会主义会计职业道德的认识。会计人员的任何道德行为都是对其个人与他人、与社会之间的关系的自觉认识和自由选择的结果。会计人员的道德认识越全面、越深刻，就越能指导他们正确处理和解决各种道德矛盾，形成明确的道德判断，增强履行社会主义会计职业道德义务的自觉性，自觉进行会计职业道德行为的选择。在现实生活中，少数会计人员做出违反会计职业道德要求的事情，往往与他们的糊涂认识有关。因此，确立和提高会计职业道德认识水平是培养会计职业道德品质的第一步，也是最关键一步。

（二）培养会计职业道德情感

重视培养会计人员高尚的社会主义会计职业道德情感。会计职业道德情感就是会计人员按照一定的会计职业道德观念，在心理上对会计职业道德要求和会计职业道德义务所产生的各种体验，所抱有的善恶态度的情绪。可以说，没有会计职业道德情感，就没有也不可能有履行会计职业道德原则和会计职业道德规范的自觉行为。因为会计人员从理论上认识了一定的会计职业道德义务后，并不一定就能按其行动。

当会计职业道德认识转化为会计职业道德情感时，才会对会计人员的行为和举止产生深刻的影响，推动会计人员主动趋善避恶，追求自己情感所向往的美德，反对情感上所不能接受的恶行。同时，会计职业道德情感较会计职业道德认识具有更大的稳定性。有了这种会计职业道德情感，会计人员就能正确对待会计职业，热爱会计工作，正确处理与同事、与集体的关系，摆正个人利益与国家利益的位置，认清自己肩负的责任，顺利完成国家和人民交给的会计核算和监督的任务。

（三）锻炼会计职业道德意志

会计职业道德意志是指会计人员为了履行会计职业道德义务而克服各种困难和障碍的能力和毅力。会计职业道德意志突出体现会计职业道德行为的意图，表现为会计职业道德行为中的坚韧不拔的精神，它是在精神上对会计人员行为的指导和支持，比会计职业道德情感更进一步。会计职业道德认识和会计职业道德情感的结合，如果没有会计职业道德意志的支撑，就不能巩固和持久。当会计人员具有坚强的会计职业道德意志时，就会忠于职守，秉公理财，不徇私情，不计较个人得失，克服各种困难，搞好本职工作。如果没有会计职业道德意志，就不能抵制某些领导和群众违反纪律的行为，就不可能忠实地履行职责。因此，培养和锻炼会计职业道德意志，是会计人员践行道德行为重要条件，是形成会计职业道德品质的重要环节。

（四）树立会计职业道德信念

会计职业道德信念是会计人员发自内心地对会计职业道德义务和道德理想的真诚信仰和强烈责任感。相对于会计职业道德认识、会计职业道德情感和会计职业道德意志来说，会计职业道德信念具有综合性、稳定性和持久性的特点。会计职业道德信念表现为坚定地相信社会主义会计职业道德原则和会计职业道德规范的正确性，坚定地相信按照社会主义会计职业道德原则和会计职业道德规范行为的正义性。当某个会计人员树立了会计职业道德信念时，他就能自我调动、自我命令，长期、自觉、全面地根据自己的信念选择会计行为，从事会计工作。可以说，会计职业道德信念是会计职业道德品质的核心。

（五）形成会计职业道德习惯

所谓会计职业道德习惯，是根植于会计人员心理中的一种行为，它已经成为会计人员内心的需要，成为一种定型化的自然行为。养成会计职业道德习惯的目的是使会计人员对会计职业道德原则和规范的认识真正深入到自己的血肉里去，真正地、完全地成为生活的组成部分，变成会计人员的性格特征。可见，养成良好的会计职业道德品质是会计职业道德教育的归宿。只有当会计人员养成了会计职业道德习惯，才能说他具备了会计职业道德品质。

在会计职业道德品质形成过程中，以上五个环节相互影响、有机联系地构成一个整体。其中，会计职业道德认识是前提，会计职业道德情感和会计职业道德意志是两个必要条件，会计职业道德信念是核心，会计职业道德习惯是归宿。由会计职业道德认识转化为会计职业道德品质，不是简单地、自然地进行的，而是由会计职业道德认识、情感、意志、信念和习惯在发展水平或发展方向方面不断地由不平衡到平衡，由不适应到相互适应的矛盾运动过程。同时，社会经济和劳动生产率的不断向前发展，必然向会计人员提出新的道德要求，这就在客观上要求对会计人员进行会计职业道德教育。只有持之以恒、反复不断地解决构成会计职业道德品质各要素之间的矛盾，才能促成社会主义会计职业道德的不断向前发展以及会计职业道德品质的形成。

【关键概念】

会计职业道德义务（obligation of business moral and professional ethics for accountants）
会计职业道德良心（conscience of business moral and professional ethics for accountants）
会计职业道德品质（character of business moral and professional ethics for accountants）
会计职业道德修养（training of business moral and professional ethics for accountants）

【复习思考题】

1. 如何履行会计职业道德义务？
2. 怎样珍惜会计职业道德荣誉？
3. 如何培养会计职业道德良心？
4. 怎样坚守会计职业道德节操？
5. 怎样加强会计职业道德修养？
6. 如何锤炼会计职业道德品质？

【在线测试题】

扫描书背面的二维码，获取答题权限。

【案例分析】

文化引领　厚德载物——山西天元集团坚持绿色发展的启示

从 2002 年改制到 2016 年在"新三板"挂牌上市，天元集团走出了一条独特的绿色发展之路，并在绿色发展的道路上越走越远、越走越宽！"资金可以做大，技术可以做强，但文化才能做久"。对此，天元集团董事长李景春一句话直击关键。他说，公司多年来发展壮大，选择绿色环保的事业，坚持走绿色的道路，最重要的原因就是企业文化的引领。是企业文化为天元插上了腾飞的翅膀，带动企业三十六年快速健康发展。

一、以德立世，以善修身，以德待人，以善处事

德善，是做人做事的万源之本，是修身齐家立命之根。

多年来，李景春饱读圣贤文化，"四书"、"五经"、"大学"、"论语"等中国传统文化典籍，"学而时习之"，对他深有触动。在日复一日的学习中，他意识到，传统文化对企业发展有着长远而深刻的意义。做企业就像做人一样，首先要扎好"德"和"善"的根。

在李景春的讲述中，2002 年的天元还是供销社家电门市部，经营面临着重重困境：工资分配大锅饭，员工没有积极性……李景春清醒地意识到，企业要想走下去，必须彻底改制，可是改制的压力也是前所未有的。李景春明确提出，天元的企业精神就是"帮助人成功"！改制后的天元，销售业绩逐年递增，企业规模日益壮大，员工收入持续增长，天元发生了日新月异的变化。

穷则独善其身，达则兼济天下。李景春从中华优秀传统文化中感悟到，天元应该传承并弘扬古圣先贤的思想精华，以德、善、孝、和为基础，在企业发展的同时，承担更多的社会责任，用仁爱感恩公益慈善的行动回报社会。他个人先后资助八十余名贫困女童；援助地震灾区、捐资希望工程、慰问社会福利院孤寡老人、为患病儿童捐款捐物……这样的善行，他坚持了十几年。

李景春的德行和善举深深触动了每一位天元人，感召着员工们说好话，做好事，做善人，做善事，自发组织成立了天元义工队，前往张庄镇敬老院帮助老人洗头洗脚、打扫卫生、奉献爱心；前往困难员工的家中帮助秋收；主动利用空余时间清洁城市的交通护栏。

二、以孝为美，以和为贵，行孝行善，和谐家企

百善孝为先，家和万事兴。正如《弟子规》言说：首孝悌，次谨信。

李景春的母亲已近耄耋之年，李景春几十年来在商场打拼，无论工作多么的繁忙，每周都要抽出时间亲自给母亲做饭，陪母亲一起吃饭聊天。

孟子讲："孝顺之至，莫大乎尊亲"。在一次传统文化论坛学习中，讲师问道："长这么大，有谁没有和父母顶过嘴、吵过架？"全场千余名学员，只有李景春和另一位新加坡人举手。"百善孝为先"在李景春身上得到了充分的体现。

在企业经营发展的过程中，李景春特别重视孝悌文化，在《论语》、《弟子规》、

《三字经》和《孝经》中，提炼中华孝悌文化的思想精华，在公司内部持续落实孝悌文化的学习和实践。公司的会议上，他多次提出，天元录用员工的首要标准就是孝顺。孝心一开，百善皆来。孝心使家庭和睦，孝行使企业和谐。在天元，没有董事长，只有大家长，没有上下级关系，只有亲人关系，没有员工，只有家人。

天元有这样一段"同事歌"："同事不会错，如果同事错，一定是因为我看错，如果不是我看错，那一定是因为我的错，才使同事有了错，如果不是同事错，我们的日子一定过得很不错。"天元就是一个大家庭，所有的员工都是天元的家人。所有家人的父母都是天元人的父母，所有家人的孩子都是天元人的孩子。

以德善润物细无声，以孝和育人家企谐。天元重视德善孝和，落实在每个具体的行动中，员工收获了身心和谐、家庭和谐，企业实现了和谐发展。

"积善之家必有余庆。今天的天元，我们不讲业绩，但业绩在持续稳增；我们不讲管理，但员工全部自发自觉做好工作；我们不谋名誉，但天元收获了'全国和谐劳动关系模范企业'等16项国家级荣誉和上百项省市级荣誉。这就是忘我才能有我，这，就是天元，天元的文化兴企、品牌增值、健康发展，是德善的积累，是传统文化和企业文化的积淀。"

李景春认为，"为天地立心，为生民立命，为往圣继绝学，为万世开太平，是企业家的使命和责任。"今后，天元集团将弘扬和践行优秀传统文化作为企业的精神源泉，致力于用中华优秀传统文化打造百年幸福企业，用仁爱之心打造家乡一片净土，用积德之心造福一方百姓，为生态环境的可持续发展贡献自己力量。

三、山西天元集团企业文化成长与绿色发展的战略

山西天元集团创建于1982年，2002年经过股份制改革，成为按照现代企业制度标准成立并规范运作的股份制公司。目前，公司已发展成集家用电器销售、废弃电器电子回收无害化处理、绿色家电再制造、新能源汽车销售、报废汽车回收处理等多产业为一体的绿色环保型多元化集团公司。

近年来，在我国绿色发展的战略背景下，公司以"做绿色天元，让家更幸福"为使命，在家用电器销售的基础上，选择了绿色环保产业，从传统的商贸零售业向绿色再生资源产业转型跨越，各产业板块取得了稳健发展。家电销售业绩保持两位数的增幅；天元绿环科技公司在全国新三板挂牌上市，证券代码：839718；比亚迪汽车4S店销售业绩连续翻番，并成功签约寿阳和五台山的出租车项目；绿色循环产业园区吸引众多合作商家，废机油项目等高科技项目陆续开工建设。经过几年的探索，山西天元集团形成了全国独有的绿色循环商业模式，即"家电销售—双向物流—废旧家电回收处理—绿色深加工再利用—节能家电循环再制造—绿色再销售"，以此模式为主题先后两次在中国再生产业大会发表主旨演讲。

天元集团注重学习、践行中华优秀传统文化，构建了以孝悌为根，德善为本的天元"家"文化，"以谦修身、以德立世，行有不得，反求诸己"是天元的家训，《弟子规》是天元的家规，"帮助人成功"是天元公司的企业精神。公司创始人李景春先生提出要

为员工的"四代"负责：即口袋、脑袋，上一代、下一代，并总结出文化核心理念：天元的企业是家，是学校，本质是教育，德善品质建设是人生第一大战略，我们的工作就是帮助人成功，以"四用，五看，六法则"，把圣贤文化和仁爱影响到周围，造福全社会。

天元持续学习践行优秀的传统文化，引导全体家人勇于担当、有所作为，主动承担社会责任：捐助贫困儿童、无偿爱心献血、举办全市公益道德论坛，为孤寡老人开办德善斋素食免费餐厅，天元绿环科技公司与平定张庄镇新村村共建和谐孝道村，天元比亚迪4S店用仁爱、感恩之心塑造了行业新风气，集团公司党总支和多个企业、社区开展党建共建活动，听党话、感党恩、跟党走。学习、践行优秀的传统文化，天元人收获了"五和"：内心和悦、家庭和美、人我和心、企业和合、社会和谐。

山西天元集团坚定走文化自信的道路，促进了经济发展，知名度与美誉度大幅度提升，得到了顾客、社会、政府的赞誉。公司先后荣获"全国工人先锋号""全国模范职工之家""全国青年文明号""全国巾帼文明岗""女职工建功立业标兵岗""全国供销合作社系统先进集体""全国百城万店无假货活动示范店""全国就业与社会保障先进民营企业""全国厂务公开民主管理先进单位""全国模范劳动关系和谐企业""全国双爱双评优秀企业"等16项国家级荣誉和200余项省市级荣誉。

资料来源：山西天元集团官网与《阳泉日报》，张玉珍，2017-02-23.

讨论题：

1. 山西天元集团是怎样践行习近平总书记提出的"既要绿水青山，又要金山银山；绿水青山就是金山银山"的思想？

2. 怎样理解"资金可以做大，技术可以做强，但文化才能做久"的说法？

第十二章　会计职业道德实践机制

学习目的与要求

1. 了解自律机制及其建设内容，职业道德自律、会计职业道德自律的作用；

2. 理解职业道德他律、会计职业道德他律的作用及其形式；

3. 实践会计职业道德行为；

4. 推广会计职业道德评价；

5. 理解会计快乐指数、会计职业道德境界的层次与升华。

一般来说，高素质人才、良好职业道德机制、有效监管机制是任何一个行业的成功三大要素。而要想让进入会计行业的人有很好的道德行为，也必须具备三个条件：一是必须说明什么是诚信，什么是不诚信；二是树立一些诚信的榜样，明确诚信会推动团结，铸造团队，带来效益，赢得市场；三是有严格的奖惩机制。对于会计行业来讲，就是要树立行业的榜样，树立那些遵守职业道德的榜样，同时构建会计职业道德管理机制，即会计职业道德管理自律机制和他律机制，这些机制告诉会计人员何为诚实，何为不诚实，以及相应的奖惩。本章要研究的是如何建立会计职业道德管理的自律机制和他律机制，目的就是希望通过这种研究对会计职业道德建设有所裨益。

第一节　会计职业道德自律机制

自律与职业道德自律的含义

自律是个体为追求道德本身的目的而制定的伦理原则，个体达到一种不受外在的约束或情感的左右而依据其"良心"法则行动的自主状态。现代社会职业越发展，职业生活越丰富，人们在职业活动中的主体地位也越突出。

专栏 12-1
全聚德公司
SWOT 分析
扫描此码
深度学习

职业道德自律，首先，表现为自我立法，在职业活动中它表现为个体将外在的职业道德规范，即职业义务内在转化为自我的职业良心，形成自己的职业道德认识、职业道德情感、职业道德意志以及职业道德习惯等。

其次，职业道德自律意味着自我选择，个体依据自己的"良心"制定伦理原则，本身就内含个体的选择自由，由于人及其价值观的复杂多样，使得职业活动中人的职业道德观念和职业道德行为层次有别，这也正是主体选择自由的一种表现。

最后，职业道德自律还意味着自我控制，自律所内含的主体选择自由绝不是任意而毫无限制的，为维护社会各行各业的正常运行，个体的职业行为选择必须遵循一些共同的准则，这就要求主体达到自我选择的自由是以主体具有理性和支配自身行为的能力为必要前提，正是这种理性和支配能力促使主体摆脱了外在的控制而达到自主自觉，认清了个人在职业活动中所应担当社会职责和应尽社会义务，并在强烈的职业道德意志的作用下逐渐养成良好习惯。

会计职业道德自律及其表现形式

会计职业道德自律是指会计人员在会计职业生活中，在履行对他人和社会义务的过程中形成的一种会计职业道德意识。会计职业道德自律既是体现在会计人员意识中的一种强烈的会计职业道德责任感，又是会计人员在意识中依据会计职业道德准则进行自我评价的能力。

会计职业道德自律，首先表现为一种职业道德情感，它是会计人员对他人和社会义务感的强烈表现。例如，根据会计职业道德问卷分析（课题组，2018），认为在会计人员中能够自觉修养职业道德的是：①大多数的占37.24%；②多数的占49.45%；③少数的占12.11%；④个别的占1.2%。可见大多数和多数占到86.69%，说明我国会计人员中能以会计职业道德自觉规范自我行为的占绝大多数，对职业道德自律有着强烈的愿望。

其次，会计职业道德自律表现为一种自我评价，它是一定社会的道德原则、规范在会计人员意识中形成的相对稳定的会计信念和意志。

最后，会计职业道德自律，还往往表现为会计职业良心。会计职业良心是对会计职业责任的自觉意识，是会计人员认识、情感、意识和信念在职业活动过程中的统一。因此，会计职业良心在会计人员的道德生活中，不仅能够使会计人员表现出强烈的职业道德责任感，而且能够使会计人员依据职业道德原则和规范自觉地选择和决定行为，成为会计人员发自内心的巨大的精神动力，在会计人员的职业行为中起着主导的作用。

三、自律在会计职业道德建设中的作用

建立会计职业道德自律机制是会计职业道德形成和发展的高级形态，培养和造就会计人员的自律精神具有极其重要的意义。

专栏 12-2

普华永道被罚500万美元

扫描此码 深度学习

第一，会计职业活动首先是人的创造性劳动，始终离不开会计人员主观能动性的发挥，要有效组织人力资源挖掘个体的潜能，使会计人员积极主动地从事会计工作，没有一种敬业乐业勤业的自律自觉精神显然是不可想象的。

第二，会计职业生活是会计人员个体社会化的重要场所，会计人员在劳动中创造着社会的物质文明和精神文明，也正是在劳动中个体实现着包括职业荣誉感和职业成就感在内的精神需要的满足，在这里个体找到了自我与社会的接洽点，没有一种发自内心的自主自觉，个体是难以在创造社会价值中实现自我价值的。

第三，会计职业道德自律作为会计人员道德践行的发动机制，在解决当前社会转型期，由于价值观嬗变和理想信念失落等引起的职业道德领域存在的道德混乱，乃至道德"真空"等方面问题时具有风向标的作用，通过增强自律提高会计人员的自我辨识能力，促使会计人员的职业道德素质和社会道德风貌趋于健全完善。

四、会计职业道德自律机制的组成

所谓会计职业道德自律机制就是指会计职业道德自律的一种结构和活动原理。它是会计职业道德规范的具体要求、标准和内容转化为职业会计组织和会计人员的内在目标、标准和需要，并且会计人员自觉承担起职业行为选择的结果，在这种机制下，会计职业道德

规范的执行不是受制于外力，而是通过会计人员自我调节、自我约束、自我判断和自我"立法"来体现会计职业道德规范的内容及要求的一种制度安排。

会计职业道德自律机制的内容是指保证会计职业道德自律机制正常运行，发挥其职能作用的基本构成要件和因素，其主要包括会计职业道德自律管理组织机构、自律管理规范机制、自律目标机制、自律环境机制等内容。例如，根据会计职业道德问卷分析（课题组，2018），要发挥会计职业道德自律作用的各主要措施中：①加强会计职业道德教育占25.16%；②加大会计人员激励力度占13.97%；③提高单位负责人素质占23.87%；④加强会计职业道德监管、建立完善的会计职业道德自律机制的占37%。这说明会计人员对于建立会计职业道德自律组织，加强监管力度的认可和要求。具体内容如下：

（一）会计职业道德自律管理组织机制

会计职业道德自律，不仅仅是会计人员个体的事情，而是会计职业整体的自律，因此，要实现这种集体自律，建立健全相应自律管理机构就是首要的基本任务和内容，它是实现自律的基本组织保证。按照我国《会计法》的有关规定："国务院财政部门主管全国的会计工作"这就规定了会计工作由财政部门主管，当然也包括对会计职业道德的管理。由于这种管理兼有政府管理和会计行业自律管理的双重性，这种管理体制安排具有明显的权威性和强制性等优点，但是从过去的工作情况看，主要进行了会计职业道德的建章立制和在职教育工作，自律性不强，有待进一步完善。

（二）会计职业道德自律规范机制

会计职业道德自律组织如何建立及开展、会计人员如何进行职业道德自律都需要有规章制度可遵循，因此，会计职业道德自律需要一系列相应法律、法规和制度，自律实际上是会计人员的自我约束，没有规章制度，自律作用是极其有限的。会计职业道德自律管理的法规及制度应包括：会计职业道德自律规范和要求、自律组织建设规章制度、自律检查规章制度等内容。例如，1996年财政部发布的《会计基础工作规范》中，专门规定了会计人员职业道德，包括敬业爱岗、熟悉法规、依法办事、客观公正、搞好服务、保守秘密等六个方面，分别就会计人员的职业品质、工作作风和工作纪律等作出了全面的规定。

（三）会计职业道德自律目标机制

会计职业道德自律目标是指会计职业道德自律机制运行的预定目的或结果。

会计职业道德自律机制基本运行目标就是完善整体会计职业道德和会计人员个体道德，并使其二者有机统一。在不同时期或不同地区、不同单位，会计职业道德自律目标，无论是整体还是个体都常常存在不同价值取向、较高级次目标和较低级次目标等矛盾。要保证会计职业道德自律机制基本目标最佳实现，会计职业道德目标机制须发挥以下功能：

第一，目标决策功能，即保证会计职业道德自律运行目标对各个不同取向的目标的绝对支配作用和主导作用；第二，目标控制功能，即通过会计职业道德自律机制的基本目标的分解和具体化，使其内涵于各个个体、级次的具体目标中，并随这些目标的实现而最终得以实现；第三，目标协调功能，即在某种会计职业具体目标因过度膨胀或冲动而有悖于总体目标时适时施加影响和干扰；第四，目标应变功能，即保证预定会计职业自律目标的实现值，能顺应外部条件和自律运行过程本身的变化得到有效校正。

（四）会计职业道德自律环境机制

会计职业道德自律机制效应状况，不仅同其内部机制是否优化有关，而且同其外部机制是否优化有关，因此，要保证使其有一个正常的外部机制，即在一定程度上依赖于其所处的外部会计及经济机制环境，如全社会的道德教育状况。会计人员普遍的职业道德水准等，不仅同自身的内部机制有关，而且同它与该社会经济、政治、文化等构成的外部机制有关。

会计工作是社会经济管理工作，会计资料是社会资源，会计人员是社会人、经济人中的一部分，只有在从事会计职业工作时，他才是一个会计人员。因此，会计职业道德自律机制的建立一方面要尽可能适应特定环境的要求，另一方面要求社会要尽可能为会计职业道德自律制造、提供更适宜的内部、外部环境条件，按照新《会计法》要求，在发挥会计人员及组织职业道德自律主导作用的同时，还要充分发挥业务主管部门、政府财政部门以及之外的其他管理部门监管作用，还要动员全社会都来支持、关心、理解会计工作，营造一种良好的社会氛围，会计职业道德自律机制才能真正发挥其应有作用。

第二节　会计职业道德他律机制

 ## 一　会计职业道德他律的内涵

他律相对于自律而言，是指服从自身以外的权威与规则的约束而行事的道德原则。德国哲学家康德认为，他律的这种约束人们行事原则，可以来自于社会，"快乐的引诱，或对幸福的渴求"；也可以来自于"宗教权威、宗教礼仪、宗教狂热与迷信"。

近几年来，我国正在注重加强社会道德建设，特别是职业道德建设，建立了多层次的、适应各行各业的规范，如"爱岗敬业、诚实守信、办事公道、服务群众、奉献社会"。应当说，经过群众的实践和理论的集中，已经形成了比较完整的职业道德规范体系。职业道德的他律就是通过这些规范体现的"应当如何"的要求。这种客观的外在规范对从业者来说是一种劝导，也是一种约束。有了一定规范，长期坚持下去，使个体养成适应于职业要求的良好习惯，就会逐渐由外而内地培养和促进个体道德的自觉性和自主性，这正是他律向自律转化的过程。会计职业道德他律可以从以下两个方面来理解它的内涵：

1. 会计职业道德他律是外在于会计人员主体的规范系统

在尚未形成会计人员主体自觉之前，对会计人员主体来说会计职业道德他律是一种不得已而为之的律令，因而具有外在制约性，它是维护会计职业活动正常进行所必须的社会规则及会计职业准则对不同会计执业人员的统一要求。

2. 会计职业道德他律是一种外在于会计人员主体的评价系统

会计职业道德以社会舆论为导向，通过公众舆论的褒贬抑扬实现行为的社会调控，对会计人员主体自身来说，他律作为一种外在于会计人员主体的评价系统往往实现着某种道德之外的目的，因而会计职业道德他律作为对个人主观任意的一种制约是为维系社会秩序而对个体自律程度不足的一种补充。

他律在会计职业道德建设中的作用

首先，会计职业道德建设的过程也可以说是一个职业道德规范由他律到自律的个体职业道德的生成过程，也即通过会计职业义务的他律灌输才逐渐提升到形成会计职业良心的自律自觉，这是道德形成和发展的一般规律在会计职业道德建设中的体现，在这里他律灌输及其制约是不可逾越的，道德的实践性特点决定了他律灌输的必要性。

其次，职业活动至今尚是人们用以谋生的手段，会计职业也不例外。会计职业活动中的道德建设就必须从现实活动着的会计人员个体出发，会计人员个体的特点及其矛盾性决定了会计职业道德建设必须运用他律机制。在我国目前体制转型引发道德真空的情况下，良心的自我约束力大为减弱，他律的运用就显得尤为紧迫和必要。

最后，职业活动作为一项社会性生产，由于其社会分工的复杂化和利益主体的多元化决定了职业活动需要多种社会规范进行调控。那么规范最终是通过自律来达到社会控制的目的，但社会存在决定社会意识，正视我国目前社会现状也就会发现会计职业道德建设至今仍是以他律型为主。

针对目前的会计职业道德现状，通过建章立制，辅之以必要的社会舆论监督，尤其是会计行业协会监督和行政监督、党纪监督乃至司法监督，从较低层次的规范入手强化他律，会计职业活动中存在的不良现象会大为好转。在道德形成与发展过程中他律灌输阶段无法超越，在道德运作实践中他律还是自律的不可或缺的保障，离开他律不仅难以形成自律，即便形成也难以持久稳固。古人在论及个人修养时强调"慎独"，但是就目前的社会存在而言，真正能达到慎独境界的毕竟只是部分人。试想在一个社会震荡、利益重组、改革深入的时期，他律的手段远未完备，与其忧心如焚地呼唤自律，毋宁实事求是地建设并加强他律制约机制，促使个体的行为选择合于社会职业规范，再经过长期不懈的培育过程达到主体的自觉升华，否则只能是欲速则不达，超越社会现实和历史阶段的道德建设往往事倍功半。

三 会计职业道德他律机制的形式

会计职业道德建设要遵循道德形成和发展的一般规律，重在培养造就会计人员的自律自觉的精神。我们所以要强调他律向自律的转化，是因为自律是他律的基础，他律最终通过自律起作用，离开自律的他律难以从根本上改变人，无法唤起会计人员的自我修养与自我改造的热情，治标不治本。会计职业道德他律机制主要包括：

（一）会计职业道德组织机制：行业自律协会

建立行业自律组织机制，广泛开展会计职业道德评议讨论制度。为了切实有效地促使会计人员遵守职业道德，保护会计人员不受打击报复，应顺应时代发展，借鉴国际惯例，建立一个权威性的会计行业自律组织，实行会计人员自律组织管理。我国的会计职业道德在管理体制上应实行行业自律与政府行为的统一、协调，政府管制应在坚持行业自律原则的前提下明确管理的范围和形式，同时加强大执法力度。行业自律的行为应由各级会计学会、总会计师协会与注册会计师协会实施，它们的主要任务包括：在政府与企业之间发挥桥梁与纽带作用，把国家宏观经济调控目标、政策取向传导给会计人员，对会计人员进行他律，把会计人员的意见和行业的要求传达给政府，维护行业利益。

（二）社会舆论监督机制

长期以来，社会舆论监督在职业活动中发挥着他律制约作用，但这种抽象的监督机制顺应低效率、慢节奏、结构单一的社会体制的需要，其运作社会成本较高并要以全民的文化素质和社会参与能力的相当水准为前提，多半属事后监督，况且这种舆论监督何以为被监督者所接受，如从业者对此种舆论充耳不闻抑或闻而不动，即使最终有所行动也莫过于慈悲为怀，那么这种监督必定是软弱无力的。

为了配合社会信用建设，我们认为建立会计人员的诚信档案势在必行，从而大力发挥社会舆论监督机制的作用。

（三）财会法律制度机制

我国十分重视会计立法，已经拥有独立于其他法律之外的《会计法》，颁布后经过实践又进行了修订，这在国际上并不多见，与之配套的会计法规文件则更多。这些法律、法规明确规定了与会计相关的单位、部门、个人在会计行为履行中的权利、责任；强调加强各单位内部监督及单位负责人、会计机构、会计人员的会计监督的法定职责；对违反《会计法》的法律责任，特别是对单位负责人法律责任的规定是前所未有的。但是在会计法律执行中尚存在许多问题：一是会计法规的社会认知度不高；二是"有法不依，执法不严，违法不究"的问题普遍存在。在会计领域，人超越法律控制会计的现象也比比皆是。因此，加大对违反会计法规的惩治与处理力度是根治会计造假的良药，也是促使会计自律的最强有力的外力。

（四）财经审计监督机制

当企业的财务行为与会计法规制度发生抵触时，往往片面强调搞活经营，而放松了对违纪违规行为的监督。目前，会计监督、财政监督、审计监督、税务监督等形式上的监督很多，但存在着监督标准不统一，各部门在管理上各自为政，功能上相互交叉，造成各种监督不能有机结合，不能从整体上有效地发挥监督作用。例如，虽

专栏12-3

巡视组打落72岁贪官，涉一项罕见罪名

扫描此码　深度学习

然有关部门每年都要进行税收财务物价大检查，会计师事务所每年都要对会计报表审计验证，但其经常性、规范性以及广度、深度、力度都不能给企业内部会计监督提供有力的支持，进而难以形成有效的再监督机制。内部审计作为国家监督体系的组成部分之一，代表国家利益，通过企业经济活动的监督和控制，保证国家财经法规的贯彻执行。但这种各自企业设置的内部审计机构，往往不能被企业真正接纳，基本上起不到监督作用。

（五）内部会计控制机制

内部控制机制是指企业各级管理部门在内部产生相互制约、相互联系的基础上，采取的一系列具有控制功能的方法、措施和程序，并进行规范化、标准化和制度化，而形成的一整套严密的控制体系，如组织机构控制机制、职务分离控制机制、授权批准控制机制、预算控制机制、财产安全控制机制、会计业务程序控制机制等，通过这些机制我们可以及时发现、纠正可能出现的偏差，防范财务造假，避免把潜在的危机转变为现实的损失，能使凭证有效，记录完整、正确，稽核有力，能有效地堵塞漏洞、防止或减少损失，防止和查处贪污盗窃等违法乱纪行为。可见内部会计控制机制是遏制会计作假的重要工具，是实施自动防错、查错和纠错，实现自我约束、自我控制的重要他律手段。

（六）财务与会计监督机制

加强会计监督工作。会计人员道德水准不高，可能会受诱惑而失职。一支低素质的会计职业队伍是很难适应市场经济发展要求的。因此，对现有会计队伍进行一次清理，对会计人员水平进行一次确认，不符合条件的责令其下岗，所缺岗位数则向社会公开招聘。可以预见，随着会计队伍整体素质的提高必将有助于会计职业道德水平的提高，也有助于会计监管等各项工作的开展。

（七）会计职业道德教育机制

加强会计职业道德教育。一是在职继续教育，可以先在会计职称考试、注册会计师考试中增加有关会计职业道德的内容，同时对会计人员分层次进行培训；二是在校教育，本科、大专、中专学校应在经济类专业中增加会计职业道德教育内容，可单独成科，也可在现有的相关会计课程中追加这方面的内容，在方法和手段上可借鉴发达国家的经验，采用诸如案例教学、团体活动和模拟角色以及电话视听等形式进行教学。

第三节　实践会计职业道德行为

 行为的本质和一般规律

"行为"，长期以来有多种解释。按中国古代通行的说法，"行"指的是走，"为"

指的是做。《墨子》把"行""为"二字连同，认为行即是为，"行，为也"，"志行悬于欲谓之为"，明确指出人的行为受欲望和意志支配。荀子说："虑积焉，能习焉而后成谓之伪"，认为行为是人经过思考之后，在理智指导下通过做而实现的活动。被称为行为科学"鼻祖"的亚里士多德指出："人的行为是根据理性原则而具有的理性生活"，这里的"理性生活"是指"人的心灵遵循着或包含着一种理性原则的主动作用"，也就是有目的、有意志的"具有主动意义的生活"。这种阐述有其合理因素。一些资产阶级伦理学家用生理学、生物学理论去解释人类的行为，他们把人的行为看成生物对外界刺激做出的反射动作，是生物的本能活动。美国著名行为科学家毕尔生说："行为的改变要根据刺激——反应情境——来研究，完全不需要涉及意识伴随物和精神学假设。"这种行为观显然是有失偏颇的。

马克思主义伦理学认为，人的行为是在改造周围环境的社会实践中发生的，通过一定的社会关系表现出来的能动活动，是人类特有的生存方式。由于人是处于社会中的人，不能脱离社会而存在，人的行为就要受到包括自然需要在内的社会需要的目的和意志的支配。人类在不断改变自己所处的环境的过程中得以生存和发展，人类的行为就由此产生，并在这一过程中通过实践活动表现出来。没有改造客观世界的实践活动，也就不会有人的行为。在阶级社会里，人的实践活动是受一定阶级关系的制约，并表现出一定阶级利益和要求倾向性。

影响人们行为的因素有哪些呢？美国社会心理学家卢因（K.Lewin）提出著名公式：

$$B=f(P\times E) \tag{12-1}$$

式中：B（behavior）代表行为；P（person）代表人；E（environment）代表环境；f代表函数符号。

卢因认为，人的行为是人与环境交互作用的函数，是人的内在需要以及与环境相互影响的结果。美国著名行为科学家麦格雷戈（D.Megregor）提出另一个公式，指出人的工作绩效是个人特性和环境特性的两个变量影响的结果，是这两个变量的函数，其公式为：

$$P=f(Ia, b, c, d, \cdots, Em, n, o, p) \tag{12-2}$$

式中：P（performance）代表工作绩效；E（environment）代表环境特性；I（individual）代表个人特性；a、b、c、d等反映个人特性的具体因素；m、n、o、p等反映环境特性的具体因素。

上述两个公式，概括了人们行为的一般规律，具有普遍的适用性。具体来说，影响人们个体行为的因素不外乎五个方面：生理因素、心理因素、文化因素、自然因素和社会因素。人的行为是很复杂的，是在理智的指导下由很多因素共同作用的结果。

二、会计职业道德行为的特性

人的行为有复杂的表现形式和多重的层次结构，其行为的性质特点各不一样。依据人类社会实践活动的主要形式，人的行为可划分为经济行为、政治行为、法律行为、艺术行为、道德行为、日常生活行为等。上述每类行为还可划分为若干层次的行为类型，分别由不同的科学或学科研究。本书研究的是人类社会行为中会计职业道德行为以及各种社会行为的会计职业道德意义。

会计行为按照道德标准可划分为会计职业道德行为和会计不道德行为两大类。前者是一种有利于他人、集体及社会的行为，是善行；后者简称会计败德行为，是一种有害于他人、集体及社会的行为，是恶行，会计假账就是典型的会计败德行为。在今天的会计实践活动中，会计行为绝大多数情况下表现为会计职业道德行为，但会计败德行为也时有发生，前面已专门分析介绍过。会计职业道德行为的基本特征在于，它是会计人员对他人与社会的利益关系的自觉认识和自由选择的表现。揭示会计职业道德行为、会计职业道德品质形成及发展的规律性，是科学培养会计人员的会计职业道德品质的理论基础，也是丰富和完善会计职业道德规范，正确进行会计职业道德检查与评价、会计职业道德教育的必要前提。

（一）会计职业道德行为是自觉认识的行为

会计职业道德行为是基于会计人员对他人和社会的利益关系的自觉认识而表现出来的行为，而不管这种认识是正确的认识还是错误的认识，它们都是构成会计行为的前提。当会计人员对上述利益关系有了正确的认识，并因此付诸了行动，就表现为会计职业道德行为；而如果他们对这种利益关系有了错误的认识，这种错误的认识就会支配他们的会计职业道德意识，一旦付诸行动，就表现为会计败德行为。

（二）会计职业道德行为是自愿选择的结果

会计职业道德行为是会计人员在其会计职业道德意识的支配下所进行的抉择，是经过他们自愿选择的结果，这是道德行为区别于其他行为的重要特征。只要是道德行为，不管在任何时候，任何情况下就一定要受道德意识的支配，否则就没有道德意义。会计职业道德行为也不例外，在将会计行为付诸行动之前，会计职业道德意识的活动主要表现为对动机的确立，对行为方案的选择和决定；在行动之后，会计职业道德意识的活动则表现为行为主体对自身行为的检查与评价和对社会检查与评价所采取的态度。

（三）会计职业道德行为是会计人员意志坚定、高度负责的正义行为

一个具有高度会计职业道德责任感和义务感的会计人员，选择和践行自己的行为时，无论面临多么艰难险恶的环境情况，都会坚持会计职业道德观念，不屈服于外来压力，"泰山压顶而不弯腰"，始终对自己应尽的会计职业道德义务高度负责。在平凡的会计岗位上做出不平凡成绩的会计人员在今日的中国大有人在，还有很多无名英雄，他们选择和践行会计职业道德行为，为国家繁荣和民族振兴默默地工作。

三　会计职业道德行为的激励和选择

为了激励会计职业道德行为，必须懂得激励理论。国外学者，尤其是美国学者对激励理论做了大量深入的研究。其中，影响最大的当推美国心理学家马斯洛（A.H.Maslow）。1943 年，他在《人的动机理论》一文中提出"需要层次论"，马斯洛认为人有五种基本

需要（basic needs）：①生理的需要（the physiological needs）；②安全的需要（the safety needs）；③爱的需要（the love needs）；④尊重的需要（the esteem needs）；⑤自我实现的需要（the needs for self-actualization）。

1954 年，马斯洛在《激励与个性》一书中补充了两个层次，即在"尊重的需要"之后，增加"求知的需要"和"求美的需要"。

麦格雷戈于 1970 年在其名著《企业的人事方面》一书中对马斯洛"需要层次论"做了进一步发挥，他提出人的基本需要层次是：

①生理的需要——层次虽低，但重要性却极大。

②安全的需要——针对危害、威胁和剥削等的保护的需要。

③社交的需要——包括归属、结社、为他人接受、接纳、友谊和爱的需要。

④自我的需要——自尊的需要（包括自重、自信、自主、成就、具有能力和知识的需要）和声望的需要（包括地位、赞颂、赏识与受人尊重的需要）。

⑤自我实现的需要——包括个人潜力发挥、不断自我发展及发挥创造性需要。

在我国，会计人员的生理需要、安全需要基本上得到了满足。作为会计职业道德行为，是满足会计人员社交需要的手段，获得尊重的前提，达到自我实现需要的途径，最终以实现理想社会为方向和目的。

如何激励会计职业道德的行为，充分调动会计人员的积极性和创造性呢？这就要求：一方面是社会、政府、领导和组织对会计人员的关心，应用激励理论，在符合社会主义的原则下，尽量满足他们的五种基本需要；另一方面，通过会计职业道德检查与评价、会计职业道德教育和会计职业道德修养，启发、引导会计人员的思想和行为，促使最高层次的形成，并终身为之奋斗。二者结合就是会计人员积极性充分发挥的最佳模式。我们称之为"会计职业道德行为的激励模式图"，如图 12-1 所示。

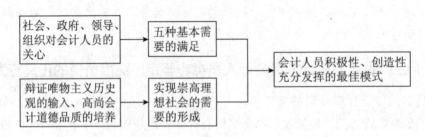

图 12-1 会计职业道德行为的激励模式

现在，我们分析会计职业道德行为的选择问题。在这里，应明确会计职业道德行为的选择中的自由与必然的联系。

根据马克思主义伦理学原理，我们知道会计职业道德行为的选择，虽然表面上看起来是主观随意的，实际上它总在受客观必然性的制约。正如恩格斯所说："如果他要进行选择，他也总是必须在他的生活范围里面，在绝不由他的独立性所造成的一定的事物中间去进行选择的。"这表明，会计人员不可能超越客观环境提供的可能性，去随心所欲地选择会计职业道德行为。首先，应该看到，客观必然性对人们的会计职业道德行为选择起制约作用，客观必然性制约着人们行为的动机，也制约着人们会计职业道德行为选择的标准和内容，还规定着会计行为的道德责任。其次，也应该看到，人们在选择会计职业道德行为时有相对的自由，人的主观能动性在会计职业道德行为中发挥着重要的作用。

　　会计职业道德行为选择的自由，是指人们对以会计职业道德必然性形式出现的历史必然性的认识，而获得的决定是采取某种会计职业道德行为的能力。会计职业道德必然性是指人们应当遵守的那些符合历史发展要求的会计职业道德原则和会计职业道德规范。一句话，人们对会计职业道德行为的选择，应谨慎细心，要对自己行为负责。

　　如何选择会计职业道德行为呢？杜春明在《会计十戒》（《四川财会》，1984）中提出的"会计十戒"，从某种角度而言有助于解决这一问题。会计十戒的要求如下：①对账目戒敷衍；②对原则戒歪曲；③对领导戒迁就；④对亲朋戒徇私；⑤对恭维戒忘形；⑥对私利戒谋求；⑦对威胁戒怯懦；⑧对信赖戒自傲；⑨对决策戒失误；⑩对艰难戒退缩。

第四节　开展会计职业道德评价

 一 会计职业道德评价的作用

　　在会计工作中，会计人员自觉不自觉地总要根据自己的政治观点和道德观点去评判别人的行为，衡量自己的行为，相应地会计人员自身的职业行为也会受到其他社会成员的评判。这种评定和判断人们会计职业道德行为的价值活动，就是会计职业道德评价。它是调整会计人员之间，会计人员与其他社会成员之间，与集体、国家之间的关系，以及维护财经制度和财经纪律的重要形式。

　　会计职业道德评价的对象是会计行为。会计职业道德评价包括两方面内容：（1）会计人员之间和社会对会计行为的评价，对符合会计职业道德的行为给予充分的肯定、支持和赞扬，对会计不道德的行为给予严厉的否定、批评和谴责，使会计人员逐步形成共产主义道德；（2）会计人员对自身行为的评价，认识自己哪些职业行为是道德的，哪些行为是不道德的，从而扬善弃恶，履行会计人员的社会职责，特别要坚定善恶的内在信念，形成相应的行为品质，使自己观念形态的道德思想，转化为现实的会计职业道德行为。

　　会计职业道德的职能和作用的发挥，主要是靠会计职业道德评价来实现的。会计职业道德评价愈是正确和广泛，会计职业道德的职能、作用愈能得到发挥，会计职业道德对社会的影响作用就愈是强而有力。离开了会计职业道德评价，会计职业道德就失去它存在的价值和意义，变成无生命力的东西。会计职业道德评价作用主要表现在以下方面：

（一）会计职业道德评价是会计职业道德原则和规范捍卫者

　　会计职业道德的有效性和权威性并不靠其宣言，而是靠它对人们的行为的实际约束力量，这种力量是由会计职业道德评价来表现的。会计职业道德评价通过社会舆论、传统习俗和内心信念等方式对人们实行普遍的会计职业道德监督。人们该做什么，不该做什么，什么是善行，什么是恶行，会计职业道德评价起仲裁作用。在现实经济生活中，会计人员之间、会计人员与其他社会成员之间的关系的调整离不开会计职业道德评价，它为人们传递会计职业道德评价价值的信息，行使着会计职业道德命令的职能，是共产主义道德的忠实卫士。

（二）会计职业道德评价是原则和规范转化为行为和品质的"杠杆"

会计人员的道德品质不是自发形成的，会计职业道德评价是会计职业道德品质形成的必不可少的重要因素。这是因为，无论是会计职业道德教育还是会计职业道德修养，都离不开会计职业道德评价。实际上，对人们会计行为善恶的判断过程，也就是对他进行会计职业道德教育的过程；而会计人员对自身行为善恶的判别过程则是自我的会计职业道德修养过程。同时，会计职业道德评价所造成的会计职业道德环境和社会风尚，也为会计人员道德品质的形成提供良好的条件。可见，会计职业道德评价是推动人们把一定会计职业道德原则和规范转化为会计职业道德信念和习惯精神力量，没有会计职业道德评价也就没有会计职业道德。

会计职业道德评价的善恶标准

判断会计人员职业行为的善与恶是会计职业道德评价的基本任务。为此，首先必须明确会计职业道德评价的标准，即善恶的标准问题。所谓善与恶，是道德评价中一对基本的范畴，用以对人们的思想和行为进行肯定和否定。在现实生活中，人们总是从一定的立场出发，把一切道德行为称作善行，把一切不道德的行为称作恶行。就会计职业道德评价的范围而言，符合会计职业道德原则和会计职业道德规范的行为才称得上善行；反之，则是恶行。在判断会计人员行为的善与恶时，应该认识到：会计人员在职业生活上的善恶观与社会上的善恶观一样，是客观存在的观念。会计人员职业生活的善恶观随经济关系和阶级关系变化而变化。善恶观的变化是绝对的，但有其相对的客观标准。

我国会计职业道德评价的最高标准就是反映无产阶级的利益的善恶标准。具体来说，我国现阶段会计职业道德评价的标准有：是否有利于国家经济建设和社会生产力的发展；是否有利于会计工作的顺利进行和会计科学的发展；是否有利于财务会计制度的贯彻落实；是否有利于人民生活水平的提高。其中，最后一点是最根本的评价标准，是终极标准。

三、会计职业道德评价的根据：动机和效果的辩证关系

会计职业道德评价的根据是什么？这就涉及会计职业道德行为的动机与效果的关系问题。在通常情况下，动机与效果是相吻合的，但有时不一致，甚至非常矛盾。因此，在对会计职业道德行为评价时，是以动机为根据，还是以效果为根据呢？对此，伦理学界展开了长期的争论，形成唯动机论和唯效果论。唯动机论者认为，道德评价的唯一标准是行为

动机，至于效果好坏则不予考虑。唯效果论者则认为，评价道德行为只能看效果，不能看动机。实践表明，以上两种观点都不能解决行为善恶评价的根据问题。

马克思主义伦理学强调动机和效果的辩证统一作为道德评价的根据，揭示了动机和效果的辩证关系。毛泽东同志说："唯心论者是强调动机否认效果的，机械唯物论者是强调效果否认动机的，我们和这两者相反，我们是辩证唯物主义的动机和效果的统一论者，为大众的动机和大众欢迎的效果是分不开的，必须使二者统一起来"。这一论断，为我们正确地进行道德评价指明了方向。因此，会计职业道德必须从行为动机和效果的辩证统一作为判断善恶的根据。

动机和效果的对立统一，决定了在进行会计职业道德评价时，既要考虑产生会计行为的动机，又要考虑会计行为带来的效果，把动机和效果在会计实践的基础上统一起来，最终以实践及效果作为评价的标准，也就是毛泽东同志所说的"社会实践及其效果是检验主观愿望或动机的标准"。之所以这样，是因为：一方面人的动机总是从实践中产生和发展的，总要表现为实践活动，而实践的效果最终又是动机的客观表现；另一方面，实践是在主观动机指导下力图达到一定效果的整个过程，效果是整个行为实践过程的最终结果和归宿。一般来说，会计人员在工作中，其动机和效果会表现为如下两种情况：

1. 好的动机产生好的效果，坏的动机引出坏的效果

例如，一位优秀的会计师本着为国家为人民负责的高度责任感，总是做到账面清楚，核算准确，监督严格，收支相符，参与经营，参与管理；相反，动机不纯的会计人员，一定会在账目上做手脚，满足私欲。

2. 好的动机产生坏的效果或坏的动机引出好的效果

在会计工作中，这类现象时有发生。例如，刚参加会计工作的新手，尽管有搞好工作的动机，但因为缺乏必要的经验和知识技能而在工作中做不出好的结果。不过，通过总结经验，在随后的实践中钻研业务，纠正错误，最终会使动机与效果一致起来。有个别会计人员的不良动机有时也会引出好的效果，这种坏心办好事，常常是道德的伪善者达到其不道德目的的手段，用假象迷惑人，但他所做的"好事"是为了达到不良的目的，这种行为必然会在他们行为中留下痕迹，随着时间的推延，他们的不道德动机也必然会同最后的效果趋于一致。正如列宁所指出的，"实践的发展必须把事情的现象和本质区别开来，假的毕竟是假的，真相终会大白"。这告诉我们只要坚持实践的观点，就能对动机、效果的道德性质做出正确的判断。

因此，在会计职业道德评价中，我们要坚持机与效果辩证统一的观点，在会计实践的基础上把动机和效果结合起来，通过效果来看动机，又联系动机来看效果。只有这样，我们对会计人员的行为才能做出客观、正确的评价。

四、会计职业道德评价的方式

会计职业道德评价的方式有三种：社会舆论、传统习俗和内心信念。前两者是会计职业道德评价的客观方式，后者是会计职业道德评价对人们的会计职业道德行为进行善恶判

定，从而对会计人员思想和行为产生重大的影响。

（一）社会舆论

社会舆论就是众人的议论，是人们用语言或文字对所关心的社会生活中的事件或现象所发表的某种倾向性的意见。社会舆论可分为：政治舆论、文艺舆论、宗教舆论和道德舆论等。会计职业的社会舆论是指道德舆论，也就是人们依据会计职业道德评价的标准，对会计人员的思想、行为所作的褒贬，如光荣或耻辱、公正或偏私、正义或非正义。社会舆论具有两个显著特点：

（1）范围广泛性，凡是存在人群的地方，任何人都要受到社会舆论的制约；

（2）外在强制性，也就是舆论的压力。

正是因为社会舆论存在上述特点，所以它成为影响人们意识的强大力量，成为会计职业道德评价的主要方式。社会舆论就其产生来说，有的通过自觉的途径，有的则通过自发的途径形成。从会计领域来讲，自觉的社会舆论是指各级人民政府和国家会计管理机关（财政部门），利用各种宣传工具（如报纸、杂志、广播、电视等），表彰和肯定优秀会计人员的道德行为，谴责和否定少数会计人员的不道德行为，对会计人员进行宣传教育，从而形成一种精神力量，使会计人员接受、遵循社会主义道德规范。近几年来，我国有关单位在这个方面做了大量工作，报纸、杂志宣传、报道了许多优秀会计人员的事迹，不少省市，如四川、湖北、吉林、上海等，组织召开了优秀会计人员表彰大会。这些工作对于鼓励会计人员为人民、为国家认真负责的精神，提高会计的社会地位，促成良好的会计职业道德秩序等产生了积极深远的影响；同时，不少报纸、杂志对深原野、琼民源、闽福发、红光实业、棱光实业、银广夏、四砂股份、黎明股份、猴王股份、方正科技等公司的各种舞弊造假案件加以披露，令人触目惊心，愤怒万分，其中没有一个案件与会计脱得了干系，人们自然把会计与假账联系起来，会计的社会公信力降至低谷。

鉴于此，朱镕基同志于2001年4月17日在考察上海国家会计学院时，写下"不做假账"四字校训。同年10月29日，朱镕基同志在北京的国家会计学院考察工作时，又强调指出"不做假账"是会计人员的基本职业道德和行为准则，所有会计人员必须以诚信为本，操守为重，坚持准则，不做假账，保证会计信息的真实、可靠。国家会计学院要把诚信教育放在首位，培养出来的人才不仅要有一流的专业知识水平，更要有一流的职业道德水平，绝对不做假账。其实，诚信对任何人都重要，如果我们每个人都以诚信要求自己，都以诚信对待他人，我们的社会就会成为诚信、和睦的社会。所以说，我们今日之中国社会最需要的是诚信。

（二）传统习俗

传统习俗即传统习惯和社会风俗，它是人们在长期社会生活中形成的一种稳定的、习以为常的行为倾向，它具有稳定性和群众性两个特点。传统习俗也称自发的社会舆论，它是会计职业道德评价的另一种方式。会计领域的传统习俗是长期以来在会计工作实践过程中形成的，习以为常的职业行为倾向，它表现为一定的工作情绪和工作方式。这些会计职业习惯，世代相传，具有历史稳定性。这些是会计人员之间不言自明的道德常规，即所谓的"习惯成自然"。风俗习惯可一分为二：新习惯和新风俗，旧习惯和旧风俗。对于前者要大力支持、肯定、宣传；对于后者的合理部分可加以改造，对于后者的消极、落后部分则应予以清除。

（三）内心信念

内心信念是道德评价借以调整人们行为的内在方式，是一种内在力量，它是构成人们行为在动机和性格的有机部分的思想和观点。会计职业道德的内心信念，是指会计人员发自内心地对会计职业道德原则、会计职业道德规范或会计职业道德理想的真诚信服和高度责任感，它是会计人员道德情感、会计职业道德观念和会计职业道德意志的内在统一，是会计人员对自身职业行为应负会计职业道德义务的一种会计职业道德责任感。对会计人员来说，内心信念是他们会计职业道德活动的理性基础，它使人们对会计职业道德行为的必然性和正当性进行了合理的解释，使会计人员在道德评价中形成了一种自知、自尊、自戒的精神，从而成为了会计人员对行为进行自我调整的巨大精神支柱。

上述三种会计职业道德评价方式中，社会舆论和传统习俗是其社会方式，它们反映道德评价的广泛性和群众性，对人们的会计行为具有外部约束作用；内心信念则是其自我方式，它表现会计职业道德评价的自觉性和深刻性，对自我会计行为具有内控作用。两者有机结合在一起，才能使会计职业道德评价发挥巨大的积极作用。

五、良心与荣誉在会计职业道德评价中的作用

（一）良心在会计职业道德评价中发挥着十分重要的作用

首先，良心是会计人员对自己行为进行善恶评价和批判的重要力量。在良心的支配下，当会计人员意识到自己行为对他人和社会带来利益时，就会感到精神上满足和慰藉；当会计人员做了危害他人和社会的不道德行为时，会感到羞愧和不安，甚至在内心引起痛苦和悔恨，这就是"良心的谴责"。

其次，良心是会计人员精神生活的道德向导，它引导会计人员遵循会计职业道德规范，从事会计职业道德行为。当一个会计人员想做某件违反道德的事情的时候，良心会呼唤他欲行辄止；当一个会计人员做了不道德的事情而受到良心谴责时，即使别人不知道，他也会决心改正自己的行为，甚至不惜一切代价纠正自己行为所造成的后果。假如某个会计人员的行为给社会造成危害，给他人带来痛苦，而自己不受到良心的谴责，这表明他是一个不讲道德的人。总之，培养会计职业道德良心是很重要的，是充分发挥会计职业道德评价作用的重要环节。

（二）荣誉对评价会计人员的会计行为发挥着重要作用

首先，荣誉通过社会舆论力量来表现社会对会计人员职业行为的愿望和要求，使会计人员关心自己的行为给社会造成的后果和形成的影响，迫使他们调整自己的行为，以得到

社会的肯定和赞扬，避免受到社会的否定和谴责。其次，会计职业道德中的荣誉感是会计管理工作中的一种巨大的精神力量，这体现了会计人员内心的强烈自爱心。会计人员在本职工作中注重了集体和个人的荣誉，并通过自身创造性工作履行对社会的义务，一定会受到社会的称赞和肯定。而社会对他们的肯定和表扬，又促进他们对自己工作的光荣感和自尊感，进一步激励他们勤奋工作，为社会主义市场经济建设贡献力量。

第五节　升华会计职业道德境界

"境界"这一概念，在我国西汉时期就开始使用，首先是指"疆界""地域"的意思，以后引申为人们所处的境况。"境界"作为一个思想修养的概念，始于佛教传入中国以后。佛教把境界理解为每个人对佛经的造诣和理解的不同程度。所谓"斯义宏深，非我境界"，就是这个意思。魏晋时期人们开始把诗文的立意和造诣的高低、深浅也称为境界。"境界"这一概念就被广泛运用于文学、艺术、政治和伦理道德等各个领域。

 ## 一、会计快乐指数的设计

2002 年 1 月 14 日，国家会计学院诚信教育教材开发组在深圳召开的会计师事务所负责人座谈会上，深圳 × 会计师事务所所长杨淑琴说了一段朴实的话："钱是赚不完的，关键是人要快乐。到一个企业去做审计，企业的账目清楚，审计报告真实，所得的审计费用收入适当，心里踏实，心情舒畅。人生的价值在于快乐地生活着，只要作假心里就不踏实，老是担心出问题，即使还没有出问题，心里也还是不愉快，这样的钱，还是不赚为好。"

2002 年 4 月 15 日，在由中共中央组织部和国家会计学院联合举办的中央管理的国有重要骨干企业总会计师培训班上提到了"会计快乐指数"，引起与会人员的极大兴趣。

参加会议的中国人民大学的一位博士提出，应当研究快乐、诚信、人的寿命三者之间的关系，总结归纳出一个计算"快乐指数"的具体表达公式。大量事实告诉我们，诚信与市场占有成正比，诚信与人的寿命成正比。因此，诚信不仅在注册会计师行业，而且在全社会都具有巨大的经济价值，对整个人类也都具有巨大的延续生命的社会价值。开心就是快乐，其计算公式为：

$$诚信 \times 市场 = 快乐^2$$

我们设计了一个诚信与快乐相联系的关系指数，即快乐指数：

$$T \cdot M = H^2 \tag{12-3}$$

式中 H（happiness）表示快乐指数，T（trust）表示诚信，M（market）表示市场。

根据会计人员对待本职工作的不同态度，参照不同级次的快乐指数，会计职业道德境界大致可分为如下三个层次："雇佣型""尽职型"与"献身型"的境界。

二、会计职业道德的"雇佣型"境界

在雇佣型的会计职业道德境界下，会计人员用雇佣观点来对待自己的会计工作，看待本职工作中的人与人之间的关系，他们一般将从事会计工作看作谋生的手段，不主动发挥自己的知识和技能，只求得到理想的工作和报酬，道德上也就满足了，此时他们处于初级快乐指数层次，亟待提高。在雇佣型会计人员的道德意识和行为中，社会的道德检查与评价和道德自我检查与评价存在着矛盾。社会对会计人员的道德期望较高，而会计人员对自身的道德要求容易满足。

三、会计职业道德的"尽职型"境界

处在"尽职型"道德境界的会计人员以做好分派给自己的会计工作作为最高的追求。他们缺乏远大的道德理想，不能自觉地认识到自己从事的工作是社会主义事业的一部分。当个人利益与国家、人民的整体利益一致时，他们会认真工作；一旦二者利益出现矛盾，就会动摇、退却，这时也正好可以检验他们会计职业道德修养的深浅程度。"尽职型"会计人员在开展会计职业道德自我检查与评价时，会考虑公众利益，但更多的是考虑个人利益，他们会尽可能做到对自我的道德要求符合社会的道德要求，并且力争其个人的会计行为受到社会道德检查与评价的肯定、鼓励和表扬，这类会计人员处于中级快乐指数层次，有待提高与升华。

四、会计职业道德的"献身型"境界

所谓"献身型"境界是指会计人员在本职工作中始终做到工作第一，他人第一，全心全意为人民服务。在这种道德境界下，会计人员能从大局出发，能摆正并正确处理个人与集体的关系，能从他人和社会利益出发，提出会计职业道德的自我要求，全身心投入会计工作，自觉地使自己的会计职业道德行为符合社会和公众的要求。在这里，会计职业道德的自我检查与评价和社会检查与评价达到了统一，会计职业道德教育收到成效，这类会计人员处于高级快乐指数层次。

以上分析表明，三个层次的会计职业道德境界是递进的，而不是并列的。每个会计人员都可以从较低层次的道德境界向较高层次的道德境界转化。会计职业道德评价、教育和修养的目的是推进会计人员从"雇佣型"境界向"尽职型"境界转化，从"尽职型"境界向"献身型"境界转化、升华。

应该看到，会计职业道德境界是有止境的，又是无止境的。因为一方面它要受历史条件和会计实践的限制，另一方面它又要随历史条件、社会生产力和会计实践的不断发展而发展的。因此，每个会计人员都不能满足已经达到的道德境界，要在社会生活和会计实践中不断提高自己的会计职业道德修养的自觉性，向更高的会计职业道德境界迈进。

【关键概念】

会计德治（accounting ethics governance）

自律机制（autonomy mechanism）

他律机制（Other discipline）

会计快乐指数（index of accounting happy）

会计职业道德境界（realm of business moral and professional ethics for accountants）

【复习思考题】

1. 如何加强会计职业道德建设中的自律机制？

2. 会计职业道德中自律机制的主要内容是什么？

3. 简述会计职业道德建设中他律机制的主要内容。

4. 会计职业道德境界有几个层次？如何升华？

【在线测试题】

扫描书背面的二维码，获取答题权限。

【案例分析】

华为：以创新为核心竞争力，为祖国科技振兴而奋斗

2019 年 5 月 26 日，央视新闻播放了《面对面》节目在华为总部独家专访华为创始人、CEO 任正非的视频。而三年前的 2016 年 5 月 30 日，在习近平总书记发表重要讲话、李克强总理主持会议的全国科技创新大会上，任正非作了主题为《以创新为核心竞争力为祖国百年科技振兴而奋斗》的演讲报告。报告不打官腔，不谈成绩，直面困难和困惑。这篇报告字句短促，却充满哲理和力量，在中美贸易战全面升级、美国围追堵截华为的今天读来更是发人深省。从科技的角度来看，未来二三十年人类社会会演变成智能社会，其深度和广度我们还想象不到。

一、大机会时代，千万不要有机会主义，一定要有战略耐性

人类社会的发展，都是走在基础科学进步的大道上的。基础科学的发展，是要耐得住寂寞的，冷板凳有时不仅要坐十年，有些伟大的人一生寂寞。基因技术也是冷了几百年，才重新崛起的。华为有八万多研发人员，每年研发经费中，约 20%～30% 用于研究和创新，70% 用于产品开发。我们已将销售收入的 14% 以上作为研发经费。

二、诚实守信、遵纪守法，努力成为一个全球化的企业

华为的市场已覆盖 170 多个国家与地区，诚实守信与法律遵从是我们在全世界生存、

服务、贡献最重要的基础。当前世界风云变幻，我们要严格遵纪守法，用法律遵从的确定性，来应对国际政治不确定性。要严格管制内外合规，严守商业道德与公司边界，履行企业社会责任。

三、"用最优秀的人去培养更优秀的人"，应成为基本国策

用什么样的价值观就能塑造怎样的一代青年。奋斗、创造价值是青年一代的责任与义务。

四、扛起重大社会责任：华为——中华世界大有作为

1. 华为是谁

华为创立于1987年，是全球领先的ICT（信息与通信）基础设施和智能终端提供商，其致力于把数字世界带入每个人、每个家庭、每个组织，构建万物互联的智能世界。目前，华为有18.8万员工，业务遍及170多个国家和地区，服务30多亿人口。华为在通信网络、IT、智能终端和云服务等领域为客户提供有竞争力、安全可信赖的产品、解决方案与服务，与生态伙伴开放合作，持续为客户创造价值，释放个人潜能，丰富家庭生活，激发组织创新。华为坚持围绕客户需求持续创新，加大基础研究投入、厚积薄发，推动世界进步。

2. 谁拥有华为

华为是一家100%由员工持有的民营企业。华为通过工会实行员工持股计划，参与人数为96 768人，参与人仅为公司员工，没有任何中外政府部门、机构持有华为股权。

3. 谁控制华为

华为拥有完善的内部治理架构。持股员工选举产生115名持股员工代表，持股员工代表会选举产生董事长和其他16名董事，董事会选举产生4名副董事长和3名常务董事，轮值董事长由3名副董事长担任。轮值董事长以轮值方式主持公司董事会和常务董事会。董事会行使公司战略与经营管理决策权，是公司战略、经营管理和客户满意度的最高责任机构。董事长主持持股员工代表会。持股员工代表会是公司最高权力机构，对利润分配、增资和董事监事选举等重大事项进行决策。

4. 谁影响华为

对外华为依靠客户，坚持以客户为中心，通过创新的产品为客户创造价值；对内华为依靠努力奋斗的员工，以奋斗者为本，让有贡献者得到合理回报；与供应商、合作伙伴、产业组织、开源社区、标准组织、大学、研究机构等构建共赢的生态圈，推动技术进步和产业发展；华为遵从业务所在国适用的法律法规，为当地社会创造就业、带来税收贡献，并与政府、媒体等保持开放沟通。

5. 公司详细信息

2018年员工数量180 000人，联合创新中心36个，研究院/所/室14个。2018年销售收入7212亿元人民币，净利润593亿元人民币，经营活动现金流747亿元人民币。

资料来源：华为公司官网。

讨论题：

1. 华为公司核心价值观表现在哪些方面？

2. 华为公司取得成功的原因何在？对我们的企业经营有何启发意义？

参考文献

[1] 习近平.十八大以来重要文献选编（上中下）[M].第 1 版.北京：中央文献出版社，2016.

[2] 习近平.关于社会主义文化建设论述摘编 [M].第 1 版.北京：中央文献出版社，2017.

[3] 习近平.关于"不忘初心、牢记使命"论述摘编 [M].第 1 版.北京：中央文献出版社，2019.

[4] 魏杰.中国经济之变局 [M].第 1 版.北京：中国发展出版社，2009.

[5] 刘清.低碳经济下的废弃物管理 [J].经营与管理，2010-10-15.

[6] 全国工商管理硕士教育指导委员会编.商业伦理学与工商管理课程教学大纲 [M].北京：机械工业出版社，2011.

[7] 叶陈刚.推行职业道德守则　提升注册会计师公信力 [J].中国注册会计师.2010.

[8] 叶陈刚.公司内部治理机制研究述评与启示 [J].审计与经济研究.2011.

[9] 叶陈刚，李洪，张岩.审计学 [M].第 3 版.北京：机械工业出版社，2019.

[10] 周祖城，等.企业社会责任相对水平与消费者购买意向关系的实证研究 [J].中国工业经济，2007（09）.

[11] 赫尔穆特·施密特.全球化与道德重建 [M].柴方国，译.北京：社会科学文献出版社，2001.

[12] 李维安.公司治理学 [M].第 3 版.北京：高等教育出版社，2005.

[13] 叶陈刚.商业伦理与企业责任 [M].第 1 版.北京：高等教育出版社，2016.

[14] 戴维·J.弗里切.商业伦理学 [M].杨斌，石坚，郭阅，译.北京：机械工业出版社，1999.

[15] 厉以宁.超越市场与超越政府——论道德力量 [M].北京：经济科学出版社，1999.

[16] 马连福.公司内部治理研究 [M].第 1 版.北京：高等教育出版社，2005.

[17] 曾仕强.胡雪岩的启示 [M].第 1 版.西安：陕西师范大学出版社，2008.

[18] 罗伯特·蒙克斯，尼尔·米诺.公司治理 [M].李维安，周建，译.第 1 版.北京：中国财政经济出版社，2004.

[19] 宋希仁.西方伦理思想史 [M].第 1 版.北京：中国人民大学出版社，2004.

[20] 苏勇著.现代管理伦理学 [M].第 1 版.北京：石油工业出版社，2006.

[21] 亚当·斯密著.道德情操论 [M].第 1 版.韩巍，译.北京：西苑出版社，2005.

[22] 托尼·兰顿，约翰·瓦特肯森.公司董事指南——职责、责任和法律义务 [M].李维安，牛建波，译.北京：中国财政经济出版社，2004.

[23] 王学义.企业伦理学 [M].第 1 版.成都：西南财经大学出版社，2004.

[24] 叶陈刚.企业伦理与文化 [M].第 2 版.北京：清华大学出版社，2013.

[25] 赵汀阳.论道德金规则的最佳可能方案 [J].中国社会科学，2005（03）.

[26] 刘军，黄少英.儒家伦理思想与现代商业伦理 [M].第 1 版.北京：科学出版社，2010.

[27] 刘光明.新商业伦理学 [M].第 1 版.北京：经济管理出版社，2008.

[28] 叶陈刚，等.会计职业道德 [M].第 1 版.北京：经济科学出版社，2019.

[29] 叶陈刚 . 内部控制与风险管理 [M]. 第 1 版 . 北京：经济科学出版社，2019.

[30] 丁平准 . 中国第一合伙所：大信会计师事务所 [M] . 第 1 版 . 北京：经济科学出版社，2017.

[31] 度阴山 . 知行合一王阳明 [M]. 第 1 版 . 北京：北京联合出版公司，2014.

[32] 李耳，庄周 . 道德经 • 南华经 [M]. 第 1 版 . 广州：广州出版社，2006.

[33] 俞敏洪 . 永不言败 [M]. 第 1 版 . 北京：群言出版社，2011.

[34] 北京知行合一阳明教育研究院 . 文化自信与民族复兴 [M]. 第 1 版 . 北京：东方出版社，2019.

[35] 黎红雷 . 致敬儒商 [M]. 第 1 版 . 北京：中华书局，2019.

[36] Coase, R. H.The nature of the firm[J]. Economic, 4, pp. 386-405, 1937.

[37] Kostova, Tatiana and Kendall, Roth, "Social capital in multinational corporations and a micro-macro model of its formation," The Academy of Management Review[J]. 28（2）, pp.297-317, 2003.

[38] Nam, "Corporate Governance of Banks: Review of Issues", ADBI Working Papers, 2004.

[39] OECD (Organization for Economic Cooperation and Development), OECD Principles of Corporate Governance, www.oecd.org, 2005.

[40] Ye Chengang, "Discussion on Accounting Revolution in the time of Network",International Finance And Accounting[J]，Feb, pp.28-35，2001.

[41] Ye Chengang，"Research on Guarding against Financial Fraud of Enterprise's Branches",USA-China Business Review[J], Feb, pp.24-27，2002.

[42] Ye Chengang，"Research on the Evaluation System of CPA's Social Responsibility"，5th Internationa Symposium for Corporate Governance 2009-10-23 , ISTP.

[43] Fahmida Lagharil, Ye Chengang，Are Stock Markets and Foreign Exchange Markets Cointegrated?An Empirical Analysis，International Journal of Managerial Studies and Research[J].Volume 5, Issue 12, December2017, PP 1-10.

[44] Yasir Shahab, Ye Chengang, Angel David Arbizu, Muhammad Jamal Haider，"Entrepreneurial self-efficacy and intention: do entrepreneurial creativity and education matter?" International Journal of Entrepreneurial Behavior & Research[J].Downloaded on：15 June 2018, At：19：18 (PT).

[45] Yasir Shahab，Chengang Ye. Corporate social responsibility disclosure and corporate governance: empirical insights on neo-institutional framework from China，Int J Discl Gov，https：//doi.org/10.1057/s41310-018-0038-y，Received: 5 March 2018，Macmillan Publishers Ltd., part of Springer Nature 2018.

[46] Syed Usman Qadril, Ye Chengang, Muhammad Farooq Jamil, Safwan Qadri.Corporate Governance and Disclosure Quality: Evidence from the Listed Non-Financial Firms of Pakistan，International Journal of Managerial Studies and Research (IJMSR) Volume 6, Issue 11, November 2018, PP 116-127 ISSN 2349-0330.

[47] Yasir Shahab, Collins G. Ntim, Ye Chengang, Farid Ullahl , Samuel Fosu.Environmental policy, environmental performance, and financial distress in China: Do top management team characteristics matter? Business Strategy and the Environment, Bus Strat Env. 1635–1652,WILEY, 2018.

教师服务

　　感谢您选用清华大学出版社的教材！为了更好地服务教学，我们为授课教师提供本书的教学辅助资源，以及本学科重点教材信息。请您扫码获取。

》教辅获取

本书教辅资源，授课教师扫码获取

》样书赠送

会计学类重点教材，教师扫码获取样书

 清华大学出版社

E-mail: tupfuwu@163.com
电话: 010-83470332 / 83470142
地址: 北京市海淀区双清路学研大厦 B 座 509

网址: http://www.tup.com.cn/
传真: 8610-83470107
邮编: 100084